오늘 걷는 나의 발자국이

역사학자 이만열의 세상 읽기
오늘 걷는 나의 발자국이

2021년 5월 15일 초판 1쇄 발행

지은이 이만열
펴낸이 김영호
펴낸곳 도서출판 동연
등   록 제1-1383호(1992. 6. 12)
주   소 (03962) 서울시 마포구 월드컵로 163-3
전   화 (02)335-2630
전   송 (02)335-2640

ISBN 978-89-6447-786-1 04040
    978-89-6447-785-4 (이만열 선집)

| 역사학자 이만열의 세상 읽기 |

오늘
걷는
나의
발자국이

이만열 지음

동연

백범 김구 선생께서 애송했다는 〈눈 덮인 들판을 밟아 갈 때는〉(踏雪野中去)으로 시작되는 시가 있다. 이 시는 "모름지기 어지러이 가지 말라(不須胡亂行) 오늘 내가 걷는 발자국은(今日我行跡) 마침내 뒤따르는 사람의 이정표가 되리니(遂作後人程)"로 이어진다. 백범은 이 시가 서산대사(西山大師)의 것으로 알고 있었으나, 최근 조선 후기 이양연(李亮淵, 1771~1853)의 것으로 판명되었다. 다만 첫 연의 답설(踏雪)이 천설(穿雪)로, 셋째 연의 금일(今日)이 금조(今朝)로 되어 있지만 의미에는 큰 차이가 없단다. 시 이야기를 먼저 꺼내는 것은 이 책의 제목 때문이다. 이 시의 셋째 연에 해당하는 내용이 바로 "오늘 내가 걷는 발자국은"이라는 뜻으로 풀이되기 때문이다. 이 책 제목은 출판사에서 글을 검토하면서 지은 것인데, 필자가 구상한 '오늘날 역사를 공부한다는 것은'과 서로 통하는 것 같아 그대로 사용키로 했다.

이 책은 다섯 번째 산문집이다. 1996년 첫 번째 산문집 『한 시골뜨기가 눈떠가는 이야기』(2020년 재판)가 출간된 이래 두 번째 산문집 『감히 말하는 자가 없었다』(2010)와 그 5년 후에 세 번째 산문집 『잊히지 않는 것과 잊을 수 없는 것』(2015)이 간행되었다. 그 중간에 민족통일 문제를 염두에 두고 독일·베트남·중국·북한 등을 여행한 『이만열 교수의 민족·통일 여행일기』와 기독교 유적 답사를 목적으로 이스라엘·터키·그리스·동서유럽권 등을 여행한 『이만열 교수의 기독교유적 여행일기』를 같은 해(2005)에 냈다. 그리고 작년에 네 번째 산문집 『역사의 길, 현실의 길』(2021)을 간행한 데 이어 이 책을 내게 된다.

공부한다는 사람이 논문이나 책을 쓰지 않고 이런 잡문을 쓰다니, 이건 바람직한 것은 아니다. 학부 시절 한우근(韓沽劤) 선생님은 어느 날 강의 시간에 정색을 하시고선 "이젠 잡문을 쓰지 말아야겠다"고 하시면서 "제군들도 뒷날 잡문은 쓰지도 말고 아예 청탁도 받지 말라"고 간곡하게 말했다. 얼마나 잡문에 시달렸으면 그런 말씀을 하셨을까. 예상컨대 아마도 강의 시간 직전까지 잡문 독촉에 시달리다가 나오신 것 같았다. 이 시점에 오래전 은사님의 말씀을 소환하는 걸 보면 필자 또한 잡문에 대한 선생님의 경종을 늘 기억하고 있다는 뜻이다. 그런데도 다시 산문집을 내는 것은 내 인생을 정리하는 의미도 있다.

필자가 역사를 공부하게 된 데는 역사학 자체를 전공하려는 동기는 강하지 않았다. 해방 이후 주일학교를 통해서 역사의식을 고양 받았지만, 젊은 시절 역사 공부는 목회자의 길을 가기 위한 신학 교육의 예비 과정 정도로 생각했다. 사학과에 입학하고 1, 2학년 때에는 신학 예비 과정의 범주를 벗어나지 않았고, 그래서 서양사 강의에 귀를 기울였다. 그러다가 군대에서 겪은 어떤 일을 계기로 국사 공부에 역점을 두게 되었고 또 역사학의 학문적 독자성을 인식하게 되면서 내 역사 공부가 신학 공부의 예비 과정으로서의 인식을 벗어나게 되었다. 목회자가 되더라도 자기 역사부터 알아야 한다는 깨달음이 한국사 공부에 관심을 더 기울이게 되었다. 그런 중에서도 역사를 통해 얻은 식견이 교육적인 목적으로 활용되어야 한다는 기대는 변함이 없었다. 말하자면 역사적 교훈의 교육적 활용을 끊임없이 고민해 왔다는 뜻이다. 역사에 대한 이러한 생각이 자주 잡문 형태로 나타나게 되었다. 변명 같지만, 필자의 산문 가운데 역사를 빌려 언급하는 것이 많은 것은 이런 이유 때문이다.

이 산문집에 수록된 글은 시기적으로 2000년대 초의 것도 있지만 대부분 2010년대의 것이다. 그중에서 역사적인 날을 맞아 남긴 단상들이 많은데, 이는 작년에 『역사의 길, 현실의 길』을 펴낼 때 원고 분량이 넘쳐서 기념일 등과 관련된 글을 따로 묶어 놓았던 것이 이 책에 수록되었다. 시간과 관련된 글과 함께 장소를 연결하는 기록도 있다. 답사 기록이다.

답사 기록은 주로 독립운동 사적지 탐방에 관한 것이다. 이는 대한민국임시정부기념사업회에서 2005년부터 매년 여름에 실시한 '독립정신답사단' 사적지 탐방과 관련된 것이다. 필자는 10여 차례 그 '답사단'의 단장이 되어 참여했다. 대부분 중국 관내와 동북 삼성, 연해주와 일본 지역이었다. 나라 잃은 선진들이 풍찬노숙(風餐露宿), 유리방황하며 독립운동을 했던 지역은 갈 때마다 새로운 감회를 불러일으켰다. 어떤 곳은 쓸쓸한 무덤으로만 있었고, 어떤 곳은 솔가지 수풀 사이에 몇 개의 돌멩이로만 표지되어 있었다. 그러나 코로나 사태로 답사가 중지되고 있으니 그 유적지가 제대로 보존이나 되어 있을지 걱정이다. 아직도 광복군이 활동한 동남아 지역과 하와이-미주-멕시코 지역, 파리-모스크바를 중심한 유럽 지역 독립운동 사적지에는 답사한 적이 없으니 후손들의 성의가 말이 아니다.

이 책에는 색다른 답사기도 있다. 한국 기독교 역사 연구를 위한 자료 수집과 관련된 필자만의 답사 여행기다. 필자는 한국 기독교사의 초기 관련 자료를 수집하기 위해 몇 차례에 걸쳐 미주 지역과 유럽 지역을 답사한 적이 있다. 한국에 파송된 선교사들은 선교 현지에서 본국 선교단체와 교회에 정기적·간헐적으로 보고서나 서신을 보냈다. 이런 자료들은 선교사를 파송한 본국 연고지에 보관되어 있다. 그런 자료들이 역사 연구의 1차 자료들이다. 필자는 한국 기독교사 연구에 필요한 1차 자료들을 수집하기 위해 미주 지역과 유럽 지역을 답사한 적이 있는데 그 답사기를 간단하게 적었다.

이 책에 수록된 글 중에는 2010년대에 빚어진 국사 교과서 '국정화' 문제, '대선부정의 혐의', '세월호 사건' 나아가 '촛불혁명'과 탄핵정국과 관련된 이야기들도 간간이 있다. 2019년은 '삼일운동 100주년' 및 '대한민국 임시정부 100주년'이어서 역사의식이 한껏 고양되는 시기이기도 했다. '삼일혁명'으로 '대한민국'이 탄생한 것은 우리 앞에 민주·민족주의의 심화와 자주·통일의식을 고양시켜 주었고, 남북화해의 새로운 분위기를 조성시켜 주기도 했다. 이런 시대적 상황을 배경으로 하여 쓰여진 글도 더러 있어서 당대를 증언하는 의미도 있다. 이런 글은 이 책에 앞서 간행한 산문집과 보완 관계에 있다.

오래전부터 책을 간행하면서 지인들의 교우기를 실었다. 같은 시대를 살면서 교제한 고마운 분들이다. 교우기는 두 사람의 관계뿐 아니라 자기 시대를 증언하고 고민하는 측면도 있다. 교우기는 저자와의 관계뿐만 아니라 동시대인들이 견문하지 못한 특별한 증언들과 인간적인 관계까지 엿볼 수도 있다. 이번에 교우기를 맡아 준 임헌영 선생은 젊은 시절부터 문학평론으로 문명을 날렸고, 그 생각과 삶이 시대를 앞서갔기 때문에 저 만용의 시대에 두 차례나 옥고를 치르기도 했다. 그의 삶은 나와 한 직장에 있던 부인 고경숙 작가를 통해 종종 듣곤 했지만 도움을 주지 못했다. 그는 문학작품뿐만 아니라 역사와 사상 등 인문학 전반에 걸쳐 그의 박람강기(博覽强記)를 따를 사람이 없을 정도다. 선생과는 여러 곳에서 만났지만, 민족문제연구소 편찬의 『친일인명사전』일에 잠시 관여하면서 더욱 가까이 지내게 되었다. 최근 그가 대화록으로 펴낸 『문학의 길 역사의 광장』(2021)을 읽으면서 시대를 통찰하는 진정한 학인의 모습을 엿볼 수 있었다. 선생의 교우기에 감사한다.

오늘날 같은 출판계의 불황에도 불구하고 '함석헌학회'를 같이하면서 우연히 건넨 한 마디가 이 책으로 결실되는 데에 이르렀다. 출판사 대표로서는 올무에 걸린 셈이지만 나는 책을 간행하는 기회를 얻은 셈이다. 도서출판 동연의 김영호 대표와 편집진에 감사한다.

2022. 3. 9.

이만열

책머리에 5

1부 ┃ 다시, 시일야방성대곡을 떠올린다
― 정치와 사회를 말하다

2부 ｜ 오늘 내가 걷는 발자국이
— 방문 및 답사, 해외 활동

3부 | 빚진 자들이 무임승차까지 한다면
— 공동체 이야기

4부 | 사람의 역사를 쓰다
　　　— 내가 만난 사람들

부록

다시,
시일야방성대곡을
떠올린다

― 정치와 사회를 말하다

『친일문학론』 재발간에 부쳐

임종국 선생의 『친일문학론』을 다시 간행한다. 이 책은 1966년에 처음으로 간행되었다가 10여 년 후인 1977년에 중판을 발행한 적이 있었는데, 이번에 친일인명사전편찬위원회 발족을 계기로 다시 간행하게 되었다.

저자가 이 책의 중심 화두인 '친일'을 정면으로 다루게 된 것은 한일 관계의 진전과 밀접한 관련이 있다. 처음 간행된 시기가 한일기본조약을 맺은 1965년 6월 22일에서 1년이 지난 광복절 즈음이었다는 것은 바로 그 점을 뜻한다. 저자는 한일회담이 진행되는 동안, 해방 후 새 조국 건설에 최대의 걸림돌이 되었던 친일파를 제대로 청산하지 않고 일본과의 '국교 정상화' 문제를 다룬다는 것이 역사적인 정도가 아니라고 더 깊이 절감하게 되었다. 더구나 친일파의 한사람으로 지목받는 당시의 집권자가 자신의 과거 행적에 대한 고해도 사죄도 없이 일본과의 교섭에 나선다는 것은 있을 수 없다고 보았다. 저자의 뜻이 반영되기라도 하듯, 장기간 지속되어 온 한일회담은 6·3사건을 비롯한 각계의 한일회담 반대 시위를 유발했고, 그동안 잠자고 있던 일본에 대한

민족의식을 고무시켰다.

이같이 고취되고 있던 대일 민족의식은 일제 강점기와 친일파에 대한 연구에 불을 붙였다. 그때까지만 해도 한국 지식인들의 일제 강점기에 대한 문제의식은 해방 이후 친일 세력의 준동에 의한 반민족적 분위기 때문에 그렇기도 했지만, 일제 강점기의 수탈에 대한 정확한 인식에 접근하지 못했고, 따라서 친일파를 정확하게 역사의 도마 위에 올려놓는 것조차 불가능했던 형편이었다. 그러나 한일회담과 한일기본조약의 체결은 한국인으로 하여금 일제의 수탈과 친일파의 행태에 대한 정확한 인식과 역사적인 심판을 요청하게 되었다. 이런 분위기에 가장 민감하게 반응하면서 친일파 연구에 가장 앞서서 몸을 던진 이가 임종국 선생이다.

임종국 선생의 친일파 및 일제 강점기에 대한 연구는 오랫동안의 자료 수집을 거쳐 꽃피게 되었다. 그의 연구가 철저한 실증을 바탕으로 하고 있다는 것은 이 때문이다. 남이 아직 눈을 뜨지 못했거나, 친일파 연계 세력의 위협에 눌려 자료에 접근하기를 두려워하고 있을 때, 선생은 일제 시대의 문헌을 섭렵하고 구전 자료들을 모았다. 선생의 저술 밑바탕에는 「매일신보」를 비롯하여 일제 강점기에 간행된 수많은 종류의 자료들이 인용되고 있다. 선생은 남다른 선견지명으로 일찍부터 이런 자료들을 뒤적였던 것이다. 선생의 저술들은 자료로 하여금 말하게 하는 좋은 본보기이다.

『친일문학론』은 임종국 선생의 여러 저술 중 가장 먼저 나온 것이다. 선생은 그 뒤에도 일제의 강점과 친일파에 관한 많은 저서를 남겼다. 『발가벗고 온 총독』(1970), 『일제 침략과 친일파』(1982), 『밤의 일제 침략사』(1984), 『일제하의 사상 탄압』(1985), 『친일논설선집』(1987), 『일본군의 조선침략사 I · II』(1988, 1989) 등으로 선생의 저술 대부분은 일제의 침략사와 거기에 부용(附庸)되었던 친일파에 관한 주제를 다루고 있다. 선생의 관심 영역이 여기에 집중되어 있음을 알 수 있다. 이렇게 볼 때『친일문학론』은 선생의 관심과 연구의 첫 소산이라 할 수 있다. 선생은『친일문학론』에서 제시한 문제의식을 바탕으로 그 뒤에 수많은 친일 관계 저술을 계속 쏟아냈던 것이다.

『친일문학론』은 임종국 선생 자신의 이 방면에 대한 문제의식의 첫 연구서였을 뿐만 아니라 다른 연구자들의 일제 강점기 연구 및 친일파 연구에도 큰 자극을 주었다는 점에서 중요한 위치를 점하고 있다. 문학은 언론, 잡지, 서적 등 공개된 장을 요구하는 속성을 갖고 있다. 그 때문에 친일 문학은 관심만 갖고 있다면 가장 잘 드러날 수 있었다. 아무리 눈에 잘 띄인다 하더라도 문제의식이 없으면 그것이 연구자에게 다가올 수 없다. 일제 강점기에 대한 철저한 역사의식과 함께 친일파를 응징하지 않고서는 해방 후의 정치·경제·문화·종교·법조·경찰과 군대 등 여러 분야에서 새로운 조국을 건설할 힘이 나올 수 없다는 깊은 인식 위에서 임종국 선생은 먼저 문학 방면의 친일 상황을 이 책으로 정리했던 것이다. 따라서 이『친일문학론』은 선생 자신의 연구뿐만 아니라 이 분야 연구자들의 다른 연구에 대해서도 선구적인 업적이라고 하지 않을 수 없다. 그런 점에서 이 책의 역사적 의의가 자리매김될 수 있다고 본다.

이번에 우리는 친일인명사전편찬위원회를 발족하면서『친일문학론』을 재간행하기로 했다.『친일문학론』이 친일파 연구에 중요한 계기를 마련해 주었다는 역사적 의의 외에 학계의 일제 강점기 및 친일파 연구가 일정하게 임종국 선생과『친일문학론』에 빚지고 있다는 판단에서다. 또한 친일인명사전 편찬을 본격화하는 이 시점에『친일문학론』의 엄정함은 편찬사업의 훌륭한 길잡이가 될 수 있다고 믿기 때

문이다. 『친일문학론』의 독자들이 갖는 바람이 친일인명사전 편찬 사
업의 결실을 앞당기는 학문적·운동적 차원의 실천으로 이어지길 간
절히 바라면서 재발간사에 갈음한다.

2001년 12월 2일
친일인명사전편찬위원장 이만열

8월, 국치와 광복 그리고 역사의식

8월, 수치와 환희의 역사

8월 하면 가장 먼저 떠올리는 것이 8·15해방이다. 이를 광복절이라
고 한다. 지금부터 67년 전 한국이 일제의 침략으로부터 해방되었고
그 3년 후 8·15는 비록 통일된 정부는 아니지만 대한민국이 정식 정부
를 세워 국민으로부터 축하를 받을 수 있었다. 그래서 8·15는 해방절
이자 광복절이라고 할 수 있다. 한때 어느 정신없는 이가 이날을 '건국
절'로 하자고 앞뒤 생각지 않고 천방지축으로 떠들던 것이 기억난다.
우리나라의 건국절은 전통적으로 개천절이 대신하고 있고, 대한민국
의 건국일은 임시정부 이래 중국에서부터 4월 11일로 지키고 있다.

8월이 되면 또 역사적으로 기억할 만한 날이 있다. 8월 29일 '국치
일'(國恥日)이다. 나라가 치욕을 겪었던 날이라는 뜻이다. 102년 전 8
월 29일, 대한제국이 '한국병합에 관한 조약'이라는 문서 한 장에 의해
일본 제국에 '병합'되고 그 이름은 지구상에서 사라졌다. 1945년 해방
으로 나라가 해방과 독립의 길을 걷고 있으나, 아직도 완전한 국권 회
복에 해당하는 광복은 이뤄지지 않았다. 통일 조국이 오기 전에는 완

전한 광복이 이뤄졌다고 할 수 없다.

8월은 또 구한국군이 해산된 날이었다. 1905년 11월 18일 새벽에 강제된 〈을사늑약〉(乙巳勒約)으로 외교권을 빼앗은 일제는 〈을사늑약〉의 후속 조치로 통감부를 설치하는 한편 고종(高宗)이 〈을사늑약〉을 승인하도록 위협하기도 했다. 그러던 차 네덜란드 헤이그에서 만국평화회의가 열린다는 것을 알게 된 고종(高宗)은 〈을사늑약〉이 자신이 원하는 바가 아니며 일제의 강제에 의해 이뤄졌다는 것을 만국에 호소하기 위해 이상설, 이준, 이위종 등의 '밀사'(密使)를 파견했다. 이토 히로부미(伊藤博文)는 이를 계기로 고종을 겁박하여 순종에게 섭정토록 했다. 그러나 일제가 농간을 부려 그 섭정안이 양위안으로 바뀌어 순종(純宗)이 즉위하게 되었다. 양위와 더불어 일제는 한일신협약(韓日新協約)을 강제했고 그 부수각서로서 군대 해산이 결정되어 8월 1일 군대 해산이 강제되었다. 이날 시위 1연대 1대대장 박승환(朴昇煥)의 자결은 한국군의 항일항쟁을 유도하게 되어 격렬한 전투가 벌어지게 되었고, 이로써 군문을 떠난 많은 한국군이 의병에 가담하게 되어 의병의 전력이 현저히 보강되었다.

8월은 우리나라에만 이런 극적인 날들이 있는 것은 아니다. 일본에도 심대한 영향을 준 달이다. 태평양 전쟁 중에 있던 1945년 8월 6일과 9일은 히로시마(廣島)와 나가사키(長崎)에 원자폭탄이 투하되어 연합군에 항복하지 않을 수 없게 되었다. 8월 8일 소련의 대일선전포고에 이어 8월 10일에는 일제가 중립국을 통해 연합국에 포츠담선언을 무조건 수락한다고 알리게 되었다. 드디어 8월 15일에는 일황 히로히토(裕仁)가 직접 항복 선언을 발표함으로써 한국은 35년간의 일제의 사슬에서 벗어나게 되었다.

국치일을 맞으면서 일본과는 어떤 관계에 있는가. 1965년 6월 22

일 한일기본조약으로 국교가 정상화되었다고 하나, 아직도 많은 문제가 남아 있다. 벌써 1천 회가 넘도록 진행하고 있는 '일본군성노예'(日本軍性奴隷) 문제와 관련, 일본대사관 앞에서의 '수요집회'는 끝날 줄을 모르고 있다. 일본의 극우세력은 오히려 일본대사관 앞의 소녀상에 모욕을 가하고 있는 실정이다. '뼛속까지 친일'이라는 이명박 정권하에서는 기대하지도 않았지만, 대법원에서 보상 판결이 났음에도 불구하고 일본 정부와 일본의 기업들은 그 책임을 이행할 생각을 하고 있지 않다. 또 독도는 역사적으로나 국제법적으로 한국의 영토이고, 실효적으로 지배하고 있음에도 일본은 해마다 떼고집을 부리고 있다.

그뿐인가. 1972년 이래 일본 역사 교과서의 한국사 왜곡은 해마다 그 강도를 더해 가고 있다. 한때 한일역사공동연구위원회를 조직하여 그 쟁점을 논의 연구하려고 했으나 이 정권 들어서서는 아예 그런 노력조차 하지 않는다. 그들은 일제의 식민주의사관인 한국사의 타율성론(他律性論)과 정체성론(停滯性論)에 입각하여 한국사의 주체성을 부정하고 아직도 그들의 한국 침략과 강점을 정당화하고 있다. 이 같은 그들의 주장에 한국인 사회경제사학자들이 동조함으로 소위 '식민지근대화론'은 식민주의사관론자들의 주장을 합리화해 주고 있다. '식민지근대화론'이 이명박 정권에 들어서서 기승을 부리고 있는 것은 대일 관계에서 주체성을 회복하지 못하고 있는 이 정권의 속성과 관련해서 주의 깊은 관찰을 요청하고 있다.

이런 상황에서 102주년 국치일을 맞아 역사의식을 새롭게 고양할 필요를 느낀다.

'국치'(國恥)에 이르는 과정

청일전쟁(1894)에서 승리하여 한국에서 청나라의 세력을 구축한 일본은 곧 러시아·독일·프랑스의 삼국간섭을 맞게 되었다. 특히 러시아의 압박이 심했다. 한반도에 세력을 뻗친 러시아는 아관파천(俄館播遷, 1896. 2.)을 계기로 한국에 대한 지배권을 강화했다. 그런 가운데 독립협회가 창립되어 민권 신장을 통해 국권을 강화하려는 민간 운동이 일어났다. 그러나 이러한 민간 운동에 고종(高宗)은 힘을 보태기는커녕 오히려 황제권 강화로 대응했다. 민관의 협력으로 독립을 강화하려는 저간의 노력은 그 방향을 잃게 되었다.

러시아와 일본이 한국과 만주의 이권을 두고 전쟁으로 돌입하게 된 것은 1904년 2월이다. 한국은 중립을 선포했으나 일제의 강제에 의해 결국 중립 의지는 수포로 돌아갔다. 힘이 없는 중립은 그 스스로를 지킬 수 없다. 일제는 그 군대를 서울에 진입(1904. 2. 9.)시키는 한편 그 이튿날(2. 10.)에는 러시아에 대해 선전포고를 했다. 일제는 한국에 대해 한일의정서(1904. 2. 23.)를 강제하고 러시아와 체결했던 모든 조약과 협정의 폐기를 강요했다(1904. 5.). 1905년 5월 일본 해군이 대마도 근해에서 러시아의 발트함대를 격파한 것을 계기로 일본군의 우세가 점쳐졌고, 미국 루스벨트 대통령은 러시아와 일본의 중재에 나섰다. 한편 러일전쟁에서 일제를 지원하던 미국과 영국은 〈가쓰라-태프트 밀약〉(1905. 7. 29.)과 〈제2차 영일동맹〉(1905. 8. 12.)을 통해 일제의 한국에 대한 독점적 지배를 승인하게 되었고, 1905년 9월 5일 러일전쟁의 종결을 의미하는 〈포츠머스 강화조약〉으로 한반도에서 이해관계를 겨루고 있던 러시아가 일제의 한국에서의 우선권을 인정하게 되었다. 이렇게 당시 강대국의 동의를 얻은 일제는 그해 11월 18일 새벽 〈을사늑약〉(乙巳勒約)으로 한국의 외교권을 빼앗는 한편 한국의 외교를 관장한다는 명분으로 그 이듬해 통감부를 설치했다. 〈을사늑약〉의 불법성에 대해서는 별도의 설명이 필요하다.

〈을사늑약〉에 대해 동의하지 않은 고종은 1907년 4월, 이상설, 이준, 이위종을 헤이그 만국평화회의에 파견했다. 그러나 이 사신 파견을 빌미 삼아 통감 이토 히로부미(伊藤博文)는 고종을 겁박하여 황태자에게 국정을 대리시킨다는 조칙을 발표토록 하고 실제로는 양위토록 했다. 이어서 〈한일신협약〉(7. 24.)을 강제하여 일본인 차관을 임명토록 하는 등 한국의 행정권을 빼앗았다. 이어서 한국 군대를 해산하자(8. 1.), 박승환 대대장의 자결을 계기로 항일운동이 격렬하게 전개되었고, 해산된 병력이 의병에 합류함으로 의병운동의 전력이 한층 강화되었다.

한국에 대한 일제의 침략 야욕은 여러 방면에서 전개되었다. 일제는 한국의 의병부대를 진압하기 위해 한국의 세수를 증대시켰으며, '동양척식회사'(東洋拓殖會社)를 설립(1908. 12.)하여 일본 농민의 한국 이주를 추진했다. 일제는 또 외교권 행정권 박탈과 군대 해산에 이어 1909년에는 '기유각서'(己酉覺書)(7. 12.)를 통해 사법권을 박탈했다. 일제는 청나라와의 '간도협약'(間島協約)(9. 4.)을 통해 한국인이 거주하고 있던 간도 지역의 관할권을 청나라에 넘기고 그 대신 안봉선 철도 부설권을 얻었다.

일제는 부통감 소네(曾禰荒助)를 통감으로 임명(1909. 6. 15.)하고, 경찰권을 '위탁'받는 형식으로 한국의 치안권을 박탈(6. 30.)하고 헌병 경찰제를 실시했다. 1910년에 들어서서 한국 병합을 본격화하기 위하여 일본의 육군 대신 데라우치 마사타케(寺內正毅)를 통감에 임명(5. 30.)했다. 데라우치는 부임 이후 곧 한국 병합에 착수하여 8월 22일에는 이완용(李完用)과의 사이에 〈한일합병조약〉을 조인하고 8월 29일에 공포하여, 대한제국은 조선으로 개칭되고 조선총독부가 설치되었다. 이로써 518년간 계속되던 조선 왕조는 역사에서 사라지게 되었다. 학계에서는 당시 조약 체결 과정에 대해서도 문제를 제기하고 있다. 당시 조인된 〈한국병합에 관한 조약〉은 이 글 끝에 나온다.

'국치'(國恥) 원인론과 역사의식

일제가 한국을 강점하려고 할 당시 우리 선조들은 국권을 수호하고 독립을 유지하기 위해 다방면으로 노력했다. 19세기 말의 동학농민혁명(東學農民革命)과 거기에 자극받아 이뤄진 갑오개혁(甲午改革)은 그런 노력의 중요한 단초가 된다. 동학농민혁명이 일어났을 때 지배층은 농민층이 요구하는 개혁적인 요구를 수용하지 않고 오히려 외세에 의존하여 이를 제압하고자 했다. 그 때문에 결국 청일전쟁이 일어나게 되었다. 한민족공동체의 앞날을 예견하는 지도자라면 또 나라의 힘이란 결국 민력(民力)이 바탕이 되지 않으면 안 된다는 것을 지실(知悉)했더라면, 상황이 대단히 어렵긴 하지만 농민과 대화하면서 공동체가 살 수 있는 방안을 합의했어야 했다. 그런 방안을 내지 못했던 것은 당시 아직도 민중 대신 양반 지배층이 사회를 지도하는 상황이라는 관점에서 본다면, 지도자의 한계에서 기인한 것이라고 할 수 있다. 당시 고종을 비롯한 지배층은 백성들의 요구를 들어 민력을 튼튼히 하여 국력을 강화하려는 생각은 하지 않고, 당장 청나라의 무력을 빌려서 이를 제압하고자 하는 졸책(拙策)을 선택했다. 이것은 당시 나라를 걱정하는 지도자나 지배계층이 취할 방책은 아니었다.

기회는 또 있었다. 청일전쟁 후 일제와 러시아가 한국에 대한 우위권을 두고 다투고 있을 때, 독립협회 운동이 일어났다. 큰 틀에서 본다면 역시 민권 신장을 통해서 국권을 강화하려는 것이었다. 자주와 독립이 그들이 내세운 목표였고 실천 과제였다. 동학농민혁명 때보다는 양반 지배층이 타협할 공간은 더 넓었다. 국제관계에서 상당한 경험을 쌓았고, 백성들의 요구와 지배층의 개화 의지도 상당한 정도로 확인된 만큼 정치력을 발휘하여 민력에 바탕한 국권 강화에 상당한 탄력을 발휘할 수 있었다. 그러나 시대를 제대로 읽지 못해 '암군'(暗君)이라 해도 변명의 여지가 없을 고종은 시대적 요구와 백성의 진정성에 화답하지 못하고 '황제권의 강화'로 응답했다. 백성의 힘을 키워서 국력을 신장하고 자주독립을 유지해야 할 상황에서 '황제권 강화'는 그 반대의 선택이라고 하지 않을 수 없다. '황제권 강화'가 학자들이 말하는 '광무개혁'(光武改革)이라는 반짝 효과는 가져왔을지는 몰라도 국권 수호를 위한 장기적인 방향이라고는 할 수 없다.

두 차례에 걸친 기회는 당시 양반 지배 세력이 우리 사회를 이끄는 중추적인 세력이라는 점에서 대단히 중요한 의미를 갖는다. 한말에 찾아온, 민중 세력을 기반으로 하여 국권을 새롭게 정립할 수 있는 기회를 그냥 보내버렸을 때, 민중들은 다시 기회를 포착하려고 했다. 백성들 스스로가 나라를 구하고자 벌인 산발적인 애국운동이었다. 무력으로 나라를 구하고자 하는 의병운동과 교육과 산업 등 실력양성으로 나라를 구하고자 하는 애국계몽운동이었다. 19세기 초 이래 자기 사회 내부의 모순에 저항하면서 농민운동을 전개했던 민중 세력은 동학농민운동을 계기로 '척양척외'(斥洋斥倭)의 기치를 내걸고 반제운동(反帝運動)을 벌이게 되었고, 이것은 곧 의병운동으로 발전하면서 항일의병운동으로 발전하게 되었다. 앞에서 간단히 언급한 대로 1907년 대한제국 군대의 해산으로 종래 농민 중심 의병의 전력이 강화되어 갔던 것이다. 한편 실력양성운동의 측면에서는 학교를 세워 계몽운동을 벌인다, 결사체를 만들어 항일적 사회조직망을 강화한다, 기업체를 세우고 산업을 일으켜 부강한 국가를 만들려고 했지만, 개항 이래 침투한 일본의 경제력과 청일전쟁과 러일전쟁을 계기로 침입한 일제의 군사력은 우리 사회의 자주력을 상당 부분 잠식하고 있어서 우리의 운신을 어렵게 만들었다. 당시 2천여 개가 넘는 학교에서 애국계몽교육이 이뤄지고 수백 회의 의병운동에 수만 명의 의병이 희생되었지만, 나라를 구하는 데는 한계가 있었다. 1905년 이후에는 자정순국(自靖殉國)하는 이들도 많이 나왔고, 장인환·안중근·이재명과 같이 친일매국 세력에게 철퇴를 가하는 이들도 있었지만, 나라의 자주를 지키는 데는 실패했다.

침략 세력은 한국에서 지배 세력만 움직이면 나라까지 도둑할 수 있다고 판단했다. 민중 세력이 취약했고 진신 관료층과 양반 지배층이 나라의 운명을 결정한다는 것을 터득하고 있었다. 침략 세력은 철저히 민중 세력과 양반 관료 세력의 이간을 획책했다. 그리하여 민중 세력의 의병운동과 애국운동에도 불구하고 문서 몇 장으로 나라를 훔칠 수 있었다. 그 문서에는 위로는 황제와 그 후예들, 양반 관료들의 안정보장이 약속되어 있었다.

'국망 원인론'을 이렇게 진단할 수 있다면, 국치 102주년을 맞으면서 가져야 할 역사의식의 대망(大網)은 자명(自明)하다. 그것은 무엇보다 백성(민중)의 힘을 키워야 한다는 것이다. 백성의 힘이 튼튼하고 백성이 그 눈과 귀를 맑게 하여 바른 결단과 행동을 하도록 해야 한다. 지배자가 서명한 문서 한 장에 나라가 좌지우지되는 그런, 지배자 중심의 나라가 되어서는 안 된다. 이것은 비단 나라의 운명을 거는 중대한 일뿐 아니라 오늘날 나라의 이름으로 이뤄지는 모든 일이 한두 사람의 독단에 의해서 이뤄지게 해서도 안 된다는 중요한 교훈을 얻을 수 있다. 지배자가 어리석은 결정을 하더라도 국민의 동의 없이는 그걸 집행할 수 없도록 하는 시스템이 건강한 백성을 기반으로 조성되어야 한다.

건강한 백성이 성장하려면 먼저 양극화 현상부터 지양되어야 한다. 양극화가 자심한 상태에서는 민력이 고루 성장할 수 없다. 튼튼한 사회는 사회적 균형이 유지되는 데서 가능한 것이다. 양극화 현상이 사회적 균형으로 변화되기 위해서는 손상익하(損上益下), 하후상박(下厚上薄)의 뼈를 깎는 노력이 필요하다. 이것이 안보의 요체요, 국방을 담지하는 버팀목이다. 당장은 눈과 귀를 흐리게 하는 사이비 언론을 정비하고 정론에 입각한 국민 여론 형성에 힘써야 한다. 국민 여론에 바탕한 백성의 힘이 지배자의 탐욕을 누르고 제어할 수 있어야 한다. 제2의 이완용이 발붙일 수 없도록 사회적 역량을 강화해야 한다.

일본과의 관계를 재정립하는 노력이 필요하다. 일본은 아직도 제국주의 시절의 만행을, 적어도 우리에게만은 제대로 회개하지 않았다. 독도 문제, 일본군 성노예 문제, 배상 문제, 사할린 동포 문제, 원폭 피해자 문제 및 역사인식 문제에서 그렇다. 그런 상황에서 정부가 최근 추진한 〈한·일(군사)정보보호협정〉은 그간의 한일 관계의 현주소를 완전히 무시한 처사로 보인다. 어쩌면 우리 백성들은 〈을사늑약〉과 〈한국병합조약〉에서 보인 '종이 한 장'의 실체를 이 시점에서도 경험한 것이 아닌가 생각한다.

바른 역사의식이 현재와 미래를 향도할 수 있도록 해야 한다. 이 정권이 뒷받침받고 있는 식민지근대화론 같은 일제식민주의사관은 하루속히 청산해야 한다. 열린 민족주의를 바탕으로 세계사적 거시 안목을 확보해야 한다. 그럴 때 우리의 완전한 해방 독립은 통일 조국이 이뤄질 때임을 인식하게 될 것이다. 그럴 때 우리의 고통스러운 분단 경험이 남북은 물론 세계와의 공생공영에 도움을 줄 것이다. 이제는 우리의 식민지 경험이 부끄러운 것으로만 타기될 것이 아니라 쓰라린 그 경험을 살려 지금도 제국주의 압박하에서 신음하거나 고통받고 있는 세계 민중을 향해 그들의 고통에 동참하고 그들의 눈물을 씻겨 주는 매개체가 될 수 있을 것이다.

〈한국병합에 관한 조약〉

제1조, 한국 황제폐하는 한국 전부에 관한 일체의 통치권을 완전하고도 영구히 일본국 황제폐하에게 양여한다.

제2조, 일본국 황제폐하는 이 양여를 수락하고 한국 전부를 일본제국에 병합하는 것을 허락한다.

제3조, 일본국 황제폐하는 한국 황제폐하 태황제폐하 황태자전하 및 后妃 後裔에게 각기 지위에 상당한 존칭 위엄 및 명예를 향유하게 하고 또 이를 보유하는 데 충분한 歲費를 공급할 것을 약속한다.

제4조, 일본국 황제폐하는 前條 이외에 한국 황족 및 그 후예에 대해 각기 상당한 명예 및 대우를 향유하게 하고 또 이를 유지하는 데 필요한 자금을 제공할 것을 약속한다.

제5조, 일본국 황제폐하는 勳功있는 한국인으로서 특히 표창하기에 적당하다고 인정되는 자에 대해서는 榮爵을 주고 恩金을 공여한다.

제6조, 일본국 정부는 병합의 결과로서 전연 한국시정을 담임해 同地에 시행하는 법규를 준수하는 한인의 신체 및 재산에 대해 충분히 보호를 제공하고 또 그 복리 증진을 도모한다.

제7조, 일본국 정부는 성실 충실히 신제도를 존중하는 한국인으로서 상당한 자격 있는 자를 사정이 허락하는 한 관리에 등용한다.

제8조, 본 조약은 일본국 황제폐하와 한국 황제폐하의 재가를 얻어서 공포하는 날로부터 시행한다.

(2012. 8. 27.)

청문회, 부메랑 그리고 역지사지(易地思之)*

총리 후보로 지명된 분(김용준)이 낙마한 지 열흘이 지났지만, 아직도 그 후속 조치가 취해지지 않고 있다. 인수위 윤 대변인은 6일 기자회견에서 국무총리 지명과 관련, "아직까지 아무런 움직임이 없다"고 했다. 지명받은 후 다시는 낙마하는 일이 없도록 사전 검증 자체를 그만큼 꼼꼼하게 하고 있는 것으로 이해한다. 대통령 취임식과 새 정부 출범이 이달 25일이라는 것을 생각하면 빡빡한 일정에 불안한 마음마저 든다.

우리나라의 인사청문회 제도는 2000년 김대중 정권 때에 도입되었다. 그때에는 대법원장, 헌법재판소장, 국무총리, 감사원장 그리고 대법관이 대상이었다. 사법부와 행정부의 비선출직 최고위층에 대한 검증이 필요하다는 취지에서 시작했을 것이다. 대통령이나 국회의원 같은 선출직은 선거 과정을 통해 그 신상이 어느 정도 밝히 드러나지만,

---

* 이 글은 새 정부 출범에 앞서 인사청문회 논란을 보면서 페이스북 친구들과 나누고자 하는 것입니다. 늘 부담이 되는 것은 내 의견을 개진한 후 친구들의 질문과 의견에 답해 주지 못하는 것입니다. 먼저 이런 사정을 이해해 주시기를 바랍니다.

비선출직은 선거라는 국민적 검증을 거치지 않고 국가의 고위직에 취임하고 있다. 그 때문에 국민을 대표하는 국회는 국민을 대신하여 그들의 인품과 능력에 대한 됨됨이를 평가하여, 그들이 그런 고위직에 앉아도 될 것인지를 검증하는 것은 당연하다고 할 것이다.

그 뒤 당시 야당인 한나라당이 거듭 인사청문 대상의 확대를 요구하여 2003년에는 국정원장, 검찰총장, 국세청장, 경찰청장까지 확대했다. 이어서 한나라당은 2005년에는 행정부의 장관까지 인사청문회를 거치도록 했다. 바로 그때 이 제도의 확대를 주장했던 한나라당의 대표는 박근혜 당선인이었다. 당시 인사청문회 제도의 확대 시행을 요구했던 한나라당은 그 청문회를 통해 공세도 취하여 어느 정도 정치적 성과도 거두었다.

최근 새누리당에서는 까다로워진 청문회 제도를 두고 '신상 털기'라고 비판하고 나섰지만, 그 청문회를 까다로운 '신상 털기'식으로 운용한 것은 바로 한나라당이었다. 그때 야당이었던 한나라당은 몇 사람을 낙마시켰다. 김대중 대통령의 '국민의정부' 때에 장상, 장대환 국무총리 후보를 낙마시킨 것은 말할 것도 없고, 노무현 대통령의 '참여정부' 시절에는 윤성식 감사원장 후보자를 낙마시킨(2003) 데 이어, 2006년에는 전효숙 헌법재판소장 후보자를, 김병준 교육부총리 후보자에게는 '자기 표절'이라는 딱지를 붙여 낙마시켰다. 되돌아보면 지난 MB정권 때에도 낙마한 경우가 없진 않지만, 그러나 '국민의정부' 때나 '참여정부' 때에 적용했던 그 엄격한 기준으로 한나라당이 자기검열에 충실했더라면 몇 사람이나 그 관문을 통과했을지 의문이다. 그 정도로 한나라당은 자신들이 야당 때에 가졌던 청문회 검열 잣대를 느슨하게 풀어버렸다. 그러고는 자기들처럼 잣대를 들이대는 언론과 유권자를 향해 삿대질하면서, "이따위로 검증을 하면 어떻게 좋은 인재를 쓸 수 있겠느냐"고 아우성을 치고 있다. 이런 걸 적반하장(賊反荷杖)이라 한다.

새 정부의 출범에 앞서 당선인과 집권당은 청문회 제도를 불편해하고 있는 것이 역력하다. 그렇게 곤경을 겪는 것은 따지고 보면 현재 집권당인 새누리당이 자기들이 야당 시절 확대했고 그 시행을 엄격히 요구했던 그 '신상 털기'식 선례(先例) 때문이라고 생각한다. 그때 집권 여당(현 야당)에 대해서 감행했던 '만용'이 지금 에누리 없이 부메랑이 되어 되돌아올 줄이야, 이는 선견지명(先見之明)이 없는 단견(短見)에 머문 우리의 정치풍토 때문일 것이다. 정치에서 필수불가결한 관용(寬容)이란 말은 남의 약점을 대하는 태도에서 가장 잘 드러나야 하고, 반대로 상대방의 장점을 대할 때에는 아낌없는 칭찬과 격려로 나타나야 한다. 이런 자세가 경쟁 위주의 살벌한 정치판에서도 상생의 공동체를 세우는 길일 터이다. 이런 때에는 자주 '그러니 진작 역지사지(易地思之)해야지' 하는 말이 떠오른다.

이런 과거를 갖고 있는 당선인과 새누리당이 최근 새 정부 출범을 앞두고 청문회 무력화 전략을 시도하고 있다. 여당의 국회 총무 이한구는 헌법재판소장 후보 이동흡에 대한 청문회를 두고 '인격살인 도살장' 같다고 비난하면서, 과거 한나라당이 어떻게 했는가에 대한 반성은 없이 청문회의 폐해를 부각시키기에 앞장섰다. 그런 용기 있는 총무의 자가당착적 만용에 힘입어 청문회 무력화를 열창하는 새누리당 의원과 당료는 한두 사람이 아니다. 한자리 노리는 아첨꾼이 아닐까. 거기에다 총리 후보가 낙마한 후, 당선인의 발언에는 청문회를 통해 검증된 인물이 발탁되기를 기대했던 유권자들에게 실망을 안겨 주는 내용들이 묻어 있다. 그는 "죄인처럼 혼내는 인사청문회 때문에 나라의 인재를 데려다 쓰기가 어렵다"라고 언급하는가 하면, 청문회를 '신상 털기'로 '피해를 주는' 과정이라고 말하면서 거부감을 나타내기도

했다. 결국 그가 생각하는 청문회는 그의 '밀봉인사'를 무탈하게 통과시키는 것이어야 한다는 것이 아닐까. 이것은 그가 야당 시절에 보여주었던 태도와는 상반된 것이며 이중적이라고 하지 않을 수 없다. 그 때문인지, 여당 의원들을 향해서 새 정부 출범에 협조해 달라고 당부하면서도 그가 정작 내놓아야 할 후보 명단은 미루고 있는 실정이다. 설마 새 정부 출범을 앞두고 한꺼번에 총리와 장관 후보들을 여러 명 내놓고 그걸 어느 시점까지 통과시켜 달라고 부탁하고 그 다급한 기간을 내세워 주마간산격(走馬看山格)으로 청문회를 치러 주기를 은근히 요구하는 것은 아닐는지, 그런 느낌을 갖는 것은 나 혼자뿐일까.

고위공직자를 발탁하여 쓰되 국민 대표기관의 엄격한 청문 과정을 거쳐야 한다는 것은 이제 10여 년의 역사를 거치면서 부동의 위치를 차지하게 되었다. 그러나 그것이 '신상 털기'식 혹은 '인격살인'으로 간다는 것이 사실이라면 그것은 결코 바람직한 것이 아니다. 그렇다고 이미 중요한 정치적 제도로 자리 잡은 현 청문제도를 집권 여당의 의도대로 대체입법 과정을 통해 당장 무력화하고 편의 위주로 운용하겠다면 그것은 더구나 온당치 않고 유권자의 저항마저 불러일으킬 것이다. 지금의 청문제도는 새 정부를 탄생시키는 중요한 여러 시스템의 하나다. 불편하니까 이것만 갈아 끼우고 가자는 것은 합리적이지도 않고 유권자를 설득시키지도 못한다. 지난번 대선 때 투표율을 올리기 위한 투표 시간 연장이 상당한 호응을 얻어 대두되었지만, 선거 시스템이 이미 작동하고 있는 상황에서 새롭게 룰을 변경한다는 것은 있을 수 없다는 당선인의 주장이 설득력을 얻어 흐지부지되었던 적이 있다. 이 경우에도 청문회 제도를 손보겠다면 그 시기는 새 정부 출범 이후가 되어야 마땅하다고 본다.

새누리당이 청문회 제도를 손보자면서 가장 방점을 두는 것은 국민의 공분과 여론 악화에 가장 민감하게 반응하는 대목이다. 즉, 재산과 병역, 세금 등 도덕성 검증을 비공개로 하자는 것이다. 지금까지 낙마한 대부분의 경우가 바로 이런 도덕성 검증에서 실패했다는 것을 잘 알기 때문이다. 이는 새누리당이 이 점에서 좀처럼 자신을 갖지 못한다는 것을 의미하는 셈인데, 그렇다면 더구나 도덕성 검증의 비공개화를 통해 유권자들을 설득하는 것이 무리라는 것을 그들 자신이 몰라서 그러는 것일까. 우리 사회는 과거 재산과 병역, 세금 등에서 부정이 있으면 그걸 도덕적 하자로 보지 않고 처세에 능한, 그래서 능력이 있는 것으로 간주해 왔던 것이 사실이다. 이것은 정의와 도덕을 내세우지 않아서가 아니라 불의와 부정을 어쩔 수 없이 용납해 왔던 사회적 관행 때문이다. 이런 관행을 극소수의 고위공직자 선발에서부터 바로 잡아 보자는 것이 청문회 제도라고 이해한다. 다시 말하면, 고위공직자부터 정의와 도덕의 잣대로 능력을 검증하겠다는 것이다. 이 제도는 적용 대상은 얼마 되진 않지만 앞으로 고위공직자를 선망하는 이들에게는 큰 경종을 울려 주고 있으며 젊은 시절부터 자기 관리에 나서지 않을 수 없게 사회 분위기를 만들어 가고 있다. 과거 불의불법한 토대 위에서는 재산과 병역, 세금 등을 적당히 피하는 요령이 있으면, 그것이 마치 능력이 발휘되고 입증되는 것처럼 보였다. 그러나 그것은 정의와 도덕의 사회에서는 발휘될 수 없는 능력이었다. 따라서 인사청문 제도하에서는 고위공직자로 그 능력이 입증되자면, 개인의 능력과 사회의 정의·도덕이 불일치에서는 곤란하고 일치하는 데서 가능하다는 메시지를 던져 주고 있다. 이것이 정의사회를 이룩해 가는 과정이고 정치가 추구하는 중요한 목적의 하나라고 생각한다. 인사청문 제도에서 추구하고 있는, 고위공직자의 능력이 엄격한 도덕성을 바탕으로 발휘되어야 한다는 것은, '수신제가치국평천하'(修身齊家治國平天下)의 동양적 가치관을 정치 시스템화하는 장치라고 할 수는 없을까. 도덕적으로 자기 자신과 집을 제대로 다스릴 수 있어야만 공직을 맡을 수도 있고 공직에서 능력을 발휘할 수도 있다는 의미다. 그런 점에서 청문회 제도는 우리의 전통적 가치관과도 부합하는 것이다.

지금과 같은 좀 지나치다고 생각될 정도의 엄격한 이 인사청문 제도를 앞으로 10년 정도만이라도 성실하게 시행, 안착시킬 수 있다면 우리 사회의 도덕·정의 관념과 개인적 능력을 일치시키는 사회적 합의를 이끌어 내는 데에 크게 기여하리라고 본다. 그러나 MB정권하에서 운용된 청문제도에서나 보수를 자처하면서도 도덕적 행위를 청문의 공개 대상으로 하자는 것을 꺼리는 이런 풍토하의 청문제도로는 더 많은 시간을 요할는지 모른다.

도덕적 행위를 인사청문의 공개 대상에서 제외하려면 그만한 여과 장치를 엄격히 마련해야 한다. 공개적인 청문회에 나오기 전에 거쳐야 하는 사전 검증 단계를 철저히 해야 한다는 뜻이다. 미국의 경우, 후보자들은 먼저 그들이 적어내는 200개 이상의 항목의 질문서에 성실히 답해야 한다. 가족 범위도 본인 외 배우자·자녀뿐인 우리나라와는 달리 '부모, 배우자의 부모, 형제, 후견인까지 포함'되며 특히 최근 7년간 후보자의 거주지를 확인해 줄 수 있는 이웃 지인(知人)까지 써내게 한단다. 200여 개의 문항에는 '불법적인 마약 소지나 사용 경험 등 전과 기록과 세금 체납이나 소득세 신고를 하지 않은 경험 등 납세 정보도 중요 항목'이다. 이런 사전 검증의 정보들을 바탕으로 백악관 인사처, 연방수사국(FBI), 국세청(IRS), 공직자윤리위원회가 검증에 나선다고 한다. 이렇게 철저한 과정을 거치기 때문에 상원의 인준이 거부되는 경우가 '1960년부터 2000년 사이에 6명밖에' 나오지 않았을 정도로 극히 드물었다고 한다. 우리와는 대조되는 대목이다.

지금 논의되고 있는 청문제도의 개선 논의는 새 정부의 출범을 위한 임시 방탄막으로 활용되어서는 결코 안 된다. 그것이 새누리당이 주장하는 것처럼 인사청문 제도의 약화를 주장하는 것이어서는 더더구나 옳지 않다. 새누리당의 구상대로 된다면, 그러지 않아도 MB정권 하에서 연속 추락해서 이제는 세계투명성기구의 2012년 '한국 반부패지수 45위'(100점 만점에 56점, OECD 34개국 중 27위)를 더 추락시키는 결과를 가져올까 두렵다. 공개 검증이 가져오는 한계를 인식한다면 지금의 여야 대치 관계를 떠나 무엇보다 역지사지(易地思之)하면서 중지를 모아야 할 것이다. 자기가 청문회 대상이 되었을 때를 상정하면서 중용의 길이 무엇인가를 찾아내야 한다. 자칫 순간적인 이해관계를 극복하지 못해 편파적으로 개정을 논의하다 보면 그것이 언제 부메랑이 되어 다시 자신에게 되돌아올는지 알 수 없다. 최근 시민단체와 일부 야당 의원들도 진지하게 논의에 접근하고 있는 만큼 정치권은 여야를 초월하여 현재의 청문제도를 개정하되, 시스템화된 지속적이고 더 광범위한 사전 검증을 통하여 공개 검증이 갖는 약점을 합리적으로 지양·보완하는 것이어야 할 것이다.

(2013. 2. 6.)

'개표부정' 의혹, 언제까지 침묵해야 하나

국정원 '선거개입' 문제는 그동안 잠복된 더 심각한 문제를 떠오르게 한다. 선관위가 방치하다시피 한 '개표부정'이다. 이것은 작년 말 대선 때에 문제로 제기되었고, 대선 뒤 유권자에 의한 선거무효소송, 해외의 유권소운동으로 진전되었으며, 최근에는 중앙선관위와 지역선관위 관련자들이 검찰에 고발된 상태다.

'개표부정'과 관련, 먼저 '전자개표기' 문제를 들 수 있다. 16대 대선 개표에서 사용된 전자개표기가 그 뒤 전산 조직(컴퓨터시스템)으로서 공직선거법 부칙 제5조를 위반한 '불법 장비'임이 드러나자, 대법원 재판부는 선거소송에서 피고인 중앙선관위가 제시한 '서면 자료'를 그대로 인용한 판결에서 '단순 기계 장치'라 했고(2003), 선관위는 이를 '투표지분류기'라는 용어로 바꾸었다(2006). 시민단체들은 선관위의 '서면 자료'를 그대로 받아들인 대법원을 두고 선관위와의 유착성을 지적하기도 한다. 아무튼 단순 기계 장치라 했건 투표지분류기라 했건 그것이 제어용컴퓨터와 투표지분류기로 구성된 통합체로 되어 있는 한 그 명칭이 어떻게 바뀌어도 전산 조직인 전자개표기임이 분명하다. 항변자들은 제어용컴퓨터가 없는 투표지분류기를 전기코드에 입력해도 전혀 움직이지 않기 때문에, 투표지분류기는 대법원이 말한 단순 기계 장비가 아니고 전산 장비라고 주장한다.

더 따져야 할 것은 그 기계가 선관위의 주장대로 투표지분류기라 하더라도, 선관위 내부시행공문에 전산 조직으로 명시되어 있기 때문에 공직선거법 부칙 제5조의 규정 범위를 벗어난 선거(대통령, 국회의원, 시도지사)에 사용된다면 그것은 직권남용으로 불법이라는 것이다. 법이 그렇다면 그것이 투표지분류기인가 전자개표기인가를 떠나서 보궐선거 이외에는 사용될 수 없다는 것이다. 더구나 "전자개표기를 통과하면서 혼표, 무효표가 발생"했다는 것은 "소프트웨어(운용프로그램) 조작" 의구심마저 들게 했다. 여기서 선거법이 전산장비를 사용하지 못하도록 규정한 이유가 분명해진다. 18대 대선 개표에서 혼표와 무효표가 나온 것은 선거법 위반의 우려가 현실로 나타난 것이 아닐까.

또 하나, 18대 대선에서 개표의 주수단인 100매 묶음의 투표지를 1매씩 효력 유무를 육안으로 확인하면서 2명 내지 3명이 확인해야 하는 수개표(手開票: 투표지효력 유무검사)를 거의 하지 않았다는 것이다. 개표상황표에 나타난 개표개시 시각과 수개표에 소요되는 시간을 종합할 때, 수개표를 제대로 하지 않았다는 것이 전국적으로 드러나고 있다. 법과 유권자를 우롱한 선관위의 직무유기가 확인되는 대목이다. 수개표를 거의 하지 않았다는 것은 공직선거법 제178조 위반이며 개표무효에 해당한다.

선거관리의 허점은 다른 곳에서도 보인다. 투표용지 교부 수보다 투표자 수가 많기도 했고, 투표가 진행 중인데 개표기를 돌렸는가 하면, 투표지 분류 전에 개표 결과가 발표되었고, 전국 집계가 중앙선관위와는 달리 방송으로 공표되었다. 이는 무엇을 말하는가. "중앙선관위와 지역선관위가 일체가 되어 부정선거에 개입"했다는 증거가 아니라고 말할 수 있는가. 위의 사실들은 선관위가 정직하게 유권자의 귀중한 권리를 지키려고 노력해 왔는지 의심하게 만든다. 투표장을 갑작스럽게 바꾸어 투표권 행사를 '방해'하더니 이제 투표한 표마저 제대로 지키지 않아 유권자의 의사를 왜곡되게 반영했다. 시민단체들은 선관위가 더 이상 변명하거나 호도하지 말고 편의 위주로 진행해 왔던 개표를 유권자의 의사가 정직하게 반영되도록 각고의 노력을 기울여야 한다고 주장한다. 더 나아가 선관위는 국회와 대법원의 묵인하에 사용하고 있는 전자개표기가 유권자의 권리를 제대로 담보하지 못한다는 현실을 직시하고 제도 개선에 팔을 걷어붙여야 할 것이다. 이것이 자신의 과오를 속죄하는 길이다.

민주주의의 근간은 선거에 있고, 그 공정성이 바로 정권의 정당성도 담보한다. 선거에서 특정 세력을 유리하게 하려는 의도는 결과적으로 정권의 정당성을 훼손한다. 개표 상황에서 보여준 이 같은 혼란은 법을 유린하고 유권자의 의사를 도둑질한 것이다. 네티즌 수십만 명이 인터넷 공간에서 분노하고, 1만여 명의 유권자가 선거무효소송에 참여한 것은 이 때문이다.

아직도 정치권과 언론은 입을 닫은 채 말이 없다. 사이비 언론이야 그렇다 치더라도 야권은 왜 유구무언인가. 시민들이 그 정도로 멍석을 깔아 주었는데도 오불관언인 당신들에게 유권자로서 더 이상 무엇을 기대할 것인가. 당신들에게는 거래가 끝난 사안일지 모르지만, 우리에게는 밝혀지지 않은 그 진실이 한국 민주주의 사활의 문제라고 본다. 선관위의 직권남용과 직무유기는 법의 심판을 받아야 하고, 허술한 법망 정비는 시급하다. 제18대 대통령선거무효소송의 재판을 맡은 대법원이 머뭇거린다는 인상을 주어서는 안 된다. 검찰도 고발된 선관위 관련자들에 대한 조사를 헌정질서 파괴의 차원에서 서둘러야 한다. 정치권과 언론은 야합과 침묵의 카르텔을 깨고, 이 나라 민주주의를 위한 대승적 결단에 나서라. 유권자들에게도 피 흘려 지켜온 민주주의를 사수하기 위한 행동이 필요한 때다.

(2013. 6. 24.)

2·8독립선언의 역사적 의의와 한국 사회

한말 이래 일본에 유학하고 있던 한국 학생들은 여러 단체를 조직하여 친목 활동을 벌이고 독립 의지를 북돋았다. 1918년 말 동경 유학생 수는 642명. 이들은 1919년 2월 8일 오후 2시에 도쿄 시내 니시간다(西神田)에 있는 조선기독청년회관에 모여 유학생대회를 열고 한국의 독립을 선언했다. 주동자들은 일본 경찰에 의해 곧 체포되었으나 그럼에도 2월 12일과 23일 두 차례에 걸쳐 한국 학생들은 도쿄 중심 지역 히비야공원에서 다시 만세운동을 시도했다.

동경 유학생들이 독립선언서를 발표하게 된 것은 1914년 제1차 세계대전이 발발한 후 세계 정세의 변화를 통찰한 결과다. 제1차 세계대전이 터진 후 세계 정세의 변화를 예의 주시해 오던 재일 유학생들은 1917년 러시아의 혁명으로 차르 왕조가 무너지고, 1918년 1월 미국 대통령 윌슨이 민족자결주의를 포함한 평화원칙 14개 조를 발표하자 이를 독립운동의 호기로 삼고, 한민족의 독립 의지를 가장 선명하게 밝힐 수 있는 일본의 심장부에서 운동을 전개했다. 그날 2월 8일은 도쿄에 30년 만에 큰 눈이 왔다. 그럼에도 학생들은 아침 10시부터 밤새 준비한 선언서를 우편으로 도쿄 주재 각국 공사관, 일본 정부의 각 대신, 일본 귀족원 중의원, 조선총독 및 각 신문사로 먼저 보내고, 오후 2시에 유학생대회를 열고, 600여 회원의 환호 속에 역사적인 〈2·8독립선언서〉를 발표했다.

〈2·8독립선언서〉의 내용은 첫째 한국은 4,300여 년의 유구한 역사를 가진 자주독립국임을 강조하여 한민족의 독립 근거와 그 정당성을 주장했고, 둘째 일제 침략과 국권 찬탈을 사기와 폭력에 의한 수치스러운 짓이었다고 지적하고 한민족이 그동안 수십만 명의 희생자를 내면서 독립운동을 전개해 온 이유를 밝혔으며, 셋째 일제의 통치 정책이 한민족의 모든 자유를 짓밟고 민족 차별과 생존권 박탈을 자행한 고대적 노예 정책이었다고 비난하는 한편 자유를 위한 조선 민족의 투쟁은 계속될 것이라고 경고했으며, 끝으로 한민족의 독립운동의 결과 건립될 국가는 민주주의에 입각한 신국가임을 명시하고 세계 평화와 인류 문화의 발전에 기여할 것이라 약속했다. 선언서 끝에는 4개 항의 결의문이 제시되어 있는데, ① 한일병합조약의 폐기와 조선의 독립을 선언하고, ② 민족대회의 소집을 요구하며, ③ 만국평화회의에 대해 민족자결주의를 한민족에도 적용해 줄 것을 요구하면서 민족대표를 파견할 것이라고 하고, ④ 이 목적이 이뤄질 때까지 영원한 혈전을 벌일 것을 선언하고 있다. 특히 일제에 대해 혈전을 계속하겠다는 결의문 ④항은 〈3·1독립선언서〉의 공약 3장 중 "일체의 행동은 가장 질서를 존중하여 우리(吾人)의 주장과 대도로 하여금 어디까지든시 광명정대하게 하라"는 소극적인 내용과는 큰 차이가 있다. 결의문 3항에서 민족자결주의를 한민족에도 적용해 달라고 주장한 것은, 패전국 식민지에는 자결권을 주지만 승전국 식민지에는 그것을 적용하지 않겠다는 민족자결주의의 한계를 알고 있었기 때문이다. 당시 일본은 독일이 중국에서 조차한 교주만과 청도를 공격하여 승리했기 때문에 승전국에 해당되었으므로 일본 지배하에 있던 한국은 민족자결주의의 자결권을 받을 수 없었다. 때문에 결의문 제3항에서 만국평화회의를 향해 한국 민족에게도 자결권을 달라고 요청했던 것이다.

〈2·8독립선언서〉에는 당시 한국의 젊은 지성들이 갖고 있던 세계사적 통찰력과 민족 독립의 열망 그리고 민주주의 국가 건설의 의지가 관통되고 있음을 보여준다. 그 선언서는 작성되자마자 국내로 전달되었고 그 선언에 참여한 많은 젊은이도 국내로 들어와 3·1운동을 촉발하는 중요한 계기를 만들었다. 〈2·8독립선언서〉는 〈3·1독립선언서〉에도 큰 영향을 미쳐 그 뒤 상해임시정부에서 보인 바와 같이, 대한민국이라는 민주주의 국가를 건설하는 데에 결정적인 역할을 감당했다.

2·8독립운동 95주년을 맞아 이 시점에서 특별히 기억해야 할 것이 있다. 하나는 동양 평화의 입장에서 보더라도 한국의 독립이 불가피하다는 주장이었다. 일제는 러시아가 위협 세력이라느니 하는 평계를 들어 한국 침략을 정당화했다. 그러나 선언은 "위협자이던 러시아는 이미 군국주의적 야심을 포기하고 정의와 자유와 박애를 기초로 한 신국가를 건설하려고 하는 중"이라 했고 신해혁명을 거친 중국 또한 그러했으며, 또 "국제연맹이 실현되면 다시 군국주의적 침략을 감행할 강국이 없어질 것"이라고 하면서 일본이 "한국을 병합한 최대 이유가 이미 소멸"되었으니 한국을 독립시키라고 주장했다. 한국이 독립되지 않으면, 일제를 향해 영원한 혈전을 벌일 터이니 일제의 한국 강점은 동양 평화는 물론 세계 평화를 어지럽히는 것이라고 지적했다. 선진들의 이런 혜안은 오늘날에도 음미할 가치가 있다. 남북분단의 한국의 지정학적 위치는 동북아 평화의 관건이 되었고, 나아가 동북아 평화를 중요한 축으로 하는 세계 평화에도 중요한 기틀이 된다. 우리가 분단

문제를 어떻게 푸느냐에 따라 동북아 평화는 물론 세계 평화에도 이바지할 수 있다.

또 하나는 2·8독립운동 후 수감자들의 재판 과정에서 당시 조선 독립을 이해하는 하나이 다쿠조(花井卓藏), 후세 타츠지(布施辰治) 같은 탁월한 일본 변호사들이 구속된 한국 학생들의 변호를 맡아 내란죄를 적용하려고 한 검사의 논고를 논박, 결국 출판법 위반이라는 가벼운 형벌을 받게 되었다. 또 재일조선YMCA를 독립운동의 근거지라 하면서 일본은 이를 일본기독교회 관리하에 두려고 했다. 그러나 한국 유학생들의 완강한 저항과 요시노 사쿠조(吉野作造), 우치무라 간조(內村鑑三) 등의 도움으로 일제의 야욕을 막을 수 있었다. 이런 불행한 시대에도 정의와 평화를 사랑하는 한국인과 일본인 사이에서는 이해와 교류, 협력이 있었다. 이런 사례를 되돌아보면서, 최근 일본 정부가 온갖 역주행을 거듭하고 있지만, 역사의식과 건전한 상식을 공유하는 양국 민간인 사이에서는 이해와 협력을 더욱 증진해야 한다는 진지한 이유를 발견하게 된다. 이 또한 2·8독립운동을 기념하면서 되살려야 할 역사의식이다.

(2018. 10. 11., 이 글은 2·8독립선언 제95주년 기념강연 내용이다.)

3·1독립선언 100년, 지금은

100년 전 1919년 3월 1일, 우리 선조들은 일제 식민통치하에서 자주독립과 자주민임을 선언했다. 독립선언서의 첫 구절은 "우리(吾等)는 이(玆)에 우리 조선(我朝鮮)의 독립국임과 조선인의 자주민임을 선언하노라"로 시작한다. 식민치하에서 천하를 뒤엎는 듯한 우렛소리였다. 이 선언으로 세계만방에 고하여 인류 평등의 대의를 똑똑히 밝히고, 자손만대에 알려 민족자존의 정당한 권리를 영원토록 갖게 하겠다고 다짐했다. 이 선언과 함께 전국에서 민족독립의 장엄한 드라마가 벌어졌다. '3·1운동' 혹은 '3·1혁명'이다.

이날 독립만세운동은 서울의 태화관과 파고다공원, 평양·신의주 등 지방의 7곳에서 일어났다. 봉화를 든 지 사흘째 되는 3월 3일은 고종의 장례날, 의리로 본다면 이날은 잠잠할 줄 알았는데 예산·개성 등 7곳에서 만세운동이 일어났다. 4월 1일은 하루에 67곳에서 일어났고, 50곳이 넘는 날도 3일, 30곳 이상 일어난 날도 15일이나 되었다. 50명 이상이 참가한 곳만 집계한 일제 측 통계는 3~5월에 1,542회에 202만 명이라고 기록됐지만, 2,000여 회나 되는 집회에 1년간 1,000

만 명이 넘었다는 증언도 있다. 사망자 7,509명, 부상자 45,562명, 피검자 46,948명(49,811명), 가옥 소실 724채, 교회당 소실 59채, 학교 소실 2개. 만세운동 피해가 모두 일제 측의 통계로 잡힐 수는 없었다.

3·1운동이 분출된 데에는 여러 요인이 있었다. 세계사적으로는 제1차 세계대전이 끝나 '위력의 시대가 가고 도의의 시대가 와서 신천지가 전개될 것'이라는 기대로 국내외 독립운동 세력이 활발하게 움직였다. 무단통치하에서 생존권을 위협당하고 있던 때 비운의 군주 고종(高宗)이 이해 1월 22일 사망, 독살설이 유포되고 있었다. 고종의 장례 전후에 운동이 전개될 수 있었던 것은 이 때문일 것이다. 강점 후 언론·집회·결사의 자유가 박탈당하고 종교 집회만 제한적으로 허락된 상황에서 정교분리 정책은 역설적으로 종교인이 3·1운동의 주역이 되도록 만들었다. 3·1운동에서 천도교와 기독교의 연대는 돋보였다. 각 교단별로 계획하고 있던 독립운동계획이 2월에 들어서서 통합되었고, 이념·계층·지역 관계없이 전 민족이 동참하는 민족운동으로 승화될 수 있었다. 3·1운동 100주년을 맞아 다종교 사회에다 계층 분화가 심한 현대사회가 귀감으로 삼아야 할 교훈이다.

3·1독립선언 전에 주권재민이념과 조선의 독립·자유를 주장한 선언들이 있었다. 먼저 1917년 상해에서 신규식 등 14명이 〈대동단결선언〉을 발표했다. 요점은 주권이란 민족 고유의 것으로 외국에 양여할 수 없다는 것, 1910년 8월 29일 융희(隆熙) 황제가 주권을 포기한 것은 백성에게 양여한 것이며 이제는 백성이 주권을 행사해야 한다는, 말하자면 대한제국 멸망과 동시에 주권이 백성에게 넘어갔다는 주권양여설과 주권재민설이다. 1919년 2월 초순에도 길림에서 〈대한독립선언서〉가 발표되었는데, 대한의 완전 독립과 평등 권리를 대대로 전하기 위해 이족(異族) 전제의 학대와 압박을 벗어나 대한민주의 자립을 주

장했다. 이어서 1919년의 〈2·8독립선언서〉와 〈3·1독립선언서〉가 나타났다. 조선인의 독립 의지와 주권재민 사상은 확립되었고, 민주공화정 이념은 실현 단계를 바라보고 있었다.

3·1운동이 민족사에 끼친 공헌은 크다. 복벽(復辟)주의를 극복하고 그때까지 다소 부진했던 독립운동을 통합, 활성화했으며 무장독립투쟁을 본격화했다. 1920년의 봉오동전투와 청산리대첩은 그 첫 열매다. '독립을 선언'한 조선 민중은 후속 조치로 나라를 새로 세우려고 했다. 그것이 백성이 주인인 나라 대한민국이다. 재판을 받던 민족대표들은 어떤 나라를 세우려고 했느냐는 재판장의 질문에, 우리는 백성이 주인이 되는 나라를 세우려 한다고 당당히 말했다. 3·1독립선언에 따라 13도 대표 29명이 상해 프랑스 조계지에 모여 1919년 4월 11일 '대한민국'을 국호로, 헌장 제1조를 "대한민국은 민주공화제로 함"이라는 나라를 세우고 임시의정원과 임시정부에 나랏일을 맡겼다.

3·1운동은 민족사뿐 아니라 세계사에도 영향을 끼쳤다. 제1차 세계대전이 끝난 지 100여 일밖에 되지 않은 때에, 조선인은 3·1운동을 통해 자기에게 해당되지 않는 민족자결주의라는 '복음'을 스스로에게 적용하려 했다. 선언서는 "신천지가 눈앞에 전개되고 위력의 시대가 가고 도의의 시대가 오고 있다"라고 하여 민족자결주의에 대한 기대감을 표시했다. 그러나 민족자결주의는 당시 일본을 포함한 전승국 식민지에는 적용될 수 없었고, 더구나 비(非)유럽·비백인계·비기독교계에는 해당되지 않았다. 3·1운동은 그런 불가능을 기회로 만들려는 의도에서 전승국 일본에 항거, 전승국 중심의 베르사유 체제에 도전했던 것이다. 그런 강력한 도전이 중국을 비롯한 약소국가의 반제독립운동에 큰 자극을 주었다.

〈기미독립선언서〉는 인류의 평등과 민족의 자존 및 세계의 평화를 강조했다. 선언서는 조선의 독립이 동양 평화와 세계 평화에 직결된다는 점을 분명히 했다. 함분축원(含憤蓄怨)의 2,000만 조선인을 위력으로 구속한다는 것은 동양 평화를 영구히 보장하는 길이 될 수 없다. 동양 안위의 주축인 중국이 일본에 대해 두려움과 의심을 짙게 갖는 것도 동양 평화를 어지럽히는 멸망의 길이라고 경고한다. 조선이 정당한 생존권을 얻어 독립하는 것이야말로 일본과 중국으로 하여금 동양 평화의 담지자 역할을 감당케 할 것이라고 역설한다. 때문에 조선의 독립은 동양 평화의 핵심이 되며, 동양 평화로 그 중요한 일부로 삼고 있는 세계 평화와 인류 행복을 가능하게 한다는 것이다. 여기서 자주독립을 위한 조선의 3·1운동은 민족주의를 넘어서서 조선과 동양의 평화를 위한 운동이며, 세계 평화에 기여하는 운동임을 확실히 했다.

100주년을 맞아 3·1운동의 역사적 성격에 대한 논의가 활발하게 일어나고 있다. 한국의 민중민주운동은 19세기의 농민운동에서 시작하여 갑오동학혁명에 이르렀고 3·1운동, 해방 후의 4·19혁명, 광주민주화운동, 6월민주화운동을 거쳐 촛불혁명으로 연결되는데, 그 최고봉에 3·1운동이 우뚝 서 있다. 최근 3·1운동을 '3·1혁명'으로 명명해야 한다는 여론이 있다. 이유는 분명하다. 3·1혁명이란 용어는 해외 독립운동 세력이 즐겨 불렀고, 1944년에 개정된 〈대한민국 임시헌장〉서문에는 아예 '3·1대혁명'이라 했으며, 해방 후 이승만과 김구도 '3·1대혁명'이라고 불렀다. 제헌헌법 초안에 '3·1혁명'이라 한 것이 본회의 심의과정에서 '3·1운동'으로 바뀌었다. 3·1혁명에서 말하는 '혁명'은 전형적인 체제 변혁이 아니라 오랫동안 계속된 봉건왕조 체제를 주권재민 체제로 바꾸었다는 거시적 관점과 전 민족이 궐기했다는 점이 복합적으로 함축된 의미다. 정명(正名)의 문제는 앞으로 시간을 두고 연구·검토할 과제다.

자주독립을 선언한 지 100년, 유엔을 가탁한 동맹 갑질을 보면서 착잡한 심경을 금할 수 없다. 독립국가라면서 거의 70년간 행사하지 못하는 전시작전권, 이를 환수하자는 주장만 나와도 호들갑을 떠는 장성·정치인·식자·정당이 있다. 철도·도로 연결과 개성공단·금강산·방위비 문제까지 피부로 느껴지는 외세의 간섭에도 입 다문 언론을 대하면서, 100년 전 일제의 총칼 앞에서 맨주먹으로 자주독립을 외친 그 기개가 어디로 가버렸는지 부끄러워진다. 1943년 11월 테헤란회담에서 루스벨트는 한국의 완전 독립을 위해서는 40년의 수습 기간이 필요하다고 언급했다. 그 두 배 가까운 시간이 되어 가는 데도 자주독립 국가의 모습이 이 지경에 머물고 있으니, 후세 역사가 이 시대를 어떻게 평가할 것인지 두렵다.

(2019. 2. 1.)

3·1절의 광화문 청계광장

97년 전 3·1혁명의 함성을 드높였던 거리. 그해 1월 22일 고종이 '독살되었다'는 흉흉한 소문의 진원지 덕수궁에서 그리 멀지 않은 곳. 3·1혁명으로 일제의 무단통치가 더 간악한 '문화통치'로 바뀌었을 때 그 산물로 간행된 동아일보와 조선일보가 자리한 데서 멀지 않은 곳, 그곳이 광화문 네거리요 청계광장이다.

오전에는 이곳에서 멀지 않은 덕수궁 중명전(重明殿)에서 "다시 3·1정신으로 민족을 살리자"는 제목의 333인 〈2016 독립선언〉이 있었다. 중명전은 1905년 11월 17일, 이토 히로부미가 대한제국의 신료들을 겁박하여 〈을사늑약〉을 강제했던 곳이다. 역사적인 이곳에서 작년 이맘때는 경술국치를 맞아 전 재산을 정리하여 망명, 신흥무관학교를 세웠던 이회영과 그 형제들에 대한 전시회를 열었다.

333인 〈2016 독립선언〉은, 3·1절을 맞는 오늘 97년 전 선열들께서 기약했던 겨레의 환희와 삶의 기쁨을 누리고 있지 못하고 나라와 겨레의 생명이 폭풍 앞에 선 등잔불 같음을 고백하면서 참으로 죄스럽고 부끄럽다고 실토한다. 천신만고 끝에 도로 찾은 광복의 날, '삼각산이 일어나 더덩실 춤을 추고 한강물이 뒤집혀 용솟음친' 그 기쁨이 잠시였다. 북핵을 해결하기 위해서 '반드시 지켜야 할 민족자주원칙'이 중대한 위기를 맞고 있다. '일본군 위안부' 문제에 대한 '불가역적'이란 합의 자체가 돌이킬 수 없는 잘못이며, 그러기에 돌이켜야 할 합의임이 분명하다. 선언은 세계인권운동사에 길이 남을 한국 여성인권운동가들의 눈물겹고 위대한 투쟁을 이렇게 천박하게 매도(賣渡)하고 일본 정부에 면죄부를 준 한국 정부의 무능과 일본 정부의 파렴치를 질타한다. 나아가 선언은 침략과 식민 지배를 인류 역사에서 영원히 추방하려는 정의로운 역사인식를 바탕으로 한일협정을 새롭게 바꾸어야 한다고 주장한다.

오후 12시 반부터는 파이낸스빌딩 앞에서 '역사 교과서 국정화와 역사범죄 관련 20대 총선 집중심판' 관련 기자회견이 있었고, 이어서 '한국사교과서국정화저지네트워크' 주최로 역사 퀴즈 모임이 있었다. 추운 날씨에도 불구하고 모여든 청소년들의 역사 이해의 정도가 대단하다는 것을 보면서 새봄 새로운 희망을 갖게 된다. 그러나 그 옆에서 확성기로 고래고래 고함을 지르며 간간히 "구주의 십자가 보혈로 죄 씻을 받기를 원하네", "예수는 우리를 깨끗케 하시는 주시니 그의 피 우리를 눈보다 더 희게 하셨네" 등 부흥회에서나 부르는 찬송으로 이웃 집회를 방해하는 광신 예수쟁이들의 '행패'는 눈살을 찌푸리게 했다. 정도를 넘고 있었다.

오후 3시부터 청계광장에서는 정대협 주최로 하트(heart) 이모티콘 〈3·1 한일 일본군 '위안부' 합의 무효 전국행동의 날, "함께 손잡고 정의를 되찾자!"〉의 서울 행사가 있었다. 정확히 셀 수 없는 수많은 인파와 깃발, 현수막이 즐비한 가운데 첫 발언자로 등단한 천주교전국행동의 권오광 신부는 작년 12월 28일에 한일 외무장관이 선언한 합의에 대해서 질타했다. 이어서 등단, '종군 위안부'역을 대신하여 그 처참했던 삶을 애잔하게 술회한 배우 강예심 선생, 그는 경상도 억양으로 듣는 이들을, 전선이라는 명분으로 야수적인 행동을 정당화하려는 그 미칠 듯한 현장으로 이끌었다. 여성이 유린당하는 처참한 모습을 조용한 음성으로 토해낼 때는 전율과 분노를 동시에 느꼈다.

(2016. 3. 1.)

안중근 의사 순국 110주기

　오늘(2020년 3월 26일)은 안중근(安重根) 의사가 여순 감옥에서 순국하신 지 110주년이 되는 날이다. 안 의사의 순국일을 맞아 그가 이루려고 했던 조국의 자주독립과 동양 평화의 염원을 상기하면서 안 의사의 행적을 되돌아본다.

　1909년 10월 26일 오전 9시 30분경, 하얼빈 역두에서 일본의 이토 히로부미가 한국의 의병장 안중근에 의해 포살(砲殺)되었다. 이토는 메이지(明治)유신기 일본의 서구화에 가장 앞장섰고 최초의 내각총리대신을 역임했으나, 1905년 〈을사늑약〉을 강제하여 한국의 외교권을 탈취했고 그 결과 한국의 시정을 감독한다는 명분으로 통감부가 설치되자 초대 통감을 역임한 인물이었다. 이토는 이때 한국과 동북삼성(滿洲)·외몽고의 문제를 두고 러시아의 재무상 코코후초프와 담판을 짓기 위해 하얼빈에 도착했다. 열차 안에서 러시아 측의 안내를 받은 이토는 승강장에 내려 러시아 의장대의 사열을 받다가 안 의사의 총포에 쓰러졌다. 안 의사는 "대한만세"를 외치고 혁명가를 부르다가 곧바로 체포되어 하얼빈 소재 일본헌병소로 송치되었고 재판을 받기 위해 여순으로 갔다.

러일전쟁(1904~1905년) 후 러시아와 일본 사이에는 한반도와 동북 삼성·외몽고 문제를 두고 1907년에 제1차 러일회담을 열었고 그 타결을 위해 코코후초프와 이토가 만나려고 했다. 양국 사이의 중요한 현안은 첫째, 남북 만주의 분계선을 결정하여 북만주는 러시아가, 남만주는 일본이 각각 특수한 이권을 영유한다는 것, 둘째, 러시아는 일본이 한국과 맺은 조약 및 협정에 관한 이해관계를 승인하고 하등의 간섭을 하지 않을 것, 셋째, 일본은 외몽고에 대한 러시아의 특수이권을 승인하고 하등 간섭하지 않을 것 등이었다. 다시 말하면, 만주를 남북으로 분단하여 러·일이 각각 지배하고, 일본이 한국을 경영하고 러시아가 외몽고를 경영하는 것을 서로 승인하자는 것이었다. 이토의 하얼빈 행차는 한·중·외몽고에 주권상의 심대한 위해를 가하기 위한 것이었다.

하얼빈 역두에서 이토를 포살하고 1910년 3월 26일 여순 감옥에서 순국한 안중근은 고려 말 원(元)에서 성리학(性理學)을 전수한 안향(安珦)의 후예로서, 부친 태훈(泰勳)은 천주교에 입신한 한말 개화파 인물이었다. 안중근은 어릴 때 『동몽선습』, 『사서』, 『통감』 등을 공부하는 한편 무예도 익혀 사냥을 좋아했는데, 『백범일지』에도 안중근의 사냥 이야기가 나온다. 그 뒤 그는 차차 민족의 장래와 세계의 움직임에 눈을 뜨게 되었고 『태서신사』를 읽으면서 신학문까지 포괄하게 되었다. 19세 때에 부친과 함께 천주교에 입교, 도마라는 영세명을 받았으며, 일생 동안 천주교 신앙을 떠나지 않았다. 안중근은 부국강병을 위해 국민교육을 절감하고 서울에 올라가 천주교 교구장 민(Mutel) 주교를 만나 협조를 구했으나 실패했다. 이때 그는 천주교는 신봉하지만, 서양인의 심정은 믿을 것이 못 된다고 토로하였다.

안중근은 1905년 〈을사늑약〉으로 외교권이 박탈되자, 국권회복운동을 전개하고자 중국의 산동과 상해에 갔다가 1906년 봄에 귀국, 평안도 진남포에서 삼흥(三興)학교와 돈의(敦義)학교를 세워 교육활동에 나섰다. 그는 또 서우(西友)학회에도 참여, 애국계몽운동에 나섰고, 국채보상기성회의 관서(關西)지부를 설치하고 그 지부장으로도 활동했다. 1907년 7월 고종 황제가 퇴위당하고, 한국의 군대 또한 강제로 해산당하자, 안중근은 블라디보스토크로 이주하여 「해조(海朝)신문」과 「대동공보사」(大同共報社) 등에 관계하면서 국권 회복을 역설하는 한편 1907년부터는 의병운동에도 참여했다. 이 무렵부터 그는 국권회복의 방향을 문화운동보다는 차츰 무력투쟁으로 나아가게 되었다.

1908년 초 연해주 지역의 한인촌을 중심으로 의병을 조직하고, 그해 7월에는 대한의군참모중장(大韓義軍參謀中將) 자격으로 100여 명의 의병부대를 이끌고 두만강을 넘어 경흥 지방을 공격했고, 그 뒤에도 일본 군인과 상인들을 생포하는 전과를 올렸으나 '만국공법'을 들어 일본인 포로들을 놓아주는 바람에 그 뒤 그 석방된 포로들의 정보에 의해 오히려 안중근 부대가 크게 패하게 되었다. 며칠씩 굶으면서 겨우 생환한 그는 그가 실천한 만국공법 때문에 리더십에 큰 상처를 입었다. 그 후 1909년 초 크라스키노(연추)로 돌아온 그는 동지 11명과 함께 단지동맹(斷指同盟)으로 알려진 동의단지회(同義斷指會)를 조직하고 의병을 재기하려고 노력했다. 이때부터 우리가 흔히 보는, 그의 단지된 넷째 손가락 수인(手印)을 남기기 시작했다. 1909년 음력 9월 연추에서 블라디보스토크로 나온 그는 이토의 하얼빈회담 계획을 알고, 동지 우덕순(禹德淳)과 함께 10월 22일 하얼빈에 도착, 이토 포살계획을 구체화하여 10월 26일 아침 하얼빈 역사에서 거사를 결행했고, 곧 체포되어 일본 관동군의 여순감옥으로 옮겨 수감되었다.

그는 재판에서 '명성황후를 시해한 죄'를 비롯한 이토를 죽여야 할 이유 15가지를 당당하게 제시했다. 옥중에서 사형을 기다리는 동안, 몸가짐에 조금도 흐트러짐이 없어 당시 통감부 통역관으로서 여순형무소에서 통역을 담당했던 소노키 스에키(園木末喜) 등에게 큰 감동을 주었고, 그런 영향으로 뒷날 일본에서 안중근연구회가 결성되었다. 특히 안중근이 옥중에서 저술한 『동양평화론』은 국제정치 곧 동북아시아의 평화에 대한 현실적인 분석과 구체적인 대안을 제시한 것으로, 이는 당시 일본이 주장하는 '아시아연대론'과는 달리 한·중·일 삼국의 정립과 '연대'를 강조했다. 그의 『동양평화론』에는 당시 문제가 되고 있던 '여순 지역의 자유시화 및 치외법권지대화'를 비롯하여 '동양평화 기구의 설치', '공동금융기구의 창설' 등 구체적인 대안도 들어 있어서 그의 사상의 선진성을 높이 평가할 수 있다. 동양평화론에 비친 안중근은 '동양의 평화'를 고민하고 실천하려 했던 행동적인 평화주의자였으며 결코 테러리스트가 아니었다.

안 의사는 옥중에서 『동양평화론』 집필을 끝내도록 말미를 달라고 했지만, 일제는 무엇이 급했든지 그런 시간마저 허락하지 않았다. 그가 순국한 여순감옥은 독립운동가들이 옥고를 치른 곳으로 뒷날(1936년) 단재 신채호(申采浩)도 그곳에서 옥사했다. 안 의사가 순국한 후 그 근처 어느 곳에 위치했을 그의 무덤은 지금까지도 정확하게 밝혀 주지 않아 남북은 그의 마지막 유언("내가 죽은 뒤에 나의 뼈를 하얼빈공원 곁에 묻어두었다가 우리 국권이 회복되거든 고국으로 반상해다오")마저 실전하지 못하고 있어, 안 의사의 기일이 올 때마다 후예로서 비감한 마음 금할 수 없다.

(2020. 3. 26.)

제주 4·3, 원한의 역사를 화해의 역사로

오늘(2020년 4월 3일) 제주 4·3사건 72주년을 맞아 문재인 대통령이 참석하는 추념식이 있었다. 제주 4·3사건으로 당시 인구 30만 중에서 그 10%에 해당하는 3만여 명이 사망하고, 160개 마을 중 100여 개 마을을 초토화됐으며, 가옥 2만(혹은 4만)여 동이 소실되었다. 피해자 규모와 관련, 어떤 기록에는 27,719명에서 30,000명이 죽었다고 하고, 40,000명에서 65,000명이 사망했다는 기록도 있다.

제주 4·3사건의 원인과 관련, 당시 경비대 제9연대장이었던 김익렬 중령은 "제주도에 이주하여 온 서북청년단원들이 도민들에게 자행한 빈번한 불법행위가 도민의 감정을 격분시켰고, 그 후 경찰이 서북청년단에 합세함으로써 감정의 대립은 점점 격화되어 급기야 극한의 도민폭동으로 전개된 것"이라 써서, 육지에서 건너온 경찰과 서북청년단이 제주 민중에 대해 안하무인격으로 가한 고문치사사건으로 보았다. 당시 미군정 검찰총장이었던 이인도 미군정의 실정과 관리들의 부패가 이런 현상을 불러왔다고 진단했다.

1948년 5월 10일, 단독정부 수립을 위한 총선이 시행되었다. 그러나 제주도민은 이에 반대, '매국 단선(單選) 반대와 조국 통일 독립' 그리고 '완전한 민족해방'을 주장했다. 이에 앞서 1948년 4월 3일 새벽 2시, 단독정부 수립에 반대하던 300여 명 규모의 무장대는 제주도 내 24개 경찰지서 중 12개 지서와 서북청년회 숙소를 공격했다. 그들은 경찰 등의 탄압에 저항하고 또 통일국가 건립을 위해 5·10단독선거를 반대하며, 외세에 저항한다고 했다. 미군정은 5·10선거를 강행하고자 경찰 1,700명과 서북청년단원 500명을 제주로 보냈으나 도리어 입산자만 늘려 무장대 세력만 강화시켰다. 초기의 토벌작전 실패 후 경찰은 초토화작전을 감행했는데, 이 '잔인한' 토벌이 제주도를 대폭동으로 몰아넣었다.

경찰이 시행한 초토화작전으로 대부분의 산간 부락 주민들이 산으로 도주하여 폭도에 가담했고, 무장대는 기하급수로 증가해 결사적으로 경찰에 저항했다. 경찰은 중과부적으로 산에서 쫓겨 내려왔고 제주도 산간 부락은 대부분 무장대에 점거되었다. 그러자 무장대를 향한 '토벌'의 책임이 경찰에서 제주9연대로 옮겨졌는데 그 수습 책임을 맡은 연대장이 바로 김익렬이었다. 사태를 파악한 김익렬은 문제를 해결하기 위해 무장대장 김달삼을 만나기로 하고 목숨을 건 담판에 나섰다. 이때 김달삼이 행한 연설을 김익렬이 그의 회고록에 남겼다. 주장의 정당성과는 관계없이 4·3사건의 무장대 측 입장을 이해하는 데에 도움이 되기에 여기에 조금 인용한다.

그는 앉은 채 연설했다. 그는 우리나라가 민족자주독립을 해야 할 때임에도 불구하고 일제하의 민족 반역자인 경찰과 일제의 고관을 지낸 자들이 자기들의 죄상이 드러날까 두려워 미국 제국주의의 주구가 되어 해방된 조국의 제주도에서도 일제시대의 몇 배 되는 압정을 가하고 있으며 특히 경찰은 무고한 도민의 재산을 약탈하고 살인 강간 고문치사 등을 일삼고 있다며, 폭동 전에 있었던 사건들을 일일이 열거하였다. 또 만주와 이북에서 일제시대에 악질 경찰이나 민족 반역자 노릇을 하던 놈들이 월남하여 반공 애국자 노릇을 하고 있으며 최근에는 서북청년단을 조직하여 수백 명이 제주도에 와서 경찰과 합세하여 도민의 재산약탈을 자행한다고 성토했다. 그래서 선량한 도민들은 견디다 못해 친일파와 일제시대의 악질 경찰들을 제주도에서 몰아내기 위하여 '무장 의거'를 일으켰다고 주장하고, 미군정은 이 '의거'를 수습하기 위하여서는 제주도 내에 있는 일제 경찰과 민족 반역자 관리들을 축출하고 제주도민으로 된 경찰과 관리를 채용하여 제주도민을 위한 행정과 치안을 하여 달라는 것이었다. 그렇지 않으면 이리 죽으나 저리 죽으나 매일반이니 최후의 1인까지 사투하여 목적을 달성하겠다는 결의를 표한다.

김익렬은 김달삼의 연설을 두고 "연설 내용은 공산주의 사상에 대한 언급이나 표현은 거의 없고 제주도에서 민족 반역자와 일제 경찰, 서북청년단을 축출하고 제주도민으로 구성된 선량한 관리와 경찰관으로 행정을 하여 주면 순종하겠다는 것이었다"고 요약했다. 지금 봐도 김달삼의 이 증언은 그가 사회·공산주의자인지 민족주의자인지 헷갈리게 만든다.

이 담판으로 무장대가 산에서 내려오기 시작했다. 그러나 경찰과 미군정은 이들을 공격함으로 담판 약속을 뒤집어버렸고 그 뒤 7년여 동안 4·3사건은 계속되었다. 회고록을 남긴 김익렬은 이 대목에서 "나는 경찰의 최고책임자인 조병옥 씨와 토벌사령관 김정호 씨가 제주도에서 동족에게 자행한 초토화작전의 만행을 민족적 양심에서 절대로 용서할 수 없다"고 강조하고, 자기가 회고록을 남기는 것은 역사의 준엄한 심판을 통해 "이 국토에 다시는 이런 천인공노할 일이 일어나지 않도록 하라고 후손들에게 유언"하기 위해서라고 했다. 얼마나 한이 맺혔으면 '역사의 심판'이라는 말까지 써 가면서 기록을 남겼을까. 4·3사건은 해방 공간에서 친일파 청산 및 민족의 완전 자주통일을 소망했던 제주도민들을 희생양으로 삼은 일종의 집단학살이다. 또 점령군으로 들어온 미군이 일제 강점기의 경찰·관리들을 그대로 재등용한 결과이기도 했다. 제주 4·3사건은 우리 민족사의 여러 운동과 혁명의 전통을 이은 매우 중요한 역사적 사건일 뿐 아니라, 집단학살 및 거기에 수반되는 성폭력 등의 관점에서도 특별하게 다뤄야 한다. 그런 엄청난 고난을 겪은 제주를 향해 국가와 국민은 그 맺힌 한을 풀어주어야한다. 또 쉽지는 않겠지만, 제주도민도 70여 년 동안 맺힌 갈등과 원한을 넘어 용서와 화해의 메신저 역할을 할 수 있게 되기를 기원한다.

(2020. 4. 3.)

대한민국 임시정부 산고의 밤

올해(2019년) 4월 11일, 대한민국 임시정부 100주년이 되는 날이다. 대한민국 임시정부는 처음부터 3·1운동이 천명한 독립·민주·평화의 실천자로 자임하며 민주공화정을 국가 이념으로 선포했고, 대한민국 정부 또한 대한민국 임시정부의 계승자임을 분명히 했다. 제헌헌법에서 "기미 삼일운동으로 대한민국을 건립하여 … 민주독립국가를 재건"한다고 언명한 것이나, 현행 헌법에서 "3·1운동으로 건립된 대한민국 임시정부의 법통을 계승"한다고 못 박은 것은 3·1정신이 임시정부를 거쳐 대한민국 정부로 계승되었음을 확인하는 법제화 조치다.

3·1운동을 통해 독립을 선언하자 국내외에서 몇몇 정부가 출현했다. 그중 1919년 4월 상해에서 건립된 대한민국 임시정부는 그 뒤 한성정부와 연해주의 대한국민의회와 통합, 재탄생된 통합임시정부로 30년간 계속되었다. 통합임시정부는 한성정부의 정통을 잇는 한편 상해임시정부가 시작한 명칭과 전통을 그대로 유지했다. 그러면 대한민국 임시정부가 출범할 때, 100년 전 그곳 상해에서는 어떤 일이 있었는가.

대한민국 임시정부는 1919년 4월 10일 밤 10시부터 열린 임시의 정원에 의해 건립되었다. 임시의정원은 상해 프랑스 조계 김신부로 부근의 큰 양옥에서 모였다. 이곳은 정부가 서면 청사로 사용하려고 빌린 장소였다. 잔디가 깔린 뜰에 여러 개의 방과 큰 식당도 있어서 이날 모인 이들도 건물을 보고 놀랐다. 참석자들은 대부분 현순·이광수 등이 보낸 전보와 편지를 통해 3·1운동 소식과 함께 상해로 와달라는 요청을 받았다.

상해는 전부터 한국 망명객들이 독립운동을 전개하고 있었다. 동제사(1912년)가 활동했고, 신한혁명당의 조직(1915년)과 대동단결선언(1917년)에 이어 1918년에는 신한청년당이 결성된 곳이다. 국내 독립운동과 가교적 역할을 위해 파견된 현순은 3·1운동이 일어나던 날 상해에 도착, 이광수·여운홍·신규식·선우혁·김철 등과 독립임시사무처를 개설, 그 총무로서 3·1운동 전개 상황을 파리강화회의 각국 대표들과 국외 동포들에게 전하는 한편 독립선언서를 영문·한문으로 번역, 널리 퍼뜨렸다. 베이징·노령 등지에서 상해에 도착한 독립운동가들은 3월 말경부터 정부조직론과 정당조직론을 두고 논의했으나 4월 초까지 독립운동 최고기관의 조직 문제를 합의하지 못했다. 독립임시사무처 측이 국내의 의향을 참조, 정부 조직을 추진해야 한다는 입장이어서, 이동녕 등은 상해를 떠나려고 했다. 현순 등은 4월 9일 여관을 찾아다니면서 간곡하게 만류, 4월 10일 밤 다시 모이게 되었다. 이광수는 이때 모인 사람이 "간밤에 에베당에 모였던 사람들의 반 수밖에 안 되었으나 주요한 이들은 다 모인 셈"이라고 했다. 이렇게 어렵게 모인 29인이 임시정부를 수립한 장본인이다.

29인이 모였을 때 이광수는 임시정부의 수립이 늦어진 그간의 경위를 설명했다. 정부 수립을 위해 서울로 보낸 사람이 아직 돌아오지 않았고, 미주 국민회와 간도·노령지방의 단체에서도 아직 사람이 오지 않았지만, 더 늦출 수 없었다고 하고, 정부 수립에 관한 일은 오늘 모인 여러분께 맡기고 자기들은 물러나 있겠다고 했다. 그러자 어떤 이는 "나는 가오" 하고 일어섰다. 이때 경성의학전문학교 학생 한위건이 문을 막아서면서 "못 나가십니다. 정부 조직이 끝나기 전에는 한 걸음도 이 방에서 못 나가십니다. 지금 국내에서는 수많은 남녀 동포가 피를 흘리고 감옥에 들어가고 있습니다. 여러분이 그 동포들을 생각하는 마음이 있으시면 밤이 아홉이라도 이 자리에서 정부를 조직하시고야 말 것입니다"고 했다(이재호, 「대한민국 임시의정원 연구」, 단국대 박사논문, 2012). 현순도 그의 영문 자서전에서 이날 저녁의 상황을 "유능한 청년들이 목총(『현순자사[玄楯自史]』에는 권총)·목봉으로 무장하여 참석자들을 보호하는 한편 공정한 토론을 위해 질서를 유지"했다고 썼다. 이날 밤의 삼엄한 분위기는 대한민국 임시정부 탄생을 위한 산고를 의미했다.

임시의정원 제1회 모임은 이런 분위기에서 시작했다. 〈임시의정원 기사록(紀事錄)〉은 "대한민국 원년 4월 10일 하오 10시에 개회하여 4월 11일 상오 10시에 폐회"했다고 썼는데, 밤새 회의를 계속했다는 뜻이다. 회의 벽두에 조소앙의 제의로 이 모임의 명칭을 임시의정원으로 정했다. 이어서 여운형(呂運亨)의 제안에 따라 무기명투표로 의장에 이동녕, 부의장에 손정도, 서기에 이광수·백남칠을 선임했다. 임시의정원은 11일 새벽에 현순의 동의로 국호·관제·국무원에 대해 토의키로 하고, 신석우가 제안하여 국호를 대한민국으로 먼저 정했다. 최근우의 동의에 따라 집정관제를 총리제로 바꾸고, 국무원을 선임하여 국무총리 이승만, 내무총장 안창호, 외무총장 김규식, 재무총장 최재형, 교통총장 문창범, 군무총장 이동휘, 법무총장 이시영을 선출했으며, 이어서 각부 차장도 선출했다. 국무총리 선출 때 이승만으로 하자는 제안이 나오자 신채호가 극렬히 반대했다. 이승만이 위임통치 및 자치 문제를 미국에 제안했다는 이유 때문이다. 그러나 새로이 구두로 호천(呼薦)된 3인(이승만·안창호·이동녕) 중에서 출석회원의 3분의 2를 얻은 이승만이 국무총리에 당선되었다.

임시의정원은 이어서 신익희·이광수·조소앙이 부의한 10개 조의 임시헌장을 의결했다. 대한민국 최초의 헌법이다. 임시헌장 제1조는 "대한민국은 민주공화제로 함"이었다. 이는 제국에서 민국으로 바뀌고 인민이 주인 되는 나라가 세워졌다는 것을 선언한 것이다. 이 조항은 임시정부 때 몇 번의 개헌에서도 그대로 유지되었고, 1948년 제헌헌법에서 "대한민국은 민주공화국이다"로 계승되었다. "제3조 대한민국의 인민은 남여귀천 및 빈부의 계급이 없고 일체 평등임"을 통해 인민평등을 선포했다. "제6조 대한민국의 인민은 교육, 납세 및 병역의 의무가 있음, 제9조 생명형·신체형 및 공창제를 전폐함"이라고 규정하여 인민의 의무와 천부적 인권을 규정하고, 의회 우선 조항(2조, 10조)을 두어 민주공화정 체제를 굳혔다.

그날 밤새 회의를 진행한 임시의정원은 국호 제정, 국무원 선출과 정부 조직, 헌법 제정 등을 통해 대한민국을 탄생시켰다. 이날 민주 한국의 초석을 세운 임시의정원 제1회 의원은 다음과 같다.

김대지·김동삼·김철·남형우·백남칠·선우혁·손정도·신석우·신익희·신채호·신철·여운형·여운홍·이광·이광수·이동녕·이시영·이한근·이회영·조동진·조동호·조성환·조소앙·조완구·진희창·최근우·한진교·현순·현창운.

우리 역사상 가장 창조적이고 위대한 업적을 남긴 29명의 선진들은 그 백 년을 맞아 가장 존경받아야 할 분들임이 틀림없다.

(2019. 4. 5.)

대한민국 임시정부 100주년을 어떻게 맞을까

어제(2017. 7. 27) 오후 2시부터 국회의원회관 제2 소회의실에서, 표창원 의원과 국가보훈처가 주최하고 대한민국임시정부기념사업회가 후원한 "3·1독립선언 및 대한민국 임시정부 수립 100주년, 어떻게 준비할 것인가"라는 토론회가 있었다. 토론회에 앞서 사회를 맡은 표 의원은 미국과 프랑스가 그들의 건국(혁명) 100주년을 맞아 자유의 여신상과 에펠탑을 세웠다고 지적하고, 우리도 100주년을 고민하기 위해 이 모임을 가진다고 했다. 토론회는 두 사람의 발제와 거기에 대한 질의응답, 상명대 주진오 교수 사회로 최태성·서해성·한승동·박정선·정양원 등 다섯 분의 패널이 토론하는 것으로 이어졌다.

첫 발제자로 나선 단국대 한시준 교수는 "임정의정원의 설립과 의회정치의 기원", "대한민국의 선립과 민수공화제 정부 수립", "대한민국 임시정부수립기념일, 바로 잡아야"라는 내용으로 '1919년, 그 역사적 의미'를 설명했다. 두 번째 발제자로 나선 나는 "100주년째 되는 1919년, 어떻게 맞을 것인가"라는 제목으로 그동안 여러 곳에서 논의되고 있는 100주년 기념사업들을 정리하여 설명했다. 내가 발제한 내용을 간추리면 다음과 같다.

나는·먼저 3·1운동이 갖는 역사적 의미를 독립운동적인 의미 못지않게 한국의 '민주화와 민중운동'의 차원에서 높이 평가한다고 했다. 따라서 3·1운동은 위로는 1894년의 동학농민혁명과 18세기 이후의 농민운동으로 그 역사적 맥락이 닿게 되고, 아래로는 4·19혁명, 광주민주화운동, 6월민주화운동 및 촛불혁명으로 연결될 수 있다고 지적했다. 그런 바탕에서 전개되어야 할 3·1운동 기념사업으로는 3·1운동 연구소 설립을 비롯하여, 늦은 감이 없지 않지만 3·1운동 참가 인물을 제대로 조사하여 역사에 남겨야 한다고 했다. 동학농민혁명 참가자도 110여 년이 지난 시점에 와서 다시 조사하여 4,000여 명의 참여자를 찾았다고 환기시켰다. 또 3·1운동 유적조사와 기념비 건립 및 3·1운동 만세길 조성사업이 필요하다고 했다. 끝으로 3·1운동기념탑 건립이 100주년 사업의 백미를 이룰 것이라고 했다.

나는 다시 100주년을 맞는 대한민국 임시정부 기념사업도 언급했다. 기념사업에 앞서 그동안 임시정부 홀대에 대한 심각한 반성이 있어야 한다고 했다. 우리가 그동안 제헌헌법과 현행헌법에 대한민국 임시정부에 대한 헌법적 가치를 부여했음에도 불구하고 임시정부를 너무 홀대했기 때문이다. 기념사업과 관련하여 크게 몇 가지를 들었다. 첫째, 대한민국 임시정부기념관의 건립, 둘째, 임정 자료 수집과 임시정부사의 연구, 셋째, 독립운동가들의 유해 봉환과 현존 임정요원 묘원인 효창원의 국립묘지화를 들었다.

임정기념관 건립과 관련, 이미 김영삼 정권이 조선총독부 건물을 폭파할 때 내가 주장한 바를 상기했다. 조선총독부가 제거된 자리에 독립운동가들의 묘지공원을 만들고 그 옆에 임정기념관을 지어야 한다는 주장이었다. 그것은 대한민국의 국가적 정통성을 고려한 주장이었다. 조선조를 상징하는 경복궁→일제 강점기를 대체하는 독립운동과 임시정부→대한민국 정부청사로 배열함으로써 공간적 구도화를 통해 역사적 계승성을 드러내자는 것이었다.

임정 자료는 임정 요원들이 1945년 귀국할 때 가져왔으나 6·25 때 망실되었다. 그동안 개인적으로 수집, 출판한 적이 있다. 정부적인 차원에서는 2005년부터 국사편찬위원회가 60권 계획에 51권을 간행했다. 앞으로 중국 당안관이나 일본 자료관, 프랑스 낭트의 고문서관을 뒤지면 60권을 훨씬 넘길 수 있을 것이다. 통일 후, 남북의 정통성 문제가 제기되지 않기를 기대하지만, 정통성 문제가 제기되었을 때 임정 자료는 더 유용할 것으로 기대한다. 좌우연합정부를 경험한 임시정부의 역사는 분단 후 남북의 이념과 구성 요원을 아우를 수 있는 역사적 바탕이 될 것이기에 임시정부의 자료와 역사는 매우 중요하다.

끝으로 독립운동가들의 유해 이장과 현존 임정 요원 묘원인 효창원의 국립묘지화를 주장했다. 아직도 해외에서 쓸쓸히 풍우를 맞고 있는 독립운동가들의 유해를 봉환하는 일에 정부가 게을러서는 안 된다고 했다. 해방 직후 백범이 일본에서 윤봉길·이봉창·백정기 의사의 유해와 이동영 선생 등 중국 지역 독립운동가들의 유해를 모셔 와 효창원에 모셨고 백범 선생도 이들 독립운동 동지들과 함께 효창원에 묻혔다. 현재 국립묘지가 성격에 따라 분화, 조성되고 있는 만큼 효창원도 임정 요인들을 위한 국립묘지로 승격시켜야 한다고 주장했다.

유해 봉환과 관련, 나는 김영삼 정권 때에 상해로부터 봉환된 사실이 있었지만, 그 뒤에는 없었던 것으로 착각하고 정부의 무성의를 질타했다. 그러나 질의응답 시간에 국가보훈처의 어느 과장이 그동안 132기를 봉환했다고 말해 나의 무지를 깨우쳐 주었다. 고맙게 생각한다. 휴식 시간에 어떤 분은 나에게 우리 정부의 해외 독립운동가 유해

봉환에 대한 무성의를 더 신랄하게 지적해 주었다. 그러나 나는 나의 착각과는 달리 그동안 132기를 봉환한 정부의 노력을 치하하는 한편 더 적극적으로 봉환해야 한다는 간곡한 당부를 하고 싶다.

나는 발표를 끝내면서, 100주년을 앞두고 앞에서 열거한 이런 사업을 추진하기 위한 민관합동의 추진위원회가 꼭 필요하다고 했다. 가칭 '1919(혹은 2019)위원회'다. 이를 설립하여 앞에서 언급한 기념사업 등을 기획, 추진하는 것이 좋겠다고 했다. 이런 사업을 더 원활하게 추진하기 위해서는 국회가 특별법을 제정해야 한다는 당부도 했다.

(2017. 7. 28.)

'세월호 참사'를 곡한다

세월호 참사

2014년 4월 16일 오전 8시 전후(혹은 오전 8시 18분께), 인천-제주 간을 주 4회 왕복하던 청해진 해운 소속의 세월호(世越號)가 진도 앞바다 (진도군 조도면 맹골도와 거차도 사이의 맹골수도)를 지나던 중 해난 사고를 맞아, 승선 인원 476명 중 295명이 사망하고 9명이 실종된 참사가 발생했다. 그 사건이 일어난 지 1년이 되어 가지만 그 진실을 캐려는 노력은 진지하지 못했고, 생존자 및 유족에 대한 지원은 만족할 만하지 않다. 그 일례로 사건 당시 배 안의 소방호스를 이용해 학생들을 구조해 '세월호 의인', '파란 바지의 영웅'으로 불린 김동수 씨(50세)가 세월호사건 1주년이 되어 가던 지난 3월 19일 세월호의 고통 속에 심한 정신적 내상(트라우마)과 경제적 어려움을 겪다 제주 자택에서 흉기로 자신의 왼쪽 손목을 자해한 사건은 이를 단적으로 보여준다.

식자들은 대한민국의 역사를 세월호 전과 후로 나눌 수 있다고 주장하기도 했는데, 이는 세월호 참사에 대한 지성인들의 위기의식을 반영하는 것이다. 참사의 중대함은 정부에도 비상한 위기의식을 불러일으켜 '국가 개조', '국가 혁신'을 언급할 정도로 위기의식과 개혁 의지를 밝히기도 했다. 세월호사건으로 고통 속에 있을 때 한국을 방문한 가톨릭의 교종은 세월호 유족과 연민의 고통을 함께했고 최근에도 세월호 문제가 어떻게 되었느냐고 물을 정도로 아직도 깊은 관심을 갖고 있다. 뜻있는 세계인들에게 세월호사건은 단순한 해난 사고가 아니라는 것으로 인식되고 있음이 분명하다. 세월호사건은 대한민국뿐만 아니라 세계에 큰 충격을 주었다.

그러나 세월호사건 처리 과정에서 나타난 여러 가지 파열음은 한때 고조되었던 우리 사회의 위기와 참회의 의식을 날려버리고, 일과성으로 처리되어 가고 있다. 1년이 되어 가는 시점에 사회의 분위기는 세월호 이전과 다를 바가 없다. 그렇게 철석같이 진실 규명에 앞장서겠다고 약속한 정부는 특별법을 만드는 과정에서부터 무성의를 드러냈고, 특별법에 의한 특별위원회(특위)가 만들어졌지만 제대로 가동하도록 뒷받침하는 데도 무엇이 켕겨서 그런지는 알 수 없으나 주저하는 것이 역력하고, 오히려 특위의 활동을 방해하려는 속내가 드러나고 있다. 진실 규명에 무성의하다는 정도가 아니라 발목을 잡고 있다고 해도 과언이 아니다.

그뿐인가. 며칠 전 광화문에는 서북청년단과 기독시민연대 등이 내건, "세월호 유가족 여러분! 국론분열 중심에서 속히 내려오세요", "세월호 거짓 선동을 즉각 중단하고 광화문광장에서 물러나라!", "적색테러집단 김기종 일당과 어울린 세월호 거짓 선동가들은 각성하라!"는 현수막이 걸려 있었다. 세월호사건은 표류 정도가 아니라 다시 국론을 분열시키려는 측에 의해 호재로 이용되고 있음을 엿볼 수 있게 되었다.

세월호사고의 '참사'화

사고의 원인에는 여러 요인과 주장이 있고 이는 앞으로 밝혀야 할 과제다. 선체가 노후된 데다가 과적(過積)했고, 어떤 이유에서인지는 몰라도 15도 이상 급선회(급변침)하게 되자 그로 인해 느슨하게 묶어 놓은 화물이 한쪽으로 기울여지면서 배가 뒤집힌 것으로 이해하고 있다.

그러나 사고의 시점이나 사고의 원인으로 꼽히고 있는 급변침에 대해서도 의문이 끊이지 않고 있다. 정확한 원인을 밝히지 않은 상황에서 인터넷상에는 잠수함 원인설 같은 다분히 루머로 보이는 원인론까지 돌고 있어서 이를 잠재우기 위해서라도 속히 정확한 원인이 밝혀져야 한다. 정확한 원인을 밝히지 않는다면 초기에 유행하다 잠재워진 루머가 다시 부상될 가능성도 없지 않다.

세월호 침몰 당시의 보도들을 더듬어 보면, 세월호 침몰 원인은 자동식별장치(AIS)에 의해 추정 가능하다고 했다. 그러나 그것이 수차례 끊겼고 이를 복원하는 과정이 거듭되면서 세월호의 정확한 항적 기록이 확인되지 않았다. 해수부는 2014년 4월 16일부터 5월 13일까지 4차례 복원한 항적도를 국정조사위에 공개했으나 급변침 시각에 대한 이의에서부터 계속 의문이 제기되었다. 정직은 이런 때 그 원인을 밝히는 데에도 둘도 없는 첩경이다.

침몰 원인 못지않게 구조가 왜 부실했으며 구조를 위한 골든타임을 왜 놓쳤는가에 대한 의문도 끊임없다. 바로 이것이 세월호 참사의 핵심이다. 급변침으로 인한 세월호의 침몰이 대형 참사로 이어진 것은 승객을 구할 수 있는 약 3시간의 골든타임과 3일간의 여유시간을 활용하지 못했기 때문이다. 이 역시 따져야 할 핵심이다. 배가 기울어지고 있을 때 선장을 포함한 선원들이 퇴선하면서도 승객들에게는 요동하지 말고 제자리를 지키라는 선내 방송을 그것도 7차례나 되풀이했다는 것은 이 사건의 '고의성'마저 의심케 했다. 이런 위급 시에 대처할 수 있는 승객 구조 '매뉴얼'이 세월호에만 없었다고 생각지 않는다. 그러나 승객들에게 움직이지 말고 제자리를 지키고 있으라는 선내 방송 앞에서는 그 매뉴얼이 제대로 작동할 수 없었음도 분명하다.

여기서 해난구조를 맡은 기구들의 책임소재를 따지는 것은 무의미한 것인지도 모른다. 사고 발생 초기 해양경찰청과 해군 등 정부 기관의 늑장 대응의 원인과 책임소재가 분명하지 않았다. 해경 123정은 오전 9시 35분 사고 해역에 가장 먼저 도착했지만 배 안으로 들어가지도, 세월호 승객을 향해 퇴선 명령을 내리지도 않았다. 교신 내용에 의하면 목포해양경찰청은 123정에 선내 진입과 퇴선 조치 지시를 내렸지만 실행되지 않았다고 한다. 세월호의 쌍둥이 배라고 하는 오마하호에서 시연(試演)한 결과, 한 층을 오르는 데에 30초가 걸리지 않았다. 이 시연으로 추정해 보면 퇴선 명령만 있었다면 300여 명의 인원이 윗갑판까지 오르는 데에 30분 정도면 충분했을 것으로 추정된다는 것이다.

여기서 다시 해군의 해난구조대(SSU)와 특수전전단(UDT)에 대해 언제 구조명령을 내렸는지, 사고 당일, 중앙재난안전대책본부(중대본)이 컨트롤 타워 구실을 제대로 했는지, 사고 당일 대통령이 7시간 동안 그 모습을 보이지 않은 것이 왜 그랬는지에 대한 책임론은 이미 수차례 반복되었으나 여전히 의문으로 남는, 그래서 앞으로 밝혀야 할 아주 중대한 사실임이 틀림없다. 그래서 우선 세월호 참사에 대한 청와대 책임론을 먼저 짚어 본다.

세월호 사건의 청와대 책임론

정부 내에는 유사시 위기에 대응하기 위해 운용하고 있는 많은 기구와 조직이 있다. 그것들이 평시에는 거의 작동하지 않는 것 같이 보이지만, 일단 유사시에는 필수불가결의 중요한 존재임이 확인된다. 막대한 예산으로 군대를 유지하는 것이나 숱한 방재시설과 기구를 설치한 것은 한순간의 위난에 대처하기 위함이다. 그러나 세월호사건에서는 그런 조직과 시설들이 제대로 작동하지 않아 국가 시스템이 붕괴되지 않았는가 하는 우려의 소리가 예사롭지 않다. 그런 어려운 과정을 겪었지만, 정부의 책임 문제는 그 뒤에도 허술하기 짝이 없었다. 이러한 사례는 세월호사건 때에만 나타난 것이 아니다. 소위 '천안함 폭침' 때나 '무인기 사건' 때도 마찬가지였다. 우리는 안전 문제와 관련하여 얼마나 자주 뒷북만 치는 정부 조직을 봐 왔는가.

우선 세월호 참사에서 가장 먼저 따져야 할 기구가 청와대로 부상되는 것은, 안타깝지만 사실이다. 우리나라처럼 권력 집중이 되어 있는 곳에서는 더욱 그렇다. 세월호 참사가 났을 때, 김장수 청와대 국가안보실장은 두 번이나 청와대는 재난 사고의 컨트롤 타워가 아니라고 공언했다. 새 정부 출범 후 업무 조정이 어떻게 변화되었는지 알 수 없지만, 세월호 참극 상황에서 청와대 고위 공직자가 그런 말을 해댔다는 것은 도무지 이해할 수 없다. 그의 이 같은 발언이 그를 실장직에서 해임토록 만들었다. 국가의 컨트롤 타워에서 세월호 참사만은 내 책임이 아니라고 강변하는 것은 책임 회피로밖에는 비치지 않았다.

'세월호 참사 당일 시간대별 일지' 등에 따르면, "오전 10시 00분 박근혜 대통령, '단 1명의 인명피해도 없도록 최선을 다하라'고 지시"한 것으로 되어 있고, 또 "오전 11시 05분 박 대통령, 특공대를 투입토록 지시"한 것으로 되어 있으나, 이는 그 뒤 직접적인 대면 지시가 아닌 것으로 밝혀졌다. 조선일보 선임기자 최보식(2014. 7. 18일자)이 문제 제기한 이래, 그 시각에 "대통령이 집무실이나 공개된 장소에 자리하고 있었던 것인가"에 대한 의문이 끊임없게 되었다. 세월호 참사가 아니면 드러나지 않았을 이 의문은, 그게 사실이라면, 곧바로 국민의 생명과 국토를 방위하는 사안에서도 심각한 위험을 노출시켰다고 할 수 있다. 국민과 국토를 방위하겠다고 '헌법적 맹서를 한 대통령'이 7시간 동안 비서실장도 알지 못하는 장소에 있었다는 것은 상상하기조차 어렵다. 그 시각에 내우와 외환이 겹쳐 일어났다면 어떻게 됐을까 하는 가정에까지 이르게 되면, 그 우려는 국가 존망의 두려움으로 변한다. 촌각을 다투는 현대전에서 국토방위의 최고책임자가 7시간 동안 누구도 알지 못하는 장소에 있었다면 나라는 이미 결딴나고 말았을 것이다. 청와대 책임론을 묻는 것은 단순히 세월호사건에 국한된 것이 아님을 여기서도 인지할 수 있다.

청와대 책임론은 결국 그동안 한국 정치가 쌓아 온 적폐가 세월호참사를 통해 드러나고 있음을 보여주는 것이다. 그동안 한국의 정치사에서 가장 안타까운 모습의 하나는 '권력의 청와대 집중화' 현상이라고 할 것이다. 이것은 정부 집행 능력의 신속화와 효율화라는 측면에서 용납되어 왔다. 그러나 이번 세월호사건과 같은 경우에는 권력이 집중화되어 있는 청와대가 움직이지 않으면 정부의 어느 부서도 제대로 작동하지 않는다는 것을 잘 보여주었다. 그것이 엄청난 인명피해를 가져온 대형 참사로 빚어진 것이다. 청와대 책임론이 계속 강조되는 이유는 바로 여기에 있다. 따라서 세월호사건은 청와대가 아니더라도 각 부서가 맡겨진 책임을 매뉴얼에 따라 처리할 수 있는 권력 운용의 시스템으로 전화되지 않으면 안 된다는 좋은 교훈을 주었다. 청와대 책임론과 관련, 해수부가 세월호사건에서 역할을 제대로 하지 못했다면 이 정권 초대 해수부장관을 적격자로 임명했는가 하는, 역시 대통령 인사권의 문제로도 다시 비화되지 않을 수 없다. 그 밖에 정부 책임 부서와 각 기관의 책임론에 대해서는 더 언급하지 않겠다.

세월호 참사와 책임 회피 ― 유병언의 등장

세월호사건이 터지자 이런 곤혹스러운 상황에서 정부의 난처함을 면케 해주고 집권 여당에게는 퇴로를 열어 줄 어떤 방도가 필요했을 것이다. 말하자면 희생양이다. 그런 데에 잔머리를 잘 굴리는 인간들은 어디에나 있는 법이다. 그간 구원파의 중심인물로 행세한 바 있는 유병언을 희생양으로 만드는 데는 그렇게 어렵지 않았다. 세월호 선박의 주인으로 부각시켰고 세월호를 불법 개조한 책임자로 몰아갔으며, 이것이 바로 세월호 참사로 연결되었다는 구도를 짜갔다. 그렇게 함으로 골든타임의 무능을 면책하려 했다. 그는 전에는 구원파 신도들의 희망이었지만 이제는 정부 여당을 잠시 동안이나마 국민의 따가운 시선으로부터 보호해 줄 구원투수이자 희생양으로 등장하게 되었다. 그를 보호하기 위한 신도들의 끈질긴 모습이 TV에 비치고 경찰들이 신도들에게 밀리는 듯한 모습을 보일 때마다 회심의 미소를 짓는 측이 있었다. 그게 누구겠는가.

당장 곤혹스러운 경지에 처했던 측에서는 유병언에게 그 책임을 뒤집어씌워 국민의 이목을 거기에 집중케 하고 거기에 언론이 동원되는 한편 책임져야 할 인사들은 시간을 끌면서 자신들의 퇴로를 만들어 갔다. 언론은 그 앞에서 바람잡이로 역할도 하고 국민의 이목을 엉뚱한 데로 이끄는 데에 결정적인 역할을 했다. 아마도 이때쯤이면 왜 MB 등의 수구 정권이 종편을 만들었는지 그 깊은 뜻을 헤아릴 수 있을 만도 했다.

세월호 참사 때 책임져야 할 곳에서는 컨트롤 타워 구실을 전혀 하지 못했던 무능한 정부 여당이었지만 유병언이라는 인물을 통해 반전을 꾀하는 데는 천재적인 능력을 발휘했다. 우선 세월호 도입 과정이나 불법 개조 등 참사의 원초적인 책임을 거기에 뒤집어씌우고 그를 체포하는 과정에서 무려 군경 130만 명을 동원하고 반상회까지 개최했다. 이를 통해, 책임을 져야 할 때에는 무기력하기 짝이 없던 정부 여당이 유병언이라는 희생양을 잡는 데서는 컨트롤 타워의 건재함을 드러내 자기 과시를 했다. 세월호 참사는 이렇게 책임져야 할 곳에서는 숨고 책임 전가에서는 자기를 과시하는 본말전도의 정치 현상을 폭로하게 되었다.

거기에다 '유병언이 사체로 발견'된 것과 관련, 40일간 방치한 시신이 단순변사체로 인식된 것이 사실일까? 유병언의 시신인 것을 전혀 몰랐다면 그것은 직무유기에 속한다. 그 정황으로 봐서 눈치를 챈 것이 분명한 것 같이 보이는데, 그러고도 그 뒤 수많은 인력을 동원하고 현상금을 5억 원으로 높이는 등의 조치를 취한 것이 사실이라면, 유병언 사건은 결국 희대의 대국민 사기극을 연출했다고 해도 변명의 여지가 없다. 또 시체를 우려먹으면서 세월호 참사의 본질을 외면토록 했다면, 앞으로도 이런 식으로 책임을 회피하는 작태는 얼마든지 나올 가능성이 있다.

'유병언의 시신이라는 것'을 두고도, 당시 국과수 원장은 "부검 소견 상 시신에 특별한 손상이 없고 상처가 없었기 때문에 중독 여부를 분석했으나 별다른 약·독물을 발견하지 못했다"며 "목이 눌린 질식사 여부도 확인이 불가했으며, 내부 장기가 벌레에 의해 소실돼 사인을 밝히기 어려웠다"고 밝혔다. 당시 국과수 법유전자 과장도 "어느 뼈와 연조직, 남은 부위에도 골절 등 외력이 가해진 흔적이 없다"며 "복부, 머리 속 장기 등은 모두 부패, 소실돼 있어 사인을 검토 및 추측할 수가 없었다. 한마디로 실마리가 없는 시신이 되었다"고 말했다. 이는 무엇을 의미하는가. 이러한 어정쩡한 국과수의 발표에 대해 의미 있는 지적은 결국 유병언의 "사망 시점, 시신 발견 장소, 신고 상황, 최초 발견시 시신 상태 등 여전히 현장의 정황이 들어맞지 않는 의문은 해소되지 않았다"는 것으로 요약된다고 할 수 있다.

그 난리를 치면서 발표된 공식적인 유병언의 사인 발표는 존중되어야 하겠지만, 한편으로 근대 법의학의 수준이 저 정도밖에 되지 않았는가 하는 의심을 갖지 않을 수 없다. 조선조의 무덤에서 나온 시신이나 몇천 년 전의 미라를 통해서도 그 사인을 규명해 내는 것이 오늘날 과학의 수준인데, DNA까지 확인한 시신을 두고 사인을 규명하지 못하는 것은 그 사인에 대한 의문을 키우고 있을 뿐이다. 후대인들이 이 시대의 양심을 두고 어떻게 평가할 것인지 부끄러운 생각이 든다.

사인이 확인되지 않은 경우, 사인이 확인될 때까지 사체가 발견된 장소와 그 정황을 잘 보존해야 한다는 것은 상식이다. 그러나 TV 등을 통해 비치는 사체 발견 장소는 전혀 보존되지 않고 있었다. 이는 그 장소가 오히려 덫이 될까 두려워한 측이 있었음을 의미하는 것이 아닐까 하는 의문도 들었다. 또 장소를 훼손한 것은 사인을 밝힐 의지가 거의 없었음을 의미하는 것이라고도 말할 수 있지 않을까.

모든 죽음은 죽음 스스로가 그 죽음의 이유를 말한다고 한다. 그리고 의문사의 경우 반드시 그 죽음을 통해 이익을 보는 쪽이 있게 마련이다. 그 이익 보는 쪽이 어느 쪽인지 그것을 조사하면 사인이 규명될수도 있다. 그러나 몇 달 동안 유병언을 통해 벌인 시야 가리기 장사도 시간을 끌면 불리할 수도 있는 법, 계산 빠른 그들은 국민의 시선을 다른 데로 다시 돌려야만 했디. 세월호 침사와 유병인 장사로 경기가 형편없어졌다고 선언하면서 당국은 국민의 인내에 보답이라도 하듯, 41조 원을 투입하는 경기부양책을 등장시키겠다고 했다. 이래도 너희들이 세월호에 연연하면서 우리의 성의를 무시할 테냐 라고 윽박지르기라도 하겠다는 듯이 말이다.

세월호 참사가 던진 질문 ― 사적 및 공적 영역과 그 책임

세월호 참사는 우리 사회의 총체적 비리가 집약적으로 나타난 것이라고 지적된다. 그러기에 이 사건은 우리 사회에 던진 질문이 크고 많다. 오죽했으면 세월호사건으로 한국사를 그 전과 후로 나누어야 한다고 주장했을까. 그렇기에 세월호는 그 자체가 의문투성이면서 그를 통해 많은 질문들을 쏟아낼 수 있는 사건이다. 그러나 여기서는 당시 언론들 및 식자들의 주장에 의거 세월호사건 처리 과정을 통해서 나타난 공적 및 사적 영역의 책임 등에 대해서 지적된 내용을 간단히 언급하겠다.

이 사건으로 민간 외주업체들이 중요한 공적 업무를 담당하고 있음을 확인했다는 것이다. 그 구체적인 것으로 인명구조와 관련해서는 '언딘'이라는 존재가 해경이나 해군을 대신해서 등장하고, 민간업체 소유의 선박 검사나 기술 검증, 관리 역할은 '한국선급'이 맡고 있다는 점도 알려지게 되었다. 세월호사고의 중요한 원인이 선박의 대대적인 개조에 있었다면 청해진해운의 선박 개축에서 도면이 엉터리임을 알고도 눈감아 준 한국선급의 책임은 면할 수 없다. 여기서 사적 영역에 속하는 기관이 어떻게 공적 업무를 감당할 수 있는가 하는 의문을 나타내지 않을 수 없다.

공적 업무와 공적 역할의 민영화 내지 외주화가 이뤄지면서 공직자들의 윤리의식이 뚜렷이 해이해졌다는 것이다. 그 구체적인 예가 세월호 침몰 때 해경선에 탑승했던 해경 대원들이 구조작업에 전력투구하지 않았다는 데서도 잘 나타났다. 이를 두고, "신자유주의적 가치가 전 사회적으로 도덕적 자원의 고갈 내지는 도덕의 상실을 불러왔고, 공적 봉사를 긍지로 삼고 실천하는 직업윤리 내지는 공익정신이 신자유주의적 가치를 따르는 민영화를 통해 점차 상실되거나 뚜렷이 약화되어 갔다"는 최장집의 지적은 정곡을 찌른 것이다.

여기에다 행정관료의 이익과 기업의 사적 이익이 공생·유착·담합되었고 이로써 비리와 부정부패, 탈법과 편법의 온상이 만들어지게 되었다. 반관반민 협회로 존재하는 이들 기관에 그 관련 부서를 관련 단체의 퇴직자들이 점거함으로 이런 기관들이 제 기능을 주체적으로 발휘하기 힘든 기관으로 변질되고 말았다. 세월호 참사 앞에서 여러 관련 기관들이 제 역할을 못 한 것은 이런 기관들이 주체적인 활동을 할 수 없도록 구조화되어 있었기 때문이다. 관변단체들은 그 속성상 능동적인 활동을 기대하기 힘들다.

세월호 참사가 남긴 과제들

세월호 참사는 해운선박 업계는 물론 우리 사회에 엄청난 과제를 남겼다. 우선 세월호의 침몰 원인과 관련, 선박의 이상 시점은 언제이며, 해수부는 왜 세월호의 항적 기록을 4차례나 수정했는가 하는 점, 청와대와 국정원, 안행부가 YTN의 방송을 보고 사고를 인지했다는데, 이는 국가적 내우외환의 경우 그 보고체계가 왜 그런가, 또 해난구조대와 특수전전단 등의 구조 출동 명령이 왜 늦었으며 출동 명령을 받고도 왜 1시간 16분 뒤에 그것도 잠수장비 등을 충분히 갖추지 않고 출동했으며, 해경 123정은 선내 진입이나 퇴선 조치를 하도록 하명 받았지만 왜 이행하지 않았는가 등이 밝혀져야 할 것이다. 또 앞에서도 지적한 바와 같이, 대통령은 이런 중차대한 참사임에도 불구하고 7시간 동안 왜 대면보고를 받지 않았는가 하는 점도 밝혀져야 할 것이다. 이것은 다시 말하지만, 국가의 안위와 관련해서도 아주 중요한 문제다.

세월호 참사를 보면서 선상과 선원들의 무책임한 행위를 도무지 묵과할 수 없다. 그들의 도덕적 감수성과 직업윤리의 부재는 물론 참사를 방치한 인명 경시의 책임도 막중하다고 지적하지 않을 수 없다. 그러나 한편 그들에게 참사의 책임을 묻기에는 그들의 고용조건이 너무 열악하다는 것도 함께 지적해야 한다. 월 200만 원도 안 되는 비정규직 선장에 임시직 항해사들에게 자신의 목숨을 바쳐서라도 승객을 구해야 한다는 사명감을 요구할 수 있을지 의문시된다는 지적이 있다. 이렇게 되면 선장과 선원들의 무책임의 문제는 우리 사회가 겪고 있는 비정규직, 임시직의 문제와 연동되어 사회적인 문제로 환원된다. 결국 세월호 문제가 우리 사회의 구조적인 문제의 응축이라는 것은 여기서도 드러난다.

세월호 참사와 관련, 그 비대성 때문에 국민을 통제하는 데는 효율적일지 모르지만, 위기 대처 능력이 현저히 떨어지는 정부 부처를 어떻게 개혁해야 하는가 하는 문제가 대두되었다. 세월호사건 후 '국가 개조'라는 말까지 등장시켜 그 급박성을 고조시키는 듯했지만, 1년이 지난 시점에 와서 보면 확연히 변화된 모습은 거의 눈에 띄지 않는다. 국민을 통제하는 수법은 날로 지능화, 심화되고 있지만 정부의 안전관리나 대국민 서비스에서는 오히려 후퇴한다는 여론이다. 이를 극복하고 국가 개조 차원의 개혁을 위해서는 결국 시민의 민주적 역량을 어떻게 키워야 하는가 하는 문제로 귀결된다고 할 것이다. 이것은 또한 신자유주의의 풍조가 공권력과 사적 영역을 넘나들면서 결합하여 민주 시민사회를 욱죄고 있는 현실이 세월호 참사에서 잘 드러난 만큼 이를 어떻게 극복하느냐의 과제도 안겨 주었다고 할 것이다.

세월호 참사는 중앙의 컨트롤 타워와 현장의 임무 수행 기구의 협력적 혹은 독립적 기능행사 간의 문제를 제기했다. 어떤 위기 상황이 발생했을 때에 그 현장에서 중앙과의 연계하에서 얼마나 자체의 독자적인 판단으로 문제를 해결하느냐의 문제는 결국 위기 상황에 대처하는 매뉴얼을 정교하게 제작해 두고 그것을 숙지 행동화할 수 있느냐의 문제로 귀결된다고 할 것이다. 이와 관련, 참여정부에서 제작한 2,800 여 개의 현장 구난(救難) 매뉴얼이 이명박 정권 때에 그 3분의 2가 폐기되었다는 것은 놀라운 일이 아닐 수 없다. 이명박 정권의 무책임한 매뉴얼 폐기는 안보 무능, 위난 무책을 의미했고 그것은 이미 세월호 참사를 예고하는 것이었다. 때문에 불각시에 부닥칠 참사를 예방하기 위해서는 이제부터라도 우리 사회의 안전을 위한 더 구체적이고 현실적인 구난 매뉴얼이 연구되어 갖춰지고 그 매뉴얼에 따라서 어릴 때부터 교육, 생활화되도록 하는 훈련이 필요하다.

세월호 참사와 한국교회

세월호사건이 일어났을 때 한국교회가 보여준 자세에는 명암이 교체된다. 고난받는 자와 함께한 많은 그리스도인이 있었음을 자랑스럽게 생각한다. 안산 지역의·여러 교회를 비롯하여 팽목항에서도 그리스도인의 위로와 헌신은 다른 종교인들 못지않았다. 참사 이후 거의 반년 동안 광화문광장에서 단식과 철야기도 등으로 목회자들과 평신도들이 힘을 합쳐 유족들을 위로하면서 이 슬픔을 극복하고 세월호 참사의 진실이 밝혀져야 한다고 주장하는 등, 하나님의 선하신 뜻이 이뤄지도록 노력했다. 그 협조는 양적인 면에서도 단연 돋보였다. 그런 의미에서 한국 개신교회 그리스도인들은 우는 자와 같이하라는 말씀에 따라 세심한 모습을 보인 것이 사실이다.

그러나 지도층에 있는 몇몇 인사의 사고와 발언은 한국 그리스도인들의 그런 희생적인 봉사와 헌신을 무색하게 만들었다. 한기총 간부의 무책임한 발언이나 대형교회 어느 목사의 돌출 발언은 생존자들과 유족들을 상처 나게 했고 희생자들을 모독했다. 더구나 이런 불행한 사건을 두고 하나님의 뜻 운운한다든지 하나님의 진노라고 말한다는 것은 하나님을 아전인수격으로 끌어들이면서 사실은 정의와 사랑의 하나님을 왜곡 모독하는 짓이기도 했다. 거기에다 최근에는 광화문 어귀에 붙어 있는 현수막에 "세월호 유가족 여러분! 국론분열 중심에서 속히 내려오세요", "세월호 거짓 선동을 즉각 중단하고 광화문광장에서 물러나라!"고 외치는 당사자로 서북청년단과 함께 기독시민연대라는 낯선 이름까지 등장하는 것은 그리스도인으로서 부끄럽기 짝이 없게 한다.

이렇게 보면 세월호 참사는 다시 대결적 진영으로 끌려 들어가는 듯하다. 그런 세력이 분명히 있다. 사건이 일어나기만 하면 그것을 이용하여 이념적 대결로 이끌어가려는 세력들이 있다. 분명한 것은 슬픔당한 자의 편에 서서 그들을 위로하고 상처를 어루만지려는 것이 이념적 대결의 표적이 되어서는 안 된다는 것이다. 생존자들과 유족들이 트라우마에 시달리고 심지어 학생 20명을 구한 세월호 의인인 김동수 씨마저 자해를 하려고 하는 상황에서 기독교인들은 진영논리를 극복하고 이들을 돕는 일에 앞장서야 한다. 진실을 밝혀 다시는 이 땅에 제2의 세월호 참사가 일어나지 않도록 노력하는 것이 왜 국론분열이며 거짓 선동인지 이해할 수 없다. 진실을 밝히고 책임자에게 응분의 책임을 묻도록 하자는 것이 어찌 이미 죽은 자식들만을 위하는 것이라고 할 수 있을까. 이런 물음에 그들은 답해야 한다.

여야 합의에 따라 세월호참사특별조사위원회가 발족한 지 한 달이 넘었다. 그러나 위원회의 활동을 방해하는 조직적인 세력 때문에 특위의 정식 출범이 늦춰지고, 조직과 예산이 축소될 위기에 처했다. 특위에 파견된 공무원들은 특위 활동을 일일이 감시하면서 심지어는 특위의 활동 내역이 담긴 내부 문건을 청와대, 새누리당, 해수부, 경찰 등에 유출시키고 있다. 이게 현실이다. 여야 합의로 법안을 만들고 조직을 꾸렸으면 특위가 활동하도록 지원해야 하는 것이 정부의 임무다. 그런데 무엇이 두렵고 켕겨서 이렇게 조직적으로 방해하고 있는지 알 수 없다. 심지어는 여당의 모 의원은 특위를 '세금도둑'이라고까지 폄훼했다고 전한다. 특위 활동을 저지하고 진실을 밝히지 못하도록 하려는 수작임이 분명하다. 이럴 때 기독교인들은, 이 땅에 다시는 세월호 참사 같은 사건이 일어나서는 안 된다고 다짐하는 의식 있는 국민과 함께, 세월호 참사의 진실을 밝혀 하나님의 정의와 사랑, 화해와 용서가 이 땅에 이뤄지도록 노력하는 데에 앞장서야 한다. 이게 그리스도인의 시대적 사명의 하나이기도 하다.

(2015. 3. 23.)

검찰 개혁, 재판 개혁과 함께
국회도 스스로를 개혁하라

며칠 전 '검찰 및 재판 개혁'과 관련된 '민주당 지도부 및 법사위 긴급회의 결과'라는 것이 알려졌다. 민주당이 이번 '윤석열 사태'를 계기로 그동안 진행되고 있는 '검찰 및 재판 개혁'을 서둘러 입법화하겠다는 의지로 읽혔다. 그 뒤 더 자세하게 발표했는지 확인하지 못했지만, 그때 발표된 내용은 세 가지로 요약되어 있었다.

첫째, 검찰의 수사권을 완전히 박탈하는 것을 입법화하고 검찰에는 공소유지권만 두고 기소청을 완전 분리 추진하기로 내부 입장을 확정했다. 이렇게 되면 수사는 국가수사본부, 치안은 경찰청, 공소유지는 검찰청, 기소는 기소청으로 종래 검찰청과 경찰청이 가졌던 권한을 국가수사본부, 경찰청, 검찰청, 기소청의 4개 기구로 완전 분리 추진하겠다는 것이다.

둘째, 재판에서도 배심원제를 추진하여 판결과 배심원 의견이 다를 수 없도록 입법화하겠다고 한다. 이렇게 되면 배심원단이 무죄판결한 사안을 두고 판사가 유죄판결하는 것은 불가능하고, 배심원단이 유죄라고 한 사안을 두고서도 판사가 무죄로 판결하기가 불가능하게 된다. 다만 형량과 벌금액 등만 판사가 일부 조정하는 것이 가능하게 된다.

셋째, 수사 과정과 재판 과정을 모두 공개하고 판결문, 기소장, 공소장, 불기소사유서도 모두 공개하기로 입법화하겠다는 것이다.

민주당의 입법 의지가 확고하다면 현재 국회 의석수로 봐서 입법이 불가능한 것은 아니다. 입법 과정에서 반대가 많고 가짜뉴스가 횡행하겠지만, 국민의 기대를 저버리지는 못할 것이다. 공수처의 경우도 열심히 반대하고 있는 야당 중진들이 과거 그 필요성을 몇 번씩 강조해 왔던 것을 감안한다면, 민주당이 추진하겠다는 '검찰 및 재판 개혁'도 '불감청(不敢請)이언정 고소원(固所願)'의 심정일 수도 있다. 여기까지 와서 민주당이 '검찰 및 재판 개혁'에 주저하는 모습을 보인다면, 이는 촛불정권을 탄생시키고 180석까지 안겨 준 국민의 뜻을 배반하는 꼴이 될 것이다.

국회가 '검찰 개혁과 재판 개혁'을 단행하겠다면, 개혁의 동력을 제공하는 유일한 근거는 국회가 국민의 뜻을 대변하는 기관이기 때문이다. 국회가 국민의 뜻을 받들어 그 염원을 실현하는 것이다. 그런데 그 국민이 검찰과 사법기관에 대해서만 개혁을 요구하는가, 그렇지 않다. 국회에 대해서도 개혁을 요구한 지 오래다. 효율성만으로 따진다면, 한국에서 가장 비효율적인 국가 기관으로 국회가 꼽히지 않을까 싶다. 의원 중에는 불철주야 국민을 위한 입법 및 국정 수행에 노력하는 분들이 없진 않지만, 전체적인 모습은 방학 중 실컷 놀다가 개학 며칠 앞두고 방학 숙제를 일거에 해치우는 학동들의 모습이 어른거린다. 국회가 '고비용 저효율'의 상징처럼 되어 있지만, 민주공화국 실현의 보루이기 때문에 그 존재와 역할을 기꺼이 수용하는 것이다. 그렇다고 국회가 갖고 있는 막중한 의의만큼 국회의 활동과 업적을 기꺼이

용납하는 것은 아니다.

그래서 하는 말이다. 검찰 개혁과 재판 개혁을 요구하고 있는 국민은 국회의 개혁도 요구한다는 것이다. 국회가 국민의 이름을 빌려 검찰 개혁과 재판 개혁을 하겠다면, 그와 동시에 스스로를 개혁하는 작업도 단행해 달라는 것이다. 더 바람직한 것은 검찰 개혁과 재판 개혁에 앞서 자기 개혁부터 단행하는 것이다. 그래야만 국회가 국민의 이름을 빌려 검찰 개혁과 재판 개혁을 단행하는 데에 더 큰 무게가 실릴 것이고, 그만큼 그 정당성도 확보할 수 있을 것이다. 국회가 먼저 자기 개혁을 단행한다면 국회의 입법을 통해 개혁의 대상이 된 기관들도 국회의 결정에 승복하지 않을 수 없을 것이다.

국회 개혁은 국회의원들의 특권 내려놓기부터 시작해야 한다. 국민이 알고 있는 특권은 기껏 '면책특권'과 '불체포특권' 그리고 식물국회일 때도 거리낌 없이 수령하는 '1인당 국민소득의 5.27배'나 되며 'OECD 국가 중 3위'로 높은 의원 보수가 있다는 정도다. 그러나 국회의원들은 밖에서 들으면 깜짝 놀랄 정도의 특권들을 스스로 만들어 누려 왔다고 한다. 그런데도 '그 사실이 제대로 알려지지 않은 것은 그 특권을 합리적으로 차마 설명할 수 없기' 때문이다. 그래서 지금의 총리가 국회의장으로 있던 4년 전에 '국회의원 특권 내려놓기 추진위원회'가 출범했고 그 2년 후인 2018년에도 '국회 운영제도개선 특위'가 가동되었으나 제대로 개선되지 않았다. 추진위원회의 보고서는 지금도 국회의원들이 고액의 보수 외에 50여 가지의 물질적·사회적 편의를 제공받고 있다고 한다. 이 점과 관련, "제21대 국회, '특권' 내려놓기부터"(「한겨레신문」 2020년 5월 8일자)라는 필자의 글을 첨부한다.

검찰과 사법부를 향한 개혁의 바람은 머지않아 국회로 향할 것이다. 검찰 개혁과 재판 개혁이 국회의 입법 절차를 통해 이뤄진다면 그

다음은 국회를 향해 개혁을 요구할 것이라는 뜻이다. 국민의 열화에 의해 타율적으로 개혁되기보다는 이번 기회에 검찰 개혁과 재판 개혁에 보조를 맞춰 스스로를 개혁하기를 기대한다. 국회의 품격이 제고되는 것은 물론이고 헌법기관으로서 의원 한분 한분에 대한 존경과 감사도 뒤따를 것이다.

(2020. 12. 28.)

〈판문점선언〉의 역사적 위치를 살핀다

2018년 4월 27일 남북정상회담에서 채택된 〈판문점선언〉은 한반도의 휴(정)전 상태를 종전 및 평화체제로 만들고, 20여 년 이상 끌어오던 핵 문제를 '완전한 비핵화'로 약속하며, 남북의 군사 충돌을 예방하고 경제·사회·문화 분야의 교류 협력을 강화하자는 합의를 담았다. 이 선언이 실천되면 한반도는 물론 동북아 정세 지형에도 큰 변화를 가져올 것이며, 세계사적으로는 제2차 세계대전과 냉전체제의 산물이 마지막으로 청산되는 결과를 가져올 것으로 기대한다. 이 선언의 정확한 이름은 〈한반도의 평화와 번영, 통일을 위한 판문점선언〉이다.

이 선언은 1948년 남북이 분단된 이래 두 정부가 무릎을 맞대고 합의하여 공동으로 발표한 최초의 선언인 〈7·4남북공동성명〉(1972년)에서 기산하면 46년 만에 발표된 것이다. 그 뒤 한반도 문제 및 통일 문제와 관련하여 남북은 독자적으로는 많은 성명을 발표하였으나 공동명의로 발표한 것은 〈판문점선언〉까지 6개뿐이다. 〈판문점선언〉에 앞서 발표된 이 5개의 공동선언을 먼저 개괄적으로 소개하고, 그것이 역사적으로 〈판문점선언〉과 어떤 관계가 있는지를 살펴보겠다.

〈7·4남북공동성명〉(1972년 7월 4일)은 분단 이후 남북이 최초로 합의하여 발표한 공동성명이다. 6·25한국전쟁 이후 남북은 각각 상대방에 대해 적대 정책을 쓰면서 통일논의를 하지 않았다. 1953년 휴전 이후 이승만은 북진멸공통일을 주장해 왔고 북은 적화통일노선을 추구해 왔다. 1961년 박정희의 군사쿠데타 이후도 마찬가지였다. 1969년 닉슨독트린이 발표되고 미국의 아시아 정책에 변화가 왔다. 미국은 1971년 핑퐁외교로 중국과의 교류를 시작했고, 이듬해 2월에는 닉슨이 중국을 방문, 〈상하이공동성명〉을 발표하기에 이르렀다. 미·중 사이의 이 같은 해빙 무드와 베트남전 전개 양상은 한반도 정세에도 영향을 미쳐 〈7·4남북공동성명〉에 이르게 되었다. 한국전쟁 이후 남북은 소득격차가 많이 벌어졌는데 1970년대에 들어서서 남북의 국민소득이 거의 균형을 이룬 것도 대화에 이르게 된 계기가 되었다.

이 공동성명에서 가장 중요한 것은 남북이 처음으로 '자주·평화·민족대단결'의 통일원칙을 확인했다는 것이다. 이 통일원칙은 그 뒤 남북 사이에 통일 문제를 논의할 때 자주 거론되었다. 〈7·4남북공동성명〉에는 남북 사이의 긴장 완화와 신뢰 회복, 민족적 연계 회복, 남북적십자회담 적극 협조, 군사적 돌발 사고 예방, 남북조절위원회 설치 등을 명시해 놓고 있다. 그러나 이 선언은 남북의 독재자들이 자신의 권력을 강화하는 데에 이용되었다는 비난을 면치 못하게 되었다. 남은 유신체제를, 북은 사회주의헌법을 선포했기 때문이다.

〈남북 사이의 화해와 불가침 및 교류협력에 관한 기본합의서〉(〈남북기본합의서〉, 1991년 12월 13일)는 남북이 상대방의 체제를 인정한 상태에서 체결한 것이다. 1980년대에 들어 인권민주화운동을 통일운동으로 전진시킨 한국기독교계는 1988년 2월 29일 한국기독교교회협의회(NCCK)를 중심으로 〈민족의 통일과 평화에 관한 기독교회선언〉을 발표, 큰 충격을 던졌다. 이에 자극받은 노태우 정권은 그해 〈7·7선언〉(민족 자존과 통일 번영을 위한 대통령 특별선언)을 발표하여 남북 동포의 상호교류 및 해외 동포의 남북 자유 왕래 개방, 남북교역 문호개방, 남북 간의 대결 외교 종결, 북한의 대미·대일 관계 개선 협조 등 북한과의 새로운 관계를 모색했다. 한편 1990년 독일 통일과 동구권의 붕괴, 소련의 해체 등 사회주의권의 급속한 변화가 일어나자 사회주의권의 지원을 받고 있던 북한이 큰 위협을 느끼게 되었다. 이런 상황에서 1990년 9월 5일부터 남북 총리를 단장으로 하는 제1차 남북고위급 회담이 개최되었고, 1991년 9월 남북한이 각각 유엔에 회원국으로 가입하게 되면서 이 합의가 도출되었다.

이 합의서는 한반도의 통일을 위해 〈7·4남북공동성명〉에서 천명한 조국통일 3대 원칙을 재확인하고, 정치·군사적 대결 상태를 해소하여 민족적 화해를 이룩하며, 무력에 의한 침략과 충돌을 막고 긴장 완화와 평화를 보장하며, 다각적인 교류·협력을 실현하여 민족공동의 이익과 번영을 도모하도록 하며, 쌍방의 관계가 나라와 나라 사이의 관계가 아닌 특수 관계라는 것을 인정하고, 평화 통일을 성취하기 위한 공동의 노력을 경주할 것을 다짐하는 내용을 담았다. 4장 25개 조로 된 본문과 '남북화해·남북불가침·남북교류협력'의 이행을 위한 3부 속합의서로 구성되어 있는 이 기본합의서는 다음에서 언급될 '한반도의 비핵화에 관한 공동선언'과 함께 그 이듬해 1992년 2월 18일 정식으로 효력을 발생하게 되었다.

〈한반도의 비핵화에 관한 공동선언〉(1991년 12월 31일 가서명, 1992년 1월 31일 체결, 1992년 2월 19일 제6차 고위급회담에서 〈남북기본합의서〉와 함께 발효)은 앞서 〈남북 사이의 화해와 불가침 및 교류협력에 관한 기본합의서〉와 함께 진행된 것으로, 북한의 핵개발을 방지하고 남한에 배치

된 전술핵에 대한 우려를 불식하기 위해 논의, 합의한 것이다. 이 공동
선언은, 남북은 핵무기를 생산치 않고 핵에너지를 평화적 목적에만 사
용하며, 핵재처리시설 등을 보유치 않고 한반도의 비핵화를 검증하기
위해 남북핵통제공동위원회를 구성, 사찰한다는 등 6개 항으로 되어
있다. 이 공동선언으로 그 뒤 국제원자력기구와의 핵안정협정 서명과
국제 핵사찰을 수용케 하는 계기가 되었다. 그러나 1990년대에 들어
남의 중국·러시아, 북의 미국·일본에 대한 교차 외교가 공통적으로
이뤄지지 않은 데다가, 남북한의 경제적 격차가 심해지자 북한은 재래
식 무기에 의존하는 것은 한계가 있다고 보고 비대칭적 군사력 개발을
모색, NPT를 탈퇴하고 핵개발에 나서 제1차 북핵 위기를 불러오게 되
었다.

우리는 앞에서 1972년 〈7·4남북공동성명〉부터 1991년의 〈남북기
본합의서〉와 〈한반도 비핵화에 관한 공동선언〉까지 살펴보았다. 여
기서 주목되는 것은 노태우 정권이 수행한 대북 및 북방정책이다. 노
정권은 1990년 전후하여 사회주의권이 붕괴될 때 남북 간에 중요한
공동선언들을 끌어냈을 뿐만 아니라 1988년 〈7·7선언〉의 연장선에
서 북방정책을 감행하여 중국·러시아와 국교를 수립했다. 이때 북한
도 미국·일본과 국교 수립에 성공했다면 핵개발의 유혹을 덜 받았을
것이다. 그러나 미국과 일본은 북한과의 수교를 거부했고 북한은 그
반발로 핵개발에 나섰다. 이게 '40년 가까이 지속된 북핵 문제의 배경
이자 본질'이라고 지적되기도 한다.

1990년대 중반 제1차 북핵 위기에 직면, 한반도는 전쟁 일보 직전
까지 이르게 되었다. 카터 전 미국 대통령의 중재로 김영삼·김일성
남북정상회담이 약속되었지만 1994년 7월 8일 김일성의 사망으로 무
산되었고, 이어서 1994년 10월 21일에는 제네바에서 〈북한과 미국 간

에 핵무기 개발에 관한 특별계약〉이 타결되어 북핵 문제는 일단 가라 앉혔다. 그 뒤 1997년 외환위기로 IMF사태가 몰려왔고 정권교체가 이뤄졌다.

〈6·15남북공동선언문〉(2000년 6월 15일)은 1998년 정권교체를 이룬 김대중 대통령이 햇볕정책을 추구하면서 평양을 방문, 김정일 국방위원장과 합의한 선언문이다. 1991~92년의 〈남북기본합의서〉와 〈비핵화공동선언〉이 있었지만, 남북관계는 패러다임 전환의 새로운 돌파구가 필요했다. 햇볕정책이다. 전문 5개 항으로 된 이 공동선언은 친척방문단 교환과 비전향장기수 문제, 사회·문화 분야의 교류의 활성화 및 김정일 위원장의 서울 방문 등의 합의를 명시했다. 중요한 것은 제2항의 "남과 북은 나라의 통일을 위한 남측의 연합 제안과 북측의 낮은 연방 제안이 서로 공통성이 있다고 인정하고 앞으로 이 방향에서 통일을 지향시켜 나가기로 하였다"는 것으로, 이는 통일을 지향하는 새로운 공간을 마련한 것으로 평가되고 있다.

〈남북관계 발전과 평화번영을 위한 선언〉(〈10·4선언〉, 2007년 10월 4일)은 노무현 대통령이 2007년 10월 초 평양을 방문, 김정일 국방위원장과 합의하여 발표한 공동선언이다. 2006년 10월 9일 북한이 1차 핵실험을 단행한 후 국제사회의 긴장이 고조된 상태에서 남북 정상이 평양에서 합의·발표한 것이다. 선언의 내용은 전문과 8개 항으로 되어 있는데, 각 항마다 구체적인 실천 사항들이 나열되어 있다. 이 선언은 정전체제의 종식과 항구적인 평화체제의 구축을 강조하고 경제협력과 관련, 서해평화협력특별지대 설치와 공동어로수역 설정, 경의선 철도와 평양-개성 간 고속도로 공동 이용 등 남북이 협력할 수 있는 구체적인 사항들을 나열해 놓았다. 그러나 이 선언은 노무현 대통령 임기 5개월을 남겨 놓은 때에 이뤄져 그 실천 동력을 얻기 어려웠고,

정권이 바뀌자 후임 정권은 이를 전혀 거들떠보지 않았다.

〈한반도의 평화와 번영, 통일을 위한 판문점선언〉(〈판문점선언〉, 2018년 4월 27일)은 그동안 발표된 기존의 선언들을 총화한 데다 새로운 것을 추가하는 형태로 문재인 대통령과 김정은 국무위원장 사이에 이뤄졌다. 전문과 3개 조 13개 항의 실천 내용을 구체화한 이 선언은 남북관계의 개선과 공동번영·자주통일의 미래를 앞당기기 위한 노력, 한반도의 군사적 긴장 상태 완화와 전쟁 위험을 실질적으로 해소하는 문제, 한반도의 항구적 평화체제 구축을 위한 협력 등을 아주 세부적으로 지적했으며, 문재인 대통령의 2018년 가을의 평양 방문도 약속하고 있다.

〈판문점선언〉의 핵심 골자는 한반도의 완전 비핵화, 정전체제의 평화체제로의 전환 그리고 한반도의 군사적 긴장 완화와 교류 협력 증진, 세 가지로 요약할 수 있다. 이 세 가지는 〈판문점선언〉 이전의 공동성명들에서 거의 언급된 바 있으나, 핵 문제에서 '완전한 비핵화'로 명시한 점은 질적인 차이가 있다. 앞에서 지적한 세 가지 중 한반도의 군사적 긴장 완화와 교류 협력 증진은 남북관계에서 적용되어야 할 문제이지만, 핵 문제는 〈제네바협의〉와 〈6자회담〉 등에서 보였듯이 남북 사이의 문제일 수만은 없었는데 북의 완전한 비핵화를 명기한 것은 세계사적 의미가 있다. 또 정전체제를 평화체제로 전환하는 문제도 앞에서 지적한 바와 같이 제2차 세계대전 및 냉전체제의 유물을 가장 늦게 종식시킨다는 점에서 그 세계사적 의미를 가졌다고 할 것이다. 그런 점에서 〈판문점선언〉은 한반도의 평화와 통일의 문제뿐만 아니라 세계사적으로도 높이 평가할 수 있을 것이다.

〈판문점선언〉은 그 앞의 선언들과 비교해 볼 때, 한반도의 통일과 남북관계의 큰 원칙을 제시한 점에서는 〈7·4공동성명〉(1972년)과 〈6

·15남북공동선언문〉(2000년)을 참조하고, 남북관계 개선책을 구체적으로 지적한 점에서는〈남북 사이의 화해와 불가침 및 교류협력에 관한 기본합의서〉(1991년)와〈남북관계 발전과 평화번영을 위한 선언〉(2007년)의 내용을 답습한 것으로 보인다. 이는〈판문점선언〉이 갑작스럽게 나타난 것이 아니라 그 이전에 발표된 여러 공동선언의 정신과 실천 사항을 녹이고 온축시켜 작성했다는 뜻이다. 특히〈남북 사이의 화해와 불가침 및 교류협력에 관한 기본합의서〉(1991년)가 그 뒤의〈10·4선언〉(2007년)과〈판문점선언〉에 큰 영향을 미쳤음을 알 수 있다.〈판문점선언〉에서 제시한 남북관계 개선을 위한 구체적 실천 방안 중, 서해 평화수역 문제나 남북철도 연결 문제 등은〈10·4선언〉에서 이미 거론되었던 것이다.

이렇게 볼 때 한반도 남북관계 및 통일운동사에서 그 가치가 돋보이는〈판문점선언〉은 그 앞에 발표된 여러 공동선언을 온축·여과시키는 과정에서 작성된 역사적 산물임을 알 수 있다.〈판문점선언〉을 발표하면서 문재인 대통령은 이 선언은 "한반도의 비핵화와 항구적 평화, 민족 공동번영과 통일의 길로 향하는 흔들리지 않는 이정표"라고 했고, 김정은 국무위원장은 "위대한 역사는 … 그 시대의 인간들의 성실한 노력과 뜨거운 숨결"로 이뤄지며 "그 길에는 외풍과 역풍도 있을 수 있고 좌절과 시련도 있을 수 있다"고 했다.〈판문점선언〉이 외풍과 역풍, 좌절과 시련을 극복하고 한반도의 비핵화와 평화, 공동번영과 통일을 완수토록 하는 것은 남북·해외의 우리 8,000만 민족의 책임임을 다시 통감한다.

(2018. 5. 9.)

6·10민주항쟁 기념식

오늘(2019년 6월 10일) 32번째 6·10기념일을 맞아 용산구 남영동 소재 민주화운동기념사업회에서는 '6·10민주항쟁 기념식'이 열렸다. 기념식이 열린 곳은 옛날 고문으로 악명 높던 남영동 대공분실로서 지금은 민주인권기념관으로 탈바꿈하고 있다. 지하철 남영역에서 하차, 약 5분 정도 걸어가면 철로변과 붙어 있는 건물이 있고 그 옆에는 수백 평의 광장이 있다. 기념식은 어제 내린 비로 젖은 땅에 수백 개의 의자를 비치하고 앞에는 무대를 가설하여 행사를 진행했다.

6·10민주항쟁은 신군부가 1980년 5·18광주민주화운동을 깔아뭉개고 군부에 의한 파쇼체제를 연장시키려 한 데 저항한 민주 쟁취의 국민항쟁이었다. 1979년 10·26으로 박정희의 유신체제가 무너지자 시민들은 민주사회의 복원을 기대하고 유신체제의 청산을 요구했다. 그러나 1980년 전두환을 중심으로 한 신군부 세력이 국민의 민주화 열망을 외면하고 새로운 군부파쇼체제를 획책했다. 그런 과정에서 5·18광주민주화운동이 발발했으나 신군부 세력은 이를 무력으로 진압하는 한편 학계 언론계·노동계·학생운동 등을 탄압하여 많은 비판적

인 인사들을 축출함으로 신군부파쇼체제를 공고히 할 수 있었다. 유신헌법의 통일주체국민회의에서 대통령으로 선출된 전두환은 1980년 10월 헌법을 개정하여 대통령은 7년 임기의 단임제로 하되 선거인단에 의한 간선제로 하고, 대통령의 비상조치권, 대통령의 국회해산권 등을 부여받아 전제적인 대통령으로 군림했다. 이 헌법으로 유신헌법에서 명시한 통일주체국민회의는 폐지되었지만, 국민이 직접 대통령을 선출할 수는 없었다. 민주 의식에 눈뜬 국민은 신군부체제를 청산하기 위해서는 대통령 간선제를 타파하고 직선제를 쟁취하는 것이 첩경이라는 것을 인식했다.

1987년 1월 14일 서울대생 박종철이 당시 이곳 치안본부 남영동 대공분실에 끌려와 509호실에서 고문 끝에 사망했다. 이를 계기로 반독재 시위와 대통령 직선제 개헌 요구도 점차 강렬하게 되었다. 이런 요구에 대해 전두환은 대통령의 간접선거를 규정한 헌법을 수호하겠다는 4·13호헌조치를 발표했다. 그런 상황에서 박종철의 죽음이 은폐 조작되었다는 것이 폭로되었다. 1987년 5월 18일, 광주민주화운동 7주기 기념미사 중 천주교정의구현사제단은 박종철의 고문치사사건이 조작되었다는 것을 폭로했다. 이로써 개헌을 위한 민주항쟁은 한층 불붙기 시작했다. 재야민주 세력과 야당은 민주헌법쟁취국민운동본부를 출범시켰다. 국민운동본부는 6월 10일, 당시 집권당인 민정당이 대통령 후보를 선출하는 당대회를 개최하는 그날, 호헌철폐를 요구하는 국민대회를 열기로 하고 시민들에게 국민대회 행동 요령도 발표했다. 이때를 경험한 이들은 국민대회의 행동 지침에 따라 오후 국기 하강식 때 애국가를 부르고, 애국가가 끝나면 자동차는 경적을 울리고 전국의 교회와 사찰은 타종하며, 거기에 따라 묵념했던 것을 기억할 것이다. 이때 시민들의 평화적인 시위가 군부 세력에 폭력의 빌미를 주지 않았다는 것이 중요했다. 이런 상황에서 6월 9일 연세대생 이한열 군이 최루탄에 맞아 사경을 헤매게 되었다. 이 사건은 6월항쟁을 걷잡을 수 없는 화염으로 발전시켰고, 이로써 대통령 직선제를 포함한 일련의 민주적 개혁을 약속하는 〈6·29선언〉이 나오게 되었다. 이것은 신군부의 항복을 의미했다. 6월 민주항쟁은 그해 직선제를 골자로 한 현행 헌법을 탄생시켰고, 1972년 이래 철폐되었던 대통령 직선제를 부활, 시행하게 했다.

오늘 기념식은 식전 공연에 이어 11시에 개회선언이 있었다. 이날 행사를 진행한 사람은 '미투운동'으로 잘 알려진 서지현 검사와 '땅콩회항'으로 익히 알려진 박창진 대한항공 직원연대노조 지부장이었다. 오늘 행사에서 특이한 것은 내빈 소개가 없었고, 대통령의 기념사를 대독한 것 외에는 어떠한 축사나 격려사도 없었다는 것이다. 말하자면 의식의 민주화가 이뤄진 것으로 보였다. 보통 이런 모임에서는 내빈 소개로 시간을 허비하고, 유명인들의 축사와 격려사가 너절하게 붙게 되는데, 오늘은 그런 게 일절 없었다. 기념식에 참석한 모든 분이 민주화운동에서는 하나같이 귀중한 분들이며, 민주화운동에 대한 자기 경험을 갖고 있어서 다른 발표가 필요 없는 분들이었다. 애국가를 제창할 때 15명이 단상에서 선창했는데 그중 10명이 남영동 대공분실에서 고문을 당한 분들이라는 것을 들었고, 기념관을 돌아보면서 몇 분은 그 엄혹한 시절 이곳에 끌려왔다고 했다. 5층의 박종철 군이 고문치사된 방에서는 수연함을 금치 못했다. 오늘 이곳을 방문하면서 내가 누리는 이만큼의 민주화와 자유도 바로 고난 당한 선각들이 남긴 시혜에 의한 것이 아닌가 하는 고마운 마음을 금할 수 없었다.

(2019. 6. 10.)

해방 70년, 감격과 반성 그리고 모색

　초등학교 1학년 때 맞은 해방, 아직도 기억이 뚜렷하다. 어른들을 따라간 신사(神社) 마당에는 의관을 제대로 갖추지 않은 시골 어르신들이 즐거움을 이기지 못한 채 만세를 부르고 있었다. 홍명희의 표현처럼 "아이도 뛰며 만세, 어른도 뛰며 만세, 개 짖는 소리, 닭 우는 소리까지 만세 만세"였다. 얼마 지나지 않아 저편 높직한 곳에 자리한 신사가 불탔다. 화염에 쌓인 신사를 보며 일제로부터의 자유가 현실화됨을 실감하는 듯했다. 심훈이 읊었던 "삼각산이 일어나 더덩실 춤이라도 추고 한강물이 뒤집혀 용솟음칠" 바로 '그날'을 어린 시절 이렇게 경험했다. 나는 아직도 감격과 눈물 없이 그날을 회상하지 못한다.

　주일학교에 가서 이스라엘이 이집트에서 해방되었듯이 우리도 일본으로부터 해방되었다는 것을 들었을 때, 신사 마당에서 그렇게 기뻐하시던 어르신들을 이해할 수 있었다. 그러나 해방의 기쁨은 딱 거기까지였다. 만세를 부른 지 얼마 안 되어 이웃 동네의 구장이 밤사이에 죽창에 찔려 죽었다는 소문이 들렸고, 아무개 아버지는 빨갱이라는 소리도 들었다. 서북청년단 청년들이라면서 총으로 촌맹들을 겁박하는 장면도 보았다. 이어서 6·25가 터지고 북한군이 우리 마을까지 온 것을 보았다. 말로만 듣던 분단과 전쟁을 실감하게 되었다. 그 바람에 아버지는 곧 돌아가시고 막내 자형은 납북되었으며 종형 두 사람은 전사했다. 민족사의 비극이 가족사에도 비애를 안겨 주었다. 이게 해방 무렵의 내 견문이다.

해방은 완전 자주통일 독립을 의미하는 광복이 아니었다. 명실공히 광복은 몇 가지를 더 충족시켜야 했다. 분단된 국토를 통일하여 정부를 세우고 친일파와 식민지 잔재를 청산하며, 민주주의를 정착시키는 것이었다. 이런 과제들은 분리된 독립변수가 아니었고 서로 맞물려 있었다. 가장 혹독한 것은 분단 문제였다. 해방정국에서 분단구조에 편승한 친일 세력과 반민주 세력은 기득권을 고수했고, 독재 권력을 뒷받침했다. 분단을 더 심화시키면서 자신들의 부패 권력도 유지해 갔다. 이런 상황에서 여운형이나 김구가 자주적인 통일 독립을 선결과제라 부르짖었지만, 분단구조에 편승한 세력은 이들을 제거하고 말았다. '적대적 공생관계'를 즐기며 분단구조를 심화시키고 있는 남북의 세력들, 남북관계를 1970년대 이전으로 되돌린 이 정권에 대해서도 희망 만들기를 포기하지 않아야 한다. 통일 과제를 포기할 수 없다면, 한반도의 지정학적인 상황을 고려하여 이제 중립화 통일 방안을 모색할 때가 되었다.

분단이 가속화되면서 해방 이후 시급히 해결해야 할 친일 청산의 과제는 방기되어 버렸다. 친일 청산은 해방 전의 독립운동 세력과 해방 후 정치 세력 및 민중들이 한결같이 주장했던 것이다. 제헌헌법 부칙에 악질적인 반민족 행위를 처벌하는 특별법을 제정할 수 있다고 적시한 것이나 거기에 근거하여 법률 제3호로서 반민법을 제정한 것은 당시 시대정신을 반영한 것이었다. 그러나 반민특위가 와해되고 한국

전쟁이 발발하자 친일파들은 복권되었고 반공주의에 편승하여 지배층으로 부상했다. 이들은 "충성의 대상을 천황에서 독재자로 바꿈으로써 그들의 권력은 일제 때보다 더 굳건해"졌다. 친일 세력은 이승만 정권과 군사정권을 옹호하면서 민주주의 발전을 가로막았고 부정부패와 권력남용에도 앞장섰다. 집요하다 할 정도로 친일 세력을 규탄하는 것은 한국의 분단 세력과 독재 세력의 뿌리가 바로 친일 세력이라는 역사인식 때문이다.

통계청이 제시한 '통계로 본 광복 70년'은 해방 후의 성장 발전을 잘 보여주었다. 이런 성장 발전으로 가슴 뿌듯함을 느꼈다. 도시락에 계란 하나 넣어 줄 것을 기대하면서 소풍을 기다렸던 어린 시절을 생각하면 더욱 그렇다. 가히 단군 이래 최대 호황이라 할 만하다. 한국은 제2차 세계대전 이후 남을 돕는 나라로 성장한 거의 유일한 나라다. 이런 발전을 가능케 한 것은 민주화와 산업화다. 산업화가 민주화를 이끌었다는 주장이 있으나, 나는 민주화가 산업화를 이끌었다고 본다. 인간의 자유와 창의성을 담보하는 민주화 없이는 사회 전반의 발전이 불가능하다. 한국 근현대사에서 민주화의 역사는 독립투쟁의 전통에 서 있기에 역동성을 갖는다. 동학농민혁명과 3·1혁명으로 대한민국이 건국되었고, 4·19혁명, 광주민주화운동 및 6월항쟁으로 민주화 전통이 확립되어 갔다. 자유와 창의성에 기반한 역동성은 산업화는 물론 문화와 사상도 발전시켰다. 한때 우리보다 앞섰다는 필리핀이나 공산주의권은 이 점에서 반면교사다. 앞으로의 발전도 이런 역사의 경험치를 벗어나서는 불가능하다.

놀라운 경제 성장을 보면서 노동자와 기업인, 사회구성원 모두에게 감사한다. 그러나 성장 이면에 비치는 비극적 현실은 많은 숙제를 던진다. 한국이 최근 10년 동안 경제협력개발기구(OECD) 회원국 가운데 출산율이 가장 낮고 자살률이 가장 높으며, 청소년의 사망 원인 1위가 자살이라는 것은 충격적이다. 지니계수도 높은 편(0.308)인 데다 실업자와 비정규직 증가, 저임금 노동자와 빈곤층 확대 등 체감으로 느끼는 소득불평등은 더욱 심각하다. 이는 우리 공동체에 큰 딜레마다. 이쯤에서 대한민국을 창건할 때 꿈꾸었던 선진들의 이상에 접근해 보자. 대한민국 임시헌장(3조)은 평등사회를 선언했고 이를 실천하기 위한 방안으로 정치 균등(均權)·경제 균등(均富)·교육 균등(均智)을 규정한 삼균주의(三均主義)를 국가 건설의 최우선 과제로 제시했다. 거창한 복지국가 이념도 중요하지만, 균부(均富)의 이상은 지금도 심사숙고의 대상이다. 이는 실학 시대 이익이 언급한 손상익하(損上益下)나 정약용이 제시한 손부익빈(損富益貧)의 원리를 계승 발전시킨 것이다. "부한 자들의 재산을 덜어서 가난한 자들에게 보태 주어야 한다"는 것이다. 최근 언론에 회자되는 모 재벌의 '왕자의 난'은 선진들의 이 같은 이상 실현이 시급함을 강조하는 듯하다.

한국이 이 정도로 성장했으면 분단을 핑계 대지만 말고 나름대로 세계사적 사명을 모색, 수행해야 하지 않을까. 해방 70년을 맞아 우선 우리에게 상처로만 남겨진 식민지 경험을 자산화하여 그걸 다른 민족을 돕는데 활용하는 것은 어떨까. 이게 식민 트라우마를 치유하는 길이다. 지구상에는 아직도 강대국의 세력권에서 신음하는 민중들이 있다. 동남아와 중동, 최근 보트피플을 양산하는 아프리카, 이들 과거 유럽과 미국이 제국주의 지배로 상처빋있던 이들에게 식민지 민중으로서 겪은 고통과 해방 경험을 나눠 주자. 과거 우리가 겪었던 고통과 흘렸던 눈물, 그것들을 씻어 주고 그들의 고통에 동참하자. 이게 성숙한 민족으로 성장하는 길이다. 국내에 들어와 있는 외국인 근로자들과 다문화 가족들을 향해서도, 과거 민족이 다르다는 이유로 멸시 학대받았던 우리의 경험을 거울삼아 그들을 돌보는 성숙한 자세가 필요하다. 이것이 해방 70년을 맞아 바로 이 땅에서 지구촌의 이상을 실현하는 길이다.

(2015. 8. 14.)

국치를 새 희망으로

오늘(2017년 8월 29일)이 107번째 국치일(國恥日)이다. 국치일을 상기하는 것이 괴롭다. 그럴 때면 역사를 공부한 것이 원망스럽기조차 하다. 이날을 맞으면 국치 소식을 듣고 금산 객사에서 목을 맨 군수 홍범식(洪範植)을 떠올리기도 하고, 구례 시골에서 절명시를 남기고 간 매천(梅泉)도 생각난다. 그와는 달리 주권을 일본에 넘긴 대가로 작위에 은사금까지 챙긴 이완용(李完用) 같은 고관대작들도 눈에 어른거린다.

1910년 경술년 국치를 당한 것은 일본이 〈강화도조약〉을 맺고 한국에 상륙한 지 34년 되는 해다. 그 기간에 일본은 정치·경제·사회·문화의 각 방면에서 그들의 기반을 확충해 갔다. 일본 군대가 동학농민혁명을 빌미로 자국의 군대를 파견한 것이 1894년. 그로부터 16년 만에 일제는 한국을 강점했다. 청일전쟁(1894년)에 승리한 일본은 러일전쟁(1904년)을 빌미로 군대를 불법으로 상륙, 한국의 중립 선언을 파기시키고 한일의정서를 통해 한국 안에 일본군의 전략 요충지를 강제로 수용했다. 이때 독도도 일본 영토에 강제로 편입했다. 일본 정부가 추천한 메가타 다네타로(目賀田種太郎) 등 3인의 고문이 한국 정부를 좌지우지하기 시작했다.

1904년 2월 8일, 일본이 인천 앞바다에서 러시아 함정 2척을 격파하면서 러일전쟁이 시작되었다. 미국과 영국이 일본을 도왔다. 여순항 전투와 쓰시마 해전에서 러시아의 패배(1905년 5월 27~28일)는 일본을 극동의 강자로 부상시켰다. 7월에는 미국 육군장관 태프트와 일본 수상 가츠라(桂太郎) 사이에 〈가츠라–태프트 밀약〉이 맺어졌고(7월 29일), 8월에는 제2회 영일동맹이 조인(8월 12일)되었다. 일본의 청탁을 받은 미국 대통령 루스벨트는 일본과 러시아의 강화를 주선했고, 포츠머스에서 〈러일강화조약〉이 이뤄졌다(9월 5일). 미국·영국·러시아의 동의를 얻은 일본은 이토 히로부미를 한국에 파견, 〈을사늑약〉을 강제(1905년 11월 17일)하여 한국의 외교권을 빼앗았다. 황제의 비준을 받지 않은 불법 조약이었지만, 일제는 아랑곳하지 않았다.

1906년부터 통감부가 설치되어 초대 통감에 이토가 부임했다. 원래 통감부는 외교에 관한 사항만 전적으로 감리하기 위해 설치된 것이지만, 실제로는 한국 정부의 전반을 감독하면서 일제의 한국 강점을 위한 정지작업을 수행했다. 1907년 헤이그특사 사건을 빌미로 고종을 퇴위시키고 〈정미7조약〉으로 행정권을 박탈했으며, 한국군을 해산시켰다. 외교권에 국방권 행정권까지 상실되었다. 1909년 일제는 사법권을 장악했고 1910년 5월에는 경찰권마저 접수해 갔다. 1910년 8월 22일 총리대신 이완용과 통감 데라우치 마사다케(寺內正毅) 사이에 〈한일병합조약〉이 조인되었고, 그 일주일 후인 8월 29일에 공포되었다. 이로써 1392년에 개창된 조선(대한제국)은 519년 만에 망하고 말았다.

나라가 망한 후 이 비극의 날을 희망의 날로 새롭게 해석하려는 노력이 나타났다. 1917년 신규식·박은식·신채호·조소앙 등 독립운동가

14명은 〈대동단결선언〉(大同團結宣言)을 발표했다. 이 선언의 1절은 이렇다. "융희(隆熙) 황제가 삼보(三寶, 토지, 인민, 정치)를 포기한 8월 29일은, 즉 우리 동지가 삼보를 계승한 8월 29일이니, 그동안에 한순간도 숨을 멈춘 적이 없음이라. 우리 동지는 완전한 상속자니 저 황제권 소멸의 때가 곧 민권 발생의 때요, 구한국 최후의 날은 곧 신한국 최초의 날이다." 국치일인 8월 29일을 두고 황제권 소멸의 날이면서 민권 발생의 날이라고 새롭게 해석함으로 국민주권론의 기반을 구축했다. 이 선언은 8월 29일이 황제권이 소멸되었다는 점에서는 비극의 날이지만 민권 신장이라는 측면에서는 새로운 희망의 날로 간주했던 것이다. 대동단결선언에서 나타난 이 같은 국민주권 사상이 3·1운동을 통해 국민주권론에 입각한 민주공화국 대한민국을 탄생시켰다.

107번째 맞는 국치일 저녁에 광화문 중앙 광장에는 이날의 의미를 새롭게 승화시키는 모임이 있었다. 몇몇 교회와 단체들로 조직된 '전쟁 반대 평화기도회'였다. 지난 21일, 폭우 속에서도 전쟁 반대 기자회견을 한 데 이어 오늘 저녁에 다시 평화를 위한 기도회로 모였다. 밤 11시가 넘도록 평화기도회와 평화콘서트 그리고 평화순례가 이어졌다. 전쟁의 음습한 구름이 한반도를 뒤덮고 있는 이때, 이 나라의 한복판에서 우리는 전쟁을 반대하고 평화를 호소했다. 11시가 넘어 50여 명이 마무리를 하면서 강경민 목사는 "우리는 간디나 마틴 루서 킹이 없었지만, 평화적인 촛불혁명으로 새로운 정권을 탄생시켰다"고 하면서, 그 촛불혁명의 정신으로 이 땅에 제국주의적인 전쟁 의도를 막고 평화를 가져오는 데에 힘을 모으자고 호소했다. 수치스러운 '국치의 날'을 영광스러운 '평화의 날'로 만들자는 몸부림이었다.

(2017. 8. 29.)

10 · 26을 산다는 것

10월 26일, 40년 전 1979년 이날에는 박정희 대통령이 중앙정보부장 김재규에 의해 피살되었고, 110년 전 1909년 이날에는 이토 히로부미가 하얼빈 역두에서 안중근 의사에 의해 포살되었다. 해학과 재치를 겸한 어느 네티즌은 이날을 '탕탕절'이라고 이름 붙였다. 그럴듯하다. 시의에도 맞는 촌철살인의 그 기지에는 놀라움을 금치 못한다. 그 네티즌은 이 두 사건에 더해 10월 26일의 역사적 사실을 더 밝혀냈다. 1920년 이날은 김좌진 장군이 청산리에서 일본군을 격파하여 청산리대첩을 세운 날이고, 더 올라가 1597년 10월 26일에는 이순신 장군이 명량대첩에서 일본의 수군을 격파한 날이란다. 탕탕절을 명명한 네티즌은 이렇게 기지만 넘치는 것이 아니라 역사인식에도 해박한듯하여 고마움을 금할 수 없다.

40년 전 10월 26일, 당일에는 무슨 일이 일어났는지 몰랐다. 그 이튿날 새벽 외우 진덕규 교수로부터 전화를 받았다. 새벽에 전화를 하다니, 평소에 없던 일이었다. 불길한 예감이 들었다. "이 교수, 놀라지 마소, 박정희가 엊저녁에 피살되었소, 알고만 계시이소"라고 했다. 나는 "아니, 어제 지방에 내려가 무슨 행사를 치르기도 했는데…" 하면서 더 확인하려고 했으나 그는 더 말할 시간을 주지 않고 전화를 끊었다. 그날 우리는 유신의 화신 박정희의 죽음을 확인할 수 있었다. 1961년 군사쿠데타로 집권한 그는 1972년 소위 10월유신을 통해 종신토록 대통령을 할 수 있는 장치를 마련했고, 국회도 마음만 먹으면 의원 3분의 2를 확보할 수 있는 길도 열었다. 거기에다 9개나 되는 긴급조치라는 걸 만들어 유신체제를 담보한 헌법을 고치자는 소리만 해도 영장 없이 체포 구금하는 정도의 막강한 권력도 갖고 있었다. 긴급조치는 말하자면 초헌법적인 것이었다. 그런 무소불능의 권력이 하룻저녁에 폭망하다니 도무지 믿기지 않았다. 박정희 통치의 18년은 그렇게 해서 끝났다. 역사에 '10·26'이 각인되는 순간이었다. 그러나 박정희의 죽음으로 군사정권이 끝나지는 않았다. 그해 '12·12'를 통해 파쇼적인 전두환의 신군부가 등장하여 군사정권은 그 뒤 거의 10여 년간 더 계속되었다.

10월 26일 어제 오후 나는 여의도 근처 당산동 소재의 두레교회(담임 오세택 목사)에 가서 교회 개혁의 문제를 가지고 강연했다. 그 교회는 10월 마지막 주간에는 종교개혁을 기념하기 위해 필요한 행사를 해왔다고 한다. 나는 본격적인 강연에 앞서 어제 오후부터 오늘 새벽까지 소위 '기독교인이라고 하는 자'들이 중심이 되어 모인 광화문 집회를 소개했다. 거기에는 자유한국당의 대표 황교안과 나경원도 참석했단다. 그 집회의 광고 전단지에 "대한민국 망했나!"는 섬뜩한 말에다 "미친 자에게 운전대를 맡길 수 없다"고 슬쩍 본회퍼를 끼워 넣은 후 '문재인 하야 7가지 이유'를 나열했다. 위기에 처한 나라를 위해 철야 기도회를 한다는 것이 명분인 듯했다. 이런 거짓 선동에 귀 기울일 자가 없을 듯하지만 '믿기만 하라'는 말씀에 순치된 듯한 이 땅의 기독교인들과 전도사로 자처하는 야당 대표는 그 거짓 선동이 사실이기를 기대하듯 밤새 그 선동이 실현되기를 기도한 모양이다. 보수 교단 소속의 목사이며 새물결출판사 대표이기도 한 김요한 목사는 이 전단지를 두고 "이런 것은 내란선동으로 처벌해야 합니다"란 지적과 함께 덧붙이기를 "행사 마지막 순서가 박정희 추도식이랍니다. 목사 새끼들이 이 짓을 하고 있습니다"라고 대갈했다. 이것이 한말 반봉건운동에 앞장섰고 일제 강점기에는 독립운동과 신사참배반대투쟁에 앞장섰으며, 유신 군사독재하에서는 인권 민주화운동에 앞장섰던 한국 기독교 후예들이 하는 짓거리가 맞나 하는 생각을 금할 수 없었다. 교회 개혁이 필요하다면, 이 같은 거짓 선동에 미친 듯이 날뛰는 소위 기독교인 때문이 아닐까 하는 느낌도 들었다.

강연 서두에 나는 루서의 개혁이 갖는 의미를 몇 가지로 설명했다. 특히 루서가 "독일 그리스도인 귀족에게 고함"이라는 논문에서 강조한 '만인사제설'(萬人司祭說)을 강조했다. 그 요지는 크리스천은 누구나 그리스도를 통하여 하나님께 직접 교통할 수 있는 존재이므로, 하나님과 인간 사이를 매개하는 중간적 존재, 성직자 계급을 거부하는 것이었다. 이것은 목회자 의존을 지나치게 강조하고 신자들의 신앙적 독립성 배양에 소극적인 한국교회의 행태를 비판하는 것이기도 했다. 만인사제설은 일반 신앙인에게 사제와 같은 책임이 주어진다는 것을 강조하기도 하는데, 신자들의 일상적인 삶이 주일날 성직자의 삶처럼 되어야 한다는 것을 강조한다. 그 때문에 신자들의 매일의 삶이 주일날 사제들의 삶과 같이 거룩해야 한다는 것, 나아가 모든 직업은 하나님의 소명으로서 성속(聖俗)의 구분이 있을 수 없다는 것, 또 모든 직업은 그것으로 이웃을 섬기고 사랑을 실천하면 그것이 곧 성직(聖職)이요 세상을 예배로 가득 채우는 길이라고 강조했다는 것도 지적했다.

강연과 질의응답을 모두 마치니 5시가 거의 되었다. 오후에 이곳으로 올 때는 저녁때 여의도 촛불집회에 참석할 생각을 갖고 있었다. 그러나 거의 3시간에 걸친 강연 일정은 내 계획을 수정토록 만들었다. 이제 내 몸도 내 마음이 원하는 대로 움직일 수 없는 나이가 되었구나, 하는 비감한 마음을 갖게 되었다. 교회에서 배려해 준 차량을 이용하여 양화대교를 둘러 집에 이르러서야 겨우 숨을 돌릴 수 있었다. 저녁에 지인으로부터 여의도 촛불집회의 동영상을 받으니 한편 미안하고 한편 대견스럽다. 뿌듯함을 금할 수 없다. 같은 시대를 사는 민중들이 시대적 사명을 의식하고 서로를 격려하며 추슬러 가는 것을 의식하면서 며칠 사이 가라앉았던 마음에 새로운 활력이 솟는 것 같았다. 손에 손잡고 다 같이 우리 시대의 개혁적 사명에 주저하지 않는 것, 이게 10·26이 주는 또 하나의 교훈이다.

(2019. 10. 26.)

학생의 날 단상

오늘(2017년 11월 3일)은 88년 전 1929년 11월 3일, 광주에서 학생들이 시위운동을 일으켜 광주학생항일독립운동으로 연결시킨 날이다. 그래서 정부 수립 후 이날을 '학생의 날'로 지켜 왔다. 그러나 이날을 의미 있게 보내자는 다짐이 오늘날에는 거의 보이지 않는다.

광주학생항일독립운동은 나주에서 광주로 통학하던 학생들을 중심으로 시작되었다. 일본인 학생들이 조선인 여학생을 희롱한 데서 운동이 일어났으니 일종의 인권 및 차별, 학대 문제에 기인한 것이다. 이 운동은 그 이듬해 5월까지 전국의 각급 학교에 파급되어 항일민족운동으로 승화되었다. 서울과 평양 등 주요 도시를 비롯하여 국내는 물론 간도 지역에까지 확산되었다. 이 운동에 참가한 학교가 194개교, 참가 학생 5만 4,000여 명, 투옥 580여 명, 무기정학 2,330여 명이었으니 그 당시로서는 거족적이라 할 만하다.

이 운동이 전국적으로 확산된 것은 일제 강점하의 식민지 차별 교육 때문이었지만, 더 적극적으로 본다면 일제의 식민정책에 대한 저항 때문이기도 했다. 광주학생항일독립운동의 정신은 그 뒤 자유당 정권의 부정선거에 저항하는 4·19혁명과 굴욕적인 한일협상에 반대하는 6·3운동 등의 학생운동으로 발전했다. 나아가서는 1980년의 전두환 일당의 신군부 세력의 군권 및 정권 찬탈에 저항하여 이 나라 민주주의를 기사회생시키려는 광주민주화운동의 전통으로 이어졌다.

학생운동의 전통은 1990년대 초 문민정권이 들어설 때까지 활발하게 이어졌다. 그때까지 많은 학생과 젊은이가 희생되었다. 퇴학·제적 당하고, 감옥에 갇히고, 병영에 끌려갔으며 심지어는 목숨까지 내던 진 젊은이들도 있었다. 이들이 전개한 부정과 부패에 저항하면서 인권과 민주화를 쟁취하기 위한 일련의 투쟁은 한국 현대사의 주요 맥락을 이뤄 갔다. 그런 저항과 희생을 통해 우리 사회는 정의와 자유와 평등의 가치를 쟁취해 갔다. 그 한복판에 학생 젊은이들의 희생이 있었다. 그러기에 우리가 오늘날 이만큼의 자유와 정의, 인권과 민주화를 누릴 수 있는 것은 그들의 희생 때문이다. 실로 오늘의 한국 사회를 이룩한 중요한 토양은 바로 젊은이들의 거룩한 희생으로 조성되었다.

오늘날 세상살이에서 그런대로 자유를 누리기는 하지만, 이런 자유와 인권이 어떻게 주어졌는지를 깊이 생각하지 않고 의미 없이 시간을 보내고 있다. 역사를 조금만 살피면 오늘날과 같은 인권과 자유의 시대를 이룩하기 위해 노력하고 희생된 많은 분이 있음을 생각하게 된다. 후손에게 인권이 보장되는 세상을 물려주기 위해 스스로를 희생시 킨 많은 선진이 있다는 뜻이다. 그중에는 인생의 꽃을 피우지 못하고 살신성인한 많은 젊은이가 있나. 오늘을 누리는 우리는 그늘에게 빚진 자다. 그러기에 늘 송구스러운 마음으로 자성한다. "나는 이 자유와 인권의 시대를 무임승차하고 있지는 않은가?"

오늘 뉴스 화면에는 국회 앞에서 "트럼프 오지 마" 시위를 벌인 소 수의 학생들이 비쳐졌다. 이 뉴스를 보면서 1942년 3월호 「성서조선」

권두언 "조와"(弔蛙)가 생각났다. 혹한에 동사(凍死)한 개구리들을 매장해 주고 나서 연못 밑을 보니 아직도 죽지 않고 기어 다니는 두어마리 개구리를 보았을 때 "아 전멸은 면했구나!"라고 감격스럽게 외친 김교신 선생을 떠올렸다. 이명박·박근혜 때의 그 불의와 부패를 보고서도 학내 문제를 제외하고서는, 시위 한번 제대로 하지 않던 학생들이 국회에까지 진출하여 민족 문제를 두고 의사 표명을 하다니, 학생의 날에 "아, 전멸은 면했나 보다" 하는 김교신 선생의 심경을 느껴 본다.

(2017. 11. 3.)

다시 '시일야방성대곡'을 떠올린다

지난(2019년 11월) 17일은 〈을사늑약〉으로 대한제국의 외교권이 강탈당한 지 114년이 되는 날이다. 1905년 11월 20일 「황성신문」은 논설 "시일야방성대곡"(是日也放聲大哭)을 5조약 '체결'의 전말과 함께 발표했다. 며칠 뒤에는 「대한매일신보」도 영문(英文)과 함께 그 내용을 전재했다. 국한문 500여 자로 된 이 논설은 내한한 이토 히로부미에 대한 기대와 실망으로 시작한다. 황제의 강경한 거절과는 달리 '개돼지'만도 못한 대신들은 2,000만을 노예로 만들었고, 4,000년 강토와 500년 사직을 넘겼다고 하면서, 김상헌(金尙憲)이나 정온(鄭蘊)처럼 행동하지 않았다고 질타했다. 뒤이어 2,000만 동포를 향해 통분을 호소한다.

'시일야방성대곡'을 떠올리는 것은 1905년 11월 일제가 미·영 등의 도움을 받아 〈을사늑약〉을 강요했던 때처럼 최근에도 지소미아(한·일 군사정보보호협정) 등으로 비슷한 압박을 받고 있다고 느끼기 때문이다. 지소미아 문제는 일본의 수출 제재가 원인이라는 주장에도 불구하고 미국은 일본과 한통속이 된 듯 한국 쪽 주장을 무시한다. 그런 상황에서 주변국의 횡포에 맞서는 당국과는 달리 국내 언론은 정치인, 지식인의 동맹 걱정이나 전하며 호들갑을 떨고 비아냥거린다.

당시 '늑약 체결'은 영·미를 제쳐놓고 말할 수 없다. 3국 간섭으로 등장한 러시아가 만주와 한반도 문제로 일본과 부딪쳤고, 러일전쟁에서 일본이 승기를 잡았다. 영·미는 러일전쟁에서 일본을 도왔다. 발트함대가 아프리카 남단을 우회한 것도 1902년 체결한 영일동맹 덕분이다. 미국 또한 일본에 우호적이어서 시어도어 루스벨트는 일본이 극동에서 자기들을 위해 싸우고 있다고 노골적으로 두둔했다. 1905년 7월 교환된 〈가츠라-태프트밀약〉은 한국을 장악하려는 일본의 시도에 미국이 장단을 맞춰 준 것이다.

러일전쟁 중 1905년 4월 일본은 '한국에 대한 자유행동권' 등을 조건으로 루스벨트에게 러시아와의 중재를 요청했다. 그해 5월 말, 발트함대가 붕괴되자 러시아도 루스벨트의 휴전 중재 제안을 받아들였다. 포츠머스강화회담이 진행되는 8월, 일본은 영국과 제2차 영·일공수동맹을 체결해 입지를 강화했다. 9월 5일 조인된 포츠머스조약은 한국에 대한 일본의 정치·군사·경제적 권익을 인정했다. 일본은 이렇게 영·미·러로부터 한국에 대한 제반 권리를 인정받은 뒤 〈을사늑약〉을 밀어붙였다.

일제는 1905년 10월 27일 각료회의에서 한국 보호권 확립을 위한 8개 항을 만들어 11월에 이를 실행하기로 결정했다. 11월 초순 일왕의 친서를 가지고 내한한 이토는 10일과 15일에 고종을 알현해, 조약안을 제시하면서 수락을 요구했다. 16일 아침 일본공사 하야시 곤스케는 외부대신 박제순을 공사관으로 초치해 조약 원안을 제시하고 강요했다. 이토도 이날 오후 각 대신을 그의 숙소로 납치하여 밤늦게까지 조약 체결을 요구했으나, 17일 수옥헌(漱玉軒, 지금의 重明殿)에서 열린 군신회의는 수락 불가를 결정했다. 이토는 이날 저녁 한국 대신들을 다시 불러 모아 체결을 강박했다. 일본군 사령관 하세가와 요시미치가 거느린 군대가 회담장을 몇 겹으로 둘러싸고 서울의 각 요소에는 야포 기관총까지 배치한 공포 분위기였다. 이토는 여덟 대신에게 일일이 물어 자기 뜻대로 가부를 해석해, 다섯 대신(이완용·이근택·이지용·박제순·권중현)의 동의를 얻었다는 구실로 외교권을 강탈했다. 신뢰를 문제 삼아 경제제재를 가하는 일본은 네 번이나 수상을 지낸 이토가 한국 황실에서 행한 이 만행을 어떻게 기억하는지, 거기에다 그 10년 전에는 조선 왕실을 침범하여 민비를 시해하고 불태우기까지 한 만행을 기억이나 하는지.

'시일야방성대곡'은 통분하는 백성에게 궐기를 호소하고 있다. 이를 게재한 「황성신문」은 무기 정간을 당했고, 황성신문 사장 장지연은 그 이듬해 1월에 안병찬 등과 함께 석방됐다. 원로대신 조병세·민영환·심상훈 등의 반대 상소에 이어 각계의 상소가 줄을 이었으나, 조병세·민영환·홍만식·송병선·이상철·김봉학 등은 곧 자결했다. 상가는 철시했고, 학교는 동맹휴학에 들어갔다. 대한문 앞에서는 이준이 소두(疏頭)가 되어 상소를 올렸고, 전덕기 등은 을사오적을 처단하려 했으며, 곳곳에서 의병이 일어났다. 이때만 해도 언론은 제구실을 했다.

〈을사늑약〉은 한 나라의 외교권을 이양하는 조약으로서는 허점이 많아 최근에는 그 조약의 성립 자체를 의심한다. 조약 원본에 조약명이 없어 여러 이름으로 불리는 것은 차치하고, 외교권 이양의 조약치고는 그 위격(位格)도 찾아보기 어렵다. 체결을 위임받은 한국 쪽 전권 대표가 없는 데다 하야시 공사나 이토가 소집한 회의는 정당성이 없다. 일제는 처음부터 이 조약의 비준을 염두에 두지 않았지만, 고종 또한 끝까지 비준을 거부했다. 강압에 의해 이뤄진 이 조약은 1935년 국제법학회가 "강박 아래 체결된 어떤 조약도 무효"라고 했을 때, 또 유엔 국제법위원회가 1963년 "국가대표에 가한 개인적 강압에 의해 체결된 조약이 무효에 해당한다"고 규정했을 때, 두 경우 모두 〈을사늑약〉은 그 대표적인 사례로 꼽혔다.

'시일야방성대곡'을 떠올리면서 '그때 나라가 왜 그 지경까지 되었는가' 하고 자문해 본다. 그 이유를 일제의 침략과는 별도로 고종의 통치 역량에서 찾을 수는 없을까. 이토가 〈을사늑약〉 초안을 내밀었을 때, 고종은 "일반 인민의 의향도 살펴야 한다"고 했다. 고종은 이때 동학농민혁명 때 표출된 인민의 힘이라면 이를 거부할 수 있겠다고 생각했을지 모른다. 그러나 그는 그전에 민력을 국가 동력으로 활용하지 않았다. 동학농민혁명이나 독립협회가 민권 신장을 통해 국권을 강화하려고 했을 때 고종은 의회 설립 대신 황제권 강화와 대한제국으로 답했다. 이는 인민의 역량 강화를 통해 국권을 강화하겠다는 노선과는 상반됐다. 그가 선택한 길은 지배자 하나를 흔들면 나라 전체가 흔들리는 그런 구조였다. 이런 구조를 선호한 것이 제국주의 침략 세력이었다. 동학농민혁명에서 표출되고 독립협회 운동이 제시한, 민권을 토대로 의회를 설립하는 등 민주 역량을 강화했더라면 그렇게 쉽게 나라가 무너지지는 않았을 것이다. '시일야방성대곡'을 상기하면서 새겨야 할 교훈이다.

'시일야방성대곡'이 지금도 망국의 역사의식을 불러일으켜 주듯이, 우리의 처신도 어느 땐가 역사적 평가를 받을 것이다. 그래서 백범도 애송했던 이양연(李亮淵)의 시를 가슴에 품는다. "눈 내린 들판을 밟아갈 적에는, 그 발걸음을 어지러이 걷지 말라. 오늘 걸어가는 나의 발자국은 뒤에 오는 사람의 이정표가 되리니."

(2019. 11. 22.)

님은 갔어도 우리 속에 살아 계십니다

안중근 의사 의거 100주년 기념 역사탐방 기행

올해 2009년 10월 26일은 안중근 의사의 하얼빈 의거 100주년이 되는 날이면서 박정희 대통령이 서거한 지 꼭 30주년이 되는 날이기도 하다. 2009년은 또 3·1절과 대한민국 임시정부 수립 90주년이기도 해서 그 뜻을 되새길 사건들이 많다. 안중근 의거 100주년 기념일을 맞아 광복회에서는 10월 24일부터 10월 30일까지 뜻있는 분들과 함께 안중근 의사의 유적지 탐방을 추진했다. 꼭 100년이 지난 지금, 다시 의사의 유훈을 되새기면서 후진들에게 오늘과 내일 받아야 할 메시지가 무엇인가를 터득하기 위함이다.

하얼빈의 의거지와 여순의 순국지를 중심으로 그의 해외 다른 유적지를 돌아본다는 것은 많은 국내외 사적지를 돌아본 경험이 있는 필자를 다시 마음 설레게 했다. 그의 의거일을 맞춰서 시행하는 시기와 아직 추위 단계에는 이르지 않은 가을의 맑은 일기, 거기에 가장 크게 기대되는 것은 동행할 분들에 대한 기대였다. 좋은 동행자는 유적지를 보는 것 이상으로 기쁨과 활력을 주기 때문이다.

우선 여행을 떠나기 전에 주인공인 안중근 의사에 대해서 간단히 알아두는 것이 좋겠다. 황해도 해주에서 출생한 안중근(1879~1910년) 의사는 한때 신천 청계동으로 옮겨와 사서와 사기류를 읽으며 화승총으로 사냥에 나서 명사수가 되었다. 1894년 동학농민운동이 황해도에도 봉기했을 때 안태훈이 감사의 요청에 따라 산포군(山砲軍)을 조직, 동학군 진압에 나서서 용맹을 떨치기도 했다. 김구 선생이 남긴 『백범일지(白凡逸志)』를 보면, 19세의 나이로 팔봉접주가 되어 동학농민운동에 참여한 백범이 해주 공격에서 실패한 후 갈 곳이 마땅찮을 때 안태훈의 호의로 청계동에 들어가 안중근의 늠름한 모습을 보았다는 내용이 나온다.

　1895년에 천주교에 입교, 토마스라는 영세명을 얻었고 한때는 교회와 공동체의 일을 돌보다가 1904년 러일전쟁이 일어나자 중국을 돌아보며 자신의 진로와 조국의 앞날을 고민했다. 1906년 진남포로 옮겨 상회를 경영하다가 애국계몽운동에 뛰어들어 삼흥(三興)학교와 돈의(敦義)학교를 경영하며 교육을 통한 실력양성운동에 매진했다. 1907년 한일신협약이 체결되자 항일운동에 뛰어들기 위해 북간도를 거쳐 러시아 연해주로 옮겨 이범윤(李範允) 휘하의 대한의군참모중장으로 의병전쟁에 투신했다. 1908년 6월, 그는 부대를 끌고 두만강을 건너 함경북도에 들어와 경흥의 일본군과 싸워 한때는 일본군 포로를 국제공법에 따라 석방해 주기도 했지만, 일본군의 역공격을 받아 천신만고로 연해주로 생환했다. 다시 동지들을 규합, 항일운동에 나선 그는 1909년 3월 2일 놉키옙스크 가리에서 동지 12명과 함께 단지(斷指)동맹을 맺었다.

　「대동공보」(大東共報) 등을 통해 이토 히로부미가 러시아 대장상 코코프체프를 만나기 위해 만주에 오게 됨을 알게 된 안중근은 동지 우덕순·조도선·유동하 등과 함께 하얼빈으로 가서 1909년 10월 26일 오전 9시 반경, 열차 안에서 회담을 마치고 러시아 군대를 사열하고 환영군대 쪽으로 발길을 돌리는 순간 3발을 명중시켜 거사를 결행했다. 의거 후 여순으로 압송되어 일본관동도독부법정에 회부된 그는 자신의 거사가 대한국의병 참모중장의 의무를 감당한 것이며 교전 중에 포로가 되었으므로 정당한 포로 대우와 만국공법에 따라 재판해 줄 것을 당당하게 요구했다. 그러나 일본의 재판은 일방적이었다. '동양평화론' 저술을 위해 사형집행 날짜를 한 달 정도 연기하는 것을 조건으로 그는 상고를 포기했지만, 일제는 그 약속마저 지키지 않은 채 이듬해 3월 26일 사형을 집행, 그 시신마저 거두지 못하도록 했다.

10월 24일 11시 출국에 앞서 인천공항 귀빈실로 안내받은 일행은 탐방단을 환송하기 위해 비행장까지 손수 나오신 광복회 김영일 회장님의 따뜻한 환영을 받았다. 3팀 약 70여 명의 여행단 중 우리 팀은 남만우 광복회 부회장을 단장격으로 하여 김우전 고문님, 김을동·김재경 의원과 뒤에 합류한 이사철 의원을 포함한 몇 분의 전현직 국회의원, 전 국가보훈처장 박유철 단국대 이사장, 문용린 전 교육부 장관, 국가유공 단체의 책임자들과 대학교수와 교장 선생님들 그리고 국가보훈처와 광복회의 여러분이 함께했고, 이번 탐사 여행을 준비한 세종여행사의 한상준 사장이 직접 우리를 인도했다.

현지 시간 13시 40분경에 대련공항에 내린 일행은 현지에서 합류한 몇 분과 함께 버스를 타고 한상준 사장과 현지 김경동 사장으로부터 일정을 듣고 먼저 우당 이회영 선생과 관련 있는 국제여객선 선착장 근처의 대련항만청(당시 일제의 수상경찰서 자리)을 둘러보고 한시준 교수의 설명을 들었다. 대련, 여순은 한국독립운동과 밀접한 관련이 있는 곳으로 이회영 선생이 상해 쪽에서 이곳에 상륙하다가 밀고로 수상경찰에 잡혀 고문을 받아 돌아간 곳일 뿐 아니라 1932년 한인애국단의 지시에 따라 관동군 사령부를 폭파하려던 유상근·최홍식 의사도 잡혀 돌아간 곳이기도 하며, 1936년에는 단재 신채호 선생이 거의 10년간의 수감 생활 끝에 여순 감옥의 시멘트 바닥에서 뇌일혈로 돌아가신 곳이기도 하다.

원래 큰 바다를 뜻하는 '대련'에는 산동성에서부터 온 이주자들이 다수 차지하게 되었고 인구는 약 800만, 일찍 러시아와 일본의 지배를 받아서 그런지 중국에서는 비교적 근대적 도시화가 이뤄졌으며 문맹률이 가장 낮고 중앙난방식으로 열을 공급하며 2층 버스와 전차가 있었다. 우리는 15시경에 '화락(華樂) 본가'라는 식당에서 한식 점심 식사를 마친 후 루루마(富麗)호텔 동관에 와서 여장을 풀었다. 휴식 후 저녁에는 '창원'이라는 식당에서 이번 여행의 첫 만찬을 가졌다. 식탁 대화에서 '김좌진 장군 집안'의 감춰진 이야기를 들으며 김을동 의원이 유감없이 발휘하는 탤런트로서의 재능에 박장대소하게 되었다.

25일, 조반을 마친 일행은 9시경에 여순을 향해 출발했다. 여순은 대련항의 한 구(여순구)로서 삼면 바다에 돌출해 있어서 군항으로 발달했다. 러일전쟁 때에 일본군이 많은 희생을 치르며 203고지를 빼앗음으로 러일전쟁에서 승리하는 중요한 계기를 만들었다. 여순으로 가는 약 1시간 동안에 일행은 각자 자기소개를 했다. 11시 30분에 여순 감옥에 입장, 안중근·신채호 선생이 돌아가신 그 현장을 돌아보았다. 만감이 교차했다. 안 의사가 이토를 포살하고 재판 후에 사형당한 곳, 단재 선생이 1927~1936년까지 투옥되어 뇌일혈로 순국했던 35호 감방, 유진식·최홍식 열사가 죽임을 당한 곳, 그러나 이곳이 더 이상 증오의 장소가 되어서는 안 되고 평화의 고장이 되어야 한다는 생각이 머리를 스쳤다. 12시 30분경 광복회에서 어렵게 마련한 기념관에 이르렀다. 사실 이번 탐방여행의 백미는 바로 이곳에서 기념관 개설을 성대하게 치르려는 계획이었는데 뜻대로 되지 못해서 매우 속상했다. 광복회장의 기념사가 대독되고 만세를 삼창하는 것으로 아쉽지만 기념식을 끝내야만 했다.

후이후앙다(炊煌達)식당에서 점심 식사를 마친 일행은 안중근 의사가 재판을 받은 현재 여순일본관동법원구지(旅順日本關東法院舊址)인 법원으로 갔다. 안 의사는 6회의 재판을 받았는데 오히려 일본이 안 의사에 의해 재판을 받는 형국이었다고 한다. 이 재판은 처음부터 정치적으로 진행되었다. 재판에 앞서 일본 외상 고무라 주타로(小村壽太郎)는 이곳 법원장에게 안 의사에 대한 사형을 지시하고, 법원장은 그렇게 하겠다고 답장을 보낸 서류가 공개되었다. 이런 상황이고 보면 안 의사에 대한 재판이 공정하게 이뤄졌을 리가 없다. 우리는 현장에서 '근대화'되었다고 주장하던 일본의 불공정성을 확인하면서 이 법원에 있는 고문실까지 견학했다. 일행은 빡빡한 일정에 따라 이날 저녁 8시 10분에 하얼빈에 도착, 배금자 안내원의 인도로 식당 서라벌에서 만찬을 한 후 만달쇼피트호텔에 여장을 풀었다.

이튿날 26일은 안 의사의 의거일이다. 이곳에서 기념행사가 있었다. 조선족 12만이 사는 이곳에는 흑룡강성 당 역사연구소장을 역임한 김우종 선생도 활동하고 계셔서 안중근 화보도 간행되는 등 이날 행사를 위해 꽤 준비했나. 기념식상으로 가는 버스 안에서 일행은 함세웅 신부의 주선에 의해 100년 전 이날 아침 안 의사의 심경을 밝힌 문헌 낭독을 들을 수 있었다. 행사에 참석한 후 하얼빈공원 옆의 고려원에서 중식을 한 후 하얼빈역 구내로 들어가 안 의사가 이토를 포살한 장소에 이르러 간단한 예를 올리고 만세 삼창을 했다. 역 구내의 안 의사가 섰던 곳과 이토가 쓰러진 곳에 하얀 표지가 있다. 이토로 상징된 일제의 한국 침략 행위는 불과 10여 초에 그것도 4~5미터 거리에서 심판을 받았던 것이다. 그 길로 일행은 이토의 핏자국을 뒤로 한 채 기차로 목단강, 해림으로 향했다.

일행이 이곳에 온 것은 안 의사 유적지와 함께 만주 지역에서 활동한 여러 선열의 유적지를 살펴보기 위함이다. 이곳에는 청산리대첩의 영웅 백야 김좌진 장군의 유적이 있는 곳이다. 오랫동안 그의 조부의 기념사업을 해 왔던 김을동 의원은 2005년에 한중우의공원을 조성하는 등 기념사업을 이곳에서 진행해 왔다. 도착 즉시 일행은 조선족신창실험소학교 학생들이 준비한 여러 프로그램을 관람할 수 있었다. 이 학교는 1927년 김 장군이 세운 여러 학교 중의 하나인데 동족이라는 정리에 따라 일행을 이렇게 환대했다. 공연이 끝난 뒤 현지 수련을 위해 마련한 문화센터 숙소에서 일박했다.

이튿날(27일) 해림에서 산시(山市)로 가서 김좌진 장군의 최후 독립운동지를 둘러보았다. 기념사업회에서는 김 장군이 독립운동자금 조달을 위해 경영했던 정미소와 인근 유적지를 공원화하려는 계획을 추진 중이었다. 독립군은 1920년 10월 28일 청산리전투 후 자유시로 옮겼으나 참변을 당했다. 김 장군은 러시아령에서 돌아와 3부(신민부·정의부·참의부) 통합을 위해 애썼으나 결국 국민부와 한족총회로 나뉘게 되었는데 김 장군은 한족총회를 중심으로 이곳에서 독립운동을 전개하고 있었다. 그러나 1925년경부터 이곳 영안현에 조선공산당만주총국을 설치한 공산주의자들이 위협을 느낀 나머지 김 장군을 살해했다. 청산리전투의 영웅 김좌진 장군은 1930년 1월 24일 오전 9시, 그의 원대한 뜻을 펴지 못한 채 서거했다. 그 뒤 그의 부인이 비밀리에 유해를 옮겨 지금은 보령 쪽에 안치되어 있다고 한다.

다시 해림시 소재 한중우의공원으로 돌아와 전시관을 돌아보고 감상과 함께 몇 가지 조언도 했다. 짐을 챙겨 연변을 향해 출발했다. 오후 2시경에 동경성 발해 유적지를 관람했다. 발해의 역사적 위치와 발해의 민족 구성 문제를 소개했다. 버스에서는 박영화 가이드가 재담을 섞어 가며 일행을 지루하지 않게 해주었다. 오후 3시경 동경성을 출발한 일행은 6시 2현으로 구성되었고 428,000평방km의 면적을 가진 연변조선족자치주의 주도(州都) 연길(1,450평방km, 인구 50만)로 향했다. 연변자치주에서는 자치주장과 시장은 조선족이어야 하며, 간판에는 반드시 위에 한글을 쓰고 아래에 한자를 쓴다고 귀띔해 주었다. 그러고 보니 연길시의 간판은 다른 중국 도시와 달랐다. 오후 7시경에 연길에 도착, 코스모스호텔에서 식사를 하고 5성급 호텔이라는 국제호텔에 여장을 풀었는데 이곳에서 이사철 의원과 합류했다.

28일(수)은 연변지역에 있는 독립운동 유적지를 탐방하는 날이다. 아침에는 약간 쌀쌀하게 느껴졌지만, 일교차가 심한 듯했다. 오늘 답사 일정은 봉오동승전지와 청산리대첩지 그리고 명동학교와 윤동주 생가, 3·13독립만세희생자 묘역과 15만원탈취지역 및 용정학교였다. 옛 일본영사관 자리는 현재 용정 행정청이 있어서 접근할 수 없었다.

9시 10분, 호텔을 출발, 홍범도 장군이 1920년 6월 4~7일 승전했던 봉오동 전적지로 향했다. 이어서 청산리승전대첩비가 세워져 있는 곳으로 갔다. 이 두 승전은 만주로 와 있던 한국 독립군들이 국내에 진공, 일본군들을 괴롭히자 일본군이 이곳까지 쳐들어왔다가 녹립군에게 참패한 것이다. 그러나 일제는 그 이듬해 대대적인 토벌군으로 만주 지역에 있는 한국인 3천여 명을 학살하는 소위 '경신대참살'을 일으켰다. 여기서 봉오동승전과 청산리대첩을 자세하게 설명할 겨를이 없는 것이 유감이다. 다만 봉오동승전지 입구에는 큰 건물이 들어서 있어서 승전지 계곡을 들여다볼 수 없게 된 것이 유감이다. 청산리대첩지로 향할 때에는 용정의 '3·13독립운동기념사업회장'을 맡고 있는 최근갑 선생과 합류하여 그의 설명을 들을 수 있었다. 청산리대첩은 어렸을 때나 지금이나 매한가지로 한국인의 심장을 뛰게 하는 드라마다.

청산리대첩비에서 출발, 대종교삼종사묘역을 둘러보고 이어서 독립자금을 마련하기 위한 '15만원탈취사건현장'을 멀리 보면서, 김약연 목사를 중심으로 활동한 명동학교와 명동교회, 윤동주 생가를 둘러보고 돌아오는 길에 '3·13독립운동' 희생자 묘소를 참배했다. 1919년 3월 1일 서울에서 독립만세운동이 일어났다는 것을 듣고 이곳에서도 만세운동을 벌였는데 그때 희생된 의사들의 묘역을 조성한 것이다. 하루 종일 걸었다고 연길에 들어와서는 발마사지 집으로 안내해 주어서 피곤이 많이 풀렸다. 이날 저녁도 역시 국제호텔에서 묵었다.

29일은 연길에서 러시아의 블라디보스토크까지 강행군한 날이다. 두만강 북쪽의 강변을 따라 훈춘까지 가면서 북한 땅을 바라볼 수 있었다. 안내원은 산에 나무의 유무를 두고 북한과 중국을 구분한다는 말을 했지만, 북한 땅에는 울창한 삼림을 보기가 힘들었다. 훈춘은 북한과 러시아가 거의 맞닿은 곳에 있는 중국 땅이다. 중국 국경을 출경(出境)하여 러시아로 입경(入境)했다. 이날 중국 국경에 도착한 것이 한국 시간으로 10시경이었고 러시아 측 버스에 탄 것이 12시 20분이었으니까 출·입국하는 데에 걸린 시간이 2시간이 좀 더 걸렸다. 경험자들에 의하면 대단히 양호한 편이라고 했다. 새 가이드 한천영 씨가 인도한 버스를 타고 침엽수 활엽수대를 통과하여 약 30분 정도 달리니 인가가 보였는데 그곳이 안 의사가 단지동맹을 추진한 연추 지역이었다. 일행은 단지동맹을 기념하는 비가 있는 유니베라(남양 알로에) 농장 맞은편에 왔다. 블라디보스토크 총영사관에서 총영사를 비롯하여 몇 분이 나왔다. 유니베라 대표 구원모 선생이 2001년에 세운 기념비가 왜 이곳에 옮겨지게 되었는지를 설명하면서 내년 7월까지 준공할 새 기념비에 대한 계획도 말해 주었다. 참고로 단지동맹에 참여한 동지들은 12명이고, 1909년 2월 9일 연추(크라스키노)하리에 모여 왼손 무명지를 끊어 그 피로 대한독립(大韓獨立)을 혈서했다. 한시준 교수가 자세한 설명을 했으나 여기에 옮길 여유가 없다. 크라스키노에서 점심 식사를 한 후 일행은 궂은 날씨 때문에 중간에 예정된 곳을 들르지 못하고 저녁 늦게 블라디보스토크 현대호텔에 도착, 여장을 풀었다. 지루한 여행길을 메꾸기 위해 여러 사람이 소견을 말하는 시간을 가졌다. 버스 안에서 '건국절' 문제와 관련된 역사 논쟁도 있었으나 남만우 부회장이 이를 잘 정리해 주었다. 그는 안 의사가 견리사의(見利思義) 견위치명(見危致命)의 대의를 중요시했다는 것을 말하면서 아울러 물을 마실 때마다 물 근원을 먼저 생각하라(飮水思源)는 말씀으로 오늘날 한국의 성장 발전이 독립운동가들의 공덕임을 잊지 않아야 한다는 것을 강조했다.

30일은 이번 여행의 마지막 날이다. 오전에 안 의사 기념비가 어느 의과대학 근처에 세워진 것을 보았는데 한국 측 설립 주체가 모호하게 보였다. 신한촌으로 들어와 1999년 해외한민족연구소가 세운 신한촌 기념비를 관람하고 이어서 극동대학교에 갔다. 이곳에서는 장도빈 선생의 아들 고려합섬 장치혁 회장의 노고를 느낄 수 있었다. 우리는 다시 부둣가로 가서 부두와 연결되어 있는 제데바ㅗ1살(동쪽에 있는 역)에 내려가 옛 화차 등을 관람하면서 '9188'이라는 숫자가 세워져 있는 것을 보았다. 아마도 모스크바에서 이곳까지 거리를 나타내는 숫자일 것으로 추정했다. 블라디보스토크 시내 관광의 백미는 시내가 다 보이는 전망대에 올라가야 했으나 바람이 세차게 불어서 그곳에는 올라가지 못했다. 그 길로 일행은 공항으로 향했다. 오는 도중에 돼지고기로 만든 맛있는 식사를 대접받았지만, 기내식을 기대했음인지 모두들 별로 들지 않았다. 현지 시간으로 15시가 지나 공항에 도착, 이번 여정의 최종코스인 인천공항행 대한항공에 올랐다.

이번 여행은 여러 가지로 의미가 있었다. 안중근 의사 의거 100주년이라는 시기에 맞춰 안 의사의 의거 및 순국 지역을 돌아볼 수 있었기 때문이고, 그 밖에 만주 및 연해주의 여러 독립운동 지역을 답사하면서 자칫 흐트러지기 쉬운 조국의 귀중함을 다시 환기받을 수 있었기 때문이다. 다양하게 구성된 답사단은 때로는 의견을 달리하는 경우도 있었으나 모두들 서로 돕고 이해하면서 긴 여정을 소화했다. 특히 남부회장의 적시적소의 리더십과 한시준 교수의 적절한 역사 해설 그리고 이 여행을 돕기 위해 광복회에서 함께한 분들의 헌신적인 봉사는 잊을 수가 없다. 6박 7일을 같이한 한 분 한 분께 감사하다는 마음을 담아 이 글을 끝맺고자 한다.

(2009. 11. 24.)

건국절 논란과 역사의식

건국절 논란이 다시 재연되고 있다. 이 논란은 원래, 2008년 2월에 취임한 이명박 정권이 느닷없이 그해를 건국 60년이라 하고, 그해 8월 15일을 광복절 대신 건국절이라고 하겠다는 데서 시작되었다. 그러자 광복회를 비롯한 독립운동 단체들은 거세게 반대했다. 평생을 독립운동에 헌신했던 원로들은 정부가 수여한 독립유공자 훈장까지 반납하겠다는 각오를 내비쳤다. 이 바람에 건국절 제정을 발의한 의원들도 스스로 그 법안을 철회했다.

정부도 이미 그 부당함을 알고 접었던 건국절 문제에 다시 불쏘시개를 들이민 것은 일부 국회의원들이다. 얼마 전에 건국절 제정을 입법, 발의한 것이다. 이들이 어떤 성향의 의원들인지 알 수 없으나 이와 관련 이종찬은 "이상하게도 이런 주장을 하는 주동자급에 속하는 사람들은 대개 친일파에 속해 있거나 그 선조들이 친일파로 일제에게 빌붙어 많은 공적(?)을 세운 자들이라는 사실을 발견하고 놀라지 않을 수 없다. 이게 우연의 일치일까 아니면 그런 DNA를 갖고 태어났기 때문일까?"라고 했다.

건국절 제정을 주장하는 이들은 대한민국의 건국이 1948년 8월 15일에 이뤄졌다고 보고 8·15를 광복절 대신 건국절로 해야 한다는 것이다. 그들의 주장과 정신이 타당할까?

우선 우리 헌법에서 대한민국의 건국을 어떻게 보고 있는지 살펴보자. 1948년에 제정한 제헌헌법 전문에는 "유구한 역사와 전통에 빛나는 우리 대한국민은 기미 3·1운동으로 대한민국을 건립하여 세계에 선포한 위대한 독립정신을 계승하여 이제 민주독립국가를 재건"한다고 했다. 3·1운동으로 대한민국을 건립했고 이제(1948년)는 "민족독립국가를 재건"한다는 것이다. 1987년에 개정된 현행 헌법에도, "유구한 역사와 전통에 빛나는 우리 대한국민은 3·1운동으로 건립된 대한민국 임시정부의 법통과 불의에 항거한 4·19민주이념을 계승하고"라 하여 독립정신과 민주정신을 대한민국의 토대임을 분명히 했다.

이를 좀 더 풀이하면, 1919년 3·1운동을 통해 독립을 선포하고 대한민국을 창건했다는 것이다. 이렇게 대한민국을 창건했으면 이를 운영하기 위한 정부를 세워야 했다. 그러나 한반도는 일제가 강점한 상태였기 때문에 정식 정부를 세울 수 없었고, 해외에 정부를 세우고 이를 임시정부라고 했다. 3·1운동 후에 세워진 임시정부는 여러 곳에서 발견되지만, 뒷날 상해에서 통합임시정부를 만들 때에는 블라디보스토크 국민의회정부와 한성정부 및 상해임시정부를 통합했다. 이 세 곳의 임시정부를 통합하여 그해 9월 한성정부의 법통과 블라디보스토크 국민의회 정부의 의회(임시의정원)를 계승, 장소는 상해에서 통합임시정부를 발족했다.

그래서 1948년 5월 10일 총선 후 국회가 개원되었을 때 국회의장 이승만은 "이 국회에서 건설되는 정부는, 즉 기미년(1919년)에 서울에서 수립된 민국의 임시정부(한성정부)의 계승에서 이날이 29년 만에 민국의 부활일임을 우리는 이에 공포하며 민국(民國) 연호는 기미년에서 기산할 것"이라고 했다. 이승만뿐만 아니라 이 당시 정부 수립에 참여했던 인사들도 대한민국이 1919년에 기인했음을 분명히 했다. 그래서 그해 8월 15일 기념식에서 내건 현수막에는 '대한민국 정부 수립 국민축하식'이라고 했고, 그해 9월 1일에 간행한 「관보」 1호의 간기는 '민국 30년 9월 1일'이라고 했다. 1919년에서 기산하면 1948년은 30년에 해당되었던 것이다. 따라서 1948년 8월 15일은 건국일이 아니고 정부 수립일이다.

건국절 입법, 발의가 친일파 후손들과 관련된 것이 사실이라면, 그것은 대한민국의 건국을 보는 관점과도 무관할 수 없다. 헌법에서 대한민국 건국이 3·1운동 및 독립운동을 바탕으로 건국되었다는 것을 분명히 한 것이라면, 건국절 논자들이 주장하는 1948년 건국설은 결국 뉴라이트들이 주장하는 식민지근대화론과 연결된다고 하지 않을 수 없다. 그들은 1948년에 대한민국이 건국되었다는 것을 강조함으로, 일제의 한국 근대화를 통하여 대한민국이 건국되었다는 식민지근대화론과 상통하기 때문이다. 여기서 대한민국의 건국은 강고한 독립투쟁을 통해 이뤄진 것인가, 일제 근대화의 시혜로 이뤄진 것인가, 우리에게 분명한 역사의식을 요구하고 있다.

일찍이 이승만은 대한민국이 3·1독립만세운동을 통해 건국되었다는 것을 자랑스럽게 생각한다고 밝혔다. 그는 만약 대한민국이 해방 후 1948년에 건국되었다고 한다면 그것은 곧 연합국의 승리에 의한 것으로 그것은 우리의 힘이 아닌 외세에 의해 이뤄진 것이며 수치스러운 것으로 여겼다. 그는 대한민국이 독립운동을 통해 건국되었다는 것을 자랑스럽게 생각한다고 말했다. 건국절 논란은 결국 대한민국의 건국을 독립운동의 전통 위에 둘 것인가, 친일의 전통 위에 둘 것인가의

문제로 귀결된다. 이승만을 추종하는 자들이 이승만 수준의 역사의식
에도 미치지 못한 데서야 말이 되겠는가.

(2015. 1. 22.)

임정, 이승만과 그 추종자의 차이

　김용직 대한민국역사박물관장이 기자간담회에서 "임시정부(임정)는 운동단체이지 정부는 아니다"라는 요지로 발언했다는 언론 보도가 있었다. 이 말에 스스로 문제가 있다고 생각했음인지, 김 관장은 대한민국임시정부기념사업회를 방문해 해명하려고 했지만 여의치 않았다. 그가 고위 공직자임을 감안할 때 그런 발언은 간과할 수 없다.

　한 국회의원은 이를 듣고 "임정을 운동단체로 격하시킨 대한민국역사박물관장의 발언은 대한민국의 정체성과 정통성을 부정하고 국민의 역사상식에 도전하는 망언"이요 "이렇게 잘못된 역사의식을 가진 분이 어떻게 대한민국역사박물관장이 되었는지 모르겠다"고 비판했다. 김 관장의 발언이 왜 대한민국의 정체성과 정통성을 부정한다고 보는가. 임정이 정부가 아니고 운동단체라면, 현행 헌법 전문에 명시된 "3·1운동으로 건립된 대한민국 임시정부의 법통과 불의에 항거한 4·19민주이념을 계승"한다는 내용과 제헌헌법에 "기미 3·1운동으로 대한민국을 건립하여… 민주독립국가를 재건"했다고 명시한 것이 왜곡, 부정되기 때문이다.

이 발언은 1948년 정부 수립 당시의 인식과도 상치된다. 1948년 제헌국회에서 이승만은 앞으로 세울 정부는 기미년에 13도 대표들이 서울에서 수립한 민국임시정부의 계승이라는 요지로 말했다. 이승만이 "서울에서 수립된 민국임시정부"라고 한 것은 3·1운동 후 상해·블라디보스토크·서울에 세워진 세 임정이 그해 9월 11일 통합정부로 재출발하면서 한성정부를 정통으로 삼았기 때문이다. 이승만이 대한민국은 임정을 계승한다고 했을 때, 그 임정은 '운동단체'가 아니고 분명히 '정부'였다.

임정은 1932년 윤봉길 의사 의거를 계기로 피난길에 올라 1940년에 충칭에 이르기까지 풍찬노숙했다. 그러나 임정은 출발 때부터 "대한민국은 민주공화제"라는 헌법적 기초 위에 이당치국의 정당정치를 수행했고, 그 뒤 좌우연합정부를 수립해 독립운동의 영도기관으로 활동했으며, 예하에 광복군을 두고 연합국과 항일공동전선을 펴는 한편 국내 정진대 파견을 준비하다 해방을 맞았다. 임정을 '운동단체'라고 인식하는 것은 임정의 이런 존재와 활동을 무시하거나 거기에 무지하기 때문이 아닐까.

제헌국회 때의 일이다. 제헌헌법의 초안은 "3·1혁명의 위대한 독립정신을 계승"한다는 정도였다. 이를 본 이승만이 국회 본회의에서 새로 수립되는 정부가 임정의 법통을 계승한다는 점을 명시해야 한다고 역설했다. 그 전문에 "기미 3·1운동으로 대한민국을 건립하여 세계에 선포한 위대한 독립정신을 계승하여 이제 민주독립국가를 재건"한다고 명시할 수 있었던 것은 이러한 이승만의 노력 덕분이었다. 대한민국이 임정을 계승한다고 했을 때, 임정을 '운동단체'로 보았다면 그게 가능했을까.

1948년 정부 수립 후, 이승만이 이끄는 정부는 임정 때부터 사용해 온 '대한민국' 연호를 그대로 사용했다. 국회 개원연설에서 이승만이 "민국 연호는 기미년에서 기산할 것"이라고 주장한 것을 관철한 것이다. 특히 정부 수립 때 공식문서에 '대한민국 30년'이라고 쓴 것은 대한민국이 임정의 정통을 끊김 없이 계승했음을 웅변하는 것이었다.

그런 사실을 누구보다 잘 알며 누구보다 대한민국 자랑에 앞장서 왔던 김 관장이 대한민국을 한 운동단체의 후신으로 인식하다니, 그건 그가 자랑해 온 대한민국을 모독·부정하는 것이나 다름없다. 사족을 붙이자면, 이승만은 뒷날 자기를 추앙하면서 '국부'로 모시겠다는 이들이 혹시라도 임정을 부정할까 봐 헌법 전문에 이런 쐐기를 박아 놓았던 것은 아닐까.

(2016. 3. 22.)

국정 역사 교과서 단상

오늘(2016년 11월 28일) 교육부 장관이 국정 역사 교과서를 공개하면서 기자회견을 가졌다. 아직 그 교과서를 보지 않은 상태에서 이 글을 쓰는 것은 문제가 없진 않지만, 그 교과서를 살펴보았다 하더라도 단상의 내용이 별로 달라질 것 같지는 않다. 작년에 정부가 역사 교과서를 국정으로 만들겠다고 할 때 지적했던 문제점이 해소되지 않았다. 이 글은 그때 느꼈던 내용을 일정 부분 되풀이하고 있다.

교육부 장관은 기자회견 동안 새로 출판할 교과서를 '올바른 역사 교과서'라고 되풀이해 불렀다. 이 교과서에 '올바른'이라는 이름을 붙인 것은 어떤 가치를 선점하려고 한 의도였으리라. 우선 올바른 역사 교과서라는 말이 쉽게 납득되지 않는다. 어떻게 자기 부서에서 출간한 책을 자기 스스로 올바른 역사 교과서라고 자화자찬할 수 있을까. 객관적인 평가를 받겠다면서 내놓는 역사 교과서를 스스로 올바른 역사 교과서라고 이름을 붙여 놓고, 국민에게 검토해 달라고 요청하는 것이 말이 되는가. 모르긴 하지만 올바른 역사 교과서라는 말은 '올바르지 않은' 역사 교과서를 전제로 한 말일 것이다. 어느 분의 입버릇대로 한다면 '참 나쁜' 역사 교과서 정도가 될 것이다. 그 교과서는 '혼'이 제대로 박히지 않았고, 대한민국의 산업화와 민주화를 제대로 서술하지 않았으며, 교육부 장관 스스로 말했듯이 "대부분이 편향된 이념에 따라 서술돼 있"다고 규정해 놓은, 그래서 올바른 역사 교과서 제작을 강행하도록 빌미를 제공한 그 역사 교과서일 것이다. 바로 말하면 올해까지 사용하고 있는 검(인)정 역사 교과서를 이를 것이다. 그런데 바로 그 현행 교과서의 집필 지침을 제공하고 검인정을 시행한 공적 기구는 어디였는가. 새누리당 정권이요 이명박근혜 정부다. 저네들이 계획하고 검인정한 그 교과서를 '참 나쁜' 교과서라고 한다면 자가당착에다 자기부정이다. 그러면서 '올바른 역사 교과서'를 만들겠다고?

이번에 내놓은 올바른 역사 교과서를 용납하기 어려운 것은 우선 그 발행 형식이 국정교과서라는 점이다. 국정교과서는 역사 교육에서 지배체제의 역사관을 강요하고 민주사회가 갖는 창의성과 다양성을 말살한다는 것이 상식이다. 교과서 발행 추세가 국정에서 검인정으로, 다시 자유발행제로 진화하고 있으며, 그중 국정은 전체주의 사회에서 선호되는 것이다. 그렇기 때문에 검인정에서 국정으로 회귀하는 것은 교과서 제도의 전체주의로의 퇴행을 의미하는 것이다. 남북 대결의 상황에서는 북을 닮아 가는 행위임이 분명하다. 행여 그런 교과서가 북쪽을 닮는 데에 일조할까 두렵다. 종북 척결에 앞장서는 이들이 있다면, 역사 교과서를 북쪽 식으로 닮도록 하는 교육부를 고발하라. 자유민주주의를 담았다는 그 교과서가 북의 방식으로 제작되고 있는 것은 도저히 용납할 수 없다. 역사 교과서를 국정화하는 것을 비판하는 것이야말로 '자유민주주의'적 양심에 합치된다고 본다.

'올바른 교과서'를 제작한다면서 깜깜이로 있던 교육부가 그 내용을 예고한 것이 하나 있다. 그것은 1948년 8월 15일을 종래 '대한민국

정부 수립'에서 '대한민국 수립'으로 수정하겠다는 것이다. 이유는, 남측이 정부를 수립한 데 비해 북측은 그해 9월 9일에 국가를 세웠다고 하는 것으로, 남북을 비교하면 정부 수립이 국가 수립보다 국격이 떨어진다는 것이다. 북은 3·1독립선언에 따라 대한민국 수립이 1919년에 이뤄졌음을 부인하기 때문에 1948년을 국가 수립의 해로 보았다. 3·1독립선언에 따라 대한민국이 수립되었음을 인정하는 남측은 그렇지 않다. 대한민국 건국에 대해 제헌국회에서 어떻게 논의했는지, 그 결과 제헌헌법과 현행 헌법 전문에 어떻게 기록해 놓았는지 똑똑히 보라. 1919년을 원년이라 한 대한민국 연호는 1948년에는 대한민국 30년으로 계승되었다. '올바른 역사 교과서'는 선조들의 이 같은 역사의식에 눈을 감아버렸다. 그러는 동안 북측은 1912년을 주체 연호의 원년으로 삼아 1919년의 연호 원년을 뛰어넘으려고 하고 있는데, 우리는 왜 분명한 역사 30년을 잘라내려 하는가. 현행 헌법은 대한민국 임시정부의 독립정신과 4·19 혁명정신을 계승하고 조국의 평화통일을 지향한다고 명시했다. 만약 역사 교과서가 이런 헌법 정신에 투철하지 않다면, 결코 '올바른 역사 교과서'라고 할 수 없다.

(2016. 11. 28.)

"국가를 멸망케 하는 학부"

　　다소 자극적인 이 글귀는 한말 민족주의 사학자 단재 신채호가 1909년 3월 16일자 「대한매일신보」에 기고한 논설의 제목이다. 지금 말로 한다면 '국가를 멸망케 하는 교육부'라는 뜻쯤이 될 것이다. 그 내용도 교과서 검정에 관련된 것이어서 오늘의 교육부와 무관하다고 할 수 없다. 그 글의 첫 줄을 풀어쓰면 다음과 같다. "근일에 소위 학부 교과서 검정의 방법이 각 신문에 떠들썩하여 각지에 전파되매 일반 한인(韓人) 동포가 이를 놀라워하며 심하게 욕하기도 하여 미친 듯 취한 듯 여러 의견이 분분하다."

　　이 글이 발표된 때는 대한제국이 마지막 숨을 몰아쉴 때다. 1904년 이래 고문(顧問)정치가 시작되었고 〈을사늑약〉 이후에는 통감정치가 시행되어 한국은 반식민시 상태에 들어갔다. 그런 만큼 학부에만 책임을 물을 수 없는 시기였지만, 단재는 학부의 교과서 검정을 두고 굳이 "국가를 멸망케 하는 학부"라고 준열히 꾸짖었다. 단재가 그렇게 주장한 것은 학부가 '편협한 우국심'을 고취하거나 국가 의무를 강조하는 교과서는 검정에서 통과시킬 수 없다고 했기 때문이다. 단재는 우국심

고취를 불허하고 국가 의무와 국가사상을 부지(不知)케 하는 학부의 이 같은 교과서 검정은 한국인을 외국인의 노예가 되게 하는 것이라고 비판했다.

학부는 한국인들의 정치적 각성을 촉구하는 교과서는 위험하다 하여 이런 책은 조금이라도 차매(借買)할 여지가 없도록 했다. 당시 단재는 학부가 '위험한' 것이라고 분류한 서적을 다음과 같이 분류, 정리했다. 한국의 당시 상태를 통론(痛論)하는 것, 과격한 문자로 자주독립을 언급하거나 국가의 각성을 촉구하는 것, 한국의 상황을 풍자하거나 '편협한 애국심'을 말하는 것, 국가론·의무론을 들어 분개한 언사를 쓰는 것, 일본과 외국에 대해 적개심을 고취하는 것, 비분(강개)한 문자로 당시의 역사를 서술하는 것 등이라고 했다.

그러니까 한말 나라가 기울어질 당시 나라를 걱정하며 구국론을 펼치는 교과서는 빌리거나 사서는 안 된다는 것이었다. 그걸 보면서 며칠 전 국정화 고시를 발표하는 자리에서 이 비슷한 언사가 있었던 것을 기억한다. 교과서 검정에는 시대를 불문하고 이런 비수가 숨겨져 있다고 느꼈다. 단재는 당시, 이 같은 학부의 검정원칙에 대해 혈성(血性)을 가졌다면 통곡할 수밖에 없다고 분개했다.

단재의 글이 발표되었던 때는 나라가 거의 반식민지 상태여서 학부에만 그 책임을 물을 수 없는 형편이었다. 그러나 단재는 굳이 학부를 향해 "국가를 멸망케 하는 학부"라고 질타했다. 오늘날의 교과서 문제도 권력의 지시를 받아야 하는 점에서 교육부만의 책임이라고 할 수 없지만, 단재가 이 시대를 향해 붓을 든다면 분명 학부의 책임이라고 적시할 것이다. 국사 교과서로 정치권이 문제를 제기한 것은 비극이지만, 교육부는 이런 때에 정치계와 학계를 연결하는 통로 역할을 하고 정치권의 학문 외적 요구를 순리로 여과하는 구실을 감당해야 했다.

여당에서 내건 엉뚱한 "김일성 주체사상을 우리 아이들이 배우고 있습니다"라는 펼침막도, 그것을 검정교과서에 책임을 돌릴 것이 아니라 집필 지침을 시달했던 교육부가 책임 있게 해명했어야 했다. 그런 책임은 고사하고 자기들이 통과시킨 검정교과서를 두고 헐뜯고 나섰으니 이는 아부고 책임 회피요, 제 얼굴에 침 뱉는 꼴이었다.

정부 여당이 대한민국의 자랑스러운 역사를 강조한다. 역사학계도 국민 모두와 함께 그걸 강조한다. 그 자랑스러움은, 이승만이 강조했듯이 일제의 포악한 통치에 피나는 독립투쟁을 통해 대한민국을 건설했기 때문이요, 대통령과 총리가 된 병역기피자들 때문이 아니라 나라 위해 피 흘린 수많은 젊은이가 있었기 때문이며, 4·19민주혁명과 같은 민주화 전통 위에서 산업화를 이루었고 앞으로 민족의 평화통일도 이룰 것으로 확신하기 때문이다. 그런 대한민국은 "국가를 멸망케 하는 학부"를 갖게 되거나 독립운동을 폄훼하고 독재와 부패를 용인하면서 자기비판을 게을리하는 그런 정부에 의해서는 더 발전할 수 없다.

(2015. 10. 18.)

나라의 품격

막말이 횡행하고 있다. 아무리 정치적 견해를 달리한다고 하지만, 금도를 벗어난 언어는 상대방에게 상처를 주고 자신을 병들게 한다. 대통령을 내란죄로 고발해야 한다고 선언한 심 국회부의장이나 같은 당의 홍 대표는 막말을 쏟아내고도 민망해하는 기색조차 없다. 막말은 감성의 표피에 원초적 자극을 줄 뿐, 자신과 자신의 정당을 부끄럽게 한다. 자기 당과 정치에 환멸을 느끼도록 할 의도가 아니라면 이 땅의 보수를 위해서도 말의 품위는 지켜져야 한다. 보수가 막말로 승부를 보려는 듯이 덤비는 이유는 지켜야 할 가치를 상실했기 때문일까. 진보가 기존 가치의 변혁을 추구한다면, 보수는 가치의 수호를 중요시한다. 막말을 일삼아 자신까지 부끄럽게 하는 이들에게 수호할 가치가 있을까. 상대방을 종북, 주사파, 공산주의자로 몬다고 해서 스스로를 보수라고 입증하는 것은 아니다.

어느 전시회에서다. 나라가 망했을 때 당시 만석꾼의 재산을 가졌던 오성(鰲城) 이항복(李恒福)의 후손들은 가산을 몽땅 처분하고 망명길에 나섰다. 압록강 건너에서 합류한 일족은 자신들의 안일에 연연하지 않고 국권 회복을 위한 동량을 양성하고자 신흥무관학교를 세웠다. 60명이 넘던 대가족은 독립운동을 계속하다가 아사(餓死)에 옥사, 풍비박산이 되었다. 그들이 식민지하에서 일제와 타협했다면, 만석꾼의 재산을 유지하면서 얼마든지 부귀와 영화를 누릴 수 있었다. 그러나 그들은 나라 잃은 책임을 자신들이 짊어지고 생명과 재산을 독립운동에 바쳤다. 그들이 지키려고 했던 가치는 뚜렷했다. 전시회는 '이 땅의 보수들이여, 너희들이 지켜야 할 가치는 바로 여기에 있다'라고 외치는 듯했다. 보수가 지켜야 할 가치가 꼭 이뿐이겠는가. 이회영(李會榮) 6형제의 이야기다.

국제사회의 막말도 말 폭탄이 되어 한반도 상공을 횡행했다. 트위터를 통해 날리는 트럼프의 막말이나 평양발 엄포가 그것이다. "이에는 이로, 눈에는 눈으로" 주고받는 막말들은 그들의 품위를 갉아먹고 있다. 북한과 김정은을 상대로 한 트럼프의 난타나 거기에 대한 평양의 신경질적 응수는 그들의 품격을 동일한 수준으로 만들어 가고 있다. 막말 수준으로 본다면 북한과 미국은 막상막하, 호형호제다. '미치광이 전술'이건, 체제수호를 위한 엄포건 이들의 쌍말들은 물귀신처럼 얽혀들고 있다. 언어가 주는 품격이란 이렇게 중요한 것이다. 행동 대신 언어로만 자신을 나타낼 경우에는 더욱 그렇다.

'나라의 품격'을 말하면서 꼭 보수의 '막말'만 들추고 책임을 물으려는 것은 아니다. 과문인지는 몰라도 최근에 와서야 '참수부대'라는 말을 듣게 되었다. 한 특수부대의 편제 이름이다. 내 이해가 틀리지 않는다면, 참수부대의 참수는 점잖게 말하면 '목을 벤다'는 말이고 험하게 말하면 '목을 딴다'는 의미다. 듣기에 너무 섬뜩하고 야만적이다. 그걸 들으면서 1968년 1.21사태가 연상되었다. 북한 특수부대의 청와대 습격이 있었을 때 당시 유일하게 포로가 되었던 김신조가 한 말이다.

무엇 때문에 침투해 왔느냐는 질문에 그는 "박정희 목 따러 왔수다"라고 거침없이 내뱉었다.

아직 정전(휴전) 상태이니 전쟁이 끝난 것은 아니다. 종전(終戰)에 뒤따른 평화조약조차 없는 형편이니 북한과는 준전시 상태라 해도 틀린 말은 아니다. 최근 북한 수뇌부를 향해 참수라는 말을 들이대고 있는 것은 핵·미사일 개발에 대한 적대 의식과 국가 보위의 충정이 상승작용하고 있기 때문일 것이다. 그런 상황에서 수뇌부의 '목을 따기' 위한 부대 명칭에 시비를 건다는 것은 되레 '비애국적'이라는 오해를 감수해야 한다. 그러나 핵 개발에 몰두하는 북한 수뇌부에 '참수'를 고집해야 할까. 부드러움과 딱딱함, 선과 악, 평화와 전쟁, 어느 쪽이 이길까. "네 원수가 주리거든 먹이고 목마르거든 마시게 하라. 그리함으로 네가 숯불을 그 머리에 쌓아 놓으리라"(로마서 12:20). 이는 결코 빈말이 아님을 믿는다.

참수라는 말이 보수정권에서 시작되었다면 이해 못 할 것도 아니다. 적대적 공생관계하에서 대결해야만 자신들의 존재감을 더 드러낼 수 있다고 믿기 때문이다. '참수' 같은 섬뜩한 말일수록 자신들의 존재감을 더 선명하게 드러낸다. 그러나 북한에 대화·협력을 추구하며 〈베를린선언〉 등으로 북한의 문을 두드리고 있는 문재인 정권이 '참수'라는 말을 그대로 습용하고 있다면 납득할 수 있을까. 촛불정권은 미국의 암시적인 '선제공격 기도'에 대해서도 일관되게 대화를 강조해 왔다. 며칠 전 종교인들과의 모임에서도 북한 핵문제 해결과 남북관계 개선을 위한 대화를 주장했다. 남북관계에서 대화를 주장하면서 대화의 상대 수뇌부를 '참수'하겠다는 것은 이율배반적인 조치가 아닐까.

송 국방부 장관은 내년 말쯤 '참수부대'가 제대로 인원과 장비가 갖춰질 것이라고 언명했다. 대통령은 대화하겠다고 하고 장관은 상대의

'목 벨' 준비를 하고 있다. 역지사지해 보라, 누가 그 대화 제의를 진실한 것으로 받아들이겠는가. 나는 정책상의 혼선이 주는 이 같은 문제보다 21세기 자유와 정의를 말하는 시대에 아직도 '참수'라는 야만적 용어가 거침없이 국가의 이름으로 용납되는 것이 더 부끄럽다. 촛불혁명에 의해 '나라다움'을 표방하면서 태어난 정권이 '참수'라는 말을 통해 민주 정의의 품격마저 떨어뜨리고 있다. 정권이나 언론, 민간이나 군인이고 간에 그 말을 아무렇지도 않게 일상화하는 것을 보면서 경악과 수치를 금치 못한다. 그것은 또한 우리 스스로를 부끄럽게 한다. 아직도 언어의 순화를 통해서 '나라의 품격'을 말해야 하는 현실이 안타깝다.

(2017. 12. 7.)

2부

오늘
내가
걷는
발자국이

— 방문 및 답사, 해외 활동

북한 방문기

다음은 2001년 1월 20일(토)부터 1월 27일(토)까지 북한을 방문한 일기식의 기행문이다. 일기는 북경(北京)에서 평양으로 출발하는 데서 시작하여 평양 방문을 끝내고 북경에 도착하기까지의 내용을 적은 것이며, 매일 기록한 메모를 근거로 귀국 후에 정리한 것이다. 원본 일기에 첨부한 내용이나 다듬은 문장은 따로 표시하지 않았다. 기행문의 성격상 경칭은 쓰지 않았고 특별한 이름 외에는 가렸다. - 필자

1월 20일(토) 맑음. 7시에 일어나 목욕하고 구약성경 신명기(申命記)를 읽었다. 신약성경을 읽어 왔으나 병행해서 읽어야겠다는 생각이 최근 많이 들었다. 나는 모세 오경(五經) 중에서도 신명기를 가장 좋아한다. 신명기는 창세기·출애굽기·레위기·민수기의 내용과 역사를 새로운 역사의식을 가지고 정리한, 말하자면 모세 오경의 압축판이라고 말할 수 있다. 묵상하면서 오늘 입북(入北)하는 데에 따라

먼저 긴장되지 않게 해주시고 이번 길이 한반도의 화해와 나눔, 평화와 통일에 도움이 되게 해 달라고 기도했다. 특히 우리를 보내신 하나님의 뜻이 어디에 있는지를 고민하면서 그 뜻이 이뤄지도록 간절히 기도했다.

8시에 북경호텔 안의 한국식당에서 우거지로 아침 식사를 했다. 이국에서 한국적인 정감이 든 우거지를 먹는다는 것은 기쁨 이상이다. 우거짓국은 한국 민중을 상징하는 음식같이 보인다. 먹기에 경제적 부담이 없고 먹어서 속을 편하게 해주며 민족적·민중적인 정서와 애환, 흙과 땀이 배어들어 무르녹은 것 같은 맛과 느낌을 주는 것이다. 그래서 한국에서도 식당 음식을 먹을 때에는 내가 즐겨 원하는 것이다.

9시 반에 준비를 끝내고 호텔을 출발, 북경공항으로 갔다. 북경의 형제들이 밴 모양으로 된 큰 지프차를 준비하여 우리를 한 차에 태워 안내했다. 11시까지 수속이 완료되었다. 고려항공 수속처를 찾아 줄을 서고 공항 이용권(90원)을 사서 출국신고서를 작성했다. 고려항공사 앞에서는 수속하는 사람 중 비닐에 싼 꽃다발을 준비한 사람들이 더러 보였다. 북한에 들어가면 만수대 김일성 동상을 참배해야 하는데, 그때 동상 앞에 꽃다발을 증정한다는 말을 들은 적이 있어 그 때문에 준비한 것이 아닌가 하는 느낌을 받았다. 어떤 이들은 만수대 동상 앞에서 꽃다발을 준비했는데 그러다 보니 대단히 비싸더라는 말도 들었던 것 같다. 내가 처음에 북경공항을 이용한 것이 1993년인데, 그때에 비해서는 새 건물인 데다가 공항이 매우 깨끗하게 정리되었을 뿐 아니라 관리도 서구식으로 발전한 모습이 역력히 드러나고 있다. 평양으로 가는 비행기편은 JS152, 목적지는 FNJ, 좌석번호는 11E였다.

11시 20분에 비행기에 탑승해 보니 대부분이 나보다 먼저 들어왔다. 비행기 안의 4분의 3 정도가 찬 것 같았다. 3등 칸에서는 맨 앞줄이었다. 12시 5분경에 비행기가 뜨기 시작했다. 영어와 함께 "담배를 피우지 마시오!", "걸상 띠를 매시오!"라고 써 있었다. 비행기가 제 궤도에 진입하자 입국에 필요한 서류를 나눠 주었다. 나에게는 중국인을 위해 만든 서류가 주어졌다. "朝鮮民主主義人民共和國海關申報單(公務)"이라고 써 있고, 빈칸을 메우는 것도 한자로 일일이 지시되어 있었다. 내 오른편에 젊은 여성이 탔기에 우리말로 물어보니 한국어는 못한다고 영어로 말했다. 중국 여성이었다. 평양으로 가는데, 그의 남편이 평양 주재 중국 대사관 영사로 있다고 했다. 이런저런 대화를 나누면서 내 소개를 하고 내가 대학에서 한국 역사를 가르치기 때문에 한문을 좀 안다고 했다. 『논어』 「학이편」의 첫 장을 써서 설명했다. 재미있는 시간을 보낸 셈이었다. 이 만남은 나중에 내가 비자 문제를 해결하는 데에 도움을 주었다. 평양에 들어가니 여권을 호텔에 맡기라고 했는데 그런 상태에서 그것을 검토한 기독교도연맹의 한 형제가 나의 비자가 단수비자이기 때문에, 평양에서 나갈 때 문제가 있을 수 있으니 평양의 중국대사관에서 비자를 다시 발급받아 나가는 것이 좋겠다고 해서 도착 나흘째 되던 날 평양 주재 중국 대사관을 찾게 되었다. 그때 담당 영사를 만나 대화를 나누고 있는데 어떤 여성이 영사관으로 들어서는데 보니 비행기에서 만난 그 여성이었고 영사는 바로 그 남편이었다. 그래서 중국 영사관을 찾은 일은 잘 이루게 되었다. 그렇지 않았으면 50달러를 내고 다시 중국 입국을 위한 비자를 따로 내어야만 했는데, 그 영사는 북경 통과를 위해서는 따로 비자가 필요 없다면서 그것을 적은 영문 내규를 보여주었다. 나는 그에게 그 내규를 한 부 복사해 주면 베이징공항에 내려 그것을 제시하고, 내가 왜 평양에서 비자를 따로 발급받지 않고 왔는지를 설명하겠다고 하니 그렇게 하라고 하면서 자신이 갖고 있던 그 영문 내규를 그대로 나에게 주었다. 그만큼 편리를 본 셈이다. 비행기에서나 중국 영사관에서 그들의 이름을 적어두지 않은 것이 유감이다.

거의 한 시간이 지난 한국 시간 14시(중국 시간 13시) 5분경, 10분 후에 평양 공항에 착륙할 것이라는 기내 방송이 있었다. 그에 앞서 아래로 눈이 덮인 산하가 보이기에 그곳이 어디쯤이냐고 하니 남자 승무원은 아직 중국을 벗어나지 못했다고 했다. 그러나 알고 보니 그때는 이미 북한 영공에 들어섰을 때였다. 그곳이 압록강(나중에는 청천강) 근처 상공일 것이라고 말하는 이가 있었다. 아래로 내려다보이는 산하는 며칠 전에 내렸던 눈으로 덮여 온통 흰색뿐이었다. 이것은 우리가 평양에 도착해서 시내뿐만 아니라 교외로 나갔을 때에도 계속 보았던 것이다. 흰색의 나라, 이것이 첫인상이었다.

14시 12분경에 비행기 바퀴를 내리는 소리가 들리고 곧 엔진을 조정하면서 속도를 낮추었다. 14시 20분에 평양 순안공항에 도착했다. 내릴 때 받은 강한 인상도 북녘의 눈 덮인 산하였지만, 남녘의 산하와 다를 바가 없었다. 하나님이 그렇게 우리 민족에게 주신 것이다. 다르지 않게 말이다. 트랩에서 내려 출입국관리를 맡은 사무실까지는 불과 백여 미터가 채 되지 않았다. 사무실 빌딩 입구에 몇 분이 나와 있었다. 그들은 조선그리스도교연맹에서 나온 분들이라고 했다. 그들과 인사한 후 소위 VIP실로 안내되었고 얼마 안 있어 출입국 심사대를 통과했다. 그 수속은 간단했다. 그러나 우리가 나온 지 거의 한 시간 동안 화물이 나오지 않아 그들과 함께 공항 청사 밖 햇볕이 드는 자동차 통로에서 기다리며 대화했다. 연맹의 책임자는 우리에게 만수대 김일성 동상 앞에 가서 참배할 것인지를 물었다. 우리는 가지 않겠다고 하니 다른 말은 하지 않았다. 그동안 남측의 기독교 인사들이 평양을 방문할 때마다 김일성 동상 앞에 가서 참배토록 하는 문제를 두고 북측과 신경전을 많이 벌여 왔고 따라서 오늘 우리에게 먼저 우리 의사를 타진한 것으로 보인다. 기독교계 인사를 데려갔을 때 고분고분 동상 앞에 절하지 아니하고 뻣뻣하게 고개를 들고 있으니 다른 참배하는 사람들에게도 좋지 않은 영향을 미친다고 하여 그들 내부에서도 기독신자들을 만수대 동상 앞에 데리고 가는 문제는 논란이 있었던 것으로 보인다. 그 결과 원치 않으면 데리고 가지 않는 것으로 방침이 정해진 것으로 보인다.

한 시간 동안 있으면서 오간 대화는 주로 기후와 관련된 것이었다. 그동안 매우 추웠다고 한다. 김정일이 15일부터 상해를 방문했다는 것과 오늘 북경에서 들어올 것이라는 것도 말하니 그들은 아직도 그런 사실을 모르고 있었다. 우리가 하는 그 말을 알아듣지 못하고 있었다. 뒤에 안 것이지만 북쪽의 뉴스도, 김정일의 상해 방문은 돌아온 뒤에 보도했다는 것이다. 한참이 지난 뒤에 보도하는 것을 보고, 북한에서는 뉴스가 빠른 소식이라는 것은 우리가 생각하는 것과는 다른 것이었다.

짐을 찾는 데에 한 시간 이상이나 걸렸다. 왜 그렇게 느린지 알 수가 없었다. 이상한 물건이 들어오는지를 일일이 검사하는 모양이다. 북한에 주고 싶은 책들이 있었지만, 책에 대한 검열이 심하다는 이야기를 듣고 나서는 아예 그런 것을 갖고 들어가지 않기로 했던 것이다. 오늘 평양으로 들어온 손님들이 많은 것도 아니고, 밖에서 기다리는 손님들도 몇 명 되지 않은데, 시간이 그렇게 오래 걸렸다. 15시 30분경에 짐을 찾아 시내로 향발, 30분이 채 되지 않아 숙소에 이르렀다. 순안이라고 하면, 옛날 안식교가 전도하던 곳으로 1920년대 중반에 헤이스머(許時模) 선교사가 자기 과수원에 들어온 김 모라는 소년에게

양 볼에 '됴덕'이라는 글자를 새겨 말썽이 났던 것으로 유명한 곳이다. 우리를 위해서 차가 두 대가 나왔다. 시내로 들어오면서 느낀 것은 아파트가 사람이 생활하면서 남기는 '땟국'이 저며 있지 않다는 것을 느꼈다. 거리에 사람들이 있으나 활기가 없다는 것이 첫인상이었다. 여전히 곡식 자루를 지고 지나는 아낙네들이 있었고 골목에는 더러 개구쟁이들이 썰매를 타고 있었다. 보통강호텔 807호실에 다른 한 분과 함께 방을 정했다. 응접실과 침실이 따로 분리된 방이었다. 북측은 한 사람이 한 방을 사용하도록 준비했으나 우리 측에서는 굳이 두 사람이 한 방을 사용하겠다고 했다. 다른 두 분의 방도 응접실이 있는 방을 마련해 두었지만, 그들은 응접실이 없는 방을 달라고 하여 거기에 들어갔다. 우리가 일인 일실(一人 一室)을 사양한 것은 이번 여행의 경우 우리 여비는 우리 측에서 부담하기로 내부 방침을 정했기 때문에 경비를 절약하자는 뜻도 있었다. 방에 들어가니 전기로 물을 데워 방을 따뜻하게 하는 라디에이터가 각 방에 하나씩 있었고 CNN까지 나오는 TV도 있었다. 그들의 말로는 오전, 오후 7시에서 9시까지 온수가 나온다고 했다. 이 여관은 1970년대에 지은 것으로 열효율을 거의 고려하지 않고 지은 것 같았다. 일 층이 매우 높은 데다가 각층의 높이도 최근에 지은 일반 호텔보다 높은 것 같이 보였다. 우리가 들어갔을 때 썽그런 느낌을 받을 정도로 사람이 몇 되지 않았다.

짐을 부리고 방을 둘러본 후 16시 30분에 보통강호텔을 나서서 조선그리스도교연맹을 방문했다. 위원장 강영섭이 마당에 나와 우리를 기다리고 있었다. 연맹 사무실은 봉수교회와 같이 있었다. 마당이 아스팔트로 포장되어 있었다. 18시까지 회의를 했다. 강 위원장은 인사말을 통해 우리가 남측에서 온 올해의 첫 손님이라는 것과 지난 10일 평양 시내의 기관과 여러 지도급 인사들이 모여 올해를 '우리 민족끼리 통일을 이뤄가는 첫해'로 삼았다는 것을 말하고 "귀측도 여기에 동의하느냐"로 물었다. 이것이 갖는 정치적 의미가 따로 있겠지만, 우리측 대표는 "동의한다"고 했다. 그 뒤 그들은 올해가 바로 그런 해라는 것을 되풀이해서 강조했다. 강영섭은 강양욱의 아들이며 외국 대사를 역임한 적이 있는 인텔리로서, 북한의 식량 사정을 말해 주었다. 우리측 대표가 나를 소개하면서 노근리사건 정부대책단 자문위원이었음을 소개하니까 강영섭이 "노근리사건이 잘 해결되지 않은 것 같드만요"라고 했다. 나는 우리가 미국으로부터 받아 낼 수 있는 것은 최대한 받아냈다고 설명했다. 이 문제는 처음 만난 이날 저녁에도 논의되었지만, 저녁의 위원장 초대 만찬에서도 역시 화제가 된 적이 있다. 나는 이 문제에 대해 비교적 간결하게 핵심을 설명했다. 미국은 AP 통신 등을 통해 노근리 사건이 터졌을 때 그런 사건이 전혀 없었으며 더구나 미군이 개입되었다는 문제에 대해서는 딱 잡아떼었다. 그러나 조사 결과 미국의 클린턴 대통령이 사과하는 데까지 이르게 되었고, 나아가 피해 보상 대신 위령탑을 제작하고 한국인을 위한 장학사업들을 펴겠다고 했던 것이다. 이것은 미국이 자신들의 과오를 인정한 것이며 외교상으로는 크게 양보한 것과 마찬가지라고 차분히 설명했다. 말이 나온 김에 나는 1950년 7월 26일에서 29일 사이에 당시 북측에서 발행한 「인민군보」 등에 나타난 노근리 관계 자료의 협조를 부탁했다. 이어서 우리는 앞으로 '남북나눔운동'이 북한 사회를 어떻게, 어느 규모로 도와야 하는가도 서로 의논했고 또 수경재배 문제도 협의했다. 회의를 마친 후 봉수교회 마당을 거쳐 위쪽으로 올라가 그들이 일궈 놓은 수경재배 터를 보았다. 이곳은 한국 교회의 여러분들이 돕겠다고 한 곳인데 최근 그것을 맡겠다고 한, 통합 측도 아직 성의를 잘 보이지 않고 있다고 말했다.

18시 30분이 지나 보통강호텔 식당의 특별실에서 강영섭 위원장 초청의 만찬이 있었다. 여기서도 역시 노근리사건에 대한 문제가 화제로 올랐다. 나는 앞서 그리스도교연맹 사무실에서 말한 바와 같이 다시 정리해서 말하고, 단지 미국 측과 쟁점으로 남아 있는 것은 당시 상부로부터 사격명령이 있었는지의 여부와 사망자 수에서 차이가 난다고 말했다. 이 점은 지금도 논란을 빚고 있는 피해자들에 대한 손해배상 문제와 관련됨으로 미국 정부가 극도로 신경을 쓰는 대목이라고 했다. 만약 상부의 사격명령이 있었다고 판단되면 이것은 미국 정부가 책임져야 할 문제가 됨으로 미국이 손해배상을 치뤄야 한다. 그리고 사망자 수에서도 현격한 차이가 있다는 것을 설명했다. 미국이 사격명령이 있었다는 것을 인정하게 되면, 명령체계에 의한 미국 정부의 책임까지 거론하게 되어 정부 배상에 이르게 된다는 것이다. 이런 문제는 노근리사건에만 국한할 수 없는 것으로 지금 세계 도처에 그들의 군대를 파송하고 있는 미국으로서는 가능한 한 노근리사건에서 국가배상이라는 전례를 만드는 일을 하지 않겠다는 것이다. 그래서 미국은 '누구도 인정할 수밖에 없는 명백한 증거'가 나오기 전에는 사격명령 같은 국가배상의 원인이 될 수 있는 이 같은 일은 인정하지 않으려 한다고 부연 설명했다. 나는 이 자리에서도 거듭 「노동신문」이나 「인민군보」 등 1950년 7월 말의 기사 중 노근리사건에 관련된 자료가 있으면 찾아 가능하면 남쪽으로 돌아갈 때 가져갈 수 있도록 해 달라고 부탁했다. 그들은 그렇게 하겠다고 했고 그런 자료는 곧 찾아줄 수 있다고 했지만, 그 뒤에 누구도 나의 이런 요청에 대해 더 언급하지 않았다.

20시경에 저녁 식사를 마치고 헤어졌다. 그리스도교연맹의 몇 분이 우리 방의 응접실에 와서 내일부터 시작될 우리의 관람 일정을 조정했다. 그들은 눈이 왔고 길이 얼어서 장거리 관람은 힘들다는 것을 말하고, 겨울철이라서 문을 많이 닫아 관람하는 것도 쉽지 않다고 했다. 우리가 개성 방문을 고집했지만, 장거리에 속도 내기가 힘들다는 이유로 실현되지 않았다. 그들은 일정은 초청자 측에서 정한 대로 하는 것이 좋다고 했다. 이렇게 그들은 첫 협의에서 자기들의 일정을 따르도록 권했다. 그러나 내가 고집해서 단군능(檀君陵) 참관은 하지 않겠다고 했다. 이유가 있다. 단군능 방문은 뒷날 애국열사능 방문으로 대치되었다.

숙소에서 켜 놓은 TV에는 김정일을 찬양하는 인민군공훈합창대의 합창이 계속 흘러나왔다. 놀라운 것은 이날 저녁에 비로소 김정일이 중국의 초청을 받아 상해를 방문하고 돌아왔다는 것을 보도했다는 것이다. 그것을 보도하는 50대 중반의 그 여성은 TV를 통해 남측 사람들에게 매우 낯익은 이로서, 북에서 수령이나 지도자 앞에 붙이는 수식어를 잔뜩 나열한 후, "…친애하는 김정일 동지께서 … 상해를 방문하시었습니다"고 독특한 억양과 발성법으로 보도했다. 이 방송은 녹음된 채 그 뒷날에도 하루에 두 번씩 계속 4일간을 똑같이 되풀이하여 방송했다.

저녁에 어떻게 자나 하고 걱정을 했는데, 응접실에 있는 라디에이터를 침실로 옮겨 방 안에 있는 또 한 대의 라디에이터와 함께 방을 데운 후 자기로 했다. 저녁 날씨가 제법 찼지만, 그런대로 춥지 않게 잠을 잘 수 있었다.

1월 21일(주일) 흐림. 8시 30분에 호텔 식사로 두붓국에 김치를 먹었다. 그들은 밥도 200g 혹은 100g 단위로 팔았다. 9시에 호텔을 출발, 25분경에 만경대와 만경봉을 관람했다. 어제 평양으로 들어오는 길에 만수대의 김일성 동상 앞에 가지 않은 대신 김일성의 생가가 보존된 곳을 먼저 관람토록 했다. 그것도 기독교인인 우리 일행에게 주일날 아침에 하나님께 예배를 드리기 전에 만경대를 관람토록 했던 것이다. 의도적으로 그렇게 한 것인지, 아니면 우연히 그렇게 되었는지는 분명히 알 수 없으나, 우리는 전자에 무게를 두고 해석했다. 만경대 일대는 성역화되어 있었다. 이 일대를 관람한 느낌은 여기서 생략하겠다. 만경대로 가는 길은 청춘거리를 통해 갔는데, 돌아올 때는 어린이공원과 광복거리를 거쳐 봉수교회로 왔다. 10시 14분경에 봉수교회에 도착했는데, 평소에는 10시에 시작하는 예배가 오늘은 우리들을 기다리느라 아직 예배를 시작하지 않았다.

주일예배는 10시 17분부터 이 교회 담임목사인 장승복 목사의 사회로 시작되었다. 예배 시작에 앞서 성가대가 〈빛나고 높은 보좌와 그 위에 앉으신〉을 불렀다. 성가대가 부르는 그 찬송을 듣는 순간 눈물이 왈칵 쏟아졌다. 성가대는 지휘자가 없었고 대원들은 가운을 입고 있었다. 장 목사는 먼저 인사말로 "조선그리스도교연맹의 초청으로 남측의 형제들이 이 예배에 참석하게 되어 하나님께 감사와 영광을 드립니다. 마음과 뜻과 정성을 모아 예배를 드립시다"는 말을 했다. 기립하여 묵기도로 예배를 시작하자고 한 후 성가대가 〈만복의 근원 하나님〉을 불렀다. 이어서 찬송가 36장(〈주 예수 이름 높이어〉)을 불렀다. 이때도 눈물이 너무 많이 흘러 앞이 보이지 않았다. 이어서 지명숙 권사의 기도가 있었는데 내용은 대강 이랬다. 새 세기를 맞아 봉수교회를 돌보아 달라는 것(이때 교인들 속에서 "아멘" 소리가 많이 났다), 새 세기에 보내 주신 새 사자도 주안에서 한 몸이 되어 예배를 드리게 되어 감사("아멘" 소리)하다는 것, 말만 하고 행동 못하는 사람들이 되지 않게 하시고 지난 주간 우리들의 위선의 죄악을 용서해 달라는 것, 베드로를 본받지 말고 참 성도가 되도록("아멘" 소리), 새해에 꿈과 소망을 달라는 것, 분단된 이 땅에는 희망도 하나, 통일도 하나뿐이라는 것, 통일을 꿈꾸는 우리들이 분단의 벽을 깨도록 남녘에서 온 성직자들과 함께 간절히 기도한다는 것, 상봉의 기쁨도 잠시 잠깐이지만 만남의 기쁨이 영원하도록 간절히 기도한다는 것 등을 간구한 후 "주 예수 이름으로 기도하옵나이다. 아멘"했다. 기도 후에 오르간 반주로 〈아멘 3회송〉이 되풀이되었다. 찬송가 248장(〈시온의 영광이 빛나는 아침〉)을 부르게 되었는데, 1절은 힘차게 불렀으나 2절부터는 너무 춥고 목이 잠겨 소리가 잘 나오지 않아 노래를 제대로 부를 수 없었다. 이어서 김영정 집사님의 성경봉독(누가복음 19: 41-42, 로마서 9: 3)이 있었다. 그 후에 성가대의 찬양이 있었는데, 521장(〈어느 민족, 누구게나 결단할 때 있나니〉)을 불렀다. 성가대는 3줄로 섰는데, 앞줄 9명과 가운뎃줄 6명은 여성이었고, 뒷줄 5명은 남자로 구성되어 있었다. 성가대의 찬양은 수준급이었다.

설교 시간이 되었다. 사회자는 원로 목사 이성봉 목사의 설교가 있을 것이라고 소개했다. 이성봉 목사는 1991년 북미기독학자회 주최로 남북기독학자들이 뉴욕 스토니포인트에서 모였을 때에 만났던 분으로서 "그리스도인의 애국"이란 제목으로 다음과 같은 요지의 설교를 했다. 7천만 민족이 통일의 희망을 열어 21세기를 맞았다. 지난 1월 10일 평양에서는 올해를 '우리 민족끼리 통일의 문을 여는 첫해'로 삼고 해외의 동포들에게도 알리기로 했으며 6.15공동성명의 실천을 다짐하고 조국 통일의 희망을 높였다. 통일은 북과 남, 해외의 동포들이 같이 이뤄야 한다. 예수님은 외세의 침략을 느끼고 탄식하셨고, 십자가를 지시고 고통스러움 속에서도 민족을 생각했다. 바울도 민족에 대해 깊이 생각했는데, 민족을 위해서라면 그리스도에게서 끊어질지라도 원한다 했고, 죽음을 당할 수 있는 환경에서도 두 차례나 연보를 거둬 자기 백성을 도왔다. 신구약 성경에는 애국 애족의 인물이 많은

데, 모세는 궁중의 안락을 버리고 자기 민족을 위해 40여 년간 사막에서 생활하면서 애굽 왕과 대결, 출애굽을 감행했고, 에스더는 '죽으면 죽으리라'의 각오로 하만의 음모와 맞섰다. 어떻게 가능한가. 애국심은 역사적으로 형성된다. 왜 조국이 귀중한가. 어느 민족의 운명이든, 자기 조국의 운명과 직결되기 때문이다. 조국이 망하면 민족도 망한다. 그리스도인은 그리스도인이기 이전에 민족 구성원의 1인인데, 그 때문에 민족과 함께 운명을 같이하지 않을 수 없다. 속담에 나라 없는 백성은 상갓집 개만 못하다고 했다. 우리나라 역사에서도 나라가 없어지니까 망국노가 됐다. 수백만 사람이 남부여대(男負女戴)하고 만리타향으로 갔다. 자기도 1927(4살)년에 두만강을 건넜다. 신사참배 등으로 200여 개 교회가 폐쇄되고, 3,000여 명이나 감옥에 갇혔으며, 50여 명이나 순교했다. 왜 이 박해를 받았나. 나라가 없었기 때문이다. 일제의 포학 속에서도 그리스도인들은 나라의 독립을 위해 애국계몽운동과 독립투쟁을 전개했다. 우동선 열사, 장인환, 안중근 등이 있었고, 전기덕(전덕기를 잘못 발음한 듯)은 신채호·주시경을 거느리고 있었고 청년 이준을 파견했는데, 이준은 배를 갈라 피를 뿌렸다. 김일성 주석의 『세기와 더불어』에 보면, 손정도 목사가 언급되고 있다. 3.1운동 때에도 그리스도인들이 앞장섰는데, 200여만이 봉기했다. 조선민족해방투쟁은 김일성 수령이 지휘했는데 함께 싸운 이들은 공산주의·민족주의, 유·무산계급이 있었는데, 왜냐하면 나라를 회복하는 데는 이해관계가 같았기 때문이다.

성도 여러분, 오늘의 애국심은 어떻게 발휘해야 하는가. 나라가 없을 때는 독립투쟁이지만 지금의 분단 시기는 나라의 통일이 애국충정이다. 단군을 원 시조로 한, 우리 겨레가 왜 분단되었는가. 수백만의 이산가족이 생사유무조차 모르고 있다. 이 강토는 수많은 어머니들이 아들을 그리면서 죽어가고 있다. 전쟁 때 식구들이 헤어져 그리운 고향을 못 보게 되었다. 미국군대가 남녘을 강점하고 조국 강토 안에는 총소리와 화약 냄새가 동천했으며, 겨레 사이에선 골육 전쟁의 비극이 있었다. 공산주의와 민족주의, 유·무의 통일만큼 큰 애국이 없다. 이것은 사랑의 근원이신 하나님의 소명이다. 그리스도인은 통일을 위해 무엇을 해야 하나, 대단결을 이룩하는 것이다(교인들 "아멘" 소리). 성경은 분단은 멸망이라고 했다(전도서 4:11-12). 국내외를 막론하고 화합 단결("아멘" 소리)해야 한다. 대결이 아니라 단결해야 하고("아멘" 소리), 배척과 대결 관념을 떨쳐버리고 화합해야 한다. 그렇지 못하면 외세의 밥이 된다. 민족대단결을 위해서는 사대주의를 배격해야 한다. 삼천리 금수강산, 이 나라의 주인공들이 우리 민족끼리 자주적으로 해결("아멘" 소리)해야 한다. 자기 겨레와 공조하고 자기 민족끼리 해결("아멘" 소리)해야 한다. 북남공동선언에는 자주·평화·민족대단결 등 민족 통일의 이념이 있다. 연초에 '우리 민족끼리 통일의 문을 여는 해'로 정했는데, 모두가 협력("아멘" 소리)하고 통일을 이룰 그날을 향해 발걸음을 같이해야 한다("아멘" 소리). 통일과 평화의 빛이신 하나님이 조국의 통일을 안겨줄 것이다. 할렐루야.

설교를 끝내고 다음의 요지로 기도했다. "하나님 아버지, 오늘 그리스도인들의 애국에 대해 설교했습니다. 바울의 애국애족을 본받도록 역사하여 주시옵소서. 분열의 고통 속에서도 역사적인 6.15공동선언에 발걸음을 같이하도록 인도해 주시옵소서. 예수님 이름으로 기도합니다"(〈아멘송〉 3회 반복 간주).

찬송 376장(〈삼천리 반도 금수강산〉)을 불렀는데, 발이 얼고 목이 잠겨서 잘 부를 수가 없었다. 헌금 시간에는 가운을 입은 두 사람이 막대기 있는 헌금 주머니로 수금했다. 이때 인상적인 것은 남자의 바리톤 독창이 있었는데, 〈어둔 밤 마음에 잠겨〉를 두절만 불렀다. "인류의 횃불되어 타거라"라는 대목에서 매우 감동적이었다. 또 여성 4명이 나와 〈빈들에 마른 풀같이〉를 2부 중창 특송으로 불렀는데, 2절을 부를 때에는 한 사람이 데스캔트로 불렀다. 바리톤 독창이나 여성중창은 일류 성악가들이었다. 남측이나 외부에서 손님이 오면, 이렇게 준비된 분들이 특송을 한다고 했는데 사실 여부는 알 길이 없다. 그러나 그들이 자신의 입으로 하나님을 찬송하는 것을 색안경을 쓰고 볼 필요는 없다고 본다. 중창을 부를 때에는 자기들끼리 서로 바라보면서 호흡을 맞추고 웃으면서 불렀는데 2명은 찬송가를 가졌고 두 사람은 갖지 않았으며 3절은 변화를 주었고 4절은 다시 2부로 했다. 기립하여 3장 찬송을 부른 후 장 목사가 축도하고 예배를 끝냈다. 송영으로 성가대에서 〈성전을 떠나가기 전〉을 불렀다. 예배를 마치고 나오려고 하는데, 〈우리 다시 만나 볼 동안 하나님이 함께 계서〉를 성가대와 온 성도들이 불렀다. 우리와 일행을 위해 부른 것이었다. 우리도 그 찬송을 부르면서 서로 인사하고 악수하고 나왔다. 나오면서 나는 북한 형제자매들과 악수를 나누며 눈물을 감출 수가 없었다. 많이 울었다. 밖에 나와 헝가리에서 온 부부와 스웨덴에서 온 개신교인을 만나 대화를 나누었다.

이곳에 와서 옛날 미국에서 만난 바 있는 박승덕 선생(주체사상연구소 소장), 최옥희 전도사와 통역관 김혜숙 선생 등의 안부를 물었으나 시원한 대답을 듣지 못했는데, 예배 후에 교회당의 마당에서 김혜숙 선생을 만났다. 그러나 10년 전 미국 스토니포인트에서 만났을 때의 김 선생의 모습은 아니었다. 세월이 흘러서 그런지 김 선생의 얼굴이 매우 초췌해 있었던 것이다. 최옥희 전도사의 안부를 물으니 그는 현재 아파서 활동을 하지 못한다고 한다.

11시 40분에 칠골교회에 도착했다. 주 목사라는 분이 우리 일행을 환영했다. 일행이 막 교회당으로 들어가려고 하는데 나는 갑자기 배가 이상하여 화장실이 있는 곳을 물었다. 이를 알고 어느 교인이 안내하려니까, 지금껏 우리를 안내하던 그리스도교연맹에서 온 어느 분이 그 교인을 제지하고 대신 화장실의 입구에까지 나를 안내하고 그 입구에서 있다가 내가 나오자 다시 교회당 안으로 안내했다. 교회당 안에 들어가서 남측 방문단의 대표가 기도했는데, 요지는 다음과 같다. "역사를 주관하시는 하나님, 6.15에 남북 지도자가 만나게 하시고 화해시키신 것을 감사합니다. 화해를 위해 십자가를 지신 당신의 그 깊은 뜻을 실행하지 못하는 잘못을 당신의 보혈로 다 씻어 주시옵소서. 우리 겨레가 분단되어 반세기가 되었건만, 왜 우리 민족만이 분열 상태에 있습니까. 이것은 분명 당신의 원하는 바가 아니지만, 거기에는 당신의 깊은 뜻이 있을 것으로 믿습니다. 갈등과 분열을 평화와 일치로, 외세와 핵무기와 전쟁이 없는 민족으로 다시 만들어 주시며, 남북이 통일 위해 노력하도록 은혜를 베풀어주시옵소서. 예수님의 이름으로 기도합니다."

이어서 성가대의 특송이 있었는데 9명이 불렀다. 이때 둘러보니 자리에 있는 교인들은 7명이었다. 곡목은 〈어둔 밤 마음에 잠겨〉였다. 2부로 찬양했는데, 여 7명 남 2명이 2줄로 되었으며 1열에 4~5명이 앉을 수 있었다. 북에서는 이렇게 성가대 등으로 찬양하는 것으로 방문객들에게 내보이는 것을 좋아하고 특히 이 찬송을 즐겨 부른다는 것을 알게 되었다. 3절로 된 이 찬송은 1·2절은 김재준이, 3절은 문익환이 작사한 것으로 알려져 있다. 내용은 '고요한 아침의 나라' 한반도가 그리스도 안에서 새로운 생명을 받아 역사의 역군이 되어 인류의 횃불이 되기를 찬양하는, 듣기에 따라서는 민족주의적인 색

채가 짙게 나타나는 것이다. 그러나 가사 가운데 하나님·예수 그리스도·십자가·복음 등의 용어가 보이지 않아 보수적인 기독교인 중에는 이것이 찬송가로서 의미를 갖고 있지 못하다고 지적하는 이들도 있다. 북한에서 이 찬송이 환영받는 이유가 바로 이런 점들과 관련이 있는 것이 아닐까 하는 느낌을 지울 수가 없다. 이어서 또 한 여성이 특송을 했는데, 곡목은 〈천부여 의지 없어서〉였다. 50대 말의 이 여성은 모습이 수수할 뿐 아니라 그 노래에서 풍기는 인상은 주일학교 때에 이 찬송을 배우지 않았나 하는 인상을 주면서 그 찬송이 그의 혼 속에 무르녹아 가락으로 나타난다고 느꼈다. 반주자 역시 50대의 여성으로 보였는데, 그는 독창자와 호흡을 잘 맞추면서 대단히 은혜스럽게 반주를 했다.

그 후 담임목사가 교인들을 소개했다. 지영수 장로, 김혜경 장로(기도), 김장년 집사, 한명수 집사, 최향순 권사 등이었다. 남측 대표도 일행을 소개하면서 분단은 외세로 말미암았지만, 통일은 우리 힘으로 해야 한다고 강조했다. 성가대가 참으로 잘했다고 칭찬하고 남북성가대가 연합하여 찬양할 날이 오기를 기대한다고 하면서 남쪽의 천만 성도가 여러분들을 위해 기도하고 있다고 격려했다. 주 목사가 빛과 소금이 되도록 당부했다. 이 교회는 강대상 뒤에 십자가가 있었다. 칠골교회는 김일성의 어머니 강반석이 다녔던 교회로서, 아마도 이 근처에 있는 창덕학교가 기독교 개화 교육의 터전이었던 것처럼 이 교회는 김일성 외가와 인근 여러분들이 신앙의 터전으로 삼았던 곳이었다고 보여진다.

12시에 칠골교회를 출발, 숙소로 돌아왔다. 거리에는 나다니는 사람들이 많았다. 시민들의 표정 없는 모습에서 많은 것을 느꼈다. 우리를 인도하는 그리스도교연맹의 어느 전도사는 오늘 예배가 어땠느냐고 물으면서 성가대가 잘하지 않느냐고 했다. 그들은 예배와 찬양도 남에게 보이기 위한 하나의 행사로 생각하기 때문에 그 행사가 어땠느냐고 묻는 것이 아닌가 하는 느낌을 받았다. 차는 안산행 표지판이 있는, 보통강 위의 안산다리를 건너 12시 12분에 보통강호텔로 돌아왔다.

호텔 식당에서 점심을 먹고 휴식을 취하면서 TV에서 일본씨름 스모와 미국 대통령 부시의 취임식 광경도 보았다. 잠시 쉬는 동안에 우리는 한국교회의 앞날에 대해 걱정하면서 민족의 통일을 위해 감당해야 할 과제가 많은데도 잘 수행하지 못하고, 마치 옛날 맴머드가 자신의 큰 몸뚱이를 유지하기 위해 막 먹어 치운 것처럼, 한국교회도 성장한 자체의 몸뚱이를 보존하기 위해 너무 많은 것을 소모하고 있다고 지적하면서 한국교회의 앞날을 걱정했다. 그리고 이번 방북단의 대표에게 그가 한국교회에서 너무 많은 짐을 지고 있기 때문에 그가 지고 있는 여러 가지 일을 계승하기 위해 후배를 양육하도록 권고했다. 한 사람이 여러 일을 하려고 하면 지칠 뿐 아니라 나중에는 일 자체도 계승되지 않는다는 것도 말했다.

14시 50분에 보통강호텔을 출발, 인민문화궁전과 보통문 및 만수대의사당(최고인민회의)를 거쳐 옥류교 앞을 거쳐 대동강을 건너 15시 20분에 주체사상탑에 이르렀다. 안내자의 설명을 듣고 주체사상탑에 올라가 사방을 돌아보았고, 내려와 주체사상탑에서 곧바로 대동강의 얼음을 밟고 가로질러 인민대학습당(그 앞이 김일성 광장이다) 앞으로 갔다. 강가에는 결혼식을 끝마친 내외가 들러리를 세우고 대동강가를 거닐고 있었다. 누가 무어라 해도 나는 그들이 갓 결혼한 분들이라는 점을 의심하지 않기로 했다. 결혼한 부부와 사진을 찍고 16시경에 평양 역전을 돌아 충성의 다리를 건너 쑥섬에 이르렀다. 쑥섬은 1949년 4월 남북 협상 때의 유적지로서 '쑥섬회담'을 개최한 곳이라고 했다(서

올로 돌아와 백범김구선생기념사업협회에 가서 당시 백범 선생의 비서로 남북 협상 때 평양까지 동행한바 있는 선우진 선생께 이 이야기를 하니, 선우 선생은 조심스럽게 백범 선생이 평양에 있을 때, 쑥섬에 가서서 회담한 적이 없다고 했다. 그러나 북에서는 이곳에서 남북 협상을 가졌다는 것으로 기념하면서 이곳을 혁명사적지로 지정해 놓고 있으니, 사실 여부는 앞으로 확인해 볼 문제라고 본다). 당시 근로인민당의 백남운을 비롯한 여러 명의 정당 사회단체 대표들의 이름이 쑥섬비에 새겨져 있고, 그 언저리에 통일전망탑이 있었다. 안내자는 김일성의 영웅성을 자랑하듯, 5월 2일 대표들과 만난 날에 섭씨 28도나 되어 그 옆의 샛강에서 헤엄을 쳤다는 것이다. 믿기지 않아 5월 초에 그랬느냐고 하니 그랬다고 대답했다. 나는 안내자에게, 김구가 김일성에게 임정(臨政)의 인장(印章), 즉 국새(國璽)를 바치려고 했다는 북한 영화(〈위대한 품〉)와 관련, 그런 사실이 없다는 것을 강조했다. 17시 10분 쑥섬을 떠났다. 쑥섬에서 나와 다리를 건너 우회전하니 바로 푸에블로호가 강안(江岸)에 정박해 있었다. 원산 앞바다에서 노획한 것으로 미국의 일종의 '간첩선'이라고 했다. 이것을 어떻게 대동강으로 가져왔는가는 하나의 수수께끼로 되어 있다. 미국이 인공위성으로 항상 이를 감시하고 있었는데, 하룻저녁에 보니 없어졌고 다시 찾아보니 평양 대동강상에 있더라는 것이다. 푸에블로호가 묶여 있는 언덕에는 1866년 제너럴셔먼호를 격침시킨 것을 기념하는 기념비를 세워 놓았다. 제너럴셔먼호를 격침시킨 곳에 푸에블로호를 갖다 둠으로써 미국에 대한 승리의 표상과 항전의 의지를 아울러 나타내고 있는 것이다. 그러나 그것은 과거의 일이다. 과거의 일이 올무가 되는 경우도 없지 않는 법, 현재 북한이 미국에 매달리고 있는 실정을 본다면 이러한 상징성과는 얼마나 대조가 되는 것인가. 차 안에서 ○○○ 전도사에게 2001년을 '우리민족끼리 통일의 문을 여는 해'로 정한 것에 대해 물어보니,

○ 전도사는 지난 1월 10일 정부 정당 사회 단체 및 지도자들이 모인 연합회의에서 호소문을 채택했다고 한다. 이곳에 어떤 정당들이 있느냐고 물으니 3개 정당이 있는데, 민로당(김영대), 청우당(유미영) 등이 여기에 속한다고 한다. 쑥섬에서 나는 연맹 간부에게 관람 일정 중 단군능 대신 애국열사능과 혁명박물관 혹은 역사박물관을 보여달라고 했다. 그는 고려해 보겠다고 했다. 17시 20분에 보통강호텔에 도착했다. 잠시 후 연맹 간부로부터 연락이 있었다. 나의 여권을 보니 중국 비자가 단수 비자인데 트랜짓이 없으면 북경에 내려 서울행을 타기가 곤란할 것이라고 하면서 내일 중국 대사관으로 가서 수속을 밟도록 해야 한다고 했다.

저녁을 먹고 지루한 밤 시간은 자유롭지 못한 가운데 방안에서만 보내야 했다. 그렇다고 TV에 시청할만한 것이 있는 것도 아니다. 오늘 하루에 느꼈던 것을 서로 나누며 시간을 때웠다. 평양의 이튿날은 숨 막힐 듯 바빴지만 지루함도 그 옆에 있었다.

1월 22일(월) 흐림. 6시에 일어나 묵상의 시간을 갖다. 7시 30분에 일어나 세수하고 8시에 조식(朝食)하다. 김치와 계란 2개와 국 그리고 밥 100g이었다. 9시 20분에 연맹 간부가 와서 몇 분이 함께 주변을 산책했다. 나무에 묻은 물기가 얼어서 설화(雪花)처럼 아름답다. 이렇게 산책할 수 있는 시간을 주는 것도 아마 특권일 것이다. 그 길은 사람들이 아무도 다니지 않았다.

10시에 출발하여 20분에 개선문 도착, 설명을 들었다. 1926과 1945를 문 양편에 새겨 놓은 것으로 보아서 김일성이 '타도제국주의동맹'을 건립했다고 하는 데서 시작하여 해방 시기까지 해외에서 독립 해방투쟁을 벌이다가 개선했다는 것으로 상징화하려고 한 것 같았다.

웅장한 건축물이었고, 파리의 개선문보다 더 크게 지었다고 하지만 거기에 담을 역사적 내용이 정말 이렇게 웅장한 개선문으로 기념할만한 것이었는지는 의문이다. 이것도 김일성의 70회 생일을 기념하기 위해 이뤄진 것이란다. 거기서 20여 분간 시간을 보내다가 나의 비자 문제 때문에 중국 대사관으로 갔다.

10시 45분에 중국 대사관에 도착했다. 엊저녁에 연맹 간부는 나의 여권을 보고 중국 비자가 단수비자이기 때문에 중국에 입국할 때 지장이 있을 수도 있다고 하고 오늘 중국 대사관에서 다시 비자를 받아야 한다는 것이었다. 대사관으로 들어가 영사과에 가니 영사는 북경에서 얼마나 머물 것인가를 물어서 두 시간 정도라고 했다. 영사는 그렇다면 비자가 따로 필요 없다고 했다. 그때 한 여성이 들어왔는데 그의 부인이었다. 그저께 북경에서 고려항공으로 평양으로 올 때 내 옆자리에 앉았던 그분이었다. 영사는 자기 부인으로부터 나의 이야기를 들었다고 하면서 일이 더 잘 풀리게 되었다. 나는 중국에 입국할 때 출입국 관리에게 보이기 위해 그가 활용하고 있는 규정을 복사해 달라고 했다. 통과 여객에게는 입국에 따른 비자가 불필요하다는 것을 적은 규정이었다. 그는 그가 갖고 있던 종이를 주면서 베이징공항에서 무어라고 한다면 이것을 보여주라고 했다. 엊그저께 만난 중국 여성이 그 시간에 나타나 나의 일을 그렇게 도와줄 것으로는 상상할 수 없었다. 고맙다고 하고 나왔다. 지금도 그분들과 명함을 교환하지 못한 것을 후회스럽게 생각한다. 나는 가끔 이렇게 전혀 알지 못하는 사람들을 통해 역사하시는 '여호와이레'(준비하시는 하나님)를 몇 번씩이나 경험했다.

11시에는 평양시 육아원을 방문했다. 원장은 조희연, 의무담당은 조길선 씨였다. 일행 중 두 분은 두 번째 방문이다. 원장과 구면으로 인사하였다. 원장은 우리를 보자 "질 좋은 우유를 공급해 주어서 고맙다"고 했다. 우리 측 대표는 "애들은 우리 모두의 후손이다. 영양 결핍으로 자라서는 결코 안 된다. 미국에서는 자폐아(自閉兒) 하나 키우는데, 연간 9만 달러가 드는 데 비해 대학생 한 사람 키우는 데는 6만 달러가 든다고 한다. 어릴 때부터 건강하게 자라도록 하기 위해 어떻게 영양공급을 원활하게 할 수 있을까 생각하고 있다. 생후 24개월 내에 장기의 80%가 자라는데, 그때 장기가 제대로 자리지 않으면 그 뒤 아무리 잘 먹어도 소화를 시키지 못한다. 뇌의 경우는 24개월 내에 95%가 자라는데, 뇌가 적으면 평생 지진아로 될 가능성이 없지 않다"고 하면서 그분들의 노고를 치하하고 인사를 대신했다. 세 방에 들어 갔는데, 3~4세 어린이 방에는 21명, 1~2세 아이 방에 7명, 영아 방에는 10명이 있었다. 3~4세 방에 들어가니 유희를 하고 있었다. 같이 따라 하기도 하고 마친 후 같이 놀기도 했다. 부모가 없는 아이들인지라 정에 굶주린 듯한 느낌을 주었다. 한 아이를 잡고 공중에 높이 올려주자 "나도, 나도" 하면서 우리에게 달려들었다. 1~2세 반에 있는 세쌍둥이의 이름은 김강국, 김성국, 김대국이라고 했다. '강성대국'을 이름으로 만든 것이다. 이 육아원에는 세쌍둥이가 7쌍 있다고 했다. 어떤 이름은 총폭탄이 된다는 의미에서 김총, 김폭, 김탄이라는 이름도 있다고 한다. 또 강성, 대성, 국성이라는 이름도 있다고 한다. 애국적인 이름들을 아이 이름에 많이 붙여 놓았다. 우리 측 대표는 또 지난번에 기름 뺀 우유(脫脂粉乳)를 보냈는데(기름을 빼지 않으면 배탈이 난다고 했다) 이번에는 기름 있는 우유(全脂粉乳)를 보내달라는 요구에 따라 전지분유를 보냈다고 했다. 원장은 원아 229명 중, 24개월 안에 든 어린이가 84명인데, 일정한 우유를 공급해야만 배탈이 안 난다고 한다. 중국에서 보낸 것은 배탈이 많이 났다고 하면서 일 개월에 1kg, 1.5kg의 몸무게가 늘어야 하는데 설사하는 아이는 400g 정도밖에는 자라지 못한다는 것이다. 엄마 젖이 가장 좋지만, 원가루(?) 등을 보내주면 좋겠다고 했다. 연맹 간부는 오늘 들었다고 하면서 우리 물자를 다시 실어온 림니호(?)가 그저께 아침에 도착했으나 아직 입항 동의가 내려지지 않았다고 한다. 우리는 이 문제를 가지고도 여러 번 이의를 제기했다. 남쪽에서 보낸 인도주의적인 물품을 북측이 그런 식으로 입항 등을 지연시켜 남측 언론들이 이것을 알고 실상을 보도하게 된다면, 남측의 북한에 대한 이미지는 물론이고 대북 지원 세력이 힘을 잃게 될 것이라는 것이었다.

11시 35분경에 육아원을 떠났다. 차 중에서 우리 측 대표는 앞으로 지원을 원활하게 하기 위해 육아원에 입원한 아이들의 숫자 등 현황 파악이 제대로 되었으면 좋겠다고 했다. 연맹 간부는 우리에게 여러 가지 정보를 얻고 싶어 했다. '남북나눔운동'이 주도하고 있는 '한국기독교북한동포후원연합회'에 대해 설명했다. 북한지원과 관련, 무엇보다 정직하고 투명해야 한다는 것을 강조했다. 한 번쯤은 정직, 투명하지 않게 일을 추진할 수 있겠지만, 정직성·투명성이 없어지면 그다음에는 일을 더 추진할 수 없는 것이 남측의 현실이라면서, 우리가 그런 정신으로 북측을 도우려고 노력하고 있으니 당신들도 협력해 달라고 했다.

12시에 양각도호텔에 도착했다. 47층의 회전식당에 올라갔다. 한 시간 정도에 한 바퀴씩 회전한다는 이 식당은 식사하면서 평양 시내를 다 볼 수 있다는 곳이다. 그러나 전력 부족 때문인지, 오늘은 약 1m 정도만 회전하는 것을 보여주고는 멈추었다. 이 호텔의 음식은 거의 서양의 고급식당 수준이었다. 전식(前食)에 이어 조개·숭어·오리탕과 밥 등을 주었는데 먹고 나니 1인당 약 50달러 정도가 나왔다. 북한의 물가치고 적은 값이 아니다. 뒤에 그렇게 값이 비싼 것을 알고 놀랐고, 북한에서 함부로 외화벌이 식당에서 먹는 것은 삼가야 한다고 생각했다. 14시에 호텔의 아래층으로 내려와 1층 책방에 들러 지도(5달러)와 평양안내도(1달러)를 샀다. 그러나 저녁에 보니 안내도는 제본이 잘되지 않아 책이 뜯어졌다. 14시 15분경에 호텔을 떠났다. 양각도호텔은 국제 규모로 지어놓았으나 하드웨어보다는 소프트웨어가 없으니 이 호텔이 제대로 운영될 수가 없다. 안타까운 것이 하나둘이 아니다. 호텔을 세웠으면 그것을 운영할 만한 능력을 배양하고 여건을 마련해야 하는데, 여기에 '우리식 사회주의'를 적용하자니까 제대로 될리가 없다.

14시 40분에 보통강개수공사기념탑으로 갔다. 강영섭 위원장이 먼저 와 기다리고 있었다. 이곳의 물길을 돌리는 공사는 김일성의 지도 아래 1946년 5월 21일부터 시작하여 55일 만에 끝낸 것이라고 한다. 일제는 이를 설계할 때 15년이 걸릴 것이라고 잡았고, 기술자들은 적어도 3년은 걸릴 것이라고 했던 것이란다. 보통 때는 평양 시내의 물이 원래 있던 이 산 때문에 빙 둘러서 흘러가야 했기 때문에 대동강으로 잘 빠지지 않았다. 그래서 평양 시내에는 비가 왔다 하면 홍수로 덮였는데, 이 개수공사로 해마다 드는 홍수 문제가 해결되었다는 것이다. 이 탑이 있는 산허리의 아랫부분을 뚫어서 물길을 돌림으로 홍수가 방지되었다는 것이다. 전에는 저 건너 바라보이는 봉수교회가 이곳 봉수산의 허리를 따라 내려갔기 때문에 거리가 얼마 되지 않았는데, 개수공사로 말미암아 그사이에 강이 하나 생김으로 둘러서 가게 되었다. 봉수교회라는 이름이 바로 이 봉수산과 관련이 있음을 비로소 알게 되었다. 이곳 나무에 핀 눈꽃들이 좋았고, 그 배경에 자리 잡고 있는 산이 마치 한 폭의 그림과도 같아서 사진을 많이 찍었다. 15시 10분에 개수공사기념탑을 떠났다.

15시 30분에서 17시 05분까지는 혁명박물관을 방문했다. 이곳으로 들어오면서 측면에 위치한 김일성 동상을 보았는데 너무 커서 섬뜩한 느낌이 들었다. 순간적으로 몸에서 깃털들이 솟아오르고 경련이 일어나는 듯했다. 누우런 구리를 입힌 듯한 그 동상은 좀 떨어져서 보아도 주변의 경관을 압도하고 있었다. 혁명박물관은 김일성의 60회 생일을 기념하기 위해 건립했다는데, 우리가 본 아래층의 전시는 1866년 제너럴셔먼호의 격침에서부터 시작되고 있었다. 이 혁명박물관에는 총 20만 점의 자료가 있고 하루에 3천 명이 관람한다고 한다. 김일성의 증조부 김응우가 셔먼호를 격침시키는 데 앞장섰다는 데서 시작되는 이 아래층의 전시는 모두 김일성 일가의 사적으로 채웠다. 3.1운동은 한 전시실의 벽면 하나만 차지했고 임시정부는 아예 없었다. 혁명박물관이니까 그랬을 것이라고 백 보를 양보해서 이해하려 한다 하더라도 도저히 수긍할 수 없다. 그래서 역사를 왜곡한다는 이야기가 나오는 것은 아닐까.

김응우에서 시작되는 김일성 가계의 혁명 전통은 그 아들 김보현(그에 대해서는 별로 사적을 소개하지 않았다)을 거쳐 김형직에 이르러 조선국민회를 조직했다는 것, 그밖에는 김일성의 혁명 사업을 설명하는 것으로 채웠다. 어떻게 이렇게 철저하게 1인 중심으로 역사를 만들어 놓고 있단 말인가. 한심스럽기 짝이 없었다. 그래, 일제하에서 일본에 투쟁한 것이 어찌 김일성뿐이며 어떻게 그만이 일제와 싸운 것으로 된단 말인가. 전시물을 볼수록 역사를 공부하는 사람으로서 분노를 금할 수 없다. 비록 전시되어 있는 내용이 사실이라 하더라도 우리 민족의 역사가 어떻게 한 사람의 역사로 분장될 수 있단 말인가. 언필칭 인민이 역사의 주인공이라고 부르짖는 그들이 김일성을 역사의 주재자처럼 만들어 놓은 것은 그들의 역사관과도 틀림없이 충돌할 텐데 어찌 지금까지도 여기에 대한 비판이 나타나지 않는단 말인가. 개인 숭배는 결코 역사의 진실을 밝힐 수 없다고 생각한다.

돌아보면서 나는 설명하는 분에게 몇 가지 질문을 던졌다. 김일성의 만주에서의 활동상을 지도에 그려놓았기에, 1940년 3월의 김일성의 홍기하 전투가 어디쯤 되는지 지도에 적시해 보라고 했다. 그는 흑룡강성 어디를 가르치며 저 북쪽에 있을 것이라고 했다. 나는 가타부타 말하지 않고 그렇느냐고만 했다. 나의 질문에 같이 있던 북한분들의 반응이 정중동이었다. 남쪽에서는 김일성의 홍기하 전투를 거론하지 않는 것으로 알고 있는데, 내가 물었기 때문에 놀라는 표정이었다고 한다. 중간쯤 지나니 보천보전투를 상세하게 설명해 놓았고 나중에는 비디오로 보이고 그 관람석 앞에는 20~30m 정도로 실물 장치를 해 놓았다. 그 실물 장치가 끝나는 곳을 벽과 연결시켜 큰 벽화를 그렸는데 그 벽화를 보면 보천보전투는 규모 면에서 수백 명 이상의 사상자가 났을 것으로 비쳐졌다. 이렇게 선전하고 있는 보천보전투라면 전과도 상당히 부풀려서 인식하고 있을 가능성이 있다고 보고, 보천보전투의 전과가 어떻게 되는가를 물었다. 대답은 전과와는 관련 없이 엉뚱한 것으로 얼버무리려 했다. 이 전투로 민족해방투쟁의 기운이 새로일어나게 되었고 독립의 희망을 잃은 조선 민중에게 조국 해방의 가능성과 희망을 안겨 주었다는 식이었다. 나는 그것은 잘 알고 있는 것이고 보천보전투로 몇 명이 죽고 몇 명이 부상당했느냐는 구체적인 '전과'(戰果)가 어땠느냐고 했다. 저 벽화 그림 등에 의하면 수많은 사상자가 나왔을 것 같아서 묻는 것이라고 했다. 그러나 만족할 만한 대답을 듣지 못했다. 관람을 끝마쳤을 즈음에, 앞서 나의 질문을 받은 분이 "홍기하 전투의 전적지를 물었을 때에 갑작스런 질문이라, 정확한 대답을 미처 못 했는데, 홍기하는 화룡현 남쪽 두만강 가까이에 있습니다"라고 말했다. 예기치 않는 질문 앞에서 당황하는 일은 어디에서나 있을 수 있는 일이지만, 그들의 경직된 모습을 엿보는 순간이 아니었나 하는 느낌을 받았다. 이런 점은 다른 곳에 가서도 종종 느끼는 것이기도 했다.

관람을 마치고 사무실에 와서 그 대표자들과 만났다. 나는 대외사업부장에게 교환 방문을 제의했는데 그들은 그들 자체로서 대표단 초청이 가능하다고 했다. 나는 독립기념관의 한국독립운동사연구소 소장이라고 내 직함을 밝히고 가능하다면 혁명박물관과 독립기념관이 직접 학문적인 교류를 하는 것이 좋겠다고 제의했다. 관람을 마친 후에 '감상문'을 적어 달라는 요청이 있었다. 일종의 방명록(芳名錄)이었다. 내가 대표로 쓸 위치에 있지 않았지만, 나더러 쓰는 것이 좋겠다는 일행의 권유로 내가 쓰게 되었다. 느낀 대로 쓴다면 혹시 실례되는 면도 있을 것 같아서, "조선 민족의 혁명적인 독립·자주·자존의 투쟁을 더욱 잘 연구하고 정확하게 후손에게 전하여 역사적인 교훈을 남기는 데 더욱 힘쓸 것을 기대합니다"라는 요지로 썼다. 그리고 말미에 '독립기념관 한국독립운동사연구소 소장 숙명여자대학교 교수 이만열'이라고 썼다.

이곳저곳 다니면서 차 안에서도 유익한 대화를 나누었다. 그중 화가 장홍을에 대한 대화도 있었다. 그는 중국 조선족으로서 남북의 산을 주로 그려 통일산하전(統一山河展)을 시도했으며, 중국 화가 400명 중에 드는 유명한 분이라고 했다. 북한에는 역시 산수화를 잘 그리는 정창모 선생이 있는데, 그의 향산(香山)·석담 등이 뛰어나다고 했다. 북한의 판화가로서 2000년 2월에 돌아가신 함창연 선생의 이야기도 나왔다. 그는 소련 미술관에 그의 작품이 걸려 있을 정도였지만 그의 화첩을 내드리기 전에 돌아가셔서 안타까웠다. 1953년 피카소와 함께 비엔나 미술대전에 최고의 상을 받았던 그는 러시아 미술사전에 겸 재·단원과 함께 올라 있다고 한다.

17시 20분에 혁명박물관을 출발, 50분경에 보통강호텔에 도착했다. 19시에 저녁 식사를 하고 20시 목욕 후에 쉬었다. 저녁 식사에 냉면을 먹었는데, 별로 맛이 있다고 느끼지는 못했지만 한 그릇에 2. 3달러 정도가 되었다. 며칠 후 옥류관 냉면을 먹게 될 테니까 그때에는 평양냉면의 진수를 맛볼 수 있을 것으로 기대하고 있었다.

20일 저녁부터 오늘까지도 저녁 뉴스는 김정일의 중국 방문을 되풀이하는 것뿐이었다. 이 대명천지에 뉴스가 그것밖에 없다니, 참으로 이해하기 힘들었다. 그리고 오늘도 '김정일 장군'을 예찬하는 인민군공훈합창단의 노래는 끊임없이 TV를 장식하고 있었다.

당시 적은 노트의 메모에는 이날을 정리하면서 이런 글귀도 써 있다. "오늘 평양시 육아원을 다녀왔다. 지난번에 다녀온 이들은 전보다 아이들의 영양상태가 훨씬 좋다고 한다. 그러나 영아 중 한 명은 영양실조가 완연하다. 눈이 움푹 들어가고 얼굴 모습에서 피골이 상접한 상태다. 갓 태어난 아이들의 생후 24개월은 장기의 80%, 뇌의 95%가 자란다고 한다. 만약 그 기간 내에 영양을 제대로 취하지 않으면 뒷날 영양 섭취를 해도 크지 않을 것이다. 뇌가 제대로 자라지 않아도 심각한 현상이 빌어진다. 3~4세 된 아이들이 발육상태가 좋지 않있다. 우리가 갔을 때 유니폼을 입고 원장 선생, 보모 선생과 유희 체조를 하고 있었다. 육아원으로서는 손님이 오니 많이 배려했을 것이다. 그러나 아이들에게는 부모의 정이 그리운 법, 한 아이가 안기니 모두들 안아 달라고 했고 또 위로 치켜 달라고 했다. 이것은 남북, 세계 어느 나라를 막론하고 어린아이들에게는 마찬가지일 것이다. 원장, 의료담당 선생들의 자애로운 모습과 어린이들을 위하는 마음을 보면서 그들이야말로 직업에 충실하면서 이 나라의 장래를 걱정하는 이들이라고 느꼈다."

1월 23일(화) 맑음. 남포(南浦)를 견학하도록 예정되어 있는 날이다. 자기들이 정말 보여주고 싶어 하는 대역사요 자랑거리의 하나다. 8시 45분에 보통강호텔을 출발했다. 길거리에는 이곳에 도착할 때부터 나의 주의를 끌었던 구호들이 오늘따라 더 관심을 돋군다. "위대한 장군님의 동지애를 따라 배우자!", "위대한 김일성 수령의 유훈 교시를 철저히 관철하자." 구호가 많다는 것은 의사를 집결시키고 사상을 통일시켜 그 집단으로부터의 일탈자를 막자는 의미가 강할 것이다. 그러나 반대로 생각하면 구호가 아니면 자신들의 의사를 알아줄 것 같지 않은 불안한 심리의 반영이랄 수도 있을 것이다. 그런 의미에서 본다면 구호를 자주 강하게 사용하는 사회일수록 그 사회의 자발적인 결속력은 그만큼 풀어져 있다는 것을 의미할 것이다. 돌아간 지 7년이나 되는 김일성을 아직도 왜 들먹여야 하며 그의 유훈 교시를 운운해야 하는가. 김일성이 아니면 아직도 구심점을 정립시키지 못한다는 내적인 고민을 반영하고 있는 것일까.

광복거리를 지나는 동안 그 거리의 폭이 80m나 된다는 것을 듣고 꽤 넓다고 생각했다. 광화문의 세종로 정도의 거리 폭을 가진 길이 몇 km 계속되고 있었다. 그 거리가 끝나고 '고속도로'가 시작되는 곳에서는 며칠 동안 내린 눈으로 이제는 꽁꽁 얼어붙은 길 위의 얼음을 깨기 위해 사람들이 많이 동원되었다. 수백 명이 동원된 것은 틀림없이 길을 치우기 위해서일 것이다. 그러나 일하는 사람이나 그룹들은 얼마 되지 않고 무엇 때문에 나왔는지 모를 사람들이 길에서 어정쩡하게 서 있었다. 예의 그 회색빛 옷에다 회색빛으로 바래진 (인민모) 모자들을 쓰고 있었다. 여성들은 회교권의 차도르 비슷하게 목도리로 얼굴과 목을 감고 있었다. 남포로 가는 고속도로 주변에는 나무 없는 산야가 계속되었다. 왜 저렇게 나무가 없는 민둥산이 되어 버렸을까. 7.4공동성명이 있던 72년만 해도 남북회담을 위해 북한을 다녀온 대표들이 당시 남한과는 대조적으로 나무가 많은 북한의 산들을 부러워했다고 하는데, 그래서 박 대통령이 급하게 무연탄을 연료로 개발하도록 하고 산림정책을 강화했다고 하던데….

남포까지는 90km, 거의 1시간 20분 정도 걸렸다. 10시 5분경에 기념탑과 기념관이 있는 자그마한 중간 섬에 도착했다. 제방 입구의 이정표에는 해주 180km, 신의주 306km라는 표지가 있었다. 대동강이 서해와 만나는 지역에 언제(堰堤)를 쌓았는데, 길이는 8km였고 그 위에는 2차선 도로가 있었다. 바다와 강물의 수위는 강 쪽이 5m 정도 높다고 한다. 언제가 끝나는 황해도 쪽에 갑문(閘門)을 설치했는데, 2천 톤 급, 5만 톤 급 그리고 2만 톤 급의 배가 출입할 수 있도록 만들었다. 얼음이 언 대동강 위를 걷는 사람들이 더러 있었다. 수로가 있는 곳에는 얼음이 얼지 않았다. 기념관에 올라 안내인의 설명도 듣고 공사 당시의 상황을 비디오로 보여주기도 했다. 이곳에도 "혁명의 수뇌부를 목숨으로 사수하자"는 표어가 보였다. 11시 15분에 기념관에서 출발, 언제를 다시 건너와 평안도지역농수로(平安道地域農水路)가 시작되는 수로를 관람했다. 이 댐의 건설로 평안도 지역은 물론이고 황해도 지역까지 농업용수는 거의 해결하는 듯했다. 지도에 그려놓은 수계(水系)를 보니 이 댐의 영향은 매우 큰 것으로 보였다.

돌아오는 차에는 앞좌석의 안내자가 북한 체제를 소개했다. 남쪽이 개인 우선이지만 북은 사회 우선이라는 것을 자랑삼아 설명하였다. 지체부자유자에게도 처녀들이 시집을 가서 잘 봉사한다는 것 등을 들어서 사회 우선이라는 점을 강조했다. 사회 우선이라는 말이 함의하고 있는 것이 사회주의 사회의 특성이자 때로는 강점이라는 것을 모르는 바가 아니지만, 그의 선전적인 말에 그대로 있을 수 없어 남쪽은 개인의 창의성을 인정하는 사회임을 강조했다. 개인이 잘 되어야 사회가 잘 된다는 기본적인 인식 위에서 개인의 자유와 권리를 최대한 인정하고 있다고 했다. 그래서 개인의 창의성을 규제하는 법이나 관행은 가능한 한 풀려고 노력하고, 때로는 국가가 개인의 자유와 권리를 잘못 규제하여 재판을 통해 국가가 개인에게 손해배상을 물어야 할 경우가 있다는 것도 말했다. 바로 이 자리에서 말한 것은 아니지만, 북한이 인민대중과 사회 우선을 내세우면서도 개인주의를 우선시하는 것으로 알려진 남쪽만큼 사회 전체의 발전에 신경을 덜 쓰는 것 같다는 점을 다음과 같은 말로써 은근히 비쳤다. 즉, 남쪽은 한 사람이 혼자 100보 앞서 나가는 것보다는 만인이 10보 더 나가는 것을 목표로 하는 사회를 지향하고 있다고 했다. 이것은 북에서 지도자 중심으로 지도자만 받들고 있는 것에 대한 비판도 될 수 있었다고 본다. 남쪽이 지향하는 것은 개인의 창의성을 인정하여 만인이 10보씩 나가도록 하겠다는 것임을 분명히 했던 것이다. 그것은 또한 북에서는 한 사람을 위해 만인이 존재하지만, 남쪽은 만인을 위해 만인이 존재한다는 것을 강조한 셈이다. 이런 대화에서 우리가 시사(示唆)하려고 한 내용을 그들이 알아들었는지는 알 수 없다. 그렇다. 북과 남의 차이는 바로 여기에 있다. 나는 말할 수 있는 분위기가 되면 이 점을 북한 분들을 만날 때마다 귀띔해주려고 했다. 북한이 궁극적으로 식량난 등을 해소할 수 있는 방법은 개인의 창의성을 인정하고 개인의 자유와 권리를 최대한 신장하는 데서 가능할 것이라고 확신하고 있다.

11시 25분에 남포 댐의 농수로시발지역에서 출발, 평양으로 들어와 12시 40분에 평양시 단고기집으로 안내되었다. 조선그리스도교연맹의 부위원장 등 몇몇 간부들이 나와 있었다. '단고기'라는 말은 김일성이 지어준 것으로 '개고기'를 이른다. 개고기의 부위별로 떼어 내어 만든 6개의 요리가 있었는데, 갈비뼈 부분도 따로 요리한 것이 있었다. 오늘 날씨가 매우 추웠는데, 이 단고기집의 실내도 매우 추워 벌벌 떨면서 음식을 먹었다. 나중에 들으니 오늘 단고기집 식대가 506달러나 나왔다고 해서 우선 확실하게 영수증을 받아 두었다. 이 정도면 서울보다 훨씬 비싸다는 생각이 들어서 이상하게 생각했다. 물론 이 음식점 입구에 보니 '외화벌이집'이라는 표시를 해 놓았다. 그래서 이곳으로 안내하여 일종의 '바가지'를 씌우는 것이 아닌가 하는 의심도 들었다.

14시 15분에 단고기집에서 나와 30분에는 1866년의 소위 General Sherman호 격퇴기념비가 있는 대동강 연안으로 왔다. 바로 푸에블로호가 묶여 있는 강변 언덕에 '셔면호격퇴' 기념비를 세워 놓았다. 군인들이 많이 나와 견학하고 있었다. 여군들이 많이 보이기에 같이 사진을 찍자고 했지만 피했다. 여군 사관후보생들이라고 하는데, 이들은 훈련 마지막 때에 이곳을 견학하러 온다고 했다. 일반 대중들도 많이 보였다. 아마 북쪽 사람들이 남쪽에 와 보면 서울 거리의 사람들을 보고, 대낮에 일은 하지 아니하고 할 일 없이 돌아다니는 사람들이 저렇게 많은가 하고 의구심을 갖겠지만, 나 역시 이 기념비 주변에 많은 사람들을 보면서 그 비슷한 의구심을 지울 수가 없었다. 이 근처를 돌아 호텔로 오는데, "조선민족 세일주의 성신을 발양하자" "수령, 당, 대중이 일심 단결하자"라는 구호가 보였다. 평양은 가히 구호의 천지다. 이 구호들은 사람들이 개인적인 자유로운 생각을 하지 못하도록 가로막는다.

14시 45분에 보통강호텔에 도착, 호텔 안에 있는 책방에 가 보았다. 며칠간 아침에 나갔다가 저녁 늦게 돌아왔기 때문에 책방을 구경할 수 없어서 들어가 보지 못했다. 이 책방에도 김일성·김정일에 관한 책 외에는 별로 없었다. 조선수군사와 민속에 관한 책을 사고 엽서를 구입했다.

15시 35분에 다시 호텔을 출발, 16시에는 칠골 유적지를 견학했다. 김일성의 외가 강반석의 집을 성역화해 놓고 기념관도 만들어 놓았다. 기념관을 통해 강반석을 조선의 근대 여성운동을 지도한 분으로 묘사해 놓았다. 그가 1920년대 어느 해에 만주에서 돌아갔는데, 그의 지도력을 흠모한 이들이 그의 무덤에 묘비를 세워주었는데, 한자로 "晉州康氏之墓"라고 썼다고 한다. 강(姜)씨가 진주 강씨라는 것은 알지만, 康씨가 진주 강씨라는 것은 처음 듣는지라, 그것을 사진으로 찍어 놓았다. 기념관에서 조금 떨어진 곳에 강씨 집안에서 세운 창덕학교를 보았다. 이 학교에서 강양욱이 한때 교사로 있었고 김일성이 한때 교육을 받았다. 성역화한 학교 주변의 숲을 돌아 나오는데, '墨溪康敦煜之紀蹟碑'와 '康成煜之紀蹟碑'가 있었다. 그 비를 탁본(拓本)해 놓았는지를 물었다. 안내하는 사람은 탁본이라는 말을 잘 알아듣지 못했다. 안내원은 문화재 등에 상당한 식견이 있는 사람인 것 같은데 탁본이라는 말을 알아듣지 못해서 안타까웠다. 그들의 말로는 비석의 내용은 써 놓았다고 한다. 나는 그것을 복사해서 줄 수 있느냐고 하니 그러겠다고 했다. 그러나 돌아오는 날까지 갖다주지 않았다. 그 비에는 내가 알만한 목사, 장로의 이름들이 보였는데, 김인준(金仁俊) 목사의 이름도 있었다.

16시 50분 매우 늦어서 거의 어두워 가는 시간이었지만 민속박물관을 견학했다. 매우 초라했고 내용도 빈약했다. 혁명박물관을 그렇게 호화, 거창하게 해 놓은 것과는 너무나 대조가 되었다.

18시 15분에 민속박물관을 나와 30분에 보통강호텔에 도착했다.

평양 시내는 어디를 가나 15~20분 거리였다. 이것은 가깝기 때문에 도 그러하지만, 넓은 거리에 비해 교통량이 적기 때문이기도 해서 그렇다. 호텔 안에 있는 가게에 들어가 쇼핑을 했으나 살 만한 물건이 없었다. 다른 이들도 마찬가지였다. 저녁 식사는 호텔의 식당 지정된 자리에서 먹었다. 호텔에 든 손님이 거의 없었지만 매일 지정된 좌석에서 식사해야 하는 것이 약간 이상했다. 음식은 된장국 등 한국식으로 주문했다.

저녁의 TV는 정말 볼 만한 것이 없었다. 뉴스는 김정일의 활동에 관한 것뿐이니 인민민주주의를 부르짖고 있는 이 나라에서는 적어도 TV를 통해서는 인민들이 존재하는 것 같지는 않다고 생각되었다. 저녁에는 우리끼리 모여 이런저런 이야기를 많이 나누었다.

1월 24일(수) 맑고 흐림. 음력 설날이다. 8시에 일어나 30분에 목욕하고 9시에 일본어 방송에서 김정일이 올봄에 러시아를 방문할 예정이며, 금강산을 관광특구로 만들며, 북한이 벨기에와 수교(修交) 예정이라는 것을 보도했다. 9시 20분에 그리스도교연맹의 간부들이 우리 방으로 와서 26일 저녁에 가극〈피바다〉를 보게 될 것이라고 했다. 참잘 되었다고 생각했다.〈피바다〉는 북한이 자랑하는 예술작품이 아닌가. 그 말을 듣고 모두들 아침 식사하러 식당으로 내려갔다. 10시에 807호 우리 방으로 돌아와 일행 중 한 분이 미국에 있는 부인께 전화했다. 설날에 떨어져 있는 식구들과 통화하기 위함이다. 10시 5분, TV는 김정일에게 새해 새 아침 인사를 드리는 광경을 보여주었다.

오늘은 설날이라, 북한 인민들이 어떻게 사는지를 보여주겠다고 하면서 오늘의 스케줄을 짠 모양이다. 10시 30분에 호텔을 출발, 얼마 안 가 창광거리 앞 호수의 빙판 스케이트장으로 갔다. 한 변이 100여 미터가 넘는 사각형으로 된 호수였던 모양인데, 얼음이 얼어 아이들이 나와 스케이트와 썰매도 타며 각종 놀이를 하고 있었다. 백여 명 남짓한 어린이들 사이에 간간이 어른들이 있었다. 아마도 같이 나온 교사들이 아닌가 생각되었다. 이들에게 껌을 준다든지 먹을 것을 주면 그들은 선생인 듯한 이들의 눈치를 보는 듯했다. 우리 일행도 그들과 함께 썰매를 지치며 사진도 찍었다. 동심으로 돌아간 모습이었다.

다시 자동차를 타고 10분 정도 더 가니 인민대학습당 앞 김일성광장에 이르렀다. 처음에 대동강을 바라보면서 왼편에 차가 주차했는데 "이쪽이 아니라"고 하면서 다시 뼁 돌아서 오른편으로 갔다. 거기에는 집단으로 나온 어린이들이 많았다. 김일성 광장에는 몇백 명의 어린이들이 나와서 자유롭게 놀고 있었다. 스케이팅과 썰매 등이 있었고 피구 비슷한 놀이도 하고 있었다. '저 아이들에게는 서울, 평양을 맘대로 오가게 해야 할 텐데…' 하는 생각이 불각(不覺)히 떠올랐다. 어떤 아이는 'Nike' 상표가 달린 모자를 쓴 아이들도 있었고 옷차림이 아주 좋고 살도 많이 찐 아이들이 있었다. 이름을 물어보니 최○○·안○○, 그 근처에 노는 아이들이 대부분 그런 또래였다. 사진을 찍고 대화도 나눠 봤다. 왜 이 아이들에게도 분단의 고통을 줘야 하는가 하는 생각을 하면서, 이렇게 순진한 아이들을 이데올로기와 체제의 노예가 되도록 이끄는 세대와 지도자들은 남북 없이 민족사에서 단죄될 것이라고 분노해 보았다.

11시 30분에 '김일성광장'을 떠나 대동강가의 여러 고적들을 살폈다. 40분경에 대동문(국보유적 4호)에서부터 평양종(국보유적 23호)을 거쳐 연광정(練光亭, 국보유적 16호)을 관람했다. 연광정은 평양성을 쌓으면서 세운 누정(樓亭)으로 관서(關西) 8경의 하나로서 유명하다. 누각(樓閣)에는 天下第一樓亭 第一樓臺라고 써 있었다. 그 길 건너 남쪽에 '김성주인민학교'가 있었다. 누각에는 알맞은 시구(詩句)들이 있었다. 長城一面溶溶水(긴 성벽 한쪽 면에는 늠실늠실 강물이요) 大野東頭點點山(큰 들판 동쪽 머리엔 띄엄띄엄 산일세)이라는 칠언구(七言句)도 과객(過客)들의 흥취를 북돋웠다. 대동문에서 다시 차를 타고 옥류관(玉流館) 앞을 거쳐 승리거리로 내달아 혁명박물관과 김일성 동상 앞을 지나 금릉동굴, 15만 명을 수용한다는 5·1경기장, 청류다리, 동평양대극장, 청년회관을 돌아보고, 옥류교(玉流橋)를 넘어 12시 20분에 옥류관으로 들어갔다. 강영섭 위원장과 그리스도교연맹의 간부들이 마중했다. 예약된 방에 들어가 식사 기도를 하고 요리를 들었다. 오늘이 음력 설이라서 그런지 사람들이 옥류관 앞에 꽤 보였다. 네 가지 요리를 든 후 그 유명한 옥류관 냉면을 먹었다. 옥류관 냉면에 대해서는 남측에서 갔던 많은 사람이 맛이 담백하다고들 하면서 극찬해 왔지만, 나에게는 그동안 남쪽의 조미료에 너무 오염되어서 그런지 별로 맛있다고 생각되지 않았고, 오히려 나의 입맛에는 좀 짜다고 느꼈다. 그래서 냉면을 다 먹지 못하고 절반만 먹고 남겼다. 보통 때 같으면 그것을 다 먹고 국물까지 다 마셨을 것이다. 단지 냉면 안에 든 저육(猪肉)과 꿩고기로 만든 '새알'은 먹었다. 담소 후 13시 35분에 애국열사능으로 출발했다.

가는 도중에 보니 눈이 많이 녹았다. 그래서 길이 질퍽했다. 김일성 동상을 지나서 개선문을 통과하는데, 배가 살살 아프기 시작하여 도저히 참을 수 없을 정도가 되었다. 운선기사에게 애국열사능까지 얼마나 걸리느냐고 물으니, 약 30분 정도는 걸릴 것이라고 했다. 그래서 나는 이 근처라도 좋으니 화장실로 안내해 달라고 했다. 그러나 그들은 화장실로 곧 안내하지 않고 우리 숙소인 보통강호텔로 안내했다. 배가 아프니까 움켜쥐고 4·25문화회관·조선해방전쟁승리기념관·인민문화궁전을 거쳐 보통강호텔까지 갔던 것이다. 가면서 보니 오전에 보였던 창광거리 앞 호수의 얼음판에서 그렇게 뛰놀던 빙판 위의 어린이들이 전혀 보이지 않았다. 1시간 정도 후에 다시 나오면서 봐도 아이들이 보이지 않았다. 점심시간이 되었거나 또 다른 이유 때문에 아이들이 사라졌을 것이다. 나는 그 이유가 궁금했다. 13시 45분경에 보통강호텔에 도착, 나의 방에 딸린 화장실로 갔다. 그곳에 가기까지 벌써 속옷이 젖었을 정도로 설사가 나왔다. 나는 중간에 화장실에 들어가지 못한 것을 구정 휴일 때문일 것으로 믿는다. 이런 것을 경험하면서 느낀 것은 북에서는 조직(계획)되지 않은 일은 결코 마음대로 할 수 없다는 것이다. 이 짧은 경험이 바로 그러한 증거일 수도 있을 것이다.

화장실에서 한참을 보내고 속옷까지 다 갈아입고서야 다시 호텔을 나설 수 있었다. 준비해 간 지사제(止瀉劑) 두 알을 먹고, 14시 20분에 보통강호텔을 다시 출발, 시내를 거쳐 목적지인 애국열사능으로 갔다. 시내로 지나면서 보니, 오늘이 설날인데도 인민들의 차림새가 어제와 다름이 없었다. 보통문 앞에서는 버스가 궤도를 이탈하여 사람들이 그것을 바로 잡으려 힘을 모으고 있었다. 창광거리 앞 빙판 호수에는 아침의 아이들이 거의 보이지 않았다. 왜 그럴까. 시내를 빠져나와 순안비행장으로 가는 길을 따라가니 '신의주 216km'라는 이정표가 나왔다. 15시경에 애국열사능에 도착하여 간단하게 설명을 듣고 500여 기의 무덤의 주인공을 하나하나 살펴보았다. 맨 앞줄에 납북된 인사인 김규식(金奎植)의 묘가 보였다. 묘비에는 주인공의 이름과 사진을 넣었다. 임정 요인으로 납북된 조완구, 조소앙, 엄항섭 선생 등이 보였고 최동오, 최덕신 부자의 묘도 보였다. 홍명희, 홍기문 부자도 보였고 김광진, 백남운 등 학자들의 무덤도 보였다. 음악가보다 미술가로서 이곳에 안치된 분이 적다는 지적이 있었다.

우리 일행은 약 30분 동안 500여 기의 무덤 주인의 이름을 한 사람 한 사람씩 훑어보며 확인했다. 그것을 거의 끝마칠 무렵 다시 배가 아프기 시작했다. 급히 애국열사능에 있는 화장실에 갔다. 화장실은 그렇게 깨끗하지 못했다. 변소의 문이 없고 화장실 밑의 대변저장소가 뻥 뚫려 밑이 훤하게 보였다. 일종의 국립묘지의 화장실인 셈이고 때로는 김일성이나 김정일이 참배했음 직한 곳인데 그 화장실이 이래서야 되겠나 하는 생각을 하면서 나왔다. 계속 배가 아팠다. 16시 20분에 호텔에 도착, 꼼짝하지 못하고 침대에 엎어져 누워 끙끙 앓으면서 어떻게 할 수가 없었다. 아마 식중독이 아닌가 생각되었다. 1960년대 말에 서울에서 식당 도시락을 먹고 식중독에 걸려 고생한 적이 있는데 꼭 그같이 아팠다. 너무 아프니까 심지어는 이상한 생각까지 났다. 혼자 저녁도 먹지 못하고 누워 있었다. 일행이 가져온 생약 성분이 든 항바이러스제 약을 몇 번 먹으니 차도가 보였다. 그 약이 아니었으면 고생을 꽤 했을 것이다. 저녁에 혼자 있는데 일행 중 한 분이 오셔서 간절하게 기도해 주었다. 그 후에 차도가 나기 시작했다. 그러나 밤새 고생한 셈이다. 새벽녘이 되면서 안정을 되찾았다. 그제야 '살겠구나' 하는 확신을 갖게 되었다. 덕분에 며칠간 자지 못한 잠을 한없이 잘 수 있었다. 뒤에 알고 보니 다른 이들은 저녁에 이 호텔의 사우나를 이용했다고 한다.

1월 25일(목) 맑음. 7시에 일어나다. 어느 정도 몸은 안정을 찾은 것 같았다. 7시 40분에 식당으로 내려가 죽을 먹었다. 일행 중 한 분이 아침에 나를 위해 미리 죽을 주문했던 것을 뒤늦게 알게 되었다. 8시 40분에 호텔을 출발, 황해도 신천으로 향했다. 날씨가 약간 포근해지려는지 출발하는 시각에는 평양에서는 약간의 안개가 끼었다. '천리마 거리'를 거쳐 남쪽으로 향했다. 한 시간쯤 가니 9시 50분, 사리원 근처에 왔는지 '사리원 3km'라는 이정표가 보였다. 거리를 나다니는 사람들이 많았다. 옷은 회색 빛깔(어떤 옷이든 오래 입으면 나는 색깔이 아닐까)의 옷에다 어떤 이는 '사회주의식 인민모'를 쓴 사람도 있었다. TV에서 본 쌀자루 같은 등짐을 지고 어깨를 구부정하게 걸어가는 부인네들이 간간이 보였다. 그들은 대부분 몸뻬 바지에 목도리를 두르고 그것으로 옆얼굴을 가리고 있었다. 길가에 나와 있는 이들도 어떤 이들은 걷고 있었지만 우두커니 서 있는 사람들이 대부분이었다. 어떤 이들은 시내에서 떨어진 도로를 따라 걷는 이들도 있었다. 아마도 양식을 구하러 가는 이들이 아니겠는가 하는 느낌을 받았다.

평양에서부터 길거리에는 각종 구호가 많이 나붙어 있었다. 평양에서 사리원·재령을 거치는 동안에 본 것은 "경애하는 김정일 원수님의 아들딸이 되자", "백전백승 불패의 당 조선로동당 만세", "21세기의 태양, 김정일 장군 만세", "위대한 수령 김일성 동지의 현지교시를 철저히 관철하자", "위대한 수령 김일성 동지를 천세 만세 받들어 모시자" 등이고, 신천에 들어가서는 "승냥이 미제를 천백 배로 복수하자", "신천땅의 피의 교훈을 잊지 말자", "미제를 몰아내고 조국을 통일하자" 등을 볼 수 있었다. 사리원을 지나는데도 안개가 많이 끼었다. 우리가 이곳으로 오기 전에는 매우 추웠는데, 요 며칠 동안 약간 따뜻해지니 이렇게 안개가 끼는구나, 하는 느낌이 들었다. 우리가 온 때에 이렇게 따뜻한 날씨가 계속되니 얼마나 기쁜지 모르겠다. 재령을 지나다가 '海林商會'라는 한자로 쓴 간판이 있는 것을 보고 이상하게 생각했다. 아침에 평양을 출발하면서 혼자, 오늘 지방 도시에 나들이하면서 몇 대의 자동차를 만날 수 있는가를 헤아려 보고자 생각하고, 오가는 동안 만나는 대로 노트에 적어 보았다. 신천을 갔다 오는 세 시간 동안에 91대를 만났다. 흔히 북한에 다녀온 분들의 방문기에서 고속도로 상에서 몇 대의 차량밖에는 만나지 못했다는 말을 전한 바를 보았다. 오늘 나의 경우는 고속도로가 아니라서 그들의 말을 정면으로 반박할 수는 없지만, 지방 도로의 경우 그보다는 많았다고 말할 수 있다. 그러나 평양과 사리원·재령·신천이라고 한다면 남한으로 말하면 서울에서 수원, 오산을 거쳐 천안까지의 거리인 셈인데 그 세 시간 동안에 90여 대의 차량밖에 만나지 못했다는 것은 북한의 경제 실정과 관련 없다고는 말할 수 없을 것이다. 더구나 사리원이 북한에서 중요한 공업지대임을 감안한다면 북한의 경제가 어떤 형편인가를 반영한다고 하지 않을 수 없다. 단적으로 말하면 그만큼 물류의 유통이 적다는 것을 드러낸다고 할 것이다. 그러나 그것은 자본주의적인 시각이다. 유통이 사회주의 경제권에서는 그리 큰 비중을 차지하지 않는다는 것을 감안한다면, 이런 현상은 그리 비관할 것이 못 된다고 볼 수 있다. 러시아에 갔을 때 여러 농공산업품이 이곳저곳에 있지만 유통이 원활하지 못해서 빈곤을 면치 못한다는 것을 들은 적이 있었는데, 북한의 경우는 유통이 문제가 아니라 절대적인 생산 자체가 문제라는 말을 들은 적이 있다. 아낙네들이 등에 지고 가는 것이 곡식 자루라는 것을 감안한다면, 북한의 경제는 아주 심각한 위기에 처한 것이라고 하지 않을 수 없다. 이런저런 생각으로 착잡해지지 않을 수 없었다.

10시 24분경에 신천 시내에 도착했고, 잠시 후에 목적지인 신천박물관에 도착했다. 전에 신천박물관을 다녀온 사람들의 이야기를 들은 적이 있는지라, 북한이 선전장으로 이용한다는 말을 들어서인지 약간은 긴장된 모습으로 대하게 되었다. 1958년 3월 26일에 신천박물관이 건립되었다고 한다. 전에 노동당 당사로 사용하던 것을 박물관으로 개조했단다. 그런 점에서 이 박물관은 당사보다 더 중요하게 여긴다는 것을 반영한다고 할 수 있다. 이곳은 평양에서 개성·판문점으로 내려가는 길목이기도 하여 외국 손님들을 이곳에 들리게 하여 6·25 때 미국의 만행을 선전하는 데에 효과적으로 활용하고 있는 듯했다.

박물관에 이르니 안내원이 나왔다. 일행 중 한 분에 의하면 지난번에 보이던 안내원이 아니라고 한다. 지난번의 안내원은 신천 사건 때에 어린이로 박물관의 어느 사진에 그 모습이 보이는 사람이라고 하는데 오늘은 사람이 바뀌었다고 한다. 2층으로 된 박물관은 박물관이라기보다는 사진 전시장이라고 해야 할 것 같았다. 중앙계단으로 올라가 현관으로 들어가면 좌우 1, 2층에 각각 크고 작은 방 4개 정도가 있고 방마다 6·25 때 신천에 주둔한 미군이 양민을 학살했다고 하여 그것을 입증하는 사진들이 주로 전시되어 있었다. 때로는 통계를 제시했고, 때로는 산 증인들의 증언을 싣기도 했다. 우리가 모두 기독교신자임을 알고 그랬는지, 안내원은 박물관 왼편의 첫째 방을 통과, 둘째 방부터 보여주기 시작했다. 첫째 방을 지나면서 보니 미제 침략의 앞잡이 선교사 운운해 놓은 것이 보였다. 나는 일행 중 한 분과 함께 둘째 방에서 잠시 첫째 방으로 옮겨 거기에 전시해 놓은 물품과 사진을 다시 사진기에 담았다. 선교사 알렌·에비슨·언더우드의 희미한 사진을 붙여놓고 '종교의 탈을 쓰고 들어온 선교사'라는 요지의 사진 제목을 붙였고, 또 한 사진에는 '신천 서부교회와 미제의 간첩 노릇을 한 김익두 놈'이라는 사진 그리고 '선교사들이 간첩용으로 사용한 도구들(?)'이라고 해서 성경과 전도 문서 등을 나열해 놓았다. 이것을 보면서 나는 이들이 북한 주민들에게 선전하는 데는 이런 것이 필요 할는지 모르지만, 다른 곳 특히 한국에서 온 기독신자들로부터는 많이 왜곡되었다는 지적을 받을 수도 있겠구나, 하는 생각을 갖게 되었다. 얼른 그런 사진들을 찍고 안내원을 따라 박물관 전체를 둘러보았다. 충격적인 것은 신천에서만 양민 3만 5천여 명이 죽임을 당했다는 것이며 피살자 5,605명의 시신을 묻은 '애국자 묘'가 박물관 옆에 조성되어 있었다. 나는 박물관에서 '미군들의 만행'을 보면서 안내원과 책임자에게 노근리사건 자문위원으로 있었던 경험을 살려 앞으로 미국과의 국교가 터지면 이것은 배상을 요구할 수 있는 것이니까 이렇게 선전에만 열을 올리지 말고, 그동안 충실하게 자료를 준비하여 배상 요청에 대비해야 한다고 말했다. 필요하면 내가 자문해 줄 수 있다고도 했다. 지금이라도 당시 당했던 사람들의 증언 자료를 객관적인 자료와 함께 확보해 두어야 하며 당시의 기록들을 잘 정리해 두어야 한다고 했다. 미국은 노근리사건의 경험에 비추어 볼 때, 문서나 사진 등 물증을 아주 중요시하기 때문에 거기에 철저히 대비하는 것이 중요하다고 했다. 다행히 이런 만행이 있은 뒤에 북한은 이 문제를 국제화하여 외국인들이 와서 이 만행을 보도록 했고, UN 등에 고발한 적이 있다고 했다. 그렇다면 더구나 그 자료들을 충실하게 찾아 대비해 두는 것이 좋겠다고 했다. 내 말을 얼마나 경청했는지는 알 수 없으나 이런 민족적인 문제는 남북이 공동으로 대처할 수도 있겠다는 생각이 들었다. 이 전시관을 둘러보면서 나는 옆에 있는 연맹 간부에게 "전쟁 때에 남북에서 참으로 많은 양민들이 학살당했구먼" 하고 말했다. 그는 나를 보고 그게 무슨 소리냐는 식으로 쳐다보았다. 나는 남쪽에서도 양민들이 많이 학살당했다고 했다. 무슨 뜻인지를 알아차린 그는 "우리 인민군내가 그렇게 했단 말입니까?"라고 아주 불쾌하다는 표정으로 말했다. 나는 "물론 인민군이 내려왔을 때 그렇게 되었다"고 하면서 "증거를 대어 주랴?"고 했다. 그는 멋쩍은 듯 더 이상 묻지는 않았다. 더 따져보았자 별 도움이 될 수 없다는 것을 느꼈기 때문일 것이다.

관계자들은 더 보여줄 것이 있다고 하면서 박물관에서 직경거리로 얼마 떨어지지 않은 곳에 차로 안내했다. 11시 25분에 출발, 나가니 평양 106km라는 이정표가 나왔다. 박물관에서 인접한 곳에 '400 어머니 묘소'와 '162 어린이 묘소'가 나란히 있었다. 그 옆에는 창고가 있었는데, 어머니 400명을 휘발유로 불살라 죽인 현장인데 건물은 그대로라고 했다. 그러나 그 창고에 400명이 들어갈 수가 있을 것 같지 않게 느껴졌고, 그을음 같은 것이 거의 없었다. 글쎄, 이를 어떻게 받아들여야 할지 약간은 혼란스러웠다.

그 현장을 보고 난 뒤에 우리는 안내원에게 약간의 선물을 주면서 (우리는 어디를 가나 약간의 선물을 준비하여 꼭 챙겼다) 인사하고 11시 40분에 그곳을 출발했다. 돌아오는 길에 가끔 "강계정신을 본받자"는 표어가 보였다. 물어보니, 고난의 행군 때에 강계가 특별히 자립정신을 잘 발휘하여 성과를 거두었는데, 그 정신을 본받기 위해 여러 곳에 표어를 써 붙여 두었다고 했다. 우리 측 대표가 오항문 오미란 부녀 배우에 관해서 물으니 안내원이 잘 설명했다. 신천에서 출발하여 얼마 오지 않아 광활한 재령평야가 보였다. "토지정리를 끝장을 볼 때까지…" 라는 표어도 보였다. 이곳은 우리 농업사에서도 유명하지만, 내가 재직하고 있는 숙명여대의 재단의 기본 재산이 된 토지가 옛날 구황실에서 갖고 있던 재령의 궁장토였다는 것을 기억하고 이 어딘가에 옛날 수십만 평의 숙명여대 재단의 땅이 있을 것이라는 생각이 들었다.

사리원에 와서 고속도로에 올랐는데, 평양까지 52km라는 이정표가 보였다. 고속도로에서 썰매를 타는 세 명의 아이들이 보였다. 그만큼 차량이 적어서 위험이 적다는 뜻으로 받아들였다. 평양 입구에서 검문이 있었다. 나갈 때는 없었는데, 돌아올 때는 통제하고 있었다. 이것은 일종의 통제정책에 의한 것이 아닌가 하는 느낌을 받았다. 갔다

오는 동안에 느낀 것이 많다. 재령평야를 비롯하여 대부분의 산하는 눈에 덮여 그 형편을 정확하게 볼 수는 없었으나 사리원·재령·신천의 가옥들이 낡고 퇴락했다. 재령을 지나면서 안내원에게 이것이 재령 시내냐고 하니 자기도 잘 모르는 듯 시내는 다른 곳에 있다는 식으로 얼버무렸다. 그러나 우리가 통과한 곳이 재령이다. 재령은 남쪽의 천안보다 큰 도시에 속하는 편인데 가옥이 얼마 보이지 않고 도심도 형편없어 보였다. 물론 남북한을 단순 비교해서는 안 될 것이지만, 적어도 이런 현상은 북한의 사회주의 50년이 이뤄놓은 오늘의 형편을 단적으로 보여주는 것이라고 할 것이다. 나는 작년의 6.15남북정상회담과 공동선언이 남북한 관계의 안정과 한반도의 평화를 정착시키는 데에 크게 공헌한 것은 높이 평가하지만, 인민의 생활을 저토록 방치하고 있는 북한 정권의 안정성을 보장하는 계기를 만들어 주었다면 민족사에 큰 책임을 져야 한다고 생각한다. 지난 몇 년 동안 식량 사정의 악화로 북한에 얼마나 많은 사람이 죽었는지 알 수 없다. 2백만 명 혹은 3백만 명이 죽었을 것이라고 한다. 그렇다면 그 책임을 누군가가 져야 한다. 민주주의가 제대로 시행되는 나라라면, 위정자는 백성들에게 책임을 지는 존재다. 백성을 먹여 살리지 못하고서도 책임지지 않는다면 그 나라에 어찌 민주주의가 시행된다고 할 것인가. 딱한 현실을 보면서 걱정이 이런 식으로 분출되었다.

13시 5분 전에 평양에 들어와 숙소인 보통강호텔로 가서 점심 식사를 했다. 식사 후 호텔 1층의 상점을 돌아보는 등 휴식을 취하고 15시에 호텔을 출발, '통일거리'의 넓고 시원한 도로를 달려, 15시 20분에 평양시 대동강구역 옥류 가정예배 처소에 도착했다. 가는 길에 안내자가 남측의 교회 형편에 대해서 몇 가지를 물었다. NCC의 역할에 대해서 묻기에 과거 NCC는 자유·인권·민주화를 위해 많이 노력했으나 민주화된 오늘날에는 그 활동이 저하되고 위상이 낮아졌다고 했다. 그러자 그는 민주화되었다는 것은 무엇을 말하는가 하고 물었다. 그것을 받아 우리 측 대표는 "쉽게 말해서 대통령도 잘못하면 감옥에 보내는 것이 민주화되었다는 증거다"라고 답했다. 그러면서 전두환·노태우 같은 전직 대통령도 재임 때에 잘못한 것으로 감옥에 보냈던 것을 말했다. 곁들여서 나는 남한의 민주주의에 대해 간단하게 설명했다. 남한의 민주주의는 개인이 국가를 상대로 해서 권리를 청구할 수 있을 뿐만 아니라 국가가 잘못했을 경우는 재판 절차를 밟아 개인에게 배상해야 한다고 했다. 그리고 남한은 개인의 자유를 최대한 신장시키려고 한다고 하면서, 그것이 결국 사회 전체의 발전을 가져오는 것으로 본다고 했다.

옥류 가정교회는 대동강 구역 옥류동의 어느 아파트 4층에 있었다. 가정교회니까 어느 신자의 가정집인 듯했다. 집에 들어서니 신을 벗을 수 있는 자그마한 공간이 있고, 가구를 거의 들여놓지 않은 방이 두 개 있었다. 평소 살림을 하는 집 같았는데 가구가 없는 것이 이상했다. 합해서 8~10평 남짓했다. 아마도 북한의 아파트의 한 모형이 아닌가 생각되었다. 가정교회의 설립과 구성원에 대한 설명이 있었다. 옥류 가정교회는 남자 4명과 여자 9명으로 조직되어 있다고 했다. 간단한 연혁을 듣고 곧 찬송가 〈사랑하는 주님 앞에 형제자매 한자리에〉를 아코디언의 반주에 맞춰 부르고 이어서 우리 측 대표의 기도가 있었다. 그는 서울과 마찬가지로 평양에서도 수많은 성도들이 하나님을 찬양할 수 있게 해 달라고 정성을 다해 큰 소리로 기도했다. 나는 그가 그렇게 감동적으로 기도하는 것을 처음 보았다. 이어서 가정교회의 몇 분들이 〈하늘가는 밝은 길이 내 앞에 있으니〉라는 찬송을 특송으로 불렀다. 그리고 〈죄짐 맡은 우리 구주〉를 아코디언 연주자와 함께 두 분이 이중창을 하기에 나는 우리 측 대표를 충동하여 저 여성분들과 함께 4중창에 합류하자고 했다. 일어서서 그가 테너로, 나는 베이스를 하면서 여성분들과 하모니를 이루었다. 이중창으로 다시 〈내주의 보혈은 귀하고 귀하다〉를 하기에 이쪽에서도 한 분이 일어나 간증을 먼저 하고 〈내주는 강한 성이요〉를 3절까지 큰 소리로 불렀다. 그의 간증은 그의 대소가정에서 처음에 자기 혼자 예수를 믿었으나 지금은 거의 100여 명의 대가족이 예수를 믿게 되었다는 것을 감동적으로 설명하고, 이렇게 예수를 믿으니 대소가정이 큰 복을 받게 되었다고 했다. 나는 그가 간증하는 것을 계기로 바로 전도하고 있다고 짐작했다. 그리고 그가 마틴 루서가 작사 작곡한 〈내주는 강한 성이요〉를 왜 부르는지를 알 수 있었다. 이어서 내가 일어나 자청하여 〈예수 더 알기 원함은〉을 가지고 4절까지 독창했다. 우리가 4중창을 부를 때부터 연맹의 안내자는 시계를 자주 보기 시작했다. 이런 식으로 남쪽에서 온 방문자들에게 시간을 주었다가는 큰 낭패를 보겠다고 생각한 모양이다. 이곳에서도 우리는 마련해 온 학용품과 스타킹 등 선물을 교인들에게 일일이 나눠주었다. 우리 일행 중 한 분은 놀라울 정도로 이런 일을 잘했다.

오늘 모임에는 강세영 장로(75세)라는 여성이 와 있었다. 그는 강병섭 목사의 따님이라고 했다. 강 목사는 해방 직후 강양욱 목사와 일을 같이 한 모양인데, 그를 만나러 와서 그 밤을 강양욱 목사 집에서 지나다가 테러당했다고 한다. 그날 저녁 강양욱 목사는 집에 들어오지 않았기 때문에 무사했단다. 해방 당시 강양욱 목사가 조선기독교도연맹을 만들어 김일성을 도왔기 때문에 이런 일이 있었던 것이 아닌가 생각된다. 우리는 아파트 바깥에 나와 사진을 몇 장 찍었다. 몇 분 동안 사진을 찍고 있는데도 출입자가 나타나지 않았다.

한 시간 정도 가정교회에서 시간을 보내고, 16시 20분에 출발, 37분에 평양 봉수국수공장에 도착했다. 지배인 김금선의 지도 아래 아래층에서는 2명이 작업하면서 위에서 내려오는 국숫발을 1kg 단위로 5인분씩 끊어 담는 작업을 하고 있었고, 위층에서는 3명이 밀가루를 가져와 국수틀에 넣어 국수를 만드는 작업을 하고 있었다. 그들은 오전, 오후 2교대를 하면서 하루에 2통씩 국수를 만든다고 했다. 그런데 내가 잘 못 보았는지 모르지만, 만들고 있는 것은 국수가 아니라 냉면의 면발이었다. 이상했지만, 묻지는 않았다. 그 옆의 창고에는 '미국장로교회'와 '조선그리스도교련맹'이라고 쓴 밀가루 부대가 쌓여 있었다. 이 국수의 배부처는 신자들과 그리스도교연맹·고아원·육아원·탁아소·유치원이라고 했고, 식당에서는 여름에 사 먹게 하고 있다고 했다. 아래층에는 빵공장이 함께 있었다. 창고에는 남쪽에서 보낸 발전기가 사용되지 않은 채 그대로 보관되어 있었다.

차 중에서 북한의 영화 〈성황당〉 이야기가 나왔다. 우리 측 대표는 그것을 보았는지, 연맹의 안내원을 보고 "그 영화에서 목사가 개떡같이 나오더라"고 했다. 기독교에 대한 북한의 시각이 이 영화에서 드러나고 있음을 간접적으로 비판한 것이었다. 16시 55분에 봉수국수공장에서 출발, 17시 10분에 호텔에 도착했다. 18시가 되어 엊저녁 모양으로 일행과 함께 사우나를 하려 했지만, 사우나 복무원들이 어제 휴일에 복무했기 때문에 오늘은 쉰다고 하여 여의치 않았다. 19시 저녁 식사 때에는 밥 100g을 먹었다. 그러나 이것도 부담이 되었다. 다음 날에는 죽을 먹을 수밖에 없었다.

저녁에 우리는 신천박물관을 다녀온 데 대한 평을 하게 되었다. 연맹의 안내원들과 만나 박물관의 첫째 방에 있는 것과 관련하여 성경을 갖다 놓고 침략의 도구라 한 것은 북한 주민들에게 선전의 효과는 있을는지 모르지만, 신뢰성을 잃게 만들 것이라고 했다. 관람자들이 아래층에 전시한 것을 신뢰하지 않으면 이 박물관 전체에 있는 것을 신뢰하지 않게 될 수도 있다고 했다. 나는 선교사 중에는 순안 지방에 왔던 안식교 의료선교사 헤이스머(허시모) 같이 잘못을 저지른 선교사들도 없지 않았지만, 알렌이나 에비슨 언더우드 같은 이들을 미제의 앞잡이라고 한 것은 설득력이 약하다고 말했다. 이 점도 역시 신천박물관의 신뢰성에 흠집을 제공하는 것이라고 설명했다. 뒤에 이 설명은 떠나기 전날인 26일 저녁 만찬에서 강영섭 위원장이 있는 자리에서도 우리가 공식적으로 제기한 문제였고, 27일 아침 순안비행장으로 오면서도 안내자가 항의하여 토론했던 부분이다.

이날 저녁에 쓴 메모에는 이런 내용이 있다. 우리 차의 앞자리에 타는 안내자나 지도원이 그리스도교연맹의 지도자들인데 그들은 우리에게 기독교의 진리 문제를 가지고 한 번도 말할 적이 없다. 다만 그들은 강영섭 위원장이 말한 문제들—봉수교회의 난방 문제를 비롯하여 교토 회의에서 남한의 이름난 교단 총무들이 약속한 물품을 모금하여 전달하는 문제 등—에 관해서만 관심을 가지고 이 사람 저 사람이 이리저리 찔러보는 듯했다. 그들은 강 위원장이나 연맹에 충성경쟁을 벌이고 있다는 인상을 받았다.

1월 26일(금) 흐림. 7시 30분에 일어나다. 8시 30분에 아침 식사를 했는데, 식낭 종업원늘의 진절이 논보였다. 계란 2개에 밥 100g, 곱돌장과 김치를 먹었다. 9시 55분경에 호텔을 출발했는데, 이날 들어서 운전기사의 이름을 처음 물어보았다. 안내자는 차 중에서 "6.15공동선언에 대해 남쪽 기독교인들이 어떻게 생각하는가", "남쪽의 기독교인들은 어떤 일을 하는가" 하는 질문을 던졌다. 우리 측 대표는 남북

지도자가 귀한 일을 했지만, 민족의 통일을 앞당기는 후속 조치들이 시간 끌지 않고 나타나야 한다는 것을 강조했다. 남쪽에는 월남한 기독교인들이 많다는 것, 그들은 6.15공동선언에 대해 그들의 경험에 입각해서 해석하고 있다는 것도 곁들여 말했다. 월남한 기독교인들이 통일 문제에 대해 어떻게 생각하는가를 그들이 알 수 있게 되기를 희망한다. 우리는 남쪽 기독교인들이 한국의 민주화와 인권을 위해 일했으며 민간단체로서는 가장 먼저 통일운동을 부르짖고 북한 돕기에 나섰다는 것을 강조했다.

10시 5분경에 만수대창작사에 도착했다. 12만 평이나 되는 땅에 12종류의 예술 활동을 할 수 있도록 마련한 공간이라고 한다. 입구로 들어서자 안내원이 나와 기다리고 있었다. 그의 안내를 받아 오른편으로 들어가니 미술(회화) 활동을 하는 화가들의 화실이 즐비해 있었다. 화실의 공간은 우리 연구실 정도(4~5평 정도)의 크기였다. 몇몇 화가의 방에 들어갔는데, 두 번째로 들어간 곳은 매우 사실적인 동양화를 그리는 화백의 방이었다. 주로 금강산을 배경으로 한 그림들이 인상적이었다. 다음에 들어간 곳이 정창모 화백의 방이었는데, 그는 지난번 남북적십자사의 주선으로 가족 방문을 위해 서울에 왔던 분이다. 그의 고향은 전주(全州)라고 하는데, 우리 측 대표는 그림을 통해 이 분을 잘 아는 것 같았다. 그의 방에서 오래 머무르면서 대화를 나누었고 벽에 걸어둔 그림들을 사진으로 찍었다. 그는 그의 그림 한 폭을 우리 측 대표에게 선물로 주었다. 정 화백은 그림만을 사랑하는 사람으로 비쳤다. 아마도 이 예술의 세계에서도 복잡한 사건들이 있는지, 그는 그림에 더러 자신의 심경을 나타내는 화제(畵題)를 붙여 놓기도 했다.

정 화백의 화실을 끝으로 미술창작사에서 나와 그 옆에 있는 미술품 전시관으로 갔다. 그런데 나와서 보니 창작사 안에는 김일성 부자의 교시를 영구물(永久物)로 새겨 놓은 조형물들이 많았다. 길옆에는 선전 문구를 붙여 놓은 입간판(立看板)도 더러 있었다. 이런 예술품 창작사에 김일성 부자의 교시가 왜 있어야 하며 선전 문구 또한 왜 필요한지 얼른 납득되지 않았다. 이렇게 선전 문구와 '교시'로써 예술인들의 사상과 표현의 자유를 묶어두면 어떻게 자유를 기반으로 해서 나와야 할 창조적인 예술품이 생산될 수 있단 말인가. 이데올로기로써 철저하게 예술혼을 막아버린 이 체제에 대한 답답함은 나 혼자만 느끼는 것일까. 이런 속에서도 정창모 같은 화백이 조선의 순수한 아름다움을 표현하는 데에 어느 정도 성공한 것은 신기하다고 하지 않을 수 없다. 나는 김정일을 '태양'이라고 써 놓은 입간판 앞에서, 사진을 찍었다. 나는 정치와 이데올로기가 철저하게 예술을 지배하고 있는 바로 그 현장에 와 있었고 언젠가는 이를 증언해야 한다고 느꼈다. 이날에 일기 중에는 이런 글귀가 적혀 있다. "이런 사회를 건설하여 지상낙원이라 하는가, 이런 사회를 건설키 위해 55년을 노력했는가 하는 감회를 느꼈다. 만수대창작사에 걸려 있는 뭇 교시들과 선전 구호들, 예술가의 창의성을 어떻게 할까."

11시 35분까지 그 미술작품전시관에 머무르며 둘러보았다. 기둥 등에 인민예술가 혹은 공훈예술가의 사진을 붙여 놓고 그 작품에 대한 것도 설명해 놓았기에 그것을 사진으로 찍었다. 인민예술가니 공훈예술기니 하는 분들이 이런 성짐의 기둥에 일굴이 붙여진 것이 못내 애처러웠다. 이 전시관에서는 물건도 팔았다. 손녀 경원(慶源)이와 손자 진원(鎭元)이를 위해 인형을 두 개 샀다. 합해서 5달러를 지불했다. 우리는 다시 수경재배를 보기 위해 쑥섬으로 갔다. 그 근처를 지나면서 안내자에게 "이곳을 혁명사적지로 만들었는데, 그렇다면 김구 선생 일행을 만난 것도 혁명인가?"라고 하면서 이런 곳에서 말하는 혁명의 의미를 설명해 달라고 했다. 그가 무언가를 설명하려고 하는데 목적지에 도착했다. 11시 45분이었다. 비닐 2개 동으로 된 수경재배지는 총 1,500여 평이나 되었다. 마침 그곳에서 일하는 근로자들이 많이 나와 있었다. 그들에게 선물도 주고 그들과 사진도 찍었다. 모두들 얼굴색이 좋지 않았다. 우리가 그들을 돕는 것을 아는지, 좋은 인상을 가지고 우리를 대해 주었다. 그들이 사진을 같이 찍을 때, 입은 옷의 차이는 있지만 남북한 사람들이 다르다는 인식은 거의 할 수 없었다. 제도와 체제가 우리를 이렇게 갈라놓긴 하지만 한 민족임을 부정하지는 못했다. 북한의 간부급과는 달리 보통 사람들의 경우는 겉으로 보기에는 이념적으로 다르다는 것을 느끼게 하지 않았다.

12시 15분에 수경재배지를 떠나 10분 후에 호텔에 도착했다. 지도원은 오후에 〈피바다〉 관람이 있다는 것과 관람하기 위해서는 두꺼운 옷을 껴입어야 할 것이라고 했다. 극장에 들어가면 5~6도 정도밖에 되지 않는단다. 점심은 죽을 먹었다. 아침에 밥을 먹었지만 아직 위가 정상화되지 않았는지 이상했다. 죽 200g에 김치, 소고깃국 100g을 먹었다. 13시에는 아래층에 내려와 호텔 커피집에서 호기심으로 비엔나커피를 마셨는데, 미련한 짓이었다. 아직 완쾌되지 않은 상태에서 커피는 금물이었다. 〈피바다〉 공연을 볼 것으로 예상하고 잔뜩 기대를 높이고 있는데, 지도원이 와서 오늘 날씨가 너무 추워 〈피바다〉 공연 관람이 불가하게 되었다고 전했다. 날씨가 너무 추워 배우들이 '노력동원'(1주일에 한 번씩 사무실에서 밖으로 나와 체력단련을 겸한 노력봉사를 하도록 한 조치)을 하게 되어 공연할 수 없다는 것이다. 애석하다. 평양에 와서 그 극을 보기를 원했는데, 모처럼의 소원이 어그러졌다. 그 대신 평양의 명소를 견학하기로 했다.

14시 10분쯤 안내원 두 분이 와서 일정과 관련, 대화를 나누었다. 14시 45분에 김책공업대학에 도착, 사진을 찍었다. 대동강 변에 있는 '김책공업대학'은 '김일성종합대학'과 함께 가장 이름있는 대학으로, 그 학교 간판은 김일성이 쓴 것이었다. 15층 높이의 정방형으로 된 이 대학의 길이는 약 100m 정도 되는 것 같았다. 15시 5분경에 모란봉극장에 도착, 그 옆으로 비스듬히 칠성문(七星門)으로 올라가 평양 시내를 넘보고 예서체(隸書體)의 독특한 을밀대(乙密臺)의 현판을 보면서 몇 장의 사진을 찍었다. 거기서 바라보니 평양 동편의 아파트군이 잘 보였다. 거기서부터는 대동강을 바라보며 성벽을 따라서 내려오는 길이었는데, 청류정(清流亭)까지 내려와서 옆의 언덕으로 들어가 만수대 김일성 동상 앞 주차장까지 왔다. 그동안 우리를 기다리던 차량은 우리를 찾느라 을밀대 쪽으로 올라갔다 한참 후에 다시 합류할 수 있었다.

16시 20분에 다시 출발했다. 지도원과 대화를 나누면서 '김일성종합대학'으로 가서 입구에서 사진을 찍었다. 내일 떠난다고 생각하니 무엇이나 많이 보아야겠기에 대학 앞에서 잠시 정거, 김정일이 썼다는 대학교의 제자(題字)를 구경하고 '4.25인민궁전'과 현대건설에서 짓고 있는 평양농구관 건설 현장을 거쳐 광복거리, 만경대학생소년궁전을 지나 평양시 제3인민병원으로 갔다. 한때 남쪽이 여러 기관들이 미국의 교민들과 힘을 합해서 이 병원을 돕는다고 했지만, 막상 와서 보니 '이런 것을 병원이라고 하여 돕는다고 그렇게 떠들어댔는가' 하는 느낌을 빚었다. 병원이랄 수도 없을 정도로 초라했나.

16시 50분경에 청춘거리 일명 체육촌(태권도 전당·수영관·탁구·중경기관·경경기관·농구·배드민턴 등의 체육시설이 있는 곳)을 지나 열병합발전소의 연기를 보면서 보통강을 건너 안산거리를 거쳐 17시에 낙원백화점에 도착했다. 창광거리 뒤에 있었다. 그러나 그 안에는 물건이 거의 없었다. 개성인삼 코너가 있어서 그곳에서 홍삼정을 구입했다. 옆에 보니 아이들용 장난감 등을 파는 판매대가 있어서 경원이와 진원이를 위해 전대(纏帶) 비슷한 주머니를 하나씩 샀다. 잘못 안내하지는 않았을 텐데, 물건이라고는 살 만한 것이 보이지 않았다. 한 나라의 수도에 살 물건이 없으니 답답하였다.

저녁에는 송별연이 있었다. 보통강호텔에서 걸어서 10분 거리에 있는 음식점에서 열려 차를 타고 갔다. 우리 외에는 아무런 손님도 없었다. 마침 강영섭과 이성봉 목사 그리고 조선그리스도교연맹의 여러 분들이 나와 우리와 대좌하여 만찬을 즐겼다. 우리 측 대표는 "김정일 위원장이 서울을 방문한 후 일차로 강영섭 위원장이 서울을 방문하기를 원한다"고 했다. 이날 저녁에도 역시 봉수교회 난방장치를 어떻게 할 것인가를 두고, 발전기보다는 온풍기를 고려하겠다고 제의했다. 그리고 지난번 후꾸오카회의에서 각 교단 총무들이 약속했던 옷을 보내는 것은 우리 측 대표가 떠맡다시피 되었다.

이날 저녁에 재미있었던 것은 역시 신천박물관의 선교사 관계 유품의 전시에 대한 우리 측의 논평과 며칠 전 평양 단고기집의 비싼 가격이 화제로 된 것이다. 나는 지난번에 말한 대로 선교사를 간첩 용의자로 몰아버리면 인민들에게 선전하는 것은 좋을는지 모르지만 외부에서 와서 본 사람들은 그 박물관의 전체 전시의 내용을 신뢰하지 않을 것이라고 했다. 그리고 김일성의 아버지 김형직도 선교사가 세운 숭실학교 출신이라는 것과 그가 숭실학교에 재학했을 때 조선국민회 사건이 일어났음을 상기했다. 때문에 선교학교를 배척의 대상으로만 생각하지 말고 한국을 도왔던 부분도 있다는 것을 인정하는 것이 좋겠다고 했다. 그들은 이렇게 김일성과 관련된 이야기를 하자, 더 이상 논의하는 것을 회피하려는 것 같이 보였다. 그들은 또 며칠 전에 단고기집의 해프닝을 해명했다. 달러와 북한 화폐의 교환 비율은 1:2.15 정도인데, 그날 북한 화폐로 받아야 할 것을 달러로 잘못 받았다는 것이다. 그러면서 우리에게서 받은 달러화의 절반이나 되는 액수를 환불해 주었다. 설명도 궁색하고 또 환불하는 것도 매우 어색했다. 그래서인지 오늘 이 송별연의 비용은 원래 우리가 지불해야 하는 것으로 예정되어 있었는데, 어떤 이유에서인지는 몰라도 그들이 부담했단다.

저녁 식사를 마치고 모여서 사진을 찍는데, 서는 자리를 두고 어색한 장면들이 있었다. 함께 사진을 찍은 이성봉 목사는 1991년 남북기독학자회의가 뉴욕 스토니포인트에서 개최했을 때에 만난 이후 지난주 봉수교회에서 다시 만났지만, 이 땅 위에서 다시 만날 수 있을는지 기약할 수 없었다. 우리는 서로 얼싸안은 채 인사하고 헤어졌다.

기독교도연맹의 여러분들과 헤어져 21시경에 호텔로 돌아왔다. 호텔에서 마지막 저녁을 보냈다. 무료해서 TV(12)를 보고 있는데, 21시 45분에서 55분까지 안경을 쓴 한 남자가 나타나 해설을 했다. 이름도 직책도 소개하지 않은 채 나타나 설명했다. 남조선에서도 김정일 동지를 '21세기의 태양'이라고 한단다. 연세대의 어느 학생의 엽서에서 '김정일은 21세기의 태양으로 21세기는 김정일의 세기'라고 했단다. 인천의 한 대학 교수는 강의 시간에 '21세기는 김정일의 세기'라고 하자 학생들도 찬성했다고 한다. 결론적으로 남녘의 인민들이 한결같이 김정일을 민족의 태양, 통일의 주역으로 모시겠다고 한단다. 그러면서 이름도 직책도 없는 그 해설자의 '명해설'은 끝났다. 희한한 일이다. 이런 말이 TV를 통해 공중파를 타고 있는데도 북한에서는 그것의 사실 여부를 검증하거나 거기에 이의를 제기할 수 있는 방법이 있는지를 알지 못한다. 북한에 와서 관찰했던 부정적인 인상들이 오늘 저녁의 이런 방송으로 더욱 신뢰성을 얻게 되었다.

1월 27일(토) 맑음. 새벽에 일어나 빨래하다. 저녁에 자면서 생각했다. 이곳의 곤궁한 형편을 생각하니 내가 가지고 있는 내의와 북경에서 형제자매들이 마련해 준 오리털옷 등을 이곳에 두고 가는 것이 좋겠다고 생각했다. 다행히 잠옷을 가져온 것이 있으니 그것을 내의 대신으로 입으면 그런대로 북경까지는 갈 수 있을 것이라고 생각했다. 오리털옷과 양말들 외에 내가 입었던 내복 몇 벌도 두고 가는 것이 좋겠다고 생각했다. 한 번씩 입은 것은 빨아서 두는 것이 좋을 것 같았다. 새벽에 옆 침대에 자고 있는 분에게 양해를 구하고 빨래를 서둘렀다. 두고 가기 위해서는 새벽에라도 빨아서 출발하는 시간까지 말리면 가능할 것 같았다. 4시에 일어나 목욕탕에 들어가 찬물(아침과 저녁 7~8시에만 더운물이 나왔다)에 빨래를 마치니 5시가 되었다. 비누도 샴푸도 내가 가져간 것까지 다 사용하여 빨래를 한 셈이다. 그리고는 전기 라디에이터에 널어놓고 한숨 잤다.

6시에 일어나 라디에이터 이곳저곳을 뒤적이며 빨래를 말렸다. 오늘 떠나기는 하지만 이 민족의 앞날을 위해 조용히 기도했다. 당장은 북한 주민들이 이 기근에서 벗어나도록 기도하고 장기적으로는 자유와 희망을 가지도록 기도했다. 6시가 지나 모닝콜이 있었다.

7시에 호텔 식당에 내려가서 조식(朝食)을 했다. 직원들도 우리가 떠나는 줄 알고 인사를 했다. 장미향·김영석·라춘식 등이 종업원이다. 여전히 배가 좋지 않아 죽만 200g을 먹었다. 7시 30분에 짐을 가지고 아래층으로 내려갔다. 누비바지·내의 한 벌·양말 7켤레와 남은 약·장갑을 묶어 두고 짐을 실었다.

7시 35분에 7박 8일간 머물던 보통강호텔을 출발, 순안공항으로 향했다. 앞자리에는 거물급 안내원이 앉았다. 그는 작심한 듯 시비를 걸어 논란을 벌이기를 원했다. 엊저녁에도 논란한 바 있는 '선교사는 제국주의 침략의 앞잡이'라는 것이었다. 그는 선교학교가 조선인들을 '미국놈'과 같은 존재로 만들려고 했다고 지적했다. 나는 그 질문에 대해서 선교사가 제국주의자들의 앞잡이라고 한 것은 과거 해방신학의 영향으로 한국에서도 한때 그런 풍조가 있었다는 것을 먼저 말했다. 그러나 한국에 세운 선교학교의 교육이념에는 "조선인으로 하여금 참다운 조선인이 되게 한다는 것"이 있었다고 말해 주었다. 실제로 배재·정신·이화 등의 학교의 건학이념(建學理念)에서 그런 점을 발견할 수 있다. 물론 평안도 순안에서는 그곳에 자리 잡은 안식교 선교사(許時模) 사건이 있긴 했지만, 한국에 파송된 선교사의 경우, 모든 선교사를 제국주의의 앞잡이로 보는 것은 잘못된 시각이라고 했다. 엊저녁 모양으로 김일성 주석의 아버지 되는 김형직 선생이 숭실학교에 다니며 조선국민회를 만들어 민족운동을 할 수 있었던 것도 숭실이라는 미션계 학교였기 때문에 가능했던 것이라고 했다. 우리의 상대는 나의 단호한 설명에 더 이상 토를 달지 않았다. 그 대신 화제를 바꾸었다. 박헌영과 이승엽을 아느냐고 물었다. 나는 안다고 하면서 박은 남로당 책임자였고 이승엽은 6·25남침 때에 서울 시장(인민위원회 위원장)을 한 사람이 아니냐고 했다. 그는 그 두 사람이 언더우드와 내통하면서 간첩 노릇을 했다고 했다. 내 옆에 타고 있던 분이 "어느 언더우드냐"고 물었다. 언더우드 1세냐 2세냐를 물은 것이다. 그는 갑작스러운 질문에 당황하면서 어느 언더우드인지는 모르나 그가 박현형 등을 통해 간첩 노릇을 했다고 했다. 1세 언더우드가 1916년에 돌아간 것을 감안하면 언더우드 2세인 원한경(H. H. Underwood)이 아닌가 생각된다. 그는 그 같은 행위를 박헌영이 자백했으며 그 증거서류도 많다고 강조했다. 나는 김두봉과 최용건이 뒷날 숙청될 때 종파주의자라는 것으로 숙청된 것을 상기시키면서 박헌영 등도 그런 관점에서 보아야 한다고 강조했다. 그러면서 남쪽에서는 해방 후의 북한의 역사에 관해 연구하는 젊은 학자들이 많다는 것을 말하고, 최근에는 러시아에 가서 그곳의 문서들을 가지고 연구하는 이들도 많다는 것을 강조했다. 그리고 나는 박헌영과 이승엽에 관해 이런 곳에서 논의하고 싶지 않다는 것과 다만 남측에서 많은 연구가 진행되고 있다는 것 그리고 앞으로 남북 학자 간의 토의를 통해 밝혀질 것이라고 했다. 차 안에서 이런저런 문제를 가지고 논란하는 동안에 8시 15분경 순안공항에 도착했다.

출국을 위한 짐 수속은 물론 출입국관리소를 통과할 때까지 연맹의 여러분들이 나와 배웅했다. 그러면서 나에게 "이 교수님, 남쪽에 가면 잘 써 주세요"라고 말했다(이는 우리 일행 중 한 분이 나를 두고, 남쪽에서 알려진 '논객'이라고 소개했기 때문에 그들이 이렇게 부탁했던 것으로 본다). 공항에서 인민군대들인 듯한 젊은이들이 널빤지 조각을 묶어 눈을 치우는 것을 보았다. 제설기나 제설을 위한 다른 장치가 없기 때문일 것이다. 출입국관리소 건물에서 비행기까지는 얼마 떨어지지 않았지만, 도착 때와는 달리 버스로 움직였다. 버스 안에는 곽선희 목사와 김진경 총장이 타 있었다. 우리보다 나흘 늦은 지난 화요일 도착하여 오늘 나간다고 했다. 김 총장이 북한을 방문했다는 것은 몇 년 전에 북한에 간첩 혐의로 억류되어 곤욕을 치른 뒤에 북측과의 선이 끊어졌었는데, 이제 다시 복원되었음을 의미하는 것이다. 뒤에 들으니 이때 두 분이 북한에 와서 합의를 본 것이 북한에 컴퓨터를 중심으로 한 정보통신 분야 대학을 설립한다는 것이었다고 하는데, 이들이 갔다 온 후에 남측 신문에 보도되었다. 두 분은 1등석을 탔기 때문에 비행기 안에서는 만나지 못했다.

8시 50분에 탑승, 9시에 기체가 움직였으며 9시 6분에 출발했다. 얼마 안 있어 식사가 나왔고 함께 중국에 입국할 때 사용할 입국 수속 용지를 나눠주었는데, 종이가 모자라서 모두에게 나눠주지 못했다. 비행기의 천장에는 "담배를 피우지 마시오! No Smoking!", "박띠를 매시오! Fasten Your Belts!"라고 써 있었다. 비행기는 아직 북한 영내나 마찬가지지만, 아무래도 긴장이 많이 풀어지는 것 같았다. 우리 일행은 탑승 손님 중에서는 제일 뒷자리에 앉았지만, 절반 이상이 빈 자리여서 편안하게 왔다. 한 여승무원이 우리 곁에 와서 오랫동안 여러 가지 이야기를 했다. 괜히 걱정스러웠다.

오전 9시(한국 시간은 10시) 37분에 북경 공항에 착륙했다. 북한을 경험해서 그런지, 중국에 내려도 긴장감이 덜하다는 느낌을 받았다. 1993년에 처음 중국에 왔을 때만 해도 자유스러운 분위기를 느끼지 못했는데, 그동안 중국이 많이 변하기도 했거니와 북한과 비교해서는 상대적인 차이를 크게 느낄 수 있었다. 일행 중 다른 분들은 바로 출국했으나, 나는 중국 입국 비자가 없었기 때문에 거기서 Transit을 받는 데에 시간이 걸렸다. 그 대신 Transit을 받았기 때문에 공항 이용권을 따로 구입하지 않아도 괜찮았다. 그만큼 비용이 절약되었다. 10시(중국 시간) 20분에 KAL기로 출국하기 위해 수속을 밟았다. 중국어를 잘하는 형제가 나와 수속을 대행해 주었다. 12시 35분에 탑승, 13시에 기동(機動), 13시 20분에 이륙하였다.

우리는 2001년 1월 19일 서울을 출발하여 27일에 무사히 귀국하였다. 여행 중에 북한에서 배탈이 난 것 외에는 어려운 일이 없었던 것은 매우 감사할 일이다. 그들과 역사와 선교사 문제로 약간의 논란이 있었지만, 그것은 정도를 넘는 것이 아니었다고 본다. 아마도 북한 방문자로서 그들과 이런 정도의 논란을 가져봤다는 이야기를 들어 본 적이 없다. 그들을 만났을 때 그들이 우리와 다르다고 하여 그들의 사회 체제를 우리의 관점에서 비판하는 것은 삼가야 한다고 생각해 왔다. 그러나 민족 공동체의 관점에서나, 인류의 보편적인 가치관의 관점에서는 시시비비를 논란해야 할 점이 남아 있다고 본다. 그래야만 상대방도 한쪽의 문제 제기에 생각할 수 있는 여유를 갖게 될 것이다. 이 점은 기독교계를 포함한 한국의 진보적인 지식인들이 북한에 가서 나 갔다 와서 침묵하는 것과는 다른 견해라고 생각된다.

북한에 갔다 와서 느낀 것은 많지만 요약해서 말한다면, 우리가 평소에 듣고 있던 것을 현장 방문을 통해 확인했다고 하면 지나친 표현일까. 철저히 통제된 사회이기 때문에 계획되고 승인되지 않은 어떠한 것도 허락되지 않는다는 것을 실감할 수 있었다. 그렇다고 그런 것이 우리에게는 불편하지만 그런 사회 체제에 순치된 그들에게는 전혀 불편할 것 같지는 않았다.

북한으로 떠나기 전, 부탁에 의해 내가 개인적으로 준비하여 가져간 물품은 다음과 같다. 장갑 3켤레·남자용 목도리 3개·플러스펜 2타·볼펜 3타·연필 15타·스타킹 6곽·양말 6개·내복 2벌·초콜릿(두유-10곽, 자유시간-10곽)·사탕(큰 봉지 2, 작은 봉지 4)·타이레놀 2곽·속콜 2곽·제스탄 20알·지사제 20알·밴드 2곽·필름 7롤.

북의 거리를 차를 타고 오가면서 적어둔 표어들을 나열해 본다. 어떤 것은 적다가 외우지 못해 다 적지 못한 것도 있다. 더 자세히 외워 썼어야 하는데 차 안에서 때로는 눈치를 봐 가면서 쓰자니 완전히 외워 적었다고는 할 수 없다.

"고난의 행군에서 승리한 기세로 새 세기의 진격로를 열어가자", "위대한 수령 김일성 동지는 영원히 우리와 함께 계신다", "당이 결심하면 우리는 한다", "가는 길 험난해도 웃으며 가자", "21세기 태양 김정일 장군 만세", "모두 다 속도전 앞으로", "위대한 주체사상 만세", "장군님 따라 천만리", "우리 민족끼리 통일의 문을 여는 해, 2001"(이 것은 표어였는지 확실치 않다) "혁명의 수뇌부 결사옹위", "순간순간을 수령옹위정신으로 빛내이자", "올해 공동사설에서 제시된 전투적 과업을 관철하자", "당의 사상 중시, 과학기술 중시를…", "위대한 수령 김일성 동지 만세", "당과 혁명대오의 일심단결을 더욱 강화하자", "경애하는 김정일 장군님을 결사 옹위하자", "위대한 장군님의 동지애를 따라 배우자", "위대한 김일성 수령의 유훈교시를 철저히 관철하자", "위대한 혁명의 수뇌부를 목숨으로 사수하자", "조선민족 제일주의 정신을 발양하자", "수령 당 대중이 일심 단결하자", "우리 당의 위대한 혁명 전통 만세", "올해를 21세기 경제…", "순간순간을 수령결사 옹위정신으로 빛 내이자", "우리 운명의 영원한 수호자 김정일 동지 만세", "우리 혁명 방식을 확고히 다져 나가자" 이하는 1월 25일 신천에 갔다 오면서 적은 것이다. "경애하는 김정일 원수님의 아들딸이 되자", "21세의 태양 김정일 장군 만세", "위대한 수령 김일성 동지의 현지교시를 철저히 관철하자", "위대한 수령 김일성 동지를 천세 만세 받들어 모시자", "승냥이 미제를 천백배로 복수하자", "신천 땅의 피의 교훈을 잊지 말자", "미제를 몰아내고 조국을 통일하자", "강계정신을…", "토지성리를 끝장을 볼 때까지 내밀자(?)."

북한의 거리에 붙여 놓은 이런 표어들은 북한이 주민을 충동하면서 이끌어가고자 하는 방향이 무엇인가를 어렴풋이 엿볼 수 있도록 해준다. 그리고 이런 내용이 얼마나 북한 인민의 개인적인 삶을 제약하고 있는가도 느낄 수 있었다. 그리고 왜 이런 구호들은 거리에 내붙여 놓지 않으면 안 되는가 하는 의문에 들어가게 되면 이 사회가 갖고 있는 한계도 발견할 수 있을 것이고, 사회 체제를 유지하기 위해 얼마나 안간힘을 쓰고 있는가도 엿볼 수 있었다. 이런 구호들을 통해 이해할 수 있는 것은 여러 사람들이 이미 지적한 바와 같이 "이 사회에는 김일성 부자만 존재한다"는 착각을 일으키게 한다는 사실이다. 참으로 안타까운 일이 아닐 수 없다. 조선민주주의인민공화국에서 김일성 부자만이 존재하다니, 더구나 '인민공화국'에서 인민은 간데없고 수령만이 존재하다니 이건 혁명을 통해 그들이 이루려고 한 '이상적인 사회'는 결코 아닐 것이다.

평양 방문기

2008년 5월 6일부터 8일까지 2박 3일간 홍정길 목사, 김철영 목사, 신명철 장로와 함께 평양을 방문했다. 이번 방문은 북한 체재 기간이 40여 시간밖에 되지 않았지만, 그동안 남북나눔운동이 북측의 민경련과 함께 추진하고 있는 황해북도 봉산군 천덕리의 농촌주택 개량사업을 잘 돌아볼 수 있어서 의미 있는 시간이었다.

첫날, 평양행 비행기 안에서 배포한 노동신문에서 '역도'라는 단어가 쓰인 글을 여전히 볼 수 있어서 마음이 착잡했다. 평양에 내리면 으레 '만경대 고향집 방문 의식'을 먼저 치르게 된다. 만수대 김일성 동상 방문을 대신한 것이다. 4월 15일 김일성의 생일을 전후한 시기에는 고향집을 많이 방문한다고 들었는데, 이날도 일기가 좋아서인지 많은 인파가 고향집을 방문하고 있었다. 그중에는 시골에서 온 듯한 아줌마들도 있었고, 북한의 해군 복장을 한 젊은이들도 있었다. 여러 번 북한을 방문했지만, 북한의 인민들을 이렇게 가까이에서 한꺼번에 본 적은 없다. 그들의 얼굴에 피어 있는 기미는 북한의 상황을 보여주는 것 같아서 마음이 아팠다. 만경대 소년학생궁전 앞을 지날 때, 아리랑

축전을 준비하는 많은 젊은이를 보았다. 국가 행사에 동원되고 있는 이들을 보면서 남의 일 같지 않게 느꼈다.

둘째 날, 황해북도 봉산군 천덕리를 관람하고 평양 시내 몇몇 교육 시설을 살펴봤다. 천덕리는 남북나눔운동에서 몇 년간 농촌주택을 개량하기 위해 주력해 온 곳이다. 평양에서 약 80km 남쪽에 위치한 이곳은 그들의 표현대로 예부터 하늘의 은총이 없이는 살아가기 힘든 곳으로 알려져 있다. 이곳에 4년 전부터 남북나눔운동에서 매년 100채씩의 농촌주택을 짓고 있다. 천덕리는 사방 160리 되는 지역으로 인구 약 5,000명에 800여 호가 채 되지 않는다. 2005년에 지었다는 시골주택이 1차분 100채가 두 곳에 푸른색 기와를 얹은 채 멀리 보이고, 2차분 100채는 붉은 기와를 띤 채 길 반대편에 멀리 보였다. 우리 일행은 3차분 100채를 지은 동네를 보기로 했다. 이 동네 가운데는 작년에 함께 지은 천덕리관리위원회 리당위원회 공회당(문화회관)과 유치원, 탁아소, 병원 그리고 공동창고가 있었는데 그것이 100채를 짓는 돈과 맞먹었다. 5천 명으로 구성된 이 천덕리는 1,540명이 작업반원이고 15개 반을 나눠 일한다고 리당관리위원장 김영철 씨가 설명했다. 문화회관에 들어가 보니 앞에는 강대가 있고 아래는 층계식으로 되어 있는 약 100평 규모의 집이었다. 대리석을 깐 것을 보면 꽤 돈을 들였다 싶었다. 탁아소 유치원에는 어린이 놀이터가 잘 만들어져 있었다. 천덕리사업을 맡고 있는 은파산 부사장은 이런 놀이터는 평양에도 없는 것이라고 자랑했다. 이곳의 물은 산에서 내려온 물을 저장해서 일종의 저장 탱크를 산 아래에 만들고 그것을 지하로 끌어다 공급받고 있다고 했다. 물이 아주 좋았다. 각 가정에도 이렇게 물을 공급하고 있다고 했다. 모두들 이 물을 그냥 흘려버리게 해서는 안 된다고 했다. 이 물을 잘 끌어 주면 얼마 떨어지지 않은 아랫동네에도 사용할 수 있을 것 같왔다.

이곳 병원을 들렀다. 이 병원은 황해북도 봉산군 천덕리병원이다. 내과와 외과, 치과, 소아과, 산부인과 등 17명의 의사와 5명의 간호사가 있다고 했다. 이를 소개한 병원장 조현수 선생은 사리원의대에서 7년을 수학한 후 내과를 전공한 51세의 의사였다. 북한에는 도마다 한 개의 의과대학을 갖고 있는데, 황해북도의 것은 사리원의학대학이다. 병원 안에는 여러 방이 있었으나 몇 개의 책상 외에는 특별한 시설이나 약품도 보이지 않았다. 물자의 귀함을 엿볼 수 있었다. 딱한 사정을 알았으니 뒷날 남북이 좀 더 자유롭게 왕래할 수 있게 될 때 먼저 병원에 약품이라도 제대로 갖추게 해야겠다고 느꼈다. 이 동네만 놓고 볼 때 남북에서 가장 이상적인 시골 마을로 만들어 갈 수 있겠다 싶었다. 여러 시설이 이렇게 갖춰진 곳이 별로 없을 뿐 아니라 상부상조하는 모습도 그것을 가능하게 할 수 있을 것으로 보았다.

평양으로 돌아와 우리민족식당에 갔다. 이곳은 전에도 두어 번 가 본 곳으로 지하가 약간 음침하지만, 무대가 가설되어 있고 저녁에는 노래도 불러 주는 곳이다. 이곳에는 남한의 관광객에게 잘 알려진 김강옥이라는 여성동무가 있어서 노래도 잘 부르고 손님들에게 인상이 좋게 보였다. 북측의 안내원은 김강옥 동무가 그런 인기 때문에 결혼도 못 하고 있다고 농담했다. 그 음식점을 나오면서 보니 그 건물 옆에 윤이상기념음악당이 보였다. 만수대창작사의 미술작품전시장으로 가서는 미술품보다는 입구 길 한쪽에 써 놓은 "김정일 장군님이 없으면 조국도 없다"라는 말이 더 충격적이었다. 비가 오는 날 길가에 서 있는 그 비석이 주는 압도적인 의미는 나그네의 심성을 형언 못할 정도로 긁어 놓았다.

오후 3시경 창광유치원으로 가서 외사부원 장경숙의 안내를 받았다. 이곳에 있는 800명의 어린이는 1주일간 이곳에서 생활하다가 주말이 되어야 부모에게 돌아간다. 5~6세 아이가 500명, 영아는 300명이란다. 당이 이들을 교육시키고 있다는 인상을 받았다. 한 반에 가니 '김일성주의연구실'이 있었다. 그곳에 있는 어린이들은 만경대 지도를 가리키는 수업을 받고 있었다. 마지막에 들른 교실에서는 음악과 악기로 손님들을 맞아 주었는데, 그곳에는 여운형의 증손녀와 비전향장기수 이재령의 딸이 있었다. 이들의 교육이 어떤 것인가는 여기서 굳이 언급하지 않는 것이 좋겠다.

오후 4시가 지나 평양제1중학교를 방문했다. 1954년에 개교했고 1984년에 이곳으로 옮기면서 수재교육을 하게 되었다고 했다. 이곳은 기숙학교로서 1,700명이 수용되고 있으며 교직원이 300명이라고 했다. 소학교 700명은 이 학교 주변 지역의 학생들이어서 특별 선발하는 것은 아니지만, 중학교 1,000명은 전국 각지에서 몇 차례의 선발을 거쳐 입학한 수재들이라고 한다. 이 학교를 소개하는 벽에 "사회주의 교육학의 기본원리는 사람들을 혁명화 노동계층의 공산화하는 것이다. 김일성"이라고 크게 써 붙여 놓았다. 이 학교에서는 영어와 러시아어, 일본어와 중국어 등 네 언어를 가르치는데 한 사람이 두 개의 언어를 배우도록 되어 있다. 한 외국어 교실에 들어가서 영어가 어느 정도 수준인지, 동행했던 김철영 목사가 한 여학생에게 몇 마디를 물었는데, 그는 본토에서 훈련받은 정도로 원어민에 가까운 발음으로 대답하고 있었다.

필자가 평양을 방문한 것은 이번이 다섯 번째다. 2006년 4월에 마지막 다녀올 때까지 별로 변화를 느끼게 하지 못하던 평양이 이번에는 많은 변화를 보여주었다. 우선 평양 시내 곳곳에 아스팔트 포장에 흰 선을 그어 놓은 것이 눈에 띄었다. 괄목할 만한 변화다. 전차와 전기버스의 통행이 잦았다. 전력에 어느 정도 여유가 있다는 증거일 것이다. 차량의 증가는 놀랄 만했다. 전에 방문했을 때에는 우리가 탄 차가 거의 정거하지 않고 네거리에서 좌·우회전 혹은 직진을 할 수 있었다. 그러나 이번에는 어떨 때는 1~2분씩 정거해야만 했고 건너편의 차량 행렬이 약 200여 미터가량 서 있는 것을 보기도 했다. 이러한 차량 증가는 유류에 여유가 있다는 증거로 보였다. 평양 시내에는 양장에 뒷굽이 높은 신을 신은 여성들이 많이 보였고, 비 올 때 한 우산 아래 정답게 걷고 있는 남녀를 보기도 하면서 일상생활에도 큰 변화를 엿볼 수 있었다. 평양 바깥에서 디젤 기관차에 6~7량의 화차를 달고 가는 모습도 보였다. 이런 것들은 이번 여행에서 엿볼 수 있었던 가장 값진 관찰이었다.

5월 8일 아침, 순안공항을 떠나 북경을 거쳐 그날 귀가했다. 북한 상황에 정통한 소식통은 북한이 평양을 새롭게 단장하기 위해 노력한다고 하는 한편 올해도 북한이 식량난에 처할 것이라고 전했다. 천덕리 외에는 가보지 않아서 모르지만, 북한은 아직도 식량부터가 여유롭지 못하다는 것이다. 이런 소식을 접하면서 북한의 다른 도시와 농촌도 내가 보고 온 2008년 5월 초의 평양만큼 변화하고 여유로움이 있었으면 하는 기대를 가져 보았다.

(2008. 7. 15.)

독립정신답사단의 임정 유적 답사기

대한민국임시정부기념사업회에서 매년 실시하는 독립정신답사단이 2015년에는 12월 19일부터 23일까지 4박 5일 동안 상하이 자싱(嘉興), 하이옌(海鹽), 항저우(杭州) 그리고 난징(南京)을 답사했다. 이곳은 대한민국 임시정부가 비교적 초기에 주재 또는 이동했던 곳이다. 연말에 답사를 하게 된 것은 여름에 직면한 메르스 사태 때문에 7월에 마련된 답사계획이 미뤄졌기 때문이다.

답사에 원래 참가하기로 한 분은 66명이었지만, 실체 참가한 분은 63명이다. 학생단장단 2명을 포함하여 학생이 49명이었고, 지원팀을 포함하여 장년층이 14명이었다. 이번에는 독립운동가 후손 두 분이 참석했는데 한 분은 김규식 박사의 후손이었고 또 한 분은 이강년 의장의 후손이었다. 이번 답사 지역은 상하이를 비롯하여 대한민국 임시정부 초기 이동 지역이었는데, 그 방면 연구의 가장 권위자인 한시준 단국대 교수를 부단장으로 모시게 되어 어느 때보다 알찬 답사를 할 수 있었다.

이 글은 먼저 답사 일정을 개관하고자 한다.

답사 제1일

출발 당일(2015년 12월 19일 토) 오전 7시경에 인천 공항에 회집하여 9시 10분발 상하이행 아시아나기에 탑승, 현지 시간으로 10시 10분에 상하이 푸둥공항에 내렸다. 단체 비자로 입국 절차를 밟았지만 늦어져 수하물 수취까지 마치니 11시가 되었다. 버스 두 대에 분승하여 하얼 빈에서 이곳으로 온 이용택 가이드와 또 한 분의 조선족 가이드의 도움을 받을 수 있었다. 닷새간 이용할 버스는 유초우(揚州)외유여객회사 소속이었다.

가이드의 말에 따르면 상하이에 거주하고 있는 한국인은 대략 10만 명에 달한다고 한다. 상하이는 인구 2,400만이 넘는 인구에 유동 인구가 200~300만이어서 일본의 도쿄나 인도의 뉴델리와 어깨를 겨루는 도시다. 상하이의 푸둥 지역에는 금융, 하이테크, 보세가공 등 다섯 개발구역이 있고, 양쯔강 하구에는 제주도보다도 큰 섬이 있으며, 10년 전에 32km 6차선의 동해대교를 개통했다. 이 부근에는 코스멕이라는 큰 비행기 회사가 있는데, 세계에서 가장 큰 비행기 500여 대를 동시에 주문했다고 한다. 중국의 평균 국민소득이 7,500달러 정도인 데 비해 상하이와 항저우는 2만 달러 정도가 된다고 하니 상하이의 수준이 어느 정도인지를 알 수 있다.

일행은 오후 2시가 지나 윤봉길 의사의 거사가 있었던 훙커우(虹口)공원으로 갔다. 지금은 루신공원으로 불리고 있다. 한시준 교수의 설명이 있었다. 1932년 이 지역은 일본인 거류 지역이었고, 5만 명 정도가 살았다. 4월 29일 행사에 3만여 명의 일본인이 동원되었다. 윤봉길 의사의 나이는 이때 24세, 그는 350편의 시를 남긴 시인이기도 했다. 윤 의사는 주도면밀한 성격이어서 다소 호방한 이봉창 의사와는 차이가 있었다. 윤 의사는 정확하게 단상에 폭탄을 투척하여 폭발, 그

성능도 컸다. 1931년 9월 18일 만주에서 관동군(육군)이 만주사변을 일으켰는데, 이런 분위기에서 일본의 해군도 공을 세워야 했다. 해군 주도하에 상해 침공이 시작, 1932년 1월 말 일본 해군육전대가 공격했고, 장제스(蔣介石)가 19로군 30만으로 막았으나 실패했다. 윤 의사는 그 거리를 정확하게 측정하여 던져, 침공군 총사령관 시라가와(白川義則) 등이 희생되었다. 장제스가 중국군 30만이 못한 것을 한국의 청년이 해냈다고 극찬한 것은 이 때문이다.

오후 4시가 지나 마당로(馬當路)의 옛 대한민국 임시정부 청사로 갔다. 임정은 청사를 10여 회 옮겼는데, 상해에서만 몇 번 옮겼다. 처음 청사는 프랑스 조계지의 2층 양옥이었다. 프랑스 조계 당국은 정치활동을 금지토록 요구했으나 임정은 태극기를 거는 등 요란한 행사도 했다. 그러자 프랑스 당국은 처음의 약속을 어겼다고 해서 청사 폐쇄를 명령했다. 그 뒤 장소를 구하기가 힘들어 교민(=林得山)이 시계방을 하는 가게의 위층에서 모였다. 1926년 7월부터 윤 의사 의거로 상해를 떠나던 1932년 5월까지였다. 우리는 다시 마당로 근처 옛 임정 요인들의 숙소가 있는 영경방(永慶坊) 10호를 찾았다. 이어서 상하이의 명물인 263m 높이의 동방명주에 올라가 상하이 사방을 돌아보는 기회도 가졌다. 이 탑에서 바라보는 야경은 상하이의 번영을 한눈에 보여주는 듯했다.

이날 저녁 결단식이 있었고, 단장 이만열 교수의 "국사 교과서 국정화와 대한민국 '건국' 문제"에 대한 특강이 있었다.

답사 제2일

종일 흐리고 비가 오는 날, 상하이에서 출발, 자싱을 거쳐 항저우로 가면서 임정의 피난길을 따라 답사했다. 오전 8시경에 옛날 만국공묘로 알려진 쑹칭링 능원으로 갔다. 이곳에 임시정부 요인들의 묘가 있었는데 일부는 문민정부 때에 국립묘지로 이장했고 허묘(墟墓)가 그대로 있었다. 아직도 이 묘원의 한쪽에는 일제 치하 망명하여 이곳에서 돌아가신 동농 김가진(東濃 金嘉鎭) 선생의 유해가 묻혔다고 한다. 박덕진 선생이 어림잡아 지적하는 곳에서 사진을 찍어 놓았다. 아직도 독립한 나라로 이장을 못 해 안타까워하는 후손들의 마음을 헤아리면서 역사를 공부한 사람으로 책임을 무겁게 느꼈다.

이어서 중국 3대 박물관에 해당하는 상하이박물관을 찾았다. 상하이의 역사와 문화, 전통과 서예 등을 잘 볼 수 있도록 정리해 놓았다. 상하이를 이해하는 데에 큰 도움이 되었지만, 오늘의 일정 때문에 그 넓은 전시관을 한 시간 남짓한 시간에 보게 된 것은 유감이었다. 11시경에 자싱을 향해 출발했다. 버스 안에서 조별 발표가 있었다. 1조는 '대한민국 임시정부의 해방 전후의 역사'를, 2조는 '임시정부의 이동과 활동'에 대해서 발표했다. 버스 안에서 이렇게 발표토록 한 것은 시간을 효율적으로 활용하기 위한 의미도 있다. 작년보다는 조별 발표가 나아지고 있다고 느꼈다. 오랜 버스 여행의 지루함을 덜기 위해 독립군가를 불렀으나 예전과 같이 힘이 있진 않았다.

13시경에 자싱에 도착, 백범 선생의 피난처였던 추푸청(褚輔成) 자녀들의 집을 방문했다. 내부 수리로 폐쇄 중이었지만 우리를 위해서 공개해 주었다. 일행은 그 집에 들어가 남호로 통하는 곳까지 살피며 사진을 찍었다. 이 집의 남호와 맞닿은 곳에 전에는 보트가 있었는데 오늘은 보이지 않았다. 백범은 일제의 수색을 피해 남호로 통하는 곳에 보트를 대기시켜 놓고 수색조가 닥치면 호수로 빠져나가도록 해 놓았다. 어떨 때는 광동성에서 온 사람으로 가장하고 주아이바오(朱愛寶)라는 여성과 선상에서 생활하기도 했다. 이곳에는 임정 요인들이 집단으로 거주하던 집이 있었는데 그곳에도 가 보았다. 이층에서 몇 가구가 집단 거주하면서 칸칸이 방을 나눠 가구별로 살았는데 그 생활이 얼마나 구차했을지 짐작할 수 있었다.

자싱이 불안해지자 백범이 다시 피난했다는 하이엔으로 찾아가 보았다. 버스로 약 15분 이상 걸려 하이엔전시관에 도착했다. 백범이 자싱에서 이곳으로 올 때 주푸청의 며느리 주자루이(朱佳蕊)가 해산한 지 얼마 안 된 몸으로 산길을 무릅쓰고 백범을 인도했다. 그래서 『백범일지』에는 우리나라가 회복되는 날 주자루이의 수고를 잊지 말아야 한다고 언급되어 있다. 이곳에서 백범은 1932년 7월부터 1933년 2월까지 피신했다. 재청별서(載靑別墅)라는 현판도 있는 이 하이엔전시관에는 천안 독립기념관에 와서 한국어 훈련을 받았다는 소미연(蘇美娟)이라는 중국 여성이 이곳을 지키며 친절하게 설명해 주었다. 이날 안개가 너무 끼어서 별장 전면을 제대로 볼 수가 없어 유감스러웠다. 한시준 교수는 백범이 자싱과 이곳으로 피난토록 한 데는 장제스의 특별 배려가 있었다고 설명했다.

다시 버스를 타고 항저우로 향했다. 송나라가 금(金, 1115~1234년)의 침략을 받아 정강지난(靖康之難, 1127년)을 당하자, 휘종(徽宗)의 아들 조구(趙構)가 남하하여 나라를 재건(南宋, 1127~1270년)하고 수도로 정한 곳이 항저우였다. 남송은 150년을 더 버티게 되었지만, 금나라로부터 자유롭지 못했다. 그러나 중국 역대 사상 문화가 가장 발전했던 시기가 송나라였다. 우리 일행은 이날 저녁 항저우로 들어와 항저우를 중심으로 한 송나라 문화를 소개하기 위한 송성가무(宋城歌舞)를 관람할 수 있었다. 스토리의 풍부함과 무대의 화려함, 창의적인 연출이 매우 돋보여 이곳을 찾는 관광객들은 이 쇼를 꼭 관람한다고 한다. 이날 저녁에는 층계로 된 3,000여 석의 강당에 거의 3분의 2가 찬 것 같았다. 무대예술의 극치를 이룬 것 같은 쇼에서 빛이 번쩍거리고 화려한 복장의 무희들이 나와서 쇼를 하는 걸 보면서 '여기가 공산주의 나라 맞아?' 하는 느낌마저 들었다. 11시가 거의 되어서 숙소에 도착, 하루를 마감했다.

답사 제3일

항저우와 전장(鎭江)의 임시정부 유적지를 답사하고 난징으로 이동했다. 항저우에는 이번 답사에서 빠뜨릴 수 없는 곳이 있다. 호변촌(湖邊村) 23호의 항저우 임시정부 청사와 그 근처의 임정 가족 거주지 그리고 고려시대 대각국사 의천과 관련이 있는 고려사다.

조반 후에 먼저 고려사를 찾았다. 고려사는 처음에 혜인선사(慧因禪寺)라고 했단다. 고려의 대각국사 의천이 1154년 중국 화엄종의 도량인 이곳에 와서 6개월 동안 화엄경을 공부한 곳이며, 귀국 후 의천은 금강경 500부를 보냈는데 그 후 이 절 이름을 항주 고려사라고 했다한다. 대각국사 초상화가 남아 있다고 하나 확인하지는 못했다. 이런 역사를 독립운동 시절 신규식이 먼저 알고 이를 복원할 계획을 세워 애쓰다가 1922년에 돌아갔다. 그 뒤 고려대 김준엽 총장이 팔을 걷고 나서서 그의 처 외조부인 신규식의 꿈을 이루어 드렸다.

고려사에서 나와 1km 이상을 걸어 서호 변에 다다라 유람선을 타고 서호를 둘러보면서 이태백이 술을 마시다 빠져 죽은 곳도 지났다. 서호는 이태백을 비롯하여 소동파 등 시의 귀재들이 시를 읊었던 곳이다. 소동파는 당시 항저우 시장을 역임한 분으로 소제(蘇堤)를 쌓았다. 서호를 한 바퀴 돌고 나와 11시경에 악비묘(岳飛廟)에 이르렀다. 남송때에 진충보국(盡忠報國)한 악비의 충절을 기리는 사당이었다. 금나라의 침략을 받았던 남송의 역사와 악비·진회(秦檜)의 관계를 설명했다.

악비묘를 관람하고 그 앞에 꿇어 있는 진회 부부의 상을 보면서 역사가 이렇게 준엄한 것인가 하는 느낌을 가졌다.

동파육(東坡肉)을 곁들여 점심 식사를 끝낸 뒤 오후 1시경에 임정 유적지를 찾았다. 호변촌 23호의 항저우 임시정부 청사는 지금 중국 안에서 유일하게 국가급 유물로 지정, 보존되고 있다. 중국에서 임시정부 유적지가 몇 개 있지만 국가급의 유적지는 항저우의 것뿐이다. 임정은 윤 의사 의거 후에 상해에서 이곳으로 옮기고 임정 요인 중에는 자싱으로 피난하기도 했다. 사흠방의 한국독립당사무소 유적지는 수리 중이어서 볼 수 없었다. 오복리(五福里)2가 2호에 자리 잡은 임정 가족 거주지를 살펴봤으나 이곳은 중국인들의 가정집으로 사용하고 있었다. 임정 요인들이 처음에 항저우에 와서 6개월간 묵으며 임정 청사로 사용했던, 당시 항저우에서 가장 큰 호텔이었던 한정쾌첩(漢庭快捷, 유스호스텔)을 찾았다. 당시의 이름은 청태제2여사(淸泰第二旅舍)로 알려져 있었는데 이곳은 백범이 상해를 탈출하기 3일 전 항저우로 먼저 피신한 김철이 이곳 32호실에 임정의 판공처(辦公處)를 개설했던 것이다. 임정이 이곳으로 옮기는 데에는 국민당 정부의 조직부장 천궈푸(陳果夫)의 도움이 컸다.

오후에는 전장을 거쳐 난징까지 가야 한다. 전장까지 4~5시간이 걸린다. 임정이 항저우에서 난징으로 옮기려고 했을 때 중국 측의 만류로 난징 시내로는 들어가지 못하고 외곽의 한 시간 거리에 있는 전장으로 옮기게 되었다. 항저우에서 오후 2시경에 출발, 전장을 향해 거의 4시간이 걸렸다. 이 버스 여행 동안에 5, 6, 7조가 발표했다. 5조는 '대한민국 임시정부와 대한민국 정부의 관계'를, 6조는 '윤봉길의 상해 의거와 역사성'을, 7조는 '대한민국 임시정부가 꿈꾼 나라'를 각각 발표했다. 모두 열심히 준비했다.

전장에는 오후 8시가 되어서야 도착했다. 골목을 돌고 돌아 전장임시정부자료전시관을 찾았다. 이곳 유적지는 확실치 않고, 전시해 놓은 내용 중 대한민국 임시정부와는 관련이 없는 내용도 있었다. 예하면 고려 말의 이제현(李齊賢)의 사적도 여기에 설명해 놓았다. 이곳 관리인들은 한국에서 온 손님들을 위해 저녁 늦은 시간인데도 나와 문을 열어 주고 고맙게 대해 주었다. 고맙다고 사례를 하려 해도 극구 사양했다. 전장기념관 근처에서 저녁 식사 후에 난징을 향해 다시 한 시간을 달렸다. 10시 20분에 숙소에 도착했다.

답사 제4일

오늘 답사를 시작하기 전에, 한시준 교수께서 "카이로 선언이 한국 독립운동사에서 차지하는 비중과 그것이 바로 임시정부의 노력에 의해서 이뤄졌다"는 것을 내용으로 하는 강의를 해주셨다. 많은 문헌을 발굴하고 여러 학자의 연구를 온축, 소화하여 매우 깔끔하게 정리한 내용이었다. 강의의 내용은 제11기 독립정신답사단의 답사 자료집에 "대한민국 임시정부의 활동과 광복 ― 카이로회담에서 전후 독립을 보장받다"라는 제목으로 소개되어 있다. 강의를 들으면서 매우 감격했고, 단장으로서 이 내용의 중요성을 강조했다.

10시부터 난징 동남쪽 산맥 끝자락에 있는 천녕사(天寧寺)를 향해 출발, 약 40분 걸려서 입구에 도착했다. 이곳은 원래 천녕사라는 절이었으나 조선혁명군사정치학교(혹은 조선혁명간부학교)로 사용된 곳으로 지금은 산속에 거의 폐허로 된 건물만 남아 있다. 김원봉이 황포군관학교 동기생 중 국민당 군사간부로 활약하는 중국인들의 도움을 받아 이곳에 조선인을 위한 군사간부학교를 세웠다. 만주와 국내에서도 젊은이들을 모집했다. 이곳 등에서 훈련받은 젊은이들을 중심으로 김원봉은 국민당 정부와 협의, 1938년 10월 10일 우한에서 조선의용대를 조직했다. 이들은 중국군에 편입되어 항일전을 전개, 일본군의 정보를 수집하고 포로들을 신문하는 일을 했다.

오후에는 금릉대학(金陵大學)으로도 알려져 있는 난징대로 갔다. 이곳을 답사한 것은 첫 번째, 이곳에서 공부한 한국인(여운형, 김원봉, 김약수, 조동호, 선우훈, 박형룡, 김동우, 김마리아, 김산, 김우종, 서병호, 조한용, 편덕열, 한치진, 주요한, 송지영 등)이 많았기 때문이다. 이번 답사에 의료를 책임지고 동행한 김수옥 여사는 자기 할아버지 김규식 박사가 이곳에서 영문학을 강의했다고 했다. 이곳에서 공부한 사람 중 언어와 학비 문제로 졸업한 사람은 거의 없다고 한다. 그러나 광동의 중산대학을 졸업한 이는 많았는데 거기에는 예관 신규식과 심산 김창숙 때문이라고 한다. 이곳을 방문한 두 번째 이유는 이곳에서 1935년 민족혁명당이 조직되었다는 것 때문이다. 1931년 9월 만주사변이 발발하자 만주에서 독립운동을 하던 많은 이가 중국 관내로 옮겨 왔는데, 이때 임시정부를 제외한 여러 정당이 통일당을 만들자는 의견이 있어 민족혁명당을 결성했다. 김원봉이 이를 주도하여 민족혁명당 총서기를 맡았다. 임시정부는 자싱 남호에서 국무위원 5명을 보선하고 1935년 11월에 한국국민당을 결성했는데 이로써 위기에 처한 임시정부가 유지될 수 있었다.

오후 3시가 거의 될 무렵에 총통부(總統府)를 답사했다. 이곳은 청나라 때부터 내려온 건물이었으나 태평천국의 난(1853~1864년) 때 홍수전(洪秀全)이 천왕부(天王府)를 설치했기에 불태워지고 1870년대에 재건되었다. 1911년 쑨원이 대통령 취임 때에 총통부로 이용했고 장제스의 국민당 정부도 사용했다. 이렇게 이곳은 봉건 중국에 개혁과 민주의 정신을 불어넣은 곳이었다. 총통부 근처에 있는 프린스호텔을 찾아갔는데, 이곳은 백범이 장제스를 만나기 위해 남경에 왔을 때 머물렀던 곳이다. 한 교수의 인도로 아래층 카페를 지나 뒤편 복도에 가보니 이곳을 출입한 많은 사람의 인물 사진이 걸려 있었다. 장제스와 크리스천 군벌로 알려진 평위샹(馮玉祥)의 사진도 보였다.

오후 4시경에 대한민국 임시정부의 주화대표부(駐華代表部) 건물을 방문했다. 해방이 되자 임정은 1945년 11월 1일 중국 정부와의 협의를 통해 대표부를 설치했고, 1947년 1월 1일 한국주화대표단으로 이름을 바꾸었으며, 1948년 8월 10일 해체될 때까지 중국주재한국대사관 역할을 한 곳이었다. 이곳은 임시정부의 잔무 정리와 중국 내 한인교포들의 재산 보호 및 귀국 문제 등을 알선하기 위해 마련된 일종의 대사관 격이었다. 해방이 되자 백범은 중국 국민당 정부와의 사이에 비망록을 작성했다. 중국에 남아 있는 400만 한인 동포의 명단을 작성해 주면서 이들의 생명과 재산을, 악질 친일 분자를 제외하고는, 다 보호해 달라고 했다. 백범은 이때 이런 업무를 처리하기 위해 박찬익과 민성린을 남겼다.

오후 5시경 동관두라는 곳을 답사, 백범이 난징에 머무를 때 살았던 곳을 찾아보려고 했다. 백범은 이때 자싱에서 주아이바오를 올라오도록 하여 이 지역에서 같이 살았다. 이 지역 역시 옆에 강이 있어 도망치기 쉬운 곳이다. 백범이 거주했던 곳을 찾으려 했으나 지형이 이미 많이 변해서 대충 그 언저리만 둘러보았다. 백범이 난징에 있을 때 그의 모친 곽낙원 여사가 손자 김신과 함께 살았던 곳도 이 근처라고 한다.

호텔에 돌아와 6시부터 '해단식 겸 답사단의 밤' 행사가 시작되었다. 답사 일정 중 마지막 저녁에 행하는 행사다. 각 조는 자기들이 며칠간 팀워크를 통해 익히고 창안해 낸 지혜로 조별 장기자랑식 연극을 하게 된다. 주로 독립운동과 관련된 소재를 줄거리로 하여 각 조는 아이디어를 짜서 훌륭하게 작품을 만들어 냈다. 이날 저녁의 연극 품평과 답사 여행 중에 발표한 과제물에 대한 평가 등을 종합하여 시상하고 아울러 답사 수료증도 수여했다. 모두 노고를 치하하며 우의를 새롭게 하는 시간이었다.

답사 마지막 날

오전에 첫 답사지로 이제항일군위안소(利濟巷日軍慰安所)를 찾았다. 이곳은 일본이 난징을 점령했을 때 실제 위안소로 사용한 곳이며, 그것을 복원하여 인민들에게 일제의 반인륜적인 죄악상을 보여주고 있다. 중국에는 헤이룽장(黑龍江)성에서부터 하이난(海南)성에 이르기까지 20여 개의 위안소가 발견되었으며, 중국 여성으로서 위안부에 동원된 인원이 20만 명이나 된다고 한다. 전시된 내용물에는 한국인 이름이 가끔 나왔다. 전선이 확대되면서 위안소도 확대되어 중국·홍콩·싱가포르·미얀마·태국·인도네시아·필리핀·말레이시아·베트남 그리고 태평양제도에까지 이르렀고, 동원된 여성도 동남아 각지의 서양 여성들도 포함되었다고 했다. 이 위안소를 보면서 '위안부' 연구에 관한 한국의 것을 참고하고 있다는 느낌을 받았으나, 현장 보존의 측면에서는 중국의 의지가 더 확실해 보였다.

11시경 난징대학살기념관을 찾았다. 이곳 역시 일본의 난징 침략 때에 30여만 명을 살해한 만행을 기억하고 역사적으로 교훈하기 위해서 만든 것이다. 중국은 이렇게 곳곳에 항일적인 역사 유적을 보존, 교육하고 있다. 36년간 지배를 받았으면서도 독립기념관 외에는 그런 장소를 제대로 만들어 놓지 못한 우리의 처지를 생각하면서 많이 부끄러웠다. 기념관을 돌아보면서 중국인들의 결심과 주장을 읽을 수 있었다. "앞의 사실을 잊지 않는 것은 뒷일의 스승이요, 역사를 뚜렷이 기억하는 것이야말로 진정 화평을 사랑하는 것이다"(前事不忘 後事之師 銘記歷史 珍愛和平)라는 것이다. 관람을 마치고 나오는데, 바깥에는 평화라는 두 글자를 각인해 놓은 큰 조형물이 기다리고 있었다. 이것이 로구나! 30만 중국인이 학살된 이 장소에 기념관을 세운 것은 결국 중국 인민과 세계를 향해 평화를 강조하기 위한 것이로구나 하는 것을 깨닫게 되었다.

'임시정부의 발자취를 찾아서'라는 4박 5일간의 답사는 이날 오후 귀국길에 오름으로써 끝났다. 이 답사를 통해 많은 것을 배우고 얻었다. 그것을 간단히 부연함으로써 이 답사기를 끝맺겠다.

이번 답사는 대한민국 임시정부의 초기 활동 지역과 윤봉길 의사 의거 후 초기 피난 지역을 중심으로 살펴보았다. 임시정부에 참여했던 선진들이 얼마나 어려운 고난의 길을 걸었는지 살펴볼 수 있었다. 그들도 독립운동에 나서지 않았다면 일제 강점하의 고향 땅에서 마음은 괴롭지만, 육신의 안락을 누릴 수 있었을 것이다. 그러나 그들은 그런 생활을 버리고 고난의 길을 자취(自取)했다. 그렇게 함으로써 고난의 길이 없으면 영광의 길 또한 없음을 몸소 실천해 보여주었다. 이를 생각하면서 우리는 다시 그 고난의 가시밭길을 묵묵히 걸어가신 선열들을 잊지 못한다.

이번 답사도 역시 감사할 일이 많다. 이번 답사는 원래 지난 7월 19일부터 시작하려던 것이었지만, 메르스 사태로 중단하고 겨울에 이뤄지게 되어서 걱정이 없지 않았다. 여러 가지 불확실성이 기다리고 있어서 매우 걱정했지만, 대과 없이 마칠 수 있게 되어서 기쁘게 생각한다. 겨울방학의 다른 계획들을 뿌리치고 이 답사에 참가한 학생들, 또답사에 참여한 독립운동가 후손들과 지도하신 여러 어르신네들, 특히 대한민국 임시정부 역사를 전공하신 한시준 교수께서 동행하면서 독립운동의 세밀한 부분까지 소개받게 되어 감사하지 않을 수 없다.

또 하나, 조별 활동이 활발했다는 것도 기억할 만하다. 단체 여행에서 자칫 소홀하기 쉬운 것이 팀워크인데, 이번에도 각 조원들이 처음 만났음에도 백년지기처럼 사귀면서 화합을 도모한 것은 앞으로 젊은 이들의 가능성을 보여주는 것 같았다. 그러나 하나 지적할 것은 올해 각 조의 발표에서 조원들의 공동적인 노력에 의해서 발표문이 작성된 것인가에 대한 의문이 들었고, 발표자 중에서도 작년에 발표한 이들이 거듭 발표했는데 이 점은 팀워크에서 재고해야 할 점이 아닌가 하는 느낌을 받았다. 이런 점에도 불구하고 수준 높은 탐구와 발표가 이뤄진 것은 치하하지 않을 수 없다.

11기 답사에 참여한 여러 답사 단원 여러분에게 존경과 감사를 표하면서 이 답사기를 끝맺는다. 올해도 더욱 강건하시고 다음 답사에서 다시 만나기를 기대한다.

(2016. 1. 22.)

하북 지역 독립운동지 답사

지난(2017년 7월) 18일부터 24일까지 대한민국 임시정부기념사업회에서 매년 실시하는 '독립정신답사'에 50여 명과 함께 중국 하북 지역의 독립운동 사적지를 찾았다. 이번 답사는 광복군과 조선의용대(군)의 활동 지역을 중심으로 하되 시안(西安)·뤄양(洛陽)·한단(邯鄲)·베이징(北京)에 있는 중국의 문화유적도 살펴보았다.

처음 찾은 곳은 서안(시안)의 두취(杜曲)다. 이곳에는 대한민국 임시정부 산하의 광복군(光復軍) 제2지대가 주둔한 곳이 있고 그곳에 기념비도 세웠다. 거기서 좀 떨어진 종남산(終南山) 기슭에는 광복군 제2지대가 OSS(미국)와 함께 훈련받은 곳이 있다. 『백범일지(白凡逸志)』에는 1945년 8월 10일경 임정 주석 백범이 이곳에 와서 이들의 마지막 훈련을 시찰하는 상황이 묘사되어 있다. OSS 훈련을 받은 광복군들은 곧 국내에 투입되어 적의 후방을 교란하는 임무를 부여받고 있었다. 백범이 그 훈련을 시찰하던 그날 저녁 일본이 연합국에 항복한다는 소식을 들었다. 백범은 이렇게 훈련된 대원들이 적과 싸우지 못하게 된 것을 매우 안타까워했다. 백범이 방문했던 그 장소가 미타고사(彌陀古

寺) 위 골짜기였다. 우리는 이곳을 답사하면서 백범의 꿈과 탄식을 헤아려 봤다. 이곳 답사를 전후하여 서안 근처 린퉁(臨潼)의 진시황병마용(兵馬俑)박물관과 당 현종(玄宗)과 양귀비의 사연이 얽혀 있는 화청지(華淸池)도 관람했다. 화청지 근처에는 1936년 장제스가 구금된 서안사건의 현장도 있어서 역사적 사연들을 많이 읽을 수 있었다.

낙양(뤄양)으로 옮겨 중국군의 중앙군관학교 낙양분교와 주낙양팔로군판사처기념관, 낙양박물관 및 용문(龍門)석굴을 살펴봤다. 고도 낙양은 중국의 13개 왕조가 수도를 정했을 정도로 역사적인 도시다. 이곳 중앙군관학교 낙양분교는 김구 및 김원봉 등의 교섭으로 한국 청년들이 이곳에서 훈련을 받아 뒷날 중국군과 광복군 및 조선의용대의 지도자들이 되었다. 이곳에는 중국 공산당 군대인 팔로군(八路軍)의 사무소가 있어서 황하를 건너는 이들에게 도강증(渡江證)을 발급했는데, 우한(武漢)에서 북상하려는 조선의용대의 일부가 도강증을 발급받아 황하를 건너 태항산(太行山) 쪽으로 이동해 갈 수 있었다. 낙양에는 돈황막고굴(敦煌莫高窟), 운강(雲岡)석굴과 함께 세계문화유산에 속하는 중국의 3대 석굴로 꼽히는 용문석굴이 있는데, 이곳에는 5세기 말인 북위(北魏) 시대부터 당 시대를 거치며 이곳 암벽에 새긴 약 10만 점의 크고 작은 마애석불이 있다. 이곳에 새겨진 아미타불은 당시 서방정토 세계를 바랐던 신앙이 엿보이는데, 이게 중국인들의 염세사상의 발로일까 하는 느낌도 가져 보았다.

화북성 환단·석가장 지역에서는 조선의용대의 항일투쟁 지역을 살펴볼 수 있었다. 조선의용대는 1938년 김원봉이 우한에서 결성한 무장 독립 단체다. 김원봉이 충칭의 임시정부 및 광복군과 협력하게 되자 남은 조선의용대원들은 하북 지역으로 이동, 태항산 지역에서 팔로군과 공동 항일투쟁에 나섰다. 일제에 대한 반소탕전에서 위급에 처한 중공 지도부의 활로를 트기 위해 산화한 윤세주(尹世胄), 진광화(陳光華) 열사가 누워 있는 진기로예(晉冀魯豫)열사릉원을 찾아 헌화하고, 중국인민해방군가를 작곡한 정율성(鄭律成)의 흔적도 살필 수 있었다. 조선의용대(군)원들이 훈련받고 거처했던 열악하기 짝이 없는 유적들을 살피며, 항일독립운동이란 풍찬노숙하지 않을 수 없는 이런 고난과의 싸움이며, 최후에는 목숨까지 내놓지 않으면 안 된다는 것을 현장에서 확인할 수 있었다.

답사단 일행은 북경에 와서 천안문과 자금성, 만리장성을 관람하기에 앞서, 〈청포도〉〈절정〉 등의 시로 더 알려진 이육사(李陸史, 원명 李源祿) 열사와 이원대(李元大) 열사가 돌아가신 옛 북경일본영사관 터를 찾고 숙연함을 금치 못했다. 두 분은 조선의용대 출신으로 매우 가까운 사이였다. 아직도 그분들이 순국한 자리는 몇 년 전과 마찬가지로 불결한 환경이었다. 북경에는 이 밖에 신채호 선생 등의 유적이 없지 않으나 시간 없음을 핑계로 귀국길에 올라야 했다.

나는 지금도 북경에 이르기 전에 들렀던 석가장 황북평촌의 네 열사 묘역을 잊지 못한다. 이곳은 실제 전투가 이뤄졌던 호가장 전투지역에서는 멀리 떨어진 곳이지만 전사 후, 유해를 이곳으로 옮겨 조성된 묘역이었다. 해마다 청명(淸明)이 되면 이 마을의 중국분들이 술잔을 올려 고혼들을 위로한다고 한다. 이날 성묘에 임한 독립정신답사단원들은 팔을 걷어붙이고 네 분 묘역의 제초 작업을 서두르고 술잔을 올렸다. 손일봉(孫一峰, 의주, 29세), 박철동(朴喆東, 중수, 26세), 최철호(崔喆鎬, 대전, 26세), 이정순(李正淳, 벽동, 23세), 30세도 되지 않아 순절한 네 열사께는 1993년 대한민국 정부가 애국장을 서훈했지만, 유족이 없는 이들은 1941년 전사 후 아직도 이곳 이역만리에 방치되다시피 누워 있다. 나라 있음이 이들 고혼을 위로하고 안식처를 마련함이 마땅한 일 아니던가. 그럼에도 아직도 이들 독립운동가들은 해방된 조국에 안식처를 마련하지 못했다. 불초 후손으로서 부끄러움을 나누지 않을 수 없어 말미에 이 글을 부연한다.

(2017. 7. 25.)

'독립운동 답사기' — 일본 편

해마다 독립운동 선열들의 투쟁 현장을 돌아보는 독립정신답사단의 답사가 올해도 진행되었다. 벌써 아홉 번째다. 종래까지는 중국 관내와 동북 삼성을 중심으로 이뤄졌으나 올해는 일본 지역을 살펴봤다. 참가자는 학생 청년층 31명을 포함하여 답사 지원팀까지 합하여 56명이었다. 본부에서는 김자동 회장님 내외분을 비롯하여 여러분들께서 참석하셔서 현지에 대한 설명과 한일관계 역사를 설명해 주기도 했다. 특히 일본 현지에서 합류한 서승 교수와 배영미 박사는 답사하는 동안 현지적인 감각이 없이는 도저히 알 수 없는 많은 사실을 설명해 주어서 독립운동 유적뿐만 아니라 일본의 근현대사를 이해하는 데에 큰 도움이 되었다.

또 부단장을 밑으신 김상기 교수는 한국근현내사 선공인네나가 과거 일본에서 연구년을 보내는 동안 주일한국대사관의 의뢰로 『일본 속의 한국사적』(2001.1)을 책임 편집한 바가 있어서 일본 안의 한국 독립운동 사적을 꿰뚫고 있는, 몇 안 되는 전문가의 한 분이었다. 따라서 이번 일본 답사는 독립운동 사적지를 확인하는 것 못지않게 사적지의

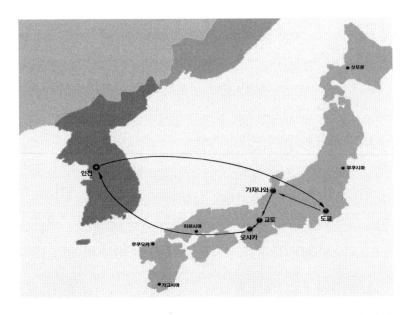

유래와 역사적 의미를 파악하는 데도 큰 도움이 되었다. 더구나 장거리 여행 중 버스 안에서 행해진 강의는 시간의 촉박으로 현장에서 다 풀어 놓지 못하는 설명을 보충할 수 있는 기회가 되어서 독립정신 답사 방식에 새로운 이정표를 세우기에 충분했던 것으로 보인다.

이번에 답사한 지역은 크게 세 지역이었다. 도쿄(東京) 지역과 도야마(富山)·가나자와(金澤) 지역 그리고 교토(京都)·오사카(大阪) 지역이었다. 이 지역의 독립운동 사적지를 돌아보면서 우리는 종래, 독립운동사 전문가들도 잘 알지 못했던 사실들을 많이 배울 수 있게 되었다. 편의상 일정별로 설명하고자 한다.

답사 첫째 날(7월 19일)

오전 11시를 조금 넘겨 일본 나리타(成田) 공항에 도착한 우리는 도쿄 시내에 들어와 맨 먼저 이봉창 의사와 김지섭 의사의 의거지인 일본 왕성 주변을 돌아보기로 했다. 1932년 1월 8일 이봉창 의사는 상해 임시정부 산하 한인애국단의 김구 선생의 지도 아래 사쿠라다몬(櫻田門)에서 그 앞을 지나가던 일왕을 향해 폭탄을 던졌다. 이봉창 의사가 속했던 한인애국단은 김구의 지도 아래 일제 침략의 중추부와 최전선 네 곳—일본 왕궁, 조선총독부, 관동군 사령부 그리고 상해 침략의 최전선—을 선정, 폭탄을 던지기로 했다. 일본 왕성에는 이봉창, 조선총독부에는 이덕주, 유진식, 관동군 사령부에는 유상근, 최홍식 그리고 상해에는 윤봉길로 각각 선정했다. 그러나 조선총독부와 관동군 사령부를 향한 계획은 사전에 발각되었다.

답사단은 사쿠라다몬에서 궁성 안으로 들어가 궁성의 해자 밖에서 멀리 이중의 다리를 보았다. 1924년 1월 5일 김지섭 의사가 일본 왕성을 향해 폭탄을 던진 니쥬바시(二重橋)다. 김지섭 의사는 그전에 의열단에 입단하여 일본 의회에 폭탄을 던질 목적으로 왔으나 1923년 관동대지진에서 한국인 수천 명이 무고하게 죽었다는 소식을 듣고 일본 침략의 본부인 왕성에 폭탄을 던지기로 했던 것이다.

답사단은 오후에 1919년 2월 8일 독립선언을 한 동경조선인기독교청년회관으로 갔다. 이곳에서 서승 교수와 배영미 박사를 만날 수 있었다. 이곳에는 현재 세계적인 한국인 미술가로 알려진 이우환 선생이 세운 '조선독립선언 1919 2.8기념비'가 웅혼하게 서 있다. 예정 시간보다 많이 지체되었다는 실무진의 독촉을 받으며 우리는 위층의 자료관을 주마간산격으로 관람하고 다음 장소인 야스구니(靖國) 신사로 옮겼다.

야스구니 신사에서는 서승 교수의 설명을 들었다. 전후에 영국, 중국, 호주 등은 일본 군국주의의 뿌리인 천황의 처단과 폐위를 주장했으나 맥아더가 천황제를 존속시키면서 국가신도를 없애고 전쟁을 부인하는 소위 평화헌법을 만들었다는 것이다. 그럼에도 불구하고 야스쿠니신사는 점차 국가신도의 상징처럼 되어 가고 거기에다 14명의 A급 전범의 위패를 이곳으로 옮겨 놓고 총리 이하 각료와 의회의원들이 참배함으로 이웃 나라들로부터 2차 대전에 대한 책임을 통감하지 못하고 있다는 비난을 받고 있다. 오랫동안 법정 투쟁에도 불구하고 여기에 21,000명이나 되는 한국인들이 창씨개명된 이름으로 이곳에 봉안되어 있는 것도 문제다.

우리는 독립운동가들이 투옥 생활을 했거나 순국한 이치가야(市谷) 형무소로 갔다. 이봉창 의사와 김지섭 의사가 사형당한 곳이다. 그리고 일본 여성으로 한국인 박열과 옥중 결혼한 가네코 후미코(金子文子)도 이곳에서 생을 마감했다. 박열 의사는 일왕과 일본 내각총리대신 및 조선총독 등을 폭살시키려는 계획을 세웠다가 실패, 사형 선고를 받고 무기징역으로 감형되어 20년간 옥살이를 하다가 해방 후 출옥하였다. 지금 옛 형무소 자취는 없고 150평 내외의 초라한 공원이 조성되어 있고 그 한 모퉁이에 일본변호사협회에서 건립한 '형사자위령탑'(刑死者慰靈塔)만이 초라한 모습으로 서 있다.

답사를 마치고 우리는 숙소(茅場町의 바호텔)에 가서 여정을 풀고 발대식과 이어서 단장 이만열 교수의 "일본 교과서의 한국사 왜곡"이라는 강의를 들었다.

답사 둘째 날(7월 20일)

어제 미처 마치지 못한 도쿄 답사를 마치고 도야마(富山)로 가야 하는 날이다. 먼저 도쿄역에 가서 이번에 부단장으로 동행한 김상기 교수로부터 친일파 민원식을 처단한 양근환 의사의 의거지가 바로 도쿄역 호텔 214호라는 설명을 듣게 되었다. 민원식은 친일파로서 조선의

자치권을 요구하기 위해 이곳에 왔는데, 이때 와세다(早稻田) 대학에 재학 중인 황해도 연백 출신의 양근환이 민원식에게 면회를 신청하여 처단하게 되었다는 것이다. 양근환 의사는 그 뒤 상해 임시정부로 피신하려다가 나가사키(長崎)에서 피체, 무기징역형을 받게 되었다. 이때 재일 동포는 물론 일본인들조차 '이 의롭게 행동한' 양 의사를 성원했다고 한다.

도쿄역에서 다시 히비야(日比谷) 공원으로 가서 1919년 2.8독립운동의 후속 운동에 대한 설명을 듣고, 히비야 공원을 떠나 관동대진재 현장으로 옮겼다. 관동대지진은 1923년 9월 1일 12시경 도쿄를 포함한 관동지역에 진도 7.9의 지진으로 인명과 재산이 손상을 입었을 때 일본인들은 자경단을 중심으로 유언비어를 퍼뜨려 당시 조선인 6천5백여 명을 희생시켰다고 했다. 이 조사는 당시 임시정부에서 김승학을 파견하여 조사한 것이라고 하는데 최근에 당시 한국인 희생자가 2만 명이 넘었다는 보고도 있다. 이날 우리가 들른 곳은 1930년 일본 정부가 도쿄 지진으로 희생된 58,000여 명의 영령을 위해 건축한 '동경도 위령당'(慰靈堂)이었다. 배영미 박사는 조선인 희생자를 위해 1947년과 2009년에 새로 세운 비가 있다고 했으나 그곳은 답사하지 못했다. 앞으로 10년이 있으면 관동대진재 100주년, 그동안 일본이 감행한 참혹한 대량 학살에 대해 한국 측이 전혀 문제를 제기하지 않았다. 앞으로 우리 정부나 민간에서 이 문제에 대해 어떤 대책을 갖고 있는지, 깊은 관심을 갖지 않을 수가 없었나. 이 넝벅한 제노사이드(genocide) 문제와 관련, 관동대진재 때뿐 아니라 동학전쟁과 의병전쟁, 3.1운동 때에 자행된 것까지 합치면 우리 근세사에 나타난 것은 모두 일제에 의한 것이다. 그걸 생각하면서 일본이 왜 이런 과거사 문제를 덮어둔 채 한일 간의 미래만 강조하고 있는가 하는 의구심을 떨칠 수가 없었다.

그래도 '동경도위령당'을 떠나면서 그 한쪽에 한국인을 위해 세운 비석에 일본 사회주의 작가인 후지모리(藤森成吉)가 썼다는 "이 역사 영원히 잊지 않고 재일조선인과 굳게 손잡고 일조(日朝)친선 아시아평화를 만들어가자"는 글귀만이 한국인 방문자를 위로하는 듯했다.

이날 갈 길이 바쁜데도 우리는 '재일한인역사자료관'을 들리지 않을 수 없었다. 재일조선인 역사가 100년이 넘었는데도 이들에 대한 자료를 모아 전시할 곳이 없어서 한국 정부의 지원을 받아 개설했다고 한다. 명칭을 정하는 데도 '조선'과 '한국'은 충돌했다. 이런 걸 들으면서 러시아, 중국 등지에서 겪었던 여러 이야기를 상기하게 되었다. 이런 충돌을 피하기 위해서라도 '고려'나 '코리어'로 하여 '조선'과 '한국'의 명칭상의 갈등을 해소하는 것이 필요하겠다고 생각되었다.

도야마(富山)를 향해 도쿄에서 출발한 것은 13시 30분경이었다. 장시간 여행이 필요함으로 버스 좌석을 조정했다. 학생들만 따로 타되 관리와 해설이 필요한 인원은 같이 타기로 했다. 우리가 목표로 하는 가나자와(金澤)에는 윤봉길 의사의 순국지이고 유해봉환(1946) 전에 그의 시신이 방치되어 있던 곳이기도 했다. 가나자와로 가는 직행 길이 없는 것은 아니나 우리 인원을 다 수용할 수 있는 호텔이 없기에 도야마에 가서 일박하기로 한 것이다. 도야마나 가나자와는 도쿄에서 서북쪽에 위치한 곳으로 우리의 동해 해안가에 자리 잡은 곳이라고 할 수 있다. 산세가 매우 험하기는 해도 경관이 빼어난 곳이 많았다. 이런 험한 곳을 지나면서 서승 교수는 1970년대 세계의 젊은이들이 혁명 열기로 몸살을 앓고 있을 때 일본의 적군파 학생들이 학생운동 쇠퇴기에 아사다야마(淺間山)에서 적군 훈련을 감행해 일부는 비행기를 납치하여 북한으로 갔다는 이야기를 해주었다. 배영미 박사는 2차대전 말기에 일본은 산세가 험한 이곳에 대본영(大本營)과 황거(皇居)를 옮기려고 동굴을 팠는데 당시 조선인들을 강제노역을 시킨 듯, 지금 그 동굴 안에는 한글로 '고향'이라는 낙서가 보인다고 한다. 징병 징용은 아직도 끝난 것이 아님을 이런 답사를 통해 실감할 수 있는 것이다.

저녁 무렵 아라이(新井)라는 분지형 도시에 와서 맑은 햇빛을 배경으로 주변 경관을 살피니 매우 아름다웠다. 도쿄에서 출발하여 여러 지방(山梨縣, 埼玉縣, 群馬縣)을 거쳐 니이가타(新潟縣)에 이른 것이다. 고속도로가 동해에 이르자 니이가타 시로 가는 길과는 반대인 나다치-다니하마(名立-谷橫) 쪽으로 좌회전하여 도야마로 향했다. 도야마에는 2차 대전 때에 후지코시(不二越), 미쯔비시(三菱) 군수공장 등이 이곳으로 소개되어 왔다. 과거 근로정신대에 동원되었던 한국인 여성들이 후지코시를 상대로 소송을 걸어 일본 대법원까지 올라갔으나 패소당한 바 있다. 그러나 한국 법정에서 승소함으로 후지코시는 한국의 기업 활동에서 그 책임을 면치 못하게 되었다. 바로 그 후지코시의 본사가 있는 곳에 도착한 것이다. 해변가에 걸쳐 있는 도야마시는 매우 길었다. 그걸 통과하는 데에 약 20여 분이 걸리는 듯했다. 저녁때 동해로 기울어지는 낙조가 매우 아름다웠다. 저녁 8시경에 토나미(礪波)로 열호텔에 여장을 풀고, 이번 여행 중 가장 화려한 일본의 정식 만찬을 들 수 있었다. 이런 저녁 식사를 대하면서 다시 우리 독립운동의 선진들을 회억(回憶)하지 않을 수 없었다. 과거 그들의 지배를 받았던 우리가 오늘 일본에서 이런 대접을 받을 수 있는 것은 바로 선진들의 독립운동 덕분이 아닌가 하는 삼사의 느낌이다.

답사 셋째 날(7월 21일)

이날은 가나자와(金澤)시 답사 후 장거리를 달려 저녁 무렵에 교토(京都)를 답사했다. 어제저녁과 마찬가지로 토나미로열호텔은 천혜의

축복을 받은 지역에 자리 잡은 듯, 주변 경관이 좋았고 아침 식사 또한 만족스러웠다. 가나자와시로 출발하면서 서승 선생과 옥살이를 같이 했다는, 이번 우리 답사팀의 의료담당으로 동승한 강용주 선생이 새삼 소개되었다. 정양원, 김유준 학생이 일본의 종교적 상황과 신도(神道), 천황제 및 생체실험 등에 대한 예리한 질문이 있었다. 이에 대한 서승 교수와 배영미 박사, 김자동 회장과 강용주 선생의 설명이 많은 의문을 해소하는 데에 도움이 되었다. 2차대전 후 천황제가 존속된 것과 관련, 김자동 회장은 당시 연합군 사령관 맥아더가 천황제를 온존시켰다고 하여 "소화(昭和) 천황의 애비는 맥아더"라고까지 날 선 비판을 가하기도 했다. 731부대는 독가스와 생체실험, 세균전을 연구한 기관으로 그 책임자는 이시이 시로(石井四郞)였다. 731부대는 중국인과 독립운동가들 그 밖에 나라 사람들도 생체실험의 대상으로 했다. 패전 후 이시이는 그 정보를 미국에 넘기는 대가로 생명을 부지하게 되었고 뒷날 그와 그 부(副)대장도 일본 의학계에서 고위직을 역임하며 평생 호화롭게 살았다. 이를 설명하는 서승 교수는 이 대목에서 역사의 정의를 물었다. 이렇게 버스 안에서 이뤄지는 학습은 현장답사 못지않게 학생들은 물론 일반인들에게도 큰 도움을 주었고 답사단원의 역사의식을 고양시켰다.

아침 9시가 지나 가나자와시에 들어선 일행은 윤봉길 의사 암장지(暗葬地)를 먼저 찾았다. 월진회 일본지부장 박현태 선생과 교민 몇 분이 맞아 주었다. 윤 의사가 사형당한 곳은 이곳에서 약 3km 떨어진 곳인데 일본 자위대에서 감시하고 있어서 그곳에는 가지 못한다고 한다. 암장지 바로 위에는 큰 연병장 모양으로 된 일본군 묘지가 있었다. 노일전쟁 때 포로로 잡혀 온 러시아 군인의 묘소도 있었다. 윤봉길 의사를 이곳에 암장하게 된 경위는 이렇다. 1932년 4월 29일 상해 거사

후 윤 의사는 5월 25일 일본 군법회의에 의해 사형판결을 받았다. 그러나 일본육군은 사형집행을 미루고 윤 의사를 일본으로 송치하도록 했다. 당시 상해에 파견된 부대가 9사단이었는데 그 사단 본부가 있는 곳이 가나자와였던 것도 한 이유다. 윤 의사는 11월 18일 오사카(大阪) 성의 구금소에 1개월간 지내다가 12월 18일 9사단 위수구금소에서 일박한 후 그 이튿날 12월 19일 산속으로 옮겨져 얼굴을 가리고 무릎을 꿇게 하고 두 손을 십자가 형틀에 묶은 채 아침 7시 27분에 두 사람의 사수가 이마에 정조준하여 사살했다. 그리고는 앞서 언급한 일본육군 묘지 사무실이 있는 쓰레기더미 옆에다 암장했다. 암장지가 사무실 옆에 있었던 것은 시신이 도굴당하지 않도록 함이었다. 어떤 이는 윤 의사가 사형당한 시각 7시 27분은 시라가와(白川義則)가 폭살당한 시간에 맞춰졌고, 안중근의 사형 시각 10시도 이토(伊藤博文)의 운명 시각과 맞추었다고 했다.

우리 일행은 그곳에서 헌화 헌주하고 경건한 예를 올렸다. 1946년 3월 김구 선생이 일본에서 돌아간 삼 의사(윤봉길, 이봉창, 백정기)의 유해를 봉환하기 위해 조성환 선생 등을 파견했다. 윤 의사의 시신은 3일간을 찾았으나 매장지를 발견하지 못했다. 그러다가 수소문 끝에 암장시에 독경(讀經)을 했다는 스님을 찾게 되어 겨우 이 암장지를 찾을 수 있었다고 한다. 우리는 윤 의사를 이런 쓰레기더미 옆에 암장한 일제에 분노하는 한편 일제의 문명국 수준을 다시 평가하게 되었다. 아무리 그들 요인을 폭살한 주인공이라 하더라도 윤 의사는 상대국의 '의인'이다. 그렇다면 그 의인의 죽음의 길에는 최소한의 예의를 갖춰야 한다. 무릎을 꿇게 해서 형을 집행토록 해서는 안 되는 것이며, 사형 후 가족에게 반드시 알려야 하며, 시신을 제대로 수습하여 묘를 만들어 주는 것은 근대국가가 갖는 최소한의 예의다. 그러나 윤 의사는 1932년

12월 돌아가신 후 1946년 3월 유해봉환 때까지 그런 최소한의 대우도 받지 못했다. 안중근 의사의 경우도 마찬가지다 그래서 아직도 안 의사는 독립된 나라에서 봉환하여 예우를 갖추지 못하고 있다. 해방 후 윤 의사의 암장지를 관리한 것은 박인조, 박현태 부자의 공이 컸다.

에피소드이긴 하지만, 삼 의사 유해를 다 수습한 후 동경에서 합류한 일행 수백 명이 동경역에서 한국으로 출발하기 전 삼 의사의 관을 앞세워 일본 왕궁의 사쿠라다몽(櫻田門) 앞으로 가서 만세를 열창했다고 한다. 이봉창 의사가 일본 왕을 향해 폭탄을 던진 곳이다. 이것이 가능했던 것은 이때가 일본이 연합국 지배하에 있었기 때문이다.

우리는 암장지 가까이에 대한민국 정부가 윤 의사 순국 60주년을 맞아 세운 '윤봉길의사순국기념비' 앞으로 가서 경건되이 묵념을 올린 후 다음 답사지인 누가타니(額谷)로 갔다. 이곳은 미군의 폭격을 피하기 위해 미쓰비시(三菱) 중공업이 군수공장을 이곳으로 소개, 1945년 7월경부터 엔진 등을 조립한 곳인데 이 계곡에만 200여 개의 동굴이 있었다. 이곳에 투입된 조선인은 주로 길을 닦고 산속 동굴까지 군수품을 운반하는 일을 맡았다고 한다. 전쟁 말기 자동차를 거의 사용할 수 없는 상황에서 이곳의 운반 수단은 2.5톤급 운반 수단인 소 10마리와 조선인 600여 명이 있었고, 그 외는 누가 있었는지 알 수 없다고 한다. 조선인 강제 노역자는 소나 말처럼 운반 수단이 되었고 200여 개의 땅굴을 파는 노예노동자가 되었던 셈이다.

이어서 가나자와시에 있는 호국(護國)신사에 도착했다. 앞서 누가타니 강제 노역에 대해 연구하고 있는 타무라 미츠아키(田村光彰) 교수가 이곳 호국신사에 대해서도 자세히 설명했다. 2000년에 들어서서 가나자와시는 군국주의를 찬양하는 비(碑)와 부비(副碑)를 세웠는데 타무라 교수는 이 비의 문제점을 이렇게 설명했다. 이 비에는 1995

년의 일본 무라야마 도미이치(村山富市) 총리의 식민지 참회 담화에 반발한 것일 뿐 아니라 일본의 전범들을 처단한 극동재판에 반발하는 내용도 실려 있다는 것이다. 극동재판은 충분하지 않지만, 전범 처벌을 했다는 점에서 의의가 있는데, 이 비는 그마저도 인정하지 않는다는 것이다. 최근 이를 자각한 가나자와 시민들은 이 비의 철거에 나서고 있다는 것이다. 이 비의 뒷면에 보이는 건립 찬조자 명단 가운데 조선인도 보이는데 이들이 과연 이 비의 내용에 찬동했겠는가 하는 반문도 제시했다. 이 비의 주장에는 일본은 피해당사자이기 때문에 전쟁에 대한 책임이 없다는 내용도 있단다. 거기에 대해 타무라 교수는 과거 일본으로 인해 고통받는 아시아인들을 생각하면 도저히 그 책임에서 벗어날 수 없는데 가나자와 시민은 아직도 그런 역사의식을 갖고 있지 못한다는 것이다. 타무라 교수와 같은 이가 있다는 것은 일본의 양심이 아직도 살아 있음을 보여주는 것이어서 일말의 희망을 갖게 되었다. 서승 교수에 의하면 가나자와시의 이런 호국신사는 일본 전국에 산재해 있는 야스쿠니(靖國)신사의 지점과 같다는 것이다. 이런 설명을 들으면서 최근 일본이 우경화로 역주행하는 것이 바로 이런 사상적 맥락을 갖고 있기 때문이라는 생각이 들었다.

호국신사에서 나와 가나자와성(金澤城) 안에 있는 9사단 위수(衛戍)구금소를 찾았다. 가나자와시에 주둔했던 9사단은 1932년 1월 28일 상해사변 때에 이곳에서 간 부대라고 이미 언급했다. 윤 의사는 바로 이곳에 본부를 두고 파견된 상해부대에 폭탄을 던진 셈이다. 앞서 언급한 바와 같이 그해 11월 18일 오사카성 구금소에서 한 달 동안 머물다가 12월 18일 이곳으로 호송된 윤 의사는 9사단 위수구금소에서 일박한 후 그 이튿날 아침에 장소를 옮겨 처형당했다. 지금은 가나자와성을 복원하고 있어서 옛 부대 자리는 보이지 않지만, 윤 의사가 일박한 위수구금소는 9사단 연병장 한 모서리에 자리하고 있었다. 그 때 윤 의사를 취재한 한 기자는 윤 의사가 한숨도 못 잔 것 같더란다. 영웅호걸인들, 죽음을 앞두고 어찌 잠이 왔겠는가. 우리가 서 있는 곳이 윤 의사가 이승을 하직하기 전 하룻저녁을 보낸 곳이라고 생각하면서 영웅이 자취를 감춘 그곳에 후진들의 처연한 마음만이 님을 통곡했다.

오후에 일행은 약 6시간을 곧장 달려 교토의 도시샤(同志社)대학에 도착, 대학 한 모서리에 나란히 있는 윤동주(尹東柱) 시인과 정지용(鄭芝溶) 시인의 시비 앞에 섰다. 모두 기독교 기관에서 세운 이 학교 출신이다. 두 시인의 시상과 그들이 겪은 아픔에 대해서는 여기서 언급할 겨를이 없다. 이미 늦은 시간이었지만 우리는 계획대로 이 대학의 한 강의실을 빌려 김상기 교수의 "윤봉길 의사의 독립운동"에 대한 강의를 들을 수 있었다. 도쿄, 도야마, 나가자와를 거치는 동안에 별로 더위를 느끼지 못하던 일기가 교토에서는 서서히 열기를 더해 가고 있었다. 저녁 식사 후 숙소로 오는 동안에 내일모레 대만 학술회의에 참석할 예정이라는 서승 교수의 중국 양안 관계에 대한 강의는 남북 대치를 무슨 자랑처럼 내세우고 있는 우리 세대에게 큰 충격을 주었다. 2013년 4월 18일 기준으로, 중국과 대만은 연간 500만 명이 왕래하고, 매주 600편 이상의 비행기가 왕래하며, 대만에서 5만 명 이상이 중국에 유학하고 있다고 했다. 내년부터 대만에서는 병역의 의무가 없어지는데 그 이유는 그만큼 대륙으로부터의 위협이 줄어들었기 때문이라고 한다. 마이주(馬英九) 총통이 들어선 5년 이내에 이렇게 큰 변화가 왔다는 것이다. 그러면서 서 교수는 김대중, 노무현 정권의 대북 화해정책이 계속되었다면 우리도 그 단계에까지 이르지 않았을까 하면서 힘주어 아쉬움을 토로했다.

답사 넷째 날(7월 22일)

교토와 오사카의 찜통더위를 실감케 하는 날이다. 아침 식사를 하면서 요미우리(讀賣)신문을 보니 어제 치른 참의원 의원 선거에서 아베신조가 이끄는 자민당이 압승했다. 무려 37석을 더 얻었다고 한다. 민주당의 참패다. 이제 중의원 참의원 합쳐서 일본의 헌법을 개정할 수 있는 2/3선을 넘었다고 한다. 일본의 우경화와 역주행에 대한 우려가 현실화되는구나 하는 느낌이다. 답사 시간 동안 이런 뉴스는 별로 유쾌하지 않았다. 앞으로 한일 관계와 중국을 포함한 동아시아의 국제적 지형, 세계가 어떻게 변할 것인가 하는 예측 못 할 느낌이 들었다. 그러나 일본의 우익 정치인들과는 달리 시민의 상식이 그들의 역주행을 막을 수 있을 것이라는 확신 또한 없지 않았다.

한두 명의 늦잠 때문에 출발이 30분이나 지연되었다. 우리는 먼저 귀무덤(耳塚 혹은 耳鼻塚)에 갔다. 이 무덤은 임진, 정유왜란 때에 조선인의 귀와 코를 베어서 그 전공을 높이려 한 야만적인 행동에 근거해 만들어진 무덤이다. 도요토미(豊臣秀吉)가 처음에 전공을 사람의 목으로 계산했지만, 보관과 운반이 힘들다고 하여 귀로 대체하다가 귀 두 개도 수량이 많다 하여 한 개의 코를 베어오도록 했다는 것이다. 조선인의 그것들을 베어 소금에 절여 가져갔다. 그들은 이 전공을 자랑삼아 무덤까지 만들었지만, 이는 세계 전사에 유례를 찾아볼 수 없는 잔인함과 야만의 상징이다. 임진왜란 후에 코, 귀 없는 사람이 많았다는 유성룡(柳成龍)의 징비록(懲毖錄) 기록은 바로 이들 말해 주는 것이다. 이 귀무덤 맞은편에 도요토미(豊臣秀吉)를 기린다는 신사(豊國)가 있었다. '내가 저 잔인한 무덤을 조성한 주인공이요'라고 말이라도 하는 듯했다.

버스 안에서 배영미 박사, 김삼웅 전 독립기념관장, 임재경 전 한겨레신문 부사장 등의 설명이 있었다. 히라가타(枚方)시를 지날 때 배영미 박사는 이곳에 백제 왕인(王仁) 박사의 사당이 있는 곳이라고 했으나 직접 답사는 못 했다. 오사카로 들어오면서 자연히 도요토미 히데요시(豊臣秀吉) 이야기가 나오지 않을 수 없었다. 그에 앞서 전국 시대를 통일한 오다 노부나가(織田信長) 그리고 도요토미가를 무너뜨리고 새 실력자로 등장한 도꾸가와 이에야쓰(德川家康) 등 이 세 영웅 이야기가 나왔다. 이 세 영웅의 지방적인 근거지는 오다가 아이지(愛知縣)에, 도요토미가 오사카(大阪)에 그리고 도쿠가와가 에도(江戶, 東京)에 근거지를 갖고 있었다. 그러나 도요토미(豊臣秀吉)가 죽었을 때(1598) 그의 애첩이 낳은 6세의 아들 도요토미 히데요리(豊臣秀賴)가 있었지만, 1603년의 세끼가하라(關ヶ原)전투와 1615년의 오사카성 결전에서 도쿠가와(德川家康)에게 대패, 결국 도요토미가는 사라지고 말았다.

오사카에 들어와 처음 찾은 곳이 백제왕(百濟王)신사였다. 약 1천 평이 넘는 방대한 지역에 원래는 백제가람과 함께 신사도 있었다. 백제 멸망(660) 후 의자왕의 아들(善光) 등이 도래하여 이들의 성을 '백제왕'이라 했다. 그 후예 중 선광(善光)의 증손자 경복(慶福)이 최고위에 오르게 되었다. 또 무녕왕의 후손 중에서 천황(桓武)의 어머니가 되기도 했단다. 일본 안의 옛 조선의 유적을 돌아보면서, 지금 일본에서는 고구려, 고려, 백제 및 신라의 이름을 지우고 있음을 확인할 수 있었다. 지명을 없앤다는 것은 역사를 말살하는 것이다. 이번 답사에서 이런 사례가 많다는 것을 확인하는 계기가 되었다. 이는 일본 독립정신 답사팀이 또 다른 각도에서 독립정신을 환기 받는 순간이기도 했다.

12시경에 대판사회운동현창탑(大阪社會運動顯彰塔)을 답사했다. 관련자 1천여 명 중 두 사람이 조선인인데 모두 제주도 출신으로, 한 분은 3년 6개월 동안 옥고를 치른 후 출옥 후 곧 사망했고, 또 한 사람은 독립운동자로 추서되었는지가 불확실하단다. 일본에서 활동하다가 국가 표창을 받은 이는 지금까지 220여 명이고, 해방 후 옥중에서 풀려나온 조선인은 일본 지역에서 더 많았다. 일행 중 곽태원 한국노동연구원장은 일제 때의 노동운동이 조선인 차별철폐운동과 함께 이뤄졌다고 지적하면서 일본의 노동운동에서 조선인이 일본인보다 더 강렬하게 활동한 것은 차별철폐운동을 겸했기 때문이란다. 1930년대 이후 일본 노동운동이 괴멸되자 조선인들의 노동운동이 더욱 강렬하게 된 것도 이 때문이다. 여기서 일본에서 진행된 한국 독립운동은 사회 노동운동과 분리할 수 없음을 알게 되었다.

이 근처에서 다시 우리는 2차 대전 말 1945년 8월 14일 오사카 대공습 때 교바시(京橋)역 폭격 피해자 위령비를 찾았다. 이때 피해자로 확인된 사람은 210명인데, 확인되지 않은 사람은 600~700명이나 된다. 이 근처에 조선인이 경영하던 소규모 수공업 공장과 조선인이 취로하던 작업장이 밀집해 있어서, 신원이 밝혀지지 않은 대부분의 사람이 조선인으로 추정된다. 이렇게 보면 지금까지 거의 방치되다시피 한 일본 지역의 한국 독립운동 연구는 이번 답사를 통해 새로운 계기를 맞았으면 하는 생각이 간절했다.

이번 답사에서 특징의 하나는 버스 이동 시의 학습이 다른 어느 때보다 열성적이었다는 것이다. 정양원 학생으로부터 다시 질문이 있었다. 정 군은 대전 카이스트에 다니는 학생으로 혼자서 국사 공부를 했는데 이번에는 이승만에 대한 질문을 했다. 1) 이승만이 민간인 학살에 어느 정도 관여했는가, 2)이승만의 위임통치론은 어느 정도까지 사실인가, 3)이승만이 독립운동한 것이 어떤 것인가 하는 것이었다.

어른 여럿이 답변에 나섰다. 민간인 학살의 대부분이 이승만 때에 이뤄졌다는 대답에서부터 그의 독립운동이 어떤 것인지 확연하게 말하기 어렵다는 지적도 있었다. 이승만과 김용중, 한길수의 갈등이 미주에서 한국 독립운동에 부정적 역할을 했다는 것도 지적되었다. 어떤 이는 이승만이 장인환 의사의 재판 통역을 거부한 이유와 관련, 그가 표면적으로 내세운 것은 살인자를 위해 통역해 줄 수 없다는 것이었으나, 사실은 백인의 호의를 무시하지 않으려는 얄팍한 수작이라는 지적도 있었다. 또 이승만은 의열운동을 테러라고 했다는 지적도 있었다. 그가 해방정국에서 맥아더와 가까웠다는 것도 지적하면서 이승만의 5가지 죄상을 지적하기도 했다. 가장 반일적인 정책을 쓴 것으로 알려진 이승만이 이 일본 답사의 버스 안 강의에서 이렇게 비판받는 것을 보면서 이 답사에 임하는 이들의 역사인식과 역사의식의 수준을 가름할 수 있었다.

점심 후에는 천왕사 공원에 가서 조선총독폭압정치 반대투쟁과 관련한 사적지를 답사했다. 1927년 완도 소안초등학교 폐교반대운동과 관련 4천여 명이 모인 적이 있는데 그때 활동한 정남국은 일본 공산당 조선 총국의 간부로서 이곳 천왕사와 관련이 있단다. 또 이곳은 『삼대(三代)』의 작가 염상섭의 독립운동과도 관련된 장소로서 그가 게이요(慶應)대학 문학부 사학과 학생으로서 1919년 3월 19일날 노동자를 포함하여 20여 명이 모였으나 경찰이 제지하자 염상섭이 품에서 무얼 꺼내어 읽으려고 할 때 잡혀 옥고를 치렀다는 것이다.

이렇게 오사카에서 본 독립운동 사적지는 우리 고대사와 관련된 유적도 있지만, 이곳이 한국의 노동자들이 많이 왔던 곳인 만큼 주로 노동운동, 사상운동과 관련된 사적이 많았다. 정신적 자양분과 행동적인 방향을 나름대로 보여준 독립운동 유적지였던 것이다.

답사 다섯째 날(7월 23일)

오늘도 몇 사람이 지체하는 바람에 예정보다 약 40분 늦게 출발했다. 다시 버스 안의 강의로부터 답사가 시작되었다. 재일교포가 많을 때는 260만 명이나 되었으나 그동안 대부분 귀화하고 현재 80만 정도가 되며 그중 5만 명 정도가 오사카에 거주한다.

오전에 오사카(大阪)성을 답사했다. 이 성은 도요토미 히데요시(豊臣秀吉)가 쌓은 성이다. 이미 여러 번 답사한 곳인지라, 이번에는 각층에 있는 전시물을 비교적 자세히 열람했고 동영상으로 도요토미 세력의 해체를 살필 수 있었다. 세끼가하라(關ヶ原)전투(1603)에서 승리한 도쿠가와(德川家康)는 에도(江戸)에서 바쿠후(幕府)를 열고, 쇼군(將軍)이라 했다. 그러나 그 뒤에도 도요토미 히데요리(豊臣秀賴)의 세력은 오사카를 중심으로 완전히 꺾이지 않았다. 1615년 도쿠가와(德川幕府)의 군대는 오사카를 에워싸고 최후의 진멸 작전을 폈다. 이 싸움에서 도요토미(豊臣)가는 완전히 망해 버리고 말았다. 도요토미 히데요시는 이렇게 끝장났지만, 일본의 서민들에게는 자수성가의 꿈을 안겨준 화신으로 지금도 존경받고 있다. 이는, 임진왜란으로 한국인에게는 그의 이미지가 침략과 야만의 상징처럼 되어 있는 것과는 대조적이다.

오사카성 경내에도 도요토미를 모시는 신사(豊國神社)가 있다. 이곳은 2차 대전 때에 일본군 4사단 사령부의 구금소가 있던 곳이다. 우리가 이곳을 들린 깃은 윤봉길 의사가 상해에서 고베(新戸)항에 내려 1932년 11월 18일부터 이곳 구금소에서 1개월간 머물렀기 때문이다. 이 내용이 아사히(朝日)신문에 게재되었다. 1개월 후인 12월 18일 헌병대에 끌려 가나자와(金澤)의 9사단 위수구금소로 옮겨지고 그곳에서 하룻저녁을 자고 그 이튿날 6시에 끌려 나가 7시 27분에 순국했다.

이런 연유를 가진 곳이어서 이곳을 답사지로 찾은 것이다.

오사카성을 마지막으로 이번 일본 답사는 사실상 끝났다. 김상기 교수는 이번 답사의 결론을 다음과 같이 말했다. 이번 답사는 이봉창 의사에서 윤봉길 의사에 이르기까지 그들의 일본에서의 행적을 재편해서 보게 되었다. 첫째는 이봉창 의사의 행적 순서요, 둘째는 윤봉길 의사의 행적 순서이며 셋째는 재일본 임정 활동 사적지를 거의 돌아본 셈이다. 2.8독립운동에 관련된 분들이 대부분 국내를 거쳐 상해에 가서 임정에 참여했기 때문에 2.8독립운동도 대한민국임시정부의 독립운동과 관련하여 말할 수 있다는 것이다. 도쿄역에서 민원식을 처단한 양근환 의사도 임시정부로 가려고 했던 것이다.

김상기 교수의 이번 답사 평가처럼, 금번의 일본의 독립운동 사적지 답사는 이봉창, 윤봉길 의사가 중심이 되어 있고 2.8독립운동과 각종 사회 노동운동까지도 포괄되어 있다. 이번 답사가 있기 전에는 일본 안의 독립운동 사적지에 대해서 매우 소극적으로 평가했다. 그러나 이번 답사를 통해서 한국 독립운동의 지평을 넓혀야 할 뿐만 아니라 독립운동사 연구 분야를 새롭게 확대, 심화해야 할 필요를 절감하게 되었다. 이것이 이번 답사가 주는 또 하나의 중요한 의의라고 생각한다.

답사 기간 동안 60여 명의 단원이 건강에 특별한 이상이 없고, 단원 서로 간에 좋은 인간관계를 맺게 되어 고맙게 생각한다. 이를 계기로 앞으로 독립정신을 선양하는 것은 물론 우리 사회의 인간화, 민주화, 통일화에 크게 기여했으면 하는 기대 또한 간절하다.

(2013. 7. 19. ~ 7. 23.)

해외 소재 한국교회사 자료 수집

「복음과상황」 2021년 12월호는 '텍스트와 세계'라는 특집호를 간행하면서 내게 해외에 산재한 '한국교회사 자료'를 수집했던 과정을 들려 달라는 요청을 해 왔다. 「복음과상황」은 30년 전 1991년에 창간호를 낼 때 김진홍 목사와 내가 공동발행인이기도 하여 편집진의 요청을 거절할 수가 없어 인터뷰에 응했는데, 그 내용이 소략해서 보완하는 것이 좋겠다 싶어 다시 붓을 들었다.

필자의 해외 자료 수집에 대해서는 그때에도 '신앙과 학문의 동지'들에게 간단히 보고한 바가 있고, 필자의 해직 이야기를 쓴 "쑥스러운 이야기"(『한 시골뜨기가 눈떠가는 이야기』)에도 언급한 바가 있다. 그러나 해외 자료 수집은 해직 시절뿐 아니라 복직 후에도 진행되었기 때문에, 앞의 기록들도 참고하여 좀 더 범위를 넓힐 필요가 있다. 이게 다시 붓을 드는 이유다.

해외에 산재한 한국 기독교 사료를 수집해야 한다는 것은 아펜젤러·언더우드 선교사가 내한(1885년)한 지 100주년을 계기로 일어나게 되었다. 1920년대 백낙준(白樂濬) 박사가 한국교회 초기의 역사를 연구하면서 미국 안에서 광범위하게 자료를 수집한 적이 있고, 그 뒤 전성천(全聖天) 박사가 한국교회의 분열사를 연구하면서 미국 안의 자료를 이용한 적은 있으나 시기적으로 극히 제한되어 있었다. 그래서 선교사들이 내한한 지 '100주년'을 맞아 한국교회사를 제대로 쓰기 위해서도 필요하고, 아니면 뒷날 후손들이 한국교회사를 제대로 쓰도록 하기 위해서도 해외에 산재한 자료를 제대로 충실히 모아 두어야 한다는 것이었다. 이런 여론을 일으키는 데에 당시 필자가 가장 앞장섰던 것 같고 동조하는 이들도 있었다. 이런 나의 주장에 여러 사람이 공감해 주었는데 그 중 당시 한국기독교사회문제연구원 부원장으로 있던 김용복 박사는, 다른 사람에게 미루지 말고 이 교수가 직접 가서 수집하는 것이 좋겠다고 하면서, 자기가 미국 측과 교섭해 나의 도미(渡美)를 돕겠다고도 했다. 그때까지 어학 준비도 되지 않은 내가 해외에 나간다는 것은 생각하지도 못했다. 그러나 김 박사의 요청으로 그의 모교인 프린스턴 신학대학원(Princeton Theological Seminary)이 나를 1년간 방문학생으로 초청, 기숙사도 무료로 제공하겠다는 초청장을 보내왔다. 그러나 1980년 수속을 시작한 지 얼마 되지 않아 신군부에 의해 나는 해직되었다. 정부의 여권 발급을 기대할 수 없어 미국행 자체를 포기해 버렸다. 그러나 그 이듬해 온누리교회의 하용조 목사가 정부와 교섭, 여권 발급이 가능해졌고, 다시 김 박사의 도움을 받아 가족과 함께 미국 프린스턴 신학대학원으로 갈 수 있었다.

1. 1차 도미: 북장로회 자료 수집

1981년 7월에 출발, 약 20여 일간의 여행을 거쳐 8월에 프린스턴에 도착했다. 20여 일간 하와이와 LA, 샌프란시스코, 디트로이트 그리고 펜실베이니아의 베들레헴을 거쳐 프린스턴에 도착했다. 얼마 안 있어 뉴욕으로 곧바로 도착한 가족들과 함께 프린스턴 근교의 로렌스빌에 거처를 정했다. 이때 뉴저지 지사실에 근무하는 유종근 박사와 트렌튼 한인교회를 담임하던 유상학 목사의 도움을 받았다. 처음 몇 주간은 프린스턴 신학대학원의 대형 강의를 청강했으나 내 어학 실력으로는 따라갈 수 없었다. 그 사이에 틈틈이 도서관을 이용하여 선교사들의 자료를 점검했다.

그 무렵 한국의 장신대에서 교수하던 마페트(Moffett, S. H, 馬三樂) 박사가 한국 사역을 마치고 프린스턴 신대원의 교수로 왔다. 서울을 떠나기 전에 마삼락 박사와 나를 위해 송별하는 모임이 있었기 때문에 그가 곧 프린스턴으로 올 것이라는 것을 알고 있었다. 나는 그전에도 서울에서 그를 몇 번 만나 선교사 관련 소장 자료를 빌려보곤 했다. 그는 한국 초대 선교사 마포삼열(Moffett, S. A. 馬布三悅)의 아들로서 선대부터 수집한 한국 관련 자료를 많이 소장하고 있었다. 그가 프린스턴에 와서 강의하는 한 학기 동안 나는 그의 강의를 들으면서, 신대원 구내로 이사한 그의 집을 방문, 그가 갖고 있는 한국 자료를 정리해서 목록화해 주었다. 뒷날 그는 나의 이 작업이 큰 도움이 되었다고 했다.

프린스턴에 도착한 후 자료 수집을 위한 계획을 나름대로 세웠다. 우선 도서관에서 한국 관련 자료를 찾으면서 시야를 넓혀 나갔다. 한국 선교와 관련, 옛 도서들에서 여러 자료를 찾을 수 있었다. 가령 1832년 한국을 방문한 귀츨라프(Gützlaff, Karl F. A.)의 중국·한국·류구 열도에 대한 기행문이 있었다. 프린스턴에서 얼마 떨어지지 않은 뉴브런즈윅(New Brunswick)의 러트거즈대학(Rutgers The State University)에서는 그리피스(Wm. E. Griffis) 자료가 있다는 것을 알았다. 그리피스는 러트거즈대학에서 자연과학을 전공했고, 일본의 초청을 받아 도쿄(東京)대학에서 오랫동안 봉사하면서 『은둔의 나라 한국(*Corea the Hermit*

Nation)』(1882)과 한국 관련 논설들을 썼고, 뒷날 아펜젤러 전기(A Modern Pioneer in Korea: The Life Story of Henry G. Appenzeller, 1912)도 썼다. 자동차로 여러 번 그곳에 가서 뒤적였다. 러트거즈대학 도서관에서 찾아야 할 것이 많았으나 당시는 일부만 조사하고 뒷날로 미루었는데 그 뒤 기회를 얻지 못했다. 프린스턴에 있는 동안에 코네티컷주의 뉴헤이븐에 있는 예일대학과 보스턴에 있는 하버드대학에 있는 하버드-옌칭도서관과 보스턴대학교 도서관에도 들를 수 있었다.

예일대학 신학대 도서관은 일명 'Day Mission Library'라고 하여 선교 관련 자료들이 많았다. 이곳에는 약 30여 년간 미국 북장로회 선교부 총무를 지냈고 한국 선교와도 관련이 깊은 브라운(A. J. Brown)의 자료도 소장되어 있다. 마침 내가 방문했을 때 최재건 박사 가족들이 도서관 바로 근처의 기숙사에 있었고 뒷날 연세대 교수로 활동한 노정선 박사도 그곳에서 목회하고 있어서 도움을 많이 받았다.

내가 도미한 지 얼마 안 되어 Day Mission Library를 찾은 것은 백락준 박사의 당부가 있었기 때문이다. 서울을 출발하기 전에 연세대 명예총장실로 백 박사님을 찾아 인사를 드렸는데, 백 박사님은 "이 교수, 미국으로 가시구만요, 이곳에서 나와 같이할 일이 있었는데…"라고 하시면서, 당부하는 것이 있었다. 백 박사님은 1920년대에 예일대학에서 라투렛(Latourette, Kenneth Scott) 교수의 지도하에 한국교회사(The Protestant Missions in Korea, 1832~1910) 연구로 학위를 받으셨는데 그때 한국에 선교사를 파송한 미국의 여러 교단 본부를 찾아가 자료를 수집하셨다. 그때 만든 카드가 연세대 도서관 안의 명예총장실 카드 함에 보관되어 있는 것을 보여주시기도 했다. 이때 백 박사님은 내게 예일에 가면 당신께서 학위논문을 작성할 때 수집해 놓은 한국 독립운동 관련 자료들이 있으니 그것을 꼭 찾아봐 달라고 하셨다. 그 말씀을 들으면서 백 박사님이 왜 당신의 학위논문의 하한선을 1910년, 일제 강점이 시작되는 시기로 끊었는지 이해할 수 있게 되었다.

뉴헤이븐에 머물며 Day Mission Library를 뒤적였으나 백낙준 박사께서 당부하신 자료는 발견할 수 없었다. 그 뒤 탐색 범위를 확장, 장서 소장 규모로 보면 미국에서 몇째 간다는 예일대학 본도서관에 가서 찾으려 했으나 엄두를 낼 수 없었다. 다만 동양학 분야를 따로 모아 놓은 곳에서 한나절을 보내며 목록 중심으로 찾아보았으나 백 박사님이 부탁한 그 자료는 찾을 수가 없었다. 이렇게 자료 발굴에 실패한 내용을 적는 것은 뒷날 이 글을 읽는 분 중에서 백 박사께서 모아 놓았다는 한국 독립운동 관련 자료를 혹여나 예일대학에서 발견할 수 있었으면 좋겠다는 기대 때문이다.

예일대학을 찾은 김에 곧장 북동쪽으로 갔다. 이때는 가족들도 동행했다. 보스턴 근처에 처조카 되는 이수한(李壽漢)이 서울대 공대를 마치고 보스턴 근처로 와서 유학을 하고 있어서 도움을 받았다. 하버드대학 근처에 숙소를 정하고 나는 며칠 동안 하버드-엔칭도서관을 찾았다. 한국 세션을 맡은 책임자로서는 중후한 모습의 김성하 선생이 계셨는데 이분은 평양에서 활동한 어느 목사님의 아드님이라고 했다. 그 무렵 서울대 도서관에서 활동하던 백린 선생도 이곳에 와서 수고하고 계셨다. 하버드-엔칭도서관의 장서가 100만 권이 넘었는데 그중에서 한국교회사 자료를 며칠 일정으로 찾는다는 것은 거의 불가능했나. 한국 고서 중 희귀본 빛 개를 복사하고 돌아왔다. 당시만 해도 한국에서 방문자가 많지 않아서 그런 듯, 방명록도 비치하지 않았기에 그것을 지적하니 그 이튿날 방명록을 비치했다. 맨 첫 줄에 내 이름을 적어 넣었다.

예일대학과 하버드대학을 다녀온 뒤, 도서관 중심으로 자료를 찾기보다는 선교 본부 혹은 그 고문서관을 중심으로 한국교회사 자료를 수집하는 것이 좋겠다고 생각하고, 첫 대상으로 필라델피아에 있는 '장로회역사협회'(Presbyterian Historical Society)를 찾기로 했다. 프린스턴의 마페트 박사로부터 추천장을 받아서 그곳을 찾았다. 이곳은 미국 북장로회의 각종 사료들을 수집해 놓은 곳으로 총회와 대회, 노회의 자료뿐만 아니라 개교회의 당회록 같은 것도 원본 혹은 복사본으로 비치해 놓고 있다고 한다. 특히 북장로회 선교부의 수발(受發) 서류들이 있어서 선교 본부와 선교 현지 간에 왕래한 서류와 편지들이 보관되어 있었다. 당연히 북장로회에서 한국으로 파송한 선교사들과 관련된 자료들도 보관되어 있다. 이 협회 건물은 지하 2층, 지상 2층으로 되어 있었다. 협회 사무실 입구에 들어서면 각종 참고 서적들과 이 협회가 소장한 문건들의 목록이 있었다. 처음에는 목록을 통해 원하는 자료를 요청하면 담당자가 찾아서 가져다주었다. 종일 있게 되면 몇 차례씩 자료 요청을 하고 복사를 부탁하곤 했다.

이 협회는 필라델피아 중심부의 미국 독립운동과 관련된 고적들이 있는 도심에 자리 잡고 있으며 십여 대의 주차도 가능한 공간을 갖고 있었다. 내 숙소가 있는 로렌스빌에서 필라델피아 외곽까지는 고속도로를 이용하는데 협회까지는 약 한 시간이 걸렸다. 약 3개월간 월요일부터 금요일까지 출퇴근하다시피 했다. 시간이 좀 지나자 이 협회에서는 내게 조그만 방을 연구실로 제공해 주었다. 아침에 열람을 시작하면서 목록을 건네면 카트로 자료들을 실어다 주었다. 자료들은 주로 선교사들이 선교 본부에 보낸 편지 보고서인데 대부분은 타이핑되어 있고 간혹 수기로 된 문건도 있었다.

자료 중에는 각 선교부의 연례보고서가 있는데 이것은 거의 인쇄되어 있다. 한국(조선)에는 북장로회 선교부를 총괄하는 선교부(station)

가 있고 그 산하에 지역별로 9개(대구, 안동, 청주, 서울, 재령, 평양, 선천, 강계, 흥경)의 선교지부(sub-station)를 두었는데 각 선교지부도 나름대로 연례보고서를 출간했다. 연례보고서에는 선교의 진행, 교회와 학교의 상황 등에 대한 보고가 있었다. 선교사들은 개별적으로 본국의 선교 본부에 편지와 보고서를 보내기도 했다. 간혹 이런 개인 보고서도 연례보고서에 인용되기도 했다. 내가 도미했을 때 1910년 이전의 각종 편지와 보고서는 마이크로필름으로 만들어 놓았다. 그 필름에는 각 문서에 간단한 설명을 붙여 목록화해 놓아 이용자들에게 편의를 제공했다. 나도 한 권의 책으로 묶인 그 목록집을 구해서 수집에 많은 도움을 얻었다. 그 목록집을 복사해서 필요한 문서들을 이 책자의 문서 번호를 따라 찾아보기도 했다.

그러다가 한번은 놀라운 사실을 발견하게 되었다. 마이크로필름으로 된 부분이 희미하거나 초점이 맞지 않아 그 내용을 확인하기 위해 원본과 대조해 보려고 원본을 보여 달라고 요청한 적이 있다. 이는 촬영할 때 사이즈나 초점을 잘못 맞추게 되면 어떤 부분은 보이지 않고 어떤 부분은 초점이 흐려져 희미하게 촬영된 것이 더러 있었기 때문이다. 그럴 경우 그 마이크로필름으로서는 그 문서를 읽어내기가 힘들어 그 문서의 원본과 대조해 보면 그 내용을 확인할 수 있기 때문이다. 나의 이러한 요구에 놀랍게도 그들은 그 원본을 마이크로필름으로 만든 후에 모두 폐기해버렸다고 했다. 도저히 믿기지 않는 소리라서 재차 확인했으나 답은 같았다. 미국 같은 나라에서, 더구나 연구기관에서는 도저히 생각할 수 없는 일이 일어나다니!!! 그때의 충격은 컸다. 문서 보관을 위해서 이런 조직과 건물을 만들었는데 마이크로필름을 위해 촬영한 후에 그 원본 문서를 폐기하다니, 이는 문명국답지 않다고 생각했다. 그러니까 미국 북장로회의 경우, 1910년까지의 선교부

왕복 문서들은 마이크로필름으로만 존재하지, 원본 문서들은 존재하지 않는다는 것이다. 내가 그런 지적을 했을 때 사무원들은 시큰둥했으나 전문가들이라 할 사서들은 자신들의 불찰을 인정하는 것 같았다.

필라델피아 '장로회 역사협회'에서 3개월 동안 나는 인쇄된 각종 연례보고서보다는 선교사 개인의 보고서나 편지를 많이 열람한 셈이다. 그리고 필요한 것은 복사했다. 선교사 개인별로 중요하다고 생각되어 복사한 문서들은 뒷날 개인별로 묶어 놓았다. 그리고 한국 기독교사 연구를 위해서는 이곳에 저장되어 있는 문서들을 어떤 형태로든 한국에 가져가지 않으면 안 된다고 생각했다. 그래서 그 이듬해 다시 와서는 1910년 이후 비밀 해제가 가능한 시간까지의 문서를 모두 마이크로필름으로 만들어 달라고 요청했다. 물론 그 비용은 내가 한국에서 모금한 것으로 제공했고 그 필름의 원본은 역사협회가 갖고 우리는 복사본 한 부를 받는 정도였다. 마이크로필름을 만드는 데 드는 돈은 우리가 제공했는데 그 필름의 원본은 그들이 갖는 구조였다. 문서의 권리가 그들에게 있기 때문이다. 우리가 갖지는 못했지만, 우리가 그 문서를 필요로 한다면, 자기들이 정한 규정에 따라 마이크로필름으로 만들어 이용하되 그 문서의 소유주가 '역사협회'이기 때문에 마이크로필름의 원본은 자기들이 소유해야 한다는 것이었다. 한국 관련 선교 문서들의 마이크로필름 작업을 위해 역사협회와 교섭하는 데에는 당시 필라델피아에서 공부하고 있던 배병열 교수의 도움이 컸다. 이렇게 3개월간 매일 출근하면서 미국 북장로회 관련 자료를 검토하고 뒷날 마이크로필름으로 만들어야 할 것을 미리 정리한 셈이다. 그리고 선교본부에 보내는 공식적인 자료가 아니고 선교사를 파송한 교회에 보낸 편지나 보고서 등 사적인 자료들은 그것대로 정리하면서 복사하기도 했다. 지금도 이 시기에 자료에 묻혀 지냈던 시간들을 회고하면 정말 꿈같은 시간이었다.

이때 한국으로 가져온 마이크로필름은 한국기독교역사연구소가 다시 출력하여 시기별로 북장로회 왕복 선교 문서로 정리해 놓았다. 연구소는 그 뒤 이 문서들의 정리한 목록들을 학회지에 제공하여 연구자들에게 편의를 제공하고 있다. 이 밖에 이 마이크로필름에 얽힌 일화들이 있으나 여기서는 생략하겠다.

2. 2차 도미: 남장로회와 캐나다 선교부의 자료 수집

북장로회 자료 점검과 수집을 끝낼 무렵, 한국에 있는 동생으로부터 연로하신 어머님께서 편찮으시다는 연락을 받고 1982년 7월 급히 혼자 귀국했다. 어머님께서 차도가 있으셔서 다시 도미하려고 하는데 아내와 아이들이 뒤따라 귀국해버렸다. 도미한 지 10여 개월 만이었다. 그즈음에 미국 체재를 1년쯤 연장하여 자료 수집을 계속하는 것을 그곳에 계시는 분들과 의논 중이어서 그해 여름 방학에는 아이들과 함께 미국을 종주하여 LA까지 자동차 여행도 계획하고 있었는데 아쉽게 되었다. 아직 미국에서 해야 할 자료 수집이 끝나지 않아 나는 혼자 그해 9월에 재차 도미, 남장로회와 캐나다 연합교회 자료를 점검하고 수집하기로 했다.

다시 도미하기에 앞서 1982년 9월 27일 저녁에 회현동의 중국집 '연경궁'에서 한국기독교사연구회가 창립되었다. 그전부터 한국교회 '100주년'을 준비해야 한다는 논의가 있었고, 한국교회사 연구에 뜻을 가진 젊은 분들이 기독교문사에서 간행하는 『한국기독교대백과사전』 집필에 참여하면서 뜻을 모으고 있었다. 내가 잠시 귀국한 후, 한두 번 모여서 미국 자료 수집에 관한 이야기를 들려주었는데 이때 뜻을 같이 하는 '신앙과 학문의 동지들'이 우선 연구회라도 조직하는 것이 좋겠다고 의견을 모았다. 그 모임에서 내가 회장으로 선출되었고, 해직 이후 무직 상태에서 명함조차 가질 수 없었던 내게 한국기독교사연구회 회장이라는 직함이 주어지게 되었다. 두 번째 도미에 앞서 '한국기독교사연구회 회장'이라는 영문 명함을 마련했다. 그전에는 미국에서 한국의 '해직 교수'라고만 소개되었는데, 이제는 이 명함을 들고 다니게 되어 협조를 구하는 데에 퍽 도움이 되었다.

1982년 10월 초에 두 번째로 도미했다. 이때는 뉴욕 시내의 자료와 남장로회 및 캐나다 연합교회의 자료 수집을 목표로 했다. 자료 수집을 위한 여행의 순서는 처음이 남장로회 자료를 위해 노스캐롤라이나주의 몬트리트와 조지아주의 애틀랜타시, 워싱턴D.C.의 국회도서관이었다. 그다음이 캐나다 자료 수집을 위해 토론토를 방문하고, 돌아오는 길에 오하이오주 프리몬트와 콜럼버스를 방문하는 것이었다. 그런 후에 뉴욕 시내의 미국성서공회(ABS)와 인터처치센터와 유니언신학교 및 뉴욕 공공도서관을 방문하기로 했다. 그러나 뉴욕의 경우는, 내가 거하는 프린스턴에서 가깝기 때문에 이런 순서에 구애받지 않고 틈틈이 드나들면서 자료를 열람 수집했고 귀국하기 전에 몇 주간은 본격적으로 수집에 나섰다.

남장로회 사료 보관소인 '역사재단'(Historical Foundation)은 노스캐롤라이나주 몬트리트에 있다. 몬트리트는 남장로회 은퇴선교사들이 많이 거주하는 블랙마운틴과 붙어 있는 자그마한 마을이다. 프린스턴에서 자동차를 직접 운전해 갔는데 거의 이틀이 걸렸다. 가는 동안에 찬송가(〈너희 마음에 슬픔이 가득할 때〉, 〈내 평생 소원 이것뿐〉, 〈내 주를 가까이 하려함은〉 등)를 불러 가면서 운전하니 차 안에서 '부흥회'를 하는 분위기였다. 블랙마운틴에서 멀지 않은 애슈빌에서 목회하고 있던, 뒷날 고신대학 교수로 부임한 최덕성 목사의 안내를 받아 블랙마운틴의 조그마한 호텔에 숙소를 정했다. 이 호텔은 '형제교단' 소속의 한 그리스도인이 경영하고 있었는데, 하루 숙식비가 10달러밖에 되지 않았다. 그 호텔을 이용하는 이들이 노력 봉사를 하기 때문에 가능하다는 것이다. 그곳에서 한 달을 지내며 호텔에서 마련해 준 점심(샌드위치)을 가지고 매일 자동차로 10분 거리에 있는 몬트리트의 '역사재단'에 왕래했다.

'역사재단'은 호남지역에 선교사역을 폈던 미국 남장로회의 사료보관소로서, 그전에 테네시주 내슈빌(Nashville)에서 이곳으로 옮기면서 많은 자료를 폐기했다고 한다. 그래서인지 북장로회가 관리하는 필라델피아의 '장로회 역사협회'만큼 자료가 많지 않았다. 새롭게 수집한 듯한 수고본(手稿本)에는 'Eugene Bell Collection'과 'John Fairman Preston Papers', 'Harrison(William B.)의 일기' 등의 문서들도 있긴 했지만, 대부분은 마이크로필름으로 되어 있었다. 그래서 마이크로필름을 돌려가며 한국 선교 관련 자료를 일일이 찾아서 출력하여 수집하는 방법을 취했다. 내가 출력을 하도 많이 하니까 며칠 안 가 인화용 특수용지가 떨어졌는데 그곳 시골에서는 그 인화지를 구할 수 없어 큰 도시에 연락해 내 일이 끊기지 않도록 도와주었다. 처음에 그 인화 대금을 매일 지불했는데 그 돈이 적지 않았다. 책임자인 브룩스(Brooks) 박사에게 내 형편을 말하고 편의 제공을 부탁하니, 그러면 매일 계산하지 말고 인화한 수량을 기록해 두었다가 끝날 때 한꺼번에 정산하자고 했나. 마치는 날 계산하면서 그는 절반이면 감당할 수 있겠느냐고 물어 왔다. 감사를 표하고 아마도 8백 달러 정도를 지불한 것으로 기억한다.

프린스턴에서 남부로 출발한 것이 10월 21일이고, 이곳에 머물면서 애틀랜타와 플로리다 및 테네시주의 내슈빌을 방문하고 이곳을 출발하여 워싱턴으로 향한 것은 11월 26일이었다. 한 달 이상 머문 블랙마운틴의 생활은 참으로 유익한 시간이었다. 이곳 호텔에 든 분들 가운데는 나이 드신 분들이 많았다. 이들은 처음에 양로원으로 갔다가 이 호텔이 값이 싸고 친절하다고 하여 이곳으로 옮긴 분들이 대부분이었다. 식당 홀에서 저녁 식사를 마치면 우리 몇 사람은 피아노 곁으로 모여 찬송을 불렀다. 내가 이곳에 머물며 영어 지도도 받은 해밀턴 여사 같은 할머니는 대학교수 부인이었는데, 이때 그는 우리나라에서도 통용되는 옛날 찬송을 잘 알고 있어서 같이 모여 부르면서 기뻐하곤 했다. 몇 사람이 모이면 4부 합창이 가능했다. 나는 베이스로 도왔다. 이들 중에는 점퍼(Jumper) 여사 같은 인디언계의 음악 교사 출신이 있어서 자신이 작곡한 노래로 일종의 4중창단을 조직, 애슈빌의 어느 방송국에 가서 녹음 방송을 한 적도 있다. 블랙마운틴에서의 한 달은 정말 꿈같은 시간이었다.

내가 블랙마운틴에 와서 자료를 수집한다는 소문이 은퇴선교사들 사이에 났던 것 같다. 하루는 당시 대전 숭전대학교 교수로 있던 서의필(Sommerville, John) 목사에게서 만나자는 연락이 있었다. 그의 동서가 미국의 유명한 복음주의 부흥사 빌리 그래함으로 그의 집도 몬트리트에 있다고 들었다. 서의필 교수는 안식년을 맞아 자기 집에 왔다가 내 소식을 듣고 연락, 근처의 맥도날드 집에서 만났다. 그는 내가 이곳에 온 목적과 나의 한국교회사 자료 수집에 관해 자세히 묻고 자기들이 못 하는 일을 한다고 격려해 주었다. 그 뒤 그의 부인이 남장로회 관련 한국 선교사 자료를 수집한다는 이야기가 들렸고 수집한 자료를 한남대학교 등에 남겼다는 소식을 들었다. 짚이는 데가 있었다.

블랙마운틴에 있는 동안, 애팔래치아산맥 남부의 산과 수려한 풍경과 불타는 듯한 단풍을 구경하며 '인디언 보호구역'을 답사할 수 있었던 것도 잊을 수 없는 추억이다. '인디언 보호구역'에 있는 유물 중에는 내가 어릴 때 시골에서 보았던 것과 같은 연장들을 볼 수 있었다. 문명 이기의 유사성을 엿볼 수 있었다. 그러면서 베링 해협을 사이에 두고 아시아주와 북미주를 넘나들었을 인디언 조상들이었기에 이런 유사한 문명을 남긴 것이 아닌가 하는 느낌을 받았다.

하루는 그곳에서 멀지 않은 곳에 있는 조지아주 애틀랜타에 계시는 김인식 박사로부터 연락이 왔는데 멀지 않은 곳이니까 그곳을 다녀갔으면 좋겠다고 했다. 그전부터 김 선교사님과는 연락을 주고받았다. 그는 당시 미국 남장로회 해외선교부 극동 총무로 있었다. 차를 몰고 그곳으로 가서 애틀랜타에 계시는 은퇴선교사들을 만날 수 있었다. 김 박사의 소개로 만난 분 중에는 *Mission to Korea*의 저자 브라운(Brown, G. T.) 박사도 있었다. 그는 남장로회 선교사로 한국에 왔다가 귀국, 그 경험을 토대로 리치몬드의 유니온신학교에서 학위를 받았는데 그 학위논문을 책으로 낸 것이다. 브라운 박사는 내 작업을 듣고 격려해 주면서 자기도 도울 수 있었으면 좋겠다고 했다. 그곳에서 몇몇 선교사 후예의 집을 돌아봤는데 많은 자료들이 주인을 기다리고 있다는 인상을 받았다.

애틀랜타에 가 있는 동안에 플로리다에서 사업을 하는 김진경 박사에게서 연락이 왔다. 김 박사는 내 고등학교 3년 선배이면서 학생신앙운동(SFC)의 선배이기도 했다. 영국 유학을 하면서 그곳 젊은이들에게 한국 신교를 유도하기도 했다. 김 박사는 내 소식을 듣고 김인식 박사께 전화, 내 형편을 물었던 것이다. 김 박사는 자기 사업장이 있는 플로리다 펜서콜라로 나를 초청하겠다면서 비행기 표를 보내 주었다. 며칠 동안 예정에 없던 플로리다 여행을 경험하며 그곳 한인교회에서 설교도 하고 보수적인 미국 교단(PCA) 소속 교회의 예배에도 참석하고 플로리다 해안의 슈거 샌드(Sugar Sand) 등을 돌아볼 수 있어서 좋은 추억을 남겼다. 김진경 박사는 그 뒤 연변과기대학과 평양과기대학을 세워 지금까지 봉사하고 있다.

남장로회 자료 수집을 마치고 돌아오는 길에 워싱턴에 들러 국회도서관에서 한국 관련 자료를 찾았다. 마침 워싱턴에는 김형석 선생님이 와 계셨고 그의 사위 최병일 선생 댁에서 며칠 지내면서 국회도서관을 출입했다. 국회도서관의 양기백 박사는 김형석 선생의 친구이기도 해서 도움을 많이 받았다. 12월 4일 워싱턴에서 프린스턴으로 돌아와 이듬해 초 캐나다 토론토로 자료를 수집하러 가기까지 뉴욕의 유니언 신학교를 비롯한 몇 군데를 살펴봤다.

캐나다 연합교회 자료 수집을 위해 토론토로 가기 위해 12월 말에 먼저 보스턴으로 갔다. 하버드-옌칭도서관에 가서 김성하·백린·이성무·최몽룡·윤내현(단국대) 제씨를 만났고, 일제의 고등경찰 자료들을 종일 복사했다. 보스턴 근처의 피츠버그에는 중학교 때부터 고등학교를 거쳐 서울대 의대에 다닐 때까지 가까운 친구로 지냈던 김청하 의사가 살고 있다고 했다. 김청하는 1964년에 미국에 와서 이곳에서 활동하면서 교민들의 친목을 위해서도 적극 협조하고 있다고 해서 김성하 선생과 함께 그 집을 방문했다. 놀랍게도 김청하는 당시 9에이커나 되는 넓은 땅을 가진 큰 저택에 살고 있었다. 그의 집에는 방마다 각종 벽시계를 걸어 놓았는데, 그 대부분은 보험에 들어 있는 고급이라고 했다.

연말연시 며칠 동안 김청하 집에서 지내고 1월 3일 조카 이수한의 배웅을 받으며 캐나다 토론토를 향해 출발했다. 나이아가라 폭포를 다시 돌아본 뒤에 토론토로 직행했다. 내가 토론토에 간다니까 유종근 박사가 그곳에 가서 자기 누이동생(유명숙 김연수 부부) 가정에 머물 수 있도록 조치해 놓았다고 했다. 그의 누이동생 유명숙 씨는 CPA로 활동하고 있었고, 남편 김연수 씨는 한인회에서 중책을 맡고 있었는데 거의 보름 동안 머무르며 캐나다 장로회 및 연합교회의 한국 선교 관련 자료를 살펴봤다. 이에 앞서 예일대학에 갔을 때 최재건 박사는 캐나다 연합교회 한국 선교 관련 마이크로필름을 갖고 있다고 하면서 그것을 복제해 주었다. 내가 캐나다 연합교회 문서보관소(United Church Archives)에 도착, 용건을 말하니 그들은 캐나다 장로회 및 연합교회 선교사의 보고서, 편지 등의 목록을 제시해 주었다. 며칠 동안 그 목록을 중심으로 여러 선교사, 예를 들면 맥도날드(Donald Alexander MacDonald) 등의 자료를 보았다. 그곳에 머물며 자료를 수집하는 한편 그곳에 정주하고 있는 많은 지인을 만날 수 있었다. 이상철 목사님이 *Canadians in Korea*를 갖다주었고 그의 장인이기도 한 김재준 목사님의 근황을 말씀해 주셔서 토론토를 떠나기 전에 한나절 인터뷰할 수 있었다. 한 보름 머무는 동안 학교 동료, 신앙의 동지, 제자 등 많은 사람을 만날 수 있었던 것은 망외의 기쁨이었다.

토론토에서 자료 수집을 마치고 미국 디트로이트를 거쳐 프린스턴으로 돌아가려고 했다. 토론토 남부 런던의 신용규 목사 댁으로 가다가 눈길에 '정말' 큰 사고가 일어났으나 다행히도 자동차와 내 몸에 이상이 없었다. 캐나다를 벗어나 디트로이트에 있는 강위영 형을 방문, 며칠 휴식을 취했다. 그런 후에 오하이오주의 프리몬트를 찾았다. 이곳은 미국 19대 대통령 러디포드 헤이스(Rutherford Hayes)의 출신시로 그를 기념하는 박물관과 도서관이 있다. 이 도서관에는 선교 초기(1887~1895)에 한국에서 출판선교 활동을 한 프랭클린 올링거(Franklin Ohlinger) 선교사의 유품이 있었다. 도서관 책임자에게 내 사정을 말하고 도움을 청했다. 그가 마련해 주는 자료를 약 100여 쪽 복사하고 곧 떠나야 했다. 교회 동료이기도 했던 이석형 박사 내외가 유학하고 있는 오하이오 대학교(OSU) 소재의 콜럼버스까지 갈 길을 재촉해야 했기 때문이다. 콜럼버스에서는 우리나라 초대 의료선교사로 온 알렌이 다녔다는 웨슬리언대학에도 다녀왔다. 이곳에도 한국 선교사 후예들이 있어서 초대를 받곤 했는데 그들은 많은 사진을 내놓고 설명을 하곤 했다. 내가 그때 선교 관련 사진 수집에 관심을 가졌다면 이때 많이 수집할 수도 있었을 것이다.

콜럼버스의 이석형 박사 댁에서 며칠을 지낸 뒤에 펜실베이니아주의 베들레헴에 들렀다. 이곳에는 나와 중고등학교 동창이면서 서울대 물리학과를 마치고 미국에 유학, 지금은 베들레헴 리하이대학교에서 교수로 재직하고 있는 김용욱 박사가 있었다. 그의 모친 김남준 여사는 마산 의신여학교에서 가르친 신여성으로 3·1운동 등 독립운동에도 관여한 믿음의 어머니였다. 만년에 아들 집으로 이민해 왔기 때문에 귀천(歸天)하기 전에 뵙고자 이곳을 들렀다. 이곳에 소재한 메노나이트대학 서점에서 미국 기독교사와 관련된 몇 권의 책을 구입했다.

1982년 10월 두 번째 도미하여 틈틈이 뉴욕과 뉴저지 근처의 도서관을 찾아 한국 자료를 확인했다. 서울을 출발하기 전에 배재 출신의 연세대 교수 나일성 교수를 만났는데, 그가 배재학당에 관련된 마이크로필름을 갖고 있다고 했다. 그것은 배재학당을 잠시 관리한 바 있는 번커(Bunker, D. A.) 시기에 학교 재정 관련 문서를 마이크로필름화한 것인데 보관상태가 좋지 않았다. 이 문서는 오래되기도 했거니와 한때 창고에 방치된 채 물에 젖기도 하여 원본 자체가 판독하기에 쉽지 않았다. 그런 상태에서도 이를 보존하기 위해 마이크로필름으로 만들었던 것이다. 이것은 아펜젤러 자료를 많이 보유하고 있는 뉴욕 유니언신학교가 흥미를 느낄 것이라고 생각되었다. 유니언신학교는 자료 열람이 아주 까다로웠다. 이것을 가져가면 열람에 도움이 될 것이라고 판단했다. 예상은 적중하여 비록 판독하기 쉽지 않은 마이크로필름이었지만 유니언신학교의 여러 자료를 열람하는 데에는 큰 도움이 되었다.

유니언신학교 근처에 인터처치센터가 있는데, 이곳 도서관에서도 각종 선교보고서와 마이크로필름을 구할 수 있었다. 이곳에서 구한 한국 감리회 관련 마이크로필름은 서울의 감리교신학대학에 기증했다. 뉴욕 공공도서관에서는 알렌(H. N. Allen, 安連) 문서를 뒤적였는데, 열람실과 서고가 멀어서 그런지 복사비가 매우 비싸 목록만 복사해 왔다. 한국 선교사 후예로서 뉴욕에 거주하는 린턴(Steve Linton) 씨에게 그 도서관의 복사비가 매우 비싸다고 말을 하니, 자기는 뉴욕 도서관 후원회원이라면서 그럴 리가 없다고 했다. 그러나 자신이 도서관에 전화해 직접 확인한 후에는 크게 흥분하면서 도서관의 처사를 비판했다.

이 밖에도 두 번째 도미하여 미국성서공회와 뉴저지주 메디슨에 있는 드루(Drew)대학의 감리회 문서보관소에도 갔었으나 이 점에 대해서는 뒤에서 언급하겠다.

3. 미국성서공회 등의 자료 수집

두 차례에 걸쳐 미국을 다녀온 뒤에 합동신학교에서 공부하며 또 강의도 했다. 그 무렵 대한성서공회 총무 김호용 장로님이 만나자는 연락이 왔다. 대한성서공회는 1993년을 성서공회 창립 100주년으로 잡고 대한성서공회의 역사를 정리하고자 했는데, 그 집필을 필자에게 맡기고 싶다는 것이었다. 아직 학교에 언제 돌아갈지 알 수 없는 시점에 이런 제안을 받고 보니 사양하기도 곤란했다. 대화 중에 자료가 얼마나 있는지를 물었다. 성서공회가 지금의 양재동으로 옮기기 전에 종로에 있었는데 두 번이나 화재를 당해 설립 초기의 문서들은 거의 없다고 했다. 더구나 6·25전란을 겪었는지라 해방 이전의 자료도 거의 없다고 했다. 대화를 통해서 6·25 이전의 성서공회가 생산한 문서는 거의 없음을 확인할 수 있었다. 결국 1차 자료를 구하려면 영국성서공회와 미국성서공회를 방문하여 찾아보지 않으면 안 될 것 같았다. 국내에서는 다른 문건들을 통해 성서공회에 관한 2차, 3차 자료 정도는 구할 수 있을 것으로 판단되었다. 김호용 총무와의 대화를 통해 해외의 1차 자료를 수집한다는 조건으로 성서공회사 집필을 약속했다.

이해(1984) 6월부터 해외에 나가 성서공회사 자료를 수집할 계획들을 세웠다. 초기에 한국에 성서 사업을 했던 외국 성서공회는 대영(영국)성서공회(British and Foreign Bible Society: BFBS)와 스코틀랜드성서공회(National Bible Society of Scotland: NBSS) 및 미국성서공회(American Bible Society: ABS)였다. 이 중 NBSS는 직접 지부를 설치하거나 사람을 파송하지 않고, BFBS의 한국 성서 사업에 재정지원을 통해 참여하는 형태였다. 가령 초기(1882년)에 로스(Ross, John. 羅約翰)가 심양(沈陽)에서 누가복음 3천 부를 간행했을 때 그 재정의 1/3을 NBSS가 부담하고 출판 부수의 1/3을 받아 자기들이 권서(勸書)를 통해 배포하는 그런 형태였다. 그리고 ABS는 1903~1919년까지 한국에서 사업을 하다가 그 뒤 이를 BFBS에 이양하고 사업처를 다른 곳으로 옮겼다. 따라서 초기의 성서공회 1차 자료를 찾으려면 BFBS, NBSS 및 ABS 본부를 찾아가서 그 문서실을 뒤적여야 할 필요를 느끼게 되었다.

1980년부터 시작된 나의 해직 상태가 언제 해결될지 알 수 없는 상황에서 우선 앞의 세 성서공회를 방문하여 자료를 수집하는 것이 필요하다고 판단하고 대한성서공회(Korean Bible Society: KBS)와 협의했다. 자료 수집에 필요한 연락 관계와 재정적 뒷받침을 해주겠다는 약속을 받았다. 나는 내 나름대로 미국과 영국 등지에 연락을 취했다. 지난번

두 차례에 걸쳐 미국에서 교회사 자료 수집을 했던 것이 좋은 경험이었다. 미국에는 당시 뉴욕 쪽에서 연수 중인 우창록 변호사에게 연락하고, BFBS를 찾는 것은 그때 영국에서 유학하고 있는 당질(堂姪) 이성구 목사에게 그리고 NBSS 방문을 위해서는 에든버러 근교에 자리 잡고 있는 이중수 선생께 서신을 보내 언제쯤 그곳을 방문코자 하니 숙소를 예약해 달라고 했다. 세 성서공회를 방문하여 자료를 수집하는 기간은 대략 7월부터 10월까지 4개월로 잡았다. 이는 내가 공부하고 강의도 하는 합동신학원의 1학기 강의를 마친 시기이긴 하지만 2학기 강의에는 지장이 없지 않아 보였다.

이렇게 자료 수집 계획을 세우고 미국을 방문하기 위한 비자 서류 준비를 하고 있는 6월 중순, 정부는 1980년 전후하여 해직시킨 교수들 전원을 본교로 복직시킨다는 계획을 발표했다. 숙대 총장으로부터는 6월 19일자로 "문교부로부터 사직 교수에 대한 교수직 임용이 허용되어 통지하오니 내교하여 임용 절차를 밟으시기 바랍니다"라는 '사직 교수 교수직 임용통지'를 받았다. 며칠 전까지 세워 놓은 자료 수집 계획이 차질을 빚을 수밖에 없었다. 다시 대한성서공회의 김호용 총무를 만나 복직하게 되어 자료 수집에 차질을 빚게 될 것 같다고 양해를 구했다. 그래서 올해 자료 수집은 미국에만 국한하기로 하고 7월 중순부터 8월까지로 잡았다. 스코틀랜드의 이중수 선생께는 다시 연락, 올해 NBSS에 대한 자료 수집은 다음으로 미뤄야겠다는 사정을 말했다.

세 번째로 자료 수집차 미국으로 출발한 것은 1984년 7월 중순이었고 8월 20일이 지나 귀국했다. 그 기간 동안에 중점적으로 찾은 곳은 뉴욕 시내에 소재한 미국성서공회(ABS)와 뉴저지주에 소재한 드루(Drew)대학 문서보관소였다. 귀국할 무렵에는 뉴욕 유니언신학교 도서관에도 며칠 들렀다.

ABS에는 마침 한국인 백예원 목사가 근무하고 있어서 그의 소개로 미국성서공회 총무 에릭슨 박사와 사서 책임자 등 몇 분을 만나 한국 성서공회사와 관련된 자료를 수집하러 왔다는 것을 말하고 협조를 요청했다. 한국의 성서공회의 경우, 두 번이나 화재를 맞은 데다 6·25전쟁을 겪는 바람에 남은 자료가 거의 없다는 것도 말했다. 나는 먼저 이곳에 보관된 한국어 성서의 목록을 파악하려고 했는데, 이는 한국의 성서공회와 ABS와의 관계를 말해 주는 것으로 이해했다. 또 중국과 일본의 성서 번역과 관련된 자료들이 있는지 물었다. 또 여기서 간행한 정기간행물 등에서 한국 성서공회 혹은 성서 번역 관련 기사들을 파악하고 그것을 찾아 복사하는 것, 또 한국의 성서 번역과 보급에 도움을 준 분들의 전기나 기록물 등을 수집했으면 한다고 말했다. 이들 중에는 아펜젤러, 언더우드, 헨리 루미스(Henry Loomis), 빈턴(Vinton), 피터스(Pieters) 등 비교적 초기의 한국과 관계를 맺은 분들이 포함되었다. 이 밖에 한국의 성경 번역과 반포 문제를 두고 BFBS와 주고받은 편지들이나 또 각종 보고서 등도 이들 수집 대상에 포함되었다. 이들 중에는 지난번 2차 도미 때에 수집한 것도 있었다.

ABS에 며칠 동안 출퇴근하면서 자료를 수집하는 동안에 많은 도움을 준 백예원 목사의 은혜를 잊을 수가 없다. 그는 평양 태생으로 어릴 때 주기철 목사의 산정현교회에 출석한 적이 있었으며 산정현교회 백인숙 전도사가 자기의 고모라고 했다. 그는 조선신학교와 총회신학교를 거쳐 미국에 와서 목회하는 한편 '한국어학교'를 개설했고 여러 개척교회를 세웠으며 뉴욕 신학교를 세워 후진을 양성하고 있다고 했다. ABS에서 자료를 수집하는 동안 자료와 복사, 문구류에 이르기까지 많은 편의를 제공해 준 백예원 목사의 도움을 잊을 수가 없다.

ABS의 자료 수집을 하면서 한편으로 뉴저지주 메디슨에 소재한 드루대학에 가서 소장 자료를 찾았다. 한 열흘 이상 이 대학 기숙사에 방을 얻어 기거하면서 감리교 기록관(Methodist Archives)을 이용했다. 아펜젤러와 해리스, 스크랜튼 등의 문서들을 찾아 필요한 것은 복사했다. 아펜젤러의 친필 문서들은 글씨가 아주 달필로서 아름다웠는데 타자기를 주로 이용한 언더우드의 필기체가 서툴게 보이는 것과는 대조가 되었다. 이곳에 있는 동안에 필라델피아의 최종수 목사와 동행, 아펜젤러가 다녔다는 랭커스터 소재의 프랭클린앤마샬대학교(Franklin and Marshall College)와 감리교연합교회(First Methodist Church) 및 랭커스터역사박물관(Lancaster Historical Society)을 둘러보았다. 오가면서 들른 아미시파(Amish) 생활구역을 살펴보면서 현대 문명이기를 거부하고 평화주의와 자연주의를 추구하는 이들의 경건한 모습에 깊은 감동을 받았다.

이번에 도미, 자료 수집을 하는 데는 다음 학기 복직을 앞두고 있었기 때문에 한결 가벼운 기분으로 업무를 추진할 수가 있었다. 해직 상태에서 이곳에 와 있는 한완상 교수를 직접 그의 숙소로 두 번이나 찾아가 대화를 나누었고, 드루와 여러 대학에서 유학생들을 만나 대화를 나누며 격려할 수 있었으며, 여러 교회에서 강론하는 기회도 있었다. 여러 교민의 지원과 격려도 있어서 성서공회 자료 외에도 한국 기독교사 관련 자료 섭렵에도 도움이 되었다.

4. 영국성서공회(BFBS)와 스코틀랜드성서공회(NBSS) 자료 수집

대한성서공회 자료 수집은 1986년 여름 방학 때에도 계속되었다. 이때에는 영국의 성서공회와 스코틀랜드의 성서공회를 찾았다. 이해 7월 10일 한국을 출발하여 9월 4일 귀국했다. 목적지인 BFBS와 NBSS를 중심으로 영국과 스코틀랜드에서 약 한 달 이상 체재했다. 이 여행에서 여러 지인의 도움이 있었지만, 브리스틀(Bristol)에서 학위를 하고 있던 당질 이성구 목사의 도움이 컸다. BFBS는 영국이 영적으로 살아있을 때는 런던에서 큰 건물을 유지하면서 세계선교의 중심적인 역할을 감당했으나 내가 방문했던 그 무렵에는 영적으로 쇠락하여 런던의 사무실을 유지할 형편도 되지 않았다. 그래서 사무실은 런던 근교의 스윈든으로 옮기고 도서실과 고문서실은 캠브리지대학 중앙도서관으로 옮겼다. 그들은 내가 출발하기 전에 성서공회사 자료를 수집하려면 곧바로 캠브리지 중앙도서관으로 가서 도서관 사서 제슨(Jessen) 씨와 문서 보관 담당 캐슬린 캔(Kathleen Cann) 양에게 직접 도움을 청하라고 했다. 이성구 목사의 안내를 받아 캠브리지대학에 도착하여 틴데일 하우스(Tyndale House)에 여장을 풀었다. 이 집은 현대 영어로 가장 먼저 성서를 번역한 윌리엄 틴데일(William Tyndale)을 기념하기 위해 1944년에 지었다. 내가 이곳에 있는 동안에 내 맞은편 방에 기류하는 노 교수 한 분을 알게 되었는데 그는 김세윤 교수가 맨체스터대학에서 박사학위(The Origin of Paul's Gospel)를 받을 때 심사위원이었다고 했다. 그는 내가 이곳에 있는 동안 가까운 뉴넘대학(Newnham College) 식당에 가서 식사하는 것이 좋을 것이라고 권하면서 나를 안내해 주기도 했다. 그 식당에 가서 틴데일 하우스에서 왔다고 하니까 그냥 사인만 하고 뒷날 한꺼번에 계산해도 된다고 했다.

7월 중순에 캠브리지대학교 중앙도서관에 가서 캔 양에게 인사하고 그가 꺼내 준 한국 관련 자료를 검토하기 시작했다. 어디서부터 시작해야 할지 다소 막막했다. 그는 켄뮤어(Kenmure, A.) 문서와 많은 편지, 회의록 등을 보여주었다. 문서 중 일부는 내가 직접 필기를 했다. 보여주는 문서 중에는 편지들도 있었는데 매우 중요한 사료에 해당하는 것이어서 복사해 달라고 했다. 그러나 처음에는 내가 부탁한 대로 복사해 주지 않았다. 편지와 왕복 문서는 마이크로필름으로 만들기로 하고 그 일부만 복사했다. 특히 1880~1897년까지는 36권의 Editorial Correspondence가 있었는데 이 중 한국 부분에 관한 것을 일일이 표시하여 복사를 의뢰하기도 했다.

문서 중에서 한국교회사의 기년을 새롭게 할 수 있는 자료도 있었다. 로스가 자신의 한국어 성서 번역과 그 출판을 도와준 BFBS에 보낸 편지 중에 그런 내용이 보인다. 1882년 3월과 5월에 한글로 누가복음과 요한복음을 출판한 후 그것을 한만(韓滿) 국경에 있는 조선인에게 배포하는 한편 한반도에도 보급했다. 1882년 10월에는 그를 돕던 서상륜을 서울로 파송했다. 서상륜은 오랫동안 로스의 성서 번역과 그 출판을 돕다가 성서 보급과 전도를 위해 늦게 잡아도 그 이듬해 초에는 서울에 도착한 듯하다. 그는 약 2년간 서울을 중심으로 사역하고 1885년 초에 심양의 로스에게로 돌아가 그간의 사역을 보고했다. 로스는 서상륜의 이 보고를 근거로, 자신의 조선 성경 번역과 그 출판을 도와주고 있던 BFBS에 다음과 같이 편지를 띄웠다. 1885년 3월 8일자 로스의 편지다.

그가 2년 동안 노력한 결과 현재 70명이 넘는 세례 청원자가 있으며 그 가운데 몇 명은 주목할 만한 사람들입니다. 그가 개종시킨 사람들 중에 한 명이 세례받기 위해 함께 이곳으로 왔는데, 그의 말을 빌리면, 그는 서울의 서쪽에 있는 한 도시에 '설교당'을 개설하였고, 그곳에 18명의 신자가 있는 것으로 보입니다. 또한 서울 남쪽의 한 도시에 있는 다른 한 개종자는 '20명 이상'의 세례 청원자를 가지고 있다고 합니다.

로스의 이 편지가 왜 중요하냐 하면, 종래 한국 기독교의 시작을 아펜젤러(Appenzeller, H. G.)와 언더우드(Underwood, H. G.)가 한국에 도착한 1885년 4월 5일 부활주일로 잡고 있는데, 로스의 이 보고서는 이 선교사들이 한국에 도착하기 전에 한국에는 이미 서울을 중심으로 약 100여 명의 개종자가 있다는 것을 증언해 주기 때문이다. 따라서 로스의 이 편지는 한국 기독교사의 기년을 앞당기는 귀한 자료라는 것이다. 로스가 100여 년 전에 심양에서 BFBS에 보낸 그 편지 한 장이 한국 기독교의 역사를 바꾸고 있었던 것이다. 자료 수집의 보람은 바로 이런 데서 나타난다.

캠브리지에 있는 동안에 그 도서관 한 모퉁이에 있는 BFBS의 도서실도 열람했다. 거기서 1882년에 심양에서 간행된 『예수성교 누가복음전서』, 『예수성교 요안내복음전서』와 1887년에 초판된 신약전서 『예수성교젼셔』가 두 권이나 있는 것을 발견했다. 그 밖에 초기에 한국어로 간행된 성경들이 즐비하게 있었다. 처음에 BFBS의 지부로 출발한 조선성서공회가 이런 성경을 출판했기 때문에 보존되어 있었던 것이다. 나는 도서관 당국에 이런 희귀한 자료들은 한국의 성서공회에 있어야 할 것이라고 하면서 그쪽으로 넘겨 주는 것이 좋겠다고 권하고 귀국해서 대한성서공회에도 이같이 귀띔해 주었다.

내가 이용한 캠브리지대학 도서관의 열람실은 신청한 도서나 자료를 받아 읽는 곳이었다. 그 도서실의 광경은 색다른 것이 더러 있었다. 학생들 중에는 가운과 학사모를 쓰고 근엄한 자세로 공부하는 이들도 보였다. 내가 그곳에서 고심하면서 며칠 동안 필사한 것이 있는데, 그것은 'BFBS 한국지부 연도별 수입 지출 내역'이다. 그것은 아주 큰 종이에 작성되어 있어서 복사할 수가 없었다. 그래서 며칠 동안 일일이 베껴 써야 했다. 그때 베껴 쓴 것은 『대한성서공회사』 1권(470-481쪽)에 부록으로 첨부되어 있다. 캠브리지대학 중앙도서관에서 수행한

BFBS 관련 자료 수집은 7월 중순에서 시작하여 8월 9일 끝냈는데 대략 25일이 소요되었다.

영국까지 온 김에 에든버러에 있는 NBSS에도 들르기로 했다. 앞서 언급했듯이 한국을 위한 성서 사업은 BFBS가 주로 감당했지만, NBSS는 한국 성서 사업의 비용 1/3을 부담하면서 한국 성서 사업을 도왔다. 이미 언급한 바와 같이 로스가 1882년 3월 누가복음 3천 부를 번역 출판할 때 그 출판 비용의 1/3을 NBSS가 부담하고, 성경이 발행되자 그 1/3에 해당하는 1천 부를 받아 NBSS 권서들로 하여금 배포토록 하는 식이었다.

NBSS를 방문, 맥도날드(Fergus) 총무를 예방하고 이곳에 온 목적을 말했다. 그는 이미 대한성서공회로부터 나의 이곳 방문 예정을 통보받았다고 했다. 나는 스코틀랜드 연합장로교회에서 파송한 로스(Ross, John. 羅約翰)와 매킨타이어(Macintyre, John, 馬勤泰)가 최초의 한국어 성서 번역을 주도했기 때문에 NBSS와도 관련이 있을 것이며, 따라서 이곳에는 이들과 관련된 자료들이 있을 것으로 보고 있다고 했다. 관련 문서를 찾아봐 달라고 부탁하는 한편 이곳 성서공회의 '연례보고서'(Annual Report) 및 '계간 기록'(Quarterly Record)을 중심으로 검토했다. 그러나 이곳 성서공회에서는 생각했던 만큼 한국 관련 자료들이 나오지 않았다. 이곳에서는 오히려 에든버러 대학 도서관을 이용하여 연합장로회에서 간행한 선교보고서나 선교잡지 등을 통해 로스와 매킨타이어에 관한 자료를 너 추출할 수 있었다.

맥도날드 총무와 대화하는 동안 로스의 고향이 스코틀랜드 북쪽에 있다는 것을 알게 되었다. 약 1주일 후 총무는 자기 차로 나와 함께 북쪽으로 가자고 했다. 딩월(Dingwall)이라는 곳에서 도날드(Donald) 장로를 소개해 주었는데, 도날드 장로는 맥도날드 총무와 같이 일하고 있는 젊은이의 아버지였다. 딩월에서 이틀간 유하면서 로스의 고향인 펀(Fearn)이라는 곳에 가서 그곳의 케네스 목사(Kenneth McFarlane)의 안내를 받아 로스의 생가로 지목되는 집과 어린 시절에 다녔을 것으로 추정되는 교회도 가 보았다.

다시 에든버러로 돌아와 이제는 이중수 선생의 안내를 받아 종교개혁 관련 유적들을 살펴보고 잉글랜드와 스코틀랜드의 접경 지역인 셀커크(Selkirk) 지역으로 이동했다. 이곳에서 재판관으로 활동하면서『아이반호』등 200여 권의 작품을 남겨 '스코틀랜드의 셰익스피어'로 알려진 월터 스콧(Walter Scot)의 저택 애벗퍼드 하우스(Abbotford House)를 탐방했다. 이 저택은 서재, 집필실 외에 도자기와 기사들의 투구와 갑옷 등 중세의 무기류로 가득 차 있었는데 이는 그가 집필을 위해 수집한 것이라는 설명이 있었다. 이곳에서도 몇몇 크리스천을 만났는데 이들은 그리스도 안에서는 만인이 형제라는 말을 하면서도 영국 사람들에 대한 편견을 숨기지 않았다. 칼라일에 이르러 이중수 선생과 하직하고 기차에 승차(오후 2시 50분)하여 글라스고, 랭커스터, 버밍햄, 첼튼햄을 거쳐 오후 8시경에 브리스틀에 도착, 이성구 목사 댁에서 이틀을 쉬었다.

이번 자료 수집을 준비하면서 간단하게 유럽 여행을 계획했는데, 런던에서 '유레일 패스'(Eurail pass)를 구하여 항공편으로 프랑스 파리로 가서 그곳에서부터 열차 편으로 유럽 여행을 시작, 귀국한 것은 9월 4일이었다. '유레일 패스'로 왕래한 지역은 파리에서 출발하여 아헨, 쾰른, 암스테르담, 뮌스터, 하노버를 거쳐 베를린, 포츠담, 뮌헨, 다하우(유태인 수용소), 잘츠부르크, 비엔나, 취리히, 인터라켄, 융프라우, 제네바, 몽블랑, 에비앙(Evian), 그레노블 등이다. 그레노블에서 떼제베(TGV)를 타고 리용을 거쳐 파리로 향했다. 파리에서 하루를 쉬면서 박물관과 미술관을 관람하고 9월 3일 귀국길에 올랐다.

유레일 패스로 여행한 내용을 쓰자면 또 하나의 긴 이야기가 되겠기에 여기서 멈춰야 하겠다. 이 여행에서 가는 곳마다 학문과 신앙의 동지들을 만날 수 있었고 그들의 도움을 받았으며, 이들이 귀국해서 변화시킬 조국의 미래도 그려 볼 수 있었다. 아쉬운 것은 이 자료 수집 기간 중인 8월에 내 학위수여식이 있었으나 참석하지 못했다는 것이다.

이제 이 글을 끝맺겠다. 지금까지 비교적 초기에 이뤄진 몇 차례에 걸친 한국 기독교사 해외 자료 수집에 대해서 언급했는데, 이는 「복음과상황」 2021년 12월호에 그 내용이 문답 형식으로 되어 있는 것을 풀어서 다시 쓰려는 의도에서 이 글을 초한 것이다. 역사 연구에 문헌 자료가 필요하다는 것은 대단히 중요하다. 자료가 뒷받침되지 않는 역사 연구는 상상할 수 없다.

필자가 몇 년 동안 해외에서 수집한 한국교회사 관련 자료들은 연구기관과 자료 조사를 의뢰한 기관에 맡겼다. 초기에 수집한 북장로회와 남장로회, 캐나다 장로회 관련 자료들은 한국기독교역사연구소에 비치되었고, 감리회의 것은 한국기독교역사연구소와 감신대학교 도서관, 성서공회사 관련 자료는 대한성서공회에 기탁되었다. 개별적으로 복사한 것도 다시 정리하고 분류하여 여러 부를 만들어 필요한 여러 곳에 비치했다. 여러 곳에 비치한 것은 한 곳의 것이 망실되었을 때를 대비한 것이다.

해외에 산재하는 자료들이 수집됨으로써 한국교회사 연구가 더 활발하고 풍부해졌고, 한국교회사 연구를 위해서 꼭 해외로 나가서 자료 수집을 해야 한다는 번거로움도 어느 정도 극복할 수 있게 되었다. 최근에는 해외 자료들을 한곳에 수집해 놓은 한국 안의 '한국기독교역사

연구소'에 대한 선호도가 점차 높아지고 있다. 앞으로 아직도 수집하지 못한 선교 관련 자료들을 더 수집 축적하여 한국교회사 연구를 위해서는 더 이상 해외에 의존할 필요가 없는 명실상부한 한국교회사 연구 센터로 만들어 가야 할 것이다.

필자의 경우, 해외 자료 수집은 여러 곳의 지원에 의해 이뤄졌다. 국내는 물론 해외를 방문하는 동안에 해외에 계시는 동포들 특히 그리스도인들의 많은 도움을 받았다는 것을 말하지 않을 수 없다. 해외 자료 수집에는 재정적 부담이 컸다. 국내의 경우, 이랜드와 김경현 장로 그리고 대한성서공회의 도움을 받았고, 해외의 경우 초기에는 트렌튼 한인교회 몇몇 교우의 도움을 받았다. 미 북장로회 극동선교 책임자였고 뒷날 미국 교회협의회의 회장을 역임한 이승만 목사의 지원을 잊을 수가 없다. 그 밖에 미국과 캐나다, 유럽과 영국 등지에서는 현지에 사업, 연수, 학업으로 우거하는 교민들의 도움이 있었다. 그런 지원이 있었기에 자료를 제대로 갖춘 한국기독교역사연구소 같은 연구기관이 이뤄지고 있는 것으로 믿고 이 글을 맺으면서 감사한다.

(2021. 12. 7.)

'간토(關東)대학살' 진실 규명을 위한 1인 시위

　'시민모임 독립'과 YMCA, 천도교 청년회가 중심이 되어 8월 2일 정오부터 1시간 동안 주한일본대사관 앞에서 "일본은 간토대지진 조선인 학살사건 진상을 공개하고 공식 사과하라!"는 피켓을 들고 세 분이 각각 떨어져 1인 시위를 했다.

　'간토대지진'이란 1923년 9월 1일 오전 11시 58분부터 미나미간토(南關東) 지역인 도쿄(東京)도와 가나가와(神奈川)현, 지바(千葉)현, 사이타마(埼玉)현, 이바라키(茨城)현 등을 중심으로 짧게는 4분 내지는 10분간 계속된 진도 7, 규모(매그니튜드) 7.9의 지진을 말한다. 이 지진으로 사망한 사람이 10만 명 이상으로 추정되었고, 도쿄 시내에서만 화재로 약 3만 8천여 명이 사망했다. 당시 도쿄에 있던 함석헌은 지진 시작 때가 점심 취사 시간이어서 취사 중 미처 불을 끄지 않은 채 집안을 빠져나오는 바람에 도쿄가 불바다가 되었다고 증언했다.

　지진에 의해 많은 인명이 희생되었고 가옥이 파괴, 소실되었으며 재물의 손괴 또한 막대했다. 대지진으로 인해 인명과 가옥과 재산이 막대하게 손실되자 일종의 공황 상태를 맞게 되었다. 민심이 흉흉해지고 유언비어가 난무하게 되었다. 이런 상황에서 심리적 공황 상태는 유언비어를 더 촉발시켜 가상적 적을 만들어 이를 공격하는 집단 심리가 작동하게 되었다. 대지진으로 잃은 인명과 재산이 딱히 보상받을 길이 없었지만, 대중들은 조선인을 학살함으로써 심리적 대리만족이라도 찾게 되었을까. 난무하는 유언비어는 조선인(일부 중국인)을 타깃으로 했다. 일본 정부는 지진으로 인한 혼란의 본질이 어디에 있는지 잘 알았지만, 유언비어를 활용하고 또 거기에 편승하여 자신들이 져야 할 책임을 조선인에게 전가했다.

일본 민중들은 희생양을 찾아 심리적 보상처를 찾았다. 그들은 유언비어를 진실인 양 수용, 관민일체로 조선인 사냥에 나섰다. 그들은 조선인이 이 혼란을 틈타 불을 놓았다느니, 우물에 독약을 풀고 또 폭탄 테러를 감행한다는 유언비어를 퍼뜨렸다. 일본 내무성은 각급 경찰서에 공문을 하달, 재난을 틈타 조선인들이 방화와 폭탄 테러, 강도를 획책하고 있다고 상기시켰다. 무고한 시민들을 보호해야 할 경찰은 재일조선인의 보호에는 소극적이었고 심지어는 풍설을 돌리고는 보호한답시고 모두 유치장 창고 같은 데에 수용해 놓고는 집단적으로 모조리 죽여버렸다. 간토대지진 때에 도쿄에 있었던 함석헌은 도쿄의 유학생감독부 기숙사에 있던 조선인 학생들도 "청년단 재향군인 하는 사람들이 기숙사에 달려들어 모두 학살해버리려 끌어냈다"고 증언했다.

'간토대지진 조선인 학살 사건'은 이렇게 간토대지진의 혼란 속에서 자행되었다. 이 학살을 주도하거나 방조했을 일본 정부는 당시 희생자 수를 가장 정확하게 파악하고 있을 것이지만 입을 다물고 있다. 당시 상해에 있던 대한민국 임시정부에서 간행하는 기관지「독립신문」(1923년 12월 5일자)은 간토대지진에서 학살된 조선인의 사망자를 6,661명으로 집계했고, 임정 자료를 이용하여 『한국독립운동사』를 쓴 김승학(金承學)은 6,066명이라고 했다. 조선인 희생자의 수가 이보다 몇 배가 더 많을 것이라는 주장도 있다.

주한일본대사관 앞에서 1인 시위를 시작하기에 앞서 필자는 그 의미를 다음과 같이 간단하게 설명했다.

첫 번째는 이 사건이 있은 지 100주년이 거의 되어 가는 시기에 한일 양 국민이 그 실체를 알아야 한다는 것이다. 이 사건은 전쟁에 의하지 않고 '민족적인 차별로' 다른 민족을 대량 학살한 중요한 사례에 해당한다. 말하자면 나치의 홀로코스트에 앞서 자행된 이민족 대량 학살에 해당한다는 것이다. 그렇기 때문에 먼저 그 만행의 실체를 알아야 한다는 것이다. 한국과 일본의 민중은 물론이고 세계인들도 일본의 '대정(大正)데모크라시' 시기에 있었던 이 대량 학살을 정확하게 알아야 한다는 것이다. 그러기 위해서는 그동안 은폐에 급급했던 일본 정부가 그 진실을 밝히는 데에 나서야 한다는 것이다. '간토대학살' 100주년을 맞이하면서 한일 간의 과거사와의 화해는 이 간토대학살의 진실을 외면하고서는 가능하지 않을 것이다.

두 번째는 한국 정부와 국회가 지금껏 이 문제에 대해 무성의했다는 것을 지적하고 간토대학살 문제를 해결하기 위해 노력해야 한다는 뜻에서다. 그동안 19대 국회에서 '관동대지진 조선인 학살사건 진상규명 및 희생자 명예회복에 관한 특별법안'(유기홍 의원 등 103인)을 2014년 4월에 제출한 적이 있으나 2016년 5월 29일 국회의 임기 만료로 폐기되었다. 2015년 3월에도 '대일항쟁기 강제동원 피해조사 및 국외 강제동원 희생자 등 지원에 관한 특별법 일부개정법률안'(이명수 의원 등 11인)이 제안되었으나 이 역시 2016년 5월 19대 국회의 임기 만료로 폐기되었다. 20대 국회에서도 이명수 의원 등 10인이 2016년 9월, '대일항쟁기 강제동원 피해조사 및 국외 강제동원 희생자 등 지원에 관한 특별법 일부개정법률안'을 제안했으나 2020년 5월 임기 만료로 폐기되고 말았다. 이제 간토대학살 100주년을 맞아 국회와 정부가 적극 나서도록 하기 위해 이 운동을 시작하는 것이다.

세 번째, 오늘 시작한 이 시위는 관동대학살을 다시 상기시킴으로 보복 심리를 고취하려거나 책임을 묻기 위한 것이 아니라고 했다. 100여 년 전 이국땅에서 이름도 없이 억울한 죽임을 당한 이들에 대해서는 일본 국민의 이름으로 사죄해야 한다. 한국민은 늦었지만, 그들 고혼들의 정처를 마련해 주어야 한다. 필자는 1인 시위에 앞서, 100주년을 맞아가는 간토대학살 진실 규명 작업을 통해 용서와 화해의 새 역사를 써 나가자고 강조했다.

(2021. 8. 2.)

한시해 선생과의 대화

1991년 5월 말, 남북기독학자회 모임과 관련하여

2021년 11월 18일 오후 2시, 고양 소노캄호텔 다이아몬드홀에서는 "평화통일로 가는 길"이라는 제목으로 고양포럼이 주최하는, '남남갈등 해소를 위한 심포지엄'이 열렸다. 이 모임에는 5, 6공화국에서 북방정책에 깊이 관여했던 박철언 전 장관과 노무현 정권 때 통일정책을 주도한 정세현 전 장관이 각각 주제 발표를 맡았다. 이날 두 분은 "평화통일 여정에서 바람직한 대북정책과 통일방안"이라는 제목으로 강연했다.

이에 앞서 이날 12시부터는 박철언 전 장관과 고양포럼을 주도하고 있는 강경민·최준수 두 분 목사님 그리고 필자가 함께 이 호텔의 중국 식당에서 점심 식사를 같이하면서 대화의 시간을 가졌다. 필자는 이 포럼에서 박철언 전 장관을 연사로 모신다는 소식을 듣고, 강경민 목사께 포럼 시작 전에 박 전 장관을 만나 대화를 나눌 수 있었으면 좋겠다고 했다. 그러지 않아도 박 전 장관을 만나 5, 6공에서 북방정책을 추진한 배경과 그 과정 등을 듣고 싶다는 생각을 하고 있었다. 면담이 성사되자 필자는 박 전 장관이 그의 북방정책 추진에 관해 쓴 『바른 역사를 위한 증언 1, 2』(랜덤하우스중앙, 2005)를 읽고 몇 가지 질문도 준비했다. 그는 대화를 끝낸 후에 농담 삼아 필자의 질문에 진땀을 뺐다고 너스레를 떨었다. 필자가 비교적 책을 꼼꼼히 읽고 질문을 정리했기 때문일 것이다.

박 전 장관의 저서를 읽으면서 그가 북측과 대화할 때 그 상대가 한시해 선생이었다는 것을 여러 번 언급했다. 나는 박 전 장관께 '재북미주기독학자회'가 주최한 '남북기독학자회'(1991년 5월 28~30일, 미국 뉴욕주 스토니포인트)에서 한시해 선생을 만나 대화를 나눈 적이 있다는 것을 말하고, 한시해 선생의 근황이 어떤지 물었다. 박 전 장관은 한 선생의 근황을 자기도 잘 모른다고 하면서 2000년대에 들어선 얼마 안 된 시기부터 북한 명사의 활동에서 그의 이름이 거의 보이지 않는다고만 말했다. 한시해 선생이 지금 북한에서 어떤 형편에 있는지 알 수 없지만, 1991년 5월 말에 미국의 스토니 포인트에서 나와 대화를 나눈 적이 있고 그 대화가 당시 남북관계의 단면을 보여줄 수도 있다는 점에서, 한 시간여에 걸친 그와의 대화를 소개하는 것이 좋을 듯하여 이 글을 초한다. 이 글의 내용은 나의 일기(日記)에 근거하고 있다.

1990년에 들어서서 세계는 크게 변화되고 있었다. 노태우 대통령의 북방정책으로 6월에는 샌프란시스코에서 한소 정상회담이 이뤄졌고, 동서독이 통일되는 10월 초를 전후해서는 동구권이 서서히 붕괴되고 있었다. 이런 세계의 변화는 한반도에도 영향을 끼쳐 9월 초에는 남북 고위급 회담이 서울에서 열리게 되었고 10월 중순에는 평양에서 제2차 고위급 회담이 열리게 되었다. 1990년대 말에 노태우 대통령의 소련 방문에 이어 그 이듬해 4월에는 고르바초프 소련 대통령이 제주도를 방문한다. 노태우 정권의 북방정책이 공산권과의 수교로 이어지고, 그 뒤 소련 및 중국과도 국교를 맺게 되었다.

그러던 1991년 5월 초에 박순경(朴淳敬) 교수로부터 '제25차 재북미주기독학자회'가 5월 28일부터 30일까지 뉴욕주 스토니포인트에서 남북기독학자들을 초청하여 개최하게 되었다면서, 남측 대표로 박 교수를 포함하여 한완상, 노명식, 송건호, 변홍규, 이만열 등이 초청되었다고 전해 주었다. 현지에 가서 보니 일본에 계시던 지명관 교수도 합류했다. 박 교수는 또 이번 대회의 중심 의제가 "기독교와 주체사상과의 대화"인 것으로 안다면서 나에게 "한국 기독교와 민족주의"를 주제로 발표해 달라는 주최 측의 요청도 있었다고 전했다.

5월 26일 필자는 한국을 출발, 뉴욕 공항에서 주최 측의 안내를 받아 뉴저지주 티넥(Teaneck)에 있는 로우즈 글렌 포인트 호텔(Lowes Glen Pointe Hotel)에서 1박 하게 되었는데 그곳에서 북한에서 온 대표단을 처음 만나 인사를 나누었다. 이때 북한에서 온 대표 여덟 분은 한시해 선생을 단장으로 하여 최옥희, 김혜숙, 고기준, 이성봉, 박승덕, 김구식, 로철수였다. 이 중 고기준과 이성봉은 목사, 최옥희는 전도사, 김혜숙은 통역원, 박승덕은 황장엽의 제자로 주체사상연구소장, 김구식은 평양 모 대학의 교수 그리고 로철수는 지도원 같았다.

5월 28일 회의장이 있는 스토니포인트에 도착, 오후 6시부터 개회 예배가 시작되었다. 주최 측의 배려에 의해서 북에서 온 최옥희 전도사가 기도 순서를 맡았는데, 아주 열정적으로 실게 기노했다. 예배 후에 곧 발표가 시작되었는데 남측에서는 송건호 선생이 먼저 시작했고 그다음이 내 차례였다. 나는 준비한 원고를 배포하고 "민족주의의 재발견"이란 제목으로 약 40분간 발표했다. 이 원고는 한국에서 비행기를 타면서 쓰기 시작하여 도쿄공항을 거쳐 뉴욕으로 오는 동안 기내에서 거의 자지 않고 '써댄' 것이었다. 한국을 출발할 때까지 이 회의 참석 여부가 불투명해서 원고를 준비하지 못했는데, 참석 여부가 늦게 확정되어 연구실에서 차분히 준비할 시간이 없어 부랴부랴 기내에서 준비했던 것이다. 깨끗하게 정서, 복사하여 참석자들에게 배포하고 강연에 임했다. 내 강연 후 북측의 박승덕 교수가 논평했는데 그 내용은 "일반적으로 '민족주의'란 용어는 북에서는 부정적 용어로 사용하는데 긍정적인 의미로 쓸 때에는 '민족우선주의', '민족중시주의'라 한다고 하고, '민족제일주의'라는 말도 쓰는데, 그것은 김정일이 썼던 것으로 우리 민족이 다른 민족에 뒤떨어지지 않는다는 의미로 썼다"라고 했다. 그때 발표한 내 원고는 미국에서 돌아온 후 당시 간행되던 「철학과현실」이라는 계간지에 게재된 바 있다.

그 이튿날 5월 29일에도 종일 발표와 토론이 있었다. 박순경, 한완상, 김구식, 노명식, 박한식, 박승덕의 발표가 있었는데 한완상 교수가 남측의 공교육에서 북한을 이해함에 점차 개방성이 확대되고 있다고 통계적 수치를 들어 설명했는데 이 메시지가 북을 향해 함의하는 것이 있다고 생각되었다. 북에서는 김구식 교수가 '남북감군론'을 주장하면서 남북이 각각 10만 명으로 감군(減軍)해야 한다고 주장했다. 김구식 교수는 6·25전에 서울대 상과대학 학생이었는데, 의용군에 나갔다가 전쟁 후 평양의 모 대학에서 경제학을 가르치고 있다고 했다. 나중에 필자는 사적으로 만나 김구식 교수가 주장한 감군론이 남북 서로가 지향해야 할 목표임에는 틀림없으나 현존하는 불균형적 상황에서 그것을 현실화하기는 어렵다고 지적했다. 남쪽은 휴전선에서 100km도 안되는 거리에 서울이 위치해 있으나 평양은 그렇지 않다고 했다. 또 북한은 하루아침에 몇백만을 동원할 수 있는 체제이지만 남한은 그렇지 않다는 것을 잘 알고 있지 않느냐, 이런 현실성을 무시하고 10만 감군론을 주장한다는 것은 비현실적인 이상론에 불과하다고 지적했다.

이날 발표에서 백미는 박승덕의 "주체사상과 기독교"라는 주제였다. 내용이 매우 흥미롭기도 했지만, 강의가 매우 정갈했다. 그는 이 발표를 준비하기 위해 성경과 심지어는 칼빈의 『기독교강요』까지 읽었다면서 주체사상과 기독교가 대화할 수 있다는 관점에 서서 설명했다. 정해진 30분 동안 원고도 없이 한마디의 흐트러짐도 없이 강연하는 데에 놀랐다. 그는 주체사상이 기독교와 얼마든지 대화할 수 있다는 데 대해서는 강조했지만, 주체사상이 기독교와 어떻게 조화될 수 있다는 것은 전혀 언급하지 않았다. 기독교가 신(神) 중심인 데 비해 주체사상은 인간 중심이며 기독교가 인간을 부패 타락한 존재로 보는 데서 시작하지만, 주체사상은 인간을 선하다는 낙관적인 인간관에서 출발한다는 것을 거의 간과하고 있었다. 이런 비판은 이 회의에 참석한 북한 대표가 사적으로 내게 언급한 적이 있다. 그럼에도 박승덕의 강의는 매우 훌륭했고 인상적이었다.

한시해 선생을 만나 교제하기 시작한 것은 저녁 늦은 시각이었다. 이날 오후에는 어제오늘 발표내용을 가지고 세 개 분과로 나눠 토의하는 시간을 가졌고 저녁 식사 후에는 뉴욕 지역의 교민들이 음악회와 사물놀이, '통일한마당' 등을 벌였다. 행사가 끝나고 10여 명이 그냥 남아 자유스럽게 뒤풀이를 하고 있었다. 북의 대표로는 한시해, 고기준, 최옥희, 김혜숙 등이었고 남측 대표로는 나 혼자였고 그 옆에 교민들이 함께하고 있었다. 북의 교회에 대한 관심들을 토로하자 평양신학원의 학생이기도 한 최옥희는 북한의 교회 이야기와 자신의 신앙 경력, 평양신학원 이야기를 들려주었다. 신학원을 다니면서 배운 듯, 신학과 교리 이야기도 나왔는데 장로교='예정예지', 감리교='자유의지' 하는 연관도 시키면서 나름대로 설명했다. 그의 설명에 따르면, 북에는 교회가 둘(봉수, 반석)이 있고 500여 개의 가정교회가 있는데 50여 개는 평양 시내에 있다고 했다. 그는 3대째 신앙생활을 하고 있는데 대학 졸업 후 평양제일백화점 판매지도원으로 있다가 평양신학원에 입학하게 되었다고 했다. 이날 저녁 자리를 같이한 교민들 중에서 짓궂게 그를 향해 시험하듯이 어떤 신앙고백을 갖고 있느냐고 묻자, 그는 즉석에서 "주는 그리스도시요 살아계신 하나님의 아들이니이다" (마 16:16)라는 베드로의 고백을 그대로 말하면서 이게 자신의 신앙고백이라고 하여 묻는 사람들의 입을 막아버렸다.

밤 12시가 지났는데도 헤어질 줄을 몰랐다. 북한을 방문하고 그때 막 돌아오는 길이라는 이승만 목사가 늦게 합류하여 이날 저녁 뒤풀이가 더욱 활기를 띠게 되었다. 이날 저녁에 자리를 같이한 교민들은 이승만 목사를 비롯하여 이환진 목사(뒷날 감신대 교수), 김운하 씨 부부와 나 그리고 뉴욕 교민 몇이 자리하고 있었다. 흥이 돋아 노래를 부르게 되자 한시해 선생은 내 옆에 앉아서 "이 교수가 같이 부른다면…"이라는 단서를 붙여 노래를 같이 불렀다. 〈오빠 생각〉(뜸북뜸북 뜸북새…), 〈고향의 봄〉(나의 살던 고향은…) 등의 노래를 같이 불렀고 나는 〈그네〉, 〈사랑가〉(춘향전), 〈금강산〉 등도 더 불렀다. 아마도 내가 어릴 때에 배웠던 노래는 그도 거의 알고 있는 듯했다. 그는 또 이불 속에서 배웠다고 농담을 섞어 가면서 나도 모르는 남쪽 운동권 학생들의 노래도 불렀다. 남쪽을 이렇게까지 알고 있다는 것이 놀라웠다.

그때 나는 그가 유엔 대표부에서 6년 정도 근무했다는 정도만 어렴풋이 알고 있었다. 앞서 언급한 박철언 전 장관의 증언에 의하면 한시해 선생은 5, 6공 때 박철언 특사가 상대하여 대화를 나눈 북의 파트너였다. 그랬던 만큼 남측의 가요나 문화에 대해서 상당한 이해를 하고 있는 것으로 보였다. 우리는 새벽 4시가 넘도록 노래를 부르며 격의 없는 교제를 나눌 수 있어서 퍽 특별한 느낌을 갖게 되었다. 이승만 목사의 "자, 우리 다음 시간을 위해서 잠시 쉬도록 하자"는 권고에 따라 각자 잠자리에 들었다.

이런 일이 있고 난 바로 뒤 한시해 선생과의 단독 대화가 바로 5월 30일 아침에 우연히 이뤄지게 되었다. 늦게 잠자리에 들었지만, 아침 시간에는 용하게 일어나 인사를 나누었다. 식사 후 '북미기독학자회'의 총회가 열린다고 하여 손님으로 온 우리는 거기에 굳이 참석할 필요가 없었다. 나는 혼자서 식당으로 와서 차를 마시고 있었다. 그때 한시해 선생도 무료한 시간을 달래려고 했는지 식당으로 왔다. 그곳에서 둘이 다시 우연히 만나게 되었다. 엊저녁에 "이 교수가 같이 부른다면 자기도 노래를 부르겠다"고 하면서 노래로 흥을 돋우며 격의 없는 교제를 나눈 사이인지라, 우연히 다시 만나게 되어 남북 현안과 관련된 여러 가지 대화를 거의 한 시간 동안 나누게 되었다. 흉금을 털어놓고 대화를 나눌 수 있었던 것은 엊저녁에 같이 흥을 돋운 것도 있지만, 벌써 사흘 전에 뉴저지주 티넥 소재 로우즈 글렌 포인트 호텔에서 상견례를 한 이래 나의 발표도 들었기 때문에 대화할 만한 상대라고 생각했던 것 같기도 하다. 둘 사이에는 특별한 의제가 있었던 것도 아니고 또 준비하고 대화를 나눈 것도 아니다. 다만 오고 간 대화의 대부분은 그가 질문한 것이었지만 가끔 중간에 내가 질문한 것도 있었다. 그와의 대담을 통해 당시 남북의 관심사가 어떤 것인지 어렴풋이 드러나고 있었다.

당시 남쪽에서는 내각제 개헌 문제로 약간 시끄러웠으나, 그해(1991년) 연말에 치를 대통령 선거에 관심이 집중되어 있었다. 한시해 선생은 바로 그 점을 질문으로 던졌다. 이는 남측의 정치적 지배구조를 결정하는 중요한 사항으로 내각제 문제와 대통령 선거에 대해 물었으나 더 큰 관심은 후자에 있었고, 질문의 핵심도 그해 연말에 치를 대통령 선거에서 누가 승리할 것인가에 있었던 것 같았다. 이런 궁금증은 질문자인 한 선생의 것이면서 북한 지배층의 것이기도 했다. 내 대답은 이랬다. 현재와 같은 상황에서 내각제 개헌은 쉽지 않은데, 민심이 정부 일각에서 시도하는 내각제 개헌을 지지하지 않는다고 했다. 남쪽의 많은 지식인이 내각제가 민주화에 가깝다고 생각하지만, 이 정권하에서는 여론을 내각제 개헌으로 돌리는 것이 쉽지 않을 것이라고 했다. 연말의 대통령 선거와 관련, 현행 헌법으로 선거를 치를 경우 몇 가지 변수를 고려할 수 있는데, 집권당인 민자당이 한 사람의 단일 후보를 내어 김대중과 대결할 경우 승리할 확률이 높다고 전망했다. 한국에는 아직도 반(反)신민당, 반(反)호남 정서가 아직 강하기 때문이라고 했다. 그러나 집권당인 민자당에서 김영삼 아닌 다른 분을 후보로 내고 김영삼이 거기에 승복하지 않고 독자적으로 출마할 경우 김대중의 승리는 가능성이 없지 않다고 했다.

한시해 선생은 또 남한의 '격렬한' 학생운동에 대해서 물었다. 외부에서 신문과 방송을 통해서 보면 학생들의 시위가 남한 사회를 곧 뒤엎을 정도로 심각한 것 같이 보이지만, 시위가 일상화된 한국 사회에서는 학생들의 시위를 그렇게 심각하게 보고 있지 않다고 했다. 나는 우리 학교의 예를 들어서 시위 규모를 대강 설명한 후 남쪽에서는 데모가 하나의 대학 문화를 형성하고 있기 때문에 정도 이상의 혼란이 재래된다는 것은 쉽지 않다고 했다. 이렇게 언급한 것은 북에서 우리의 학생시위를 보고 한국 사회가 온통 혼란에 빠진 것처럼 잘못 판단할까 봐 하는 노파심에서다.

한시해 선생은 당시 한국의 심각한 수출입(輸出入) 역조 현상에 대해 질문했다. 수출 여건이 좋지 않은 것은 사실이지만 그것은 경제가 성장하고 수출이 호조되었을 때에 기술 투자를 하지 않아서 그 결과로 이뤄진 것이라고 설명했다. 그러나 지금 한국에서는 무서울 정도로 기술 투자를 하고 있기 때문에 그 효과는 10년 이내에 나타날 것이며 그때에는 지금의 수출역조 현상은 쉽게 극복될 수 있을 것이라고 했다. 그와 함께 삼성(三星)의 경우, 반도체 산업이 이미 세계 10위권 내에 진입했다고 했다.

이어서 한국의 관료주의와 관련된 이야기를 덧붙여 주었다. 한국의 관료들 중에는 국장급에 이르면 거의 박사를 획득했을 정도로 관료들의 학력 수준이 높고 그런 만큼 정책 입안과 추진에 역동성이 있다고 했다. 이 점은 내 주변의 예를 들어가며 좀 장황하게 설명했는데 한 선생은 상당히 주의 깊게 듣는 듯했다.

나는 무슨 말끝에 북한의 아픈 지점을 꼬집기도 했다. 북한이 사회주의를 한다면서 왕조 사회에서나 볼 수 있는 현상이 나타나고 있는데 김 주석이 40년 이상을 카리스마적으로 집권하고 있는 것이 바로 그점이라고 했다. 이런 장기 집권이 사회주의 사회에서는 보여서는 안되는 이례적인 모습이며 더 나아가 권력세습을 시도할 듯이 보이는데 이 점이 어떻게 사회주의 사회에서 가능하냐고 지적했다. 그는 이 점이 바깥에서 북을 비판하는 중요한 논거가 된다는 것도 이해하는 듯했다. 내가 "김 주석도 인간 아닌가요, 인간이 누릴 수 있는 생명을 다할 날이 올 것 아닌가요"라고 하니 그는 김 주석이 내년이 80이라고 했다.

이 대목에서 나는 세습 관련 질문을 했다. 당시 전해진 바로는 김정일의 세습이 거의 확정되었다는 것을 들었기 때문이다. 김정일이 세습하여 김 주석만큼 카리스마를 가지고 북의 사회를 안정시킬 수 있을지 의문시된다고 하고, 만약 그럴 때 불상사가 일어날 가능성은 없느냐고 조심스럽게 물었다. 한 선생은 이 대목에서 김정일이 외부에서 보는 시각이나 평가와는 다르다는 점을 애써 강조했다. 외부(남측을 두고 한 말인 듯)에서는 김정일을 두고 충동적이라거나 비이성적 혹은 능력 부족인 인물로 평가하는 듯하나 결코 그렇지 않다고 했다. 김정일은, 김 주석이 간단히 지시하는 것과는 달리 상세히, 이론화하여 지시하고 있으며 잘 인내할 줄 알고 인민의 욕구를 잘 이해하고 있으며 특히 북의 예술문화를 지도해 왔다는 것도 강조했다. 그리고 그는 일주일 중 이틀 정도는 평양에 머물고 나머지는 현지 지도를 위해 인민들을 만나고 있다고 했다.

이 대목에서 한 선생은 남북을 비교하는 말을 했다. 남(南)은 법과 제도를 잘 이뤄서 그것으로 통치의 근간으로 삼고 있지만, 북은 법보다는 교양(교화)사업을 중시한다는 것이다. 이 교양사업은 바로 당(黨)을 통해서 조직적으로 한다는 것이다. 그러므로 남에서 법의 제정을 위해 합의가 필요하듯이, 북에서는 교양사업을 통해 인민의 합의를 끌어낼 필요가 있다고 강조했다. 김정일이 현지 지도를 통해, 인민의 의사를 집약한 당의 의견을 인민에게 잘 전달하고 인민의 의견을 잘 수렴하는 노력을 펴는 이유가 여기에 있다고 했다.

우리의 대화는 결국 민족의 숙원인 통일 문제와 관련된 대목에까지 왔다. 그는 남북통일의 전제와 관련, 정치·군사 우선을 주장했다. 그러나 나는 6·25로 인해 남측 동포들은 북의 전쟁 도발(가능성)에 대한 의심을 버리지 않고 있으며, 따라서 교류를 통해 조금씩 신뢰를 쌓아 신뢰 회복을 앞세워야 한다고 강조했다. 북에 대해 남측이 의심을 버리지 않는 데는 이산가족이 많다는 것도 한몫하고 있는데, 그럼에도 이산가족 상봉조차 제대로 이행하지 않는 북의 입장을 이해할 수 없다고 했다.

이야기 도중 그는 남북의 교류와 신뢰 회복의 전제로 정치·군사적인 긴장 완화가 필요하다는 것을 강조했다. 그는 얼마 전에 정주영 현대 회장이 북에 가서 금강산 개발에 대해 합의했다고 지적했다. 그 합의는 그전에 이미 노 대통령과 정부의 허락을 다 받아서 이룩된 것으로 알고 있단다. 그럼에도 남측 정부가 반대하여 좌절되었는데 이 사건이 보여주는 것은 신뢰니 교류니 하는 것도 결국 정치·군사적 긴장 완화 없이는 불가능하다는 것을 보여주는 좋은 증거라고 했다.

이 대목에서 필자는 북측이 정주영 회장이 약속한 금강산 개발에 대해 상당한 관심을 갖고 있음을 간파했다. 한 선생은 내게 정주영 회장이 남측 정부의 허락을 받고 북에 와서 약속했는데 왜 그 금강산 개발이 중단되었는지 그 이유를 아느냐고 물었다. 나는 당시까지 정주영 회장이 금강산 개발과 관련, 북측와 어떤 약속을 했는지조차 잘 몰랐다. 그렇기 때문에 무엇이라고 대답하지 못했고 정직하게 그것에 대해서는 정확하게 모른다고 대답했다.

한 시간여의 대화 중 대부분은 한 선생이 내게 질문하는 형식으로 이뤄졌다. 대담이 더 계속되면 이제는 내가 북에 대해 질문하는 것이 좋겠다고 생각했다. 그러나 '북미기독학자회 제25회 총회'가 끝났는지 한두 사람씩 식당으로 들어오기 시작했다. 마침 어느 한국계 방송국에서 면담 요청이 있었고, 우리 옆에는 노명식 교수가 와서 앉았다. 우리 둘만의 대화는 여기서 중단되었고, 노명식 교수가 한 선생과 대화하도록 사양하고 자리를 떴다.

지금부터 꼭 30년 전 남북 동포들이 해외에서라도 만나려고 했던 그 시기에, 북의 대표단을 이끈 한시해 선생은 북한 지식인에 대한 인상을 퍽 부드럽게 해주었다. 그때 만났던 여덟 분 중에 그 뒤 다시 만난 분은 이성봉 목사뿐이다. 이 목사는 2000년대에 들어서서 내가 직접 북한을 방문했을 때 기독교계 대표 중 한 분으로 강영섭 목사와 함께 만난 적이 있다. 이 목사와는 이 회의에서와 마찬가지로 북한에서도 대화를 나눠 봤는데 남쪽의 보수적인 신앙인들과 별반 다르지 않았고, 그의 설교도 북한이라는 특수한 상황에 관련된 몇몇 부분을 제외하면 남쪽에서 하는 설교와 별반 다름이 없었다. 이성봉 목사는 한시해 선생과 같이 외형적 모습으로나 성품으로 보아 아주 부드러운 분으로서 북한 기독교 지도자에 대한 인상을 곱게 심어 주었다.

앞에서도 언급한 바 있듯이 주체사상연구소 소장이었던 박승덕 선생도 깊은 인상을 남긴 분이다. 무엇보다 그가 남북기독학자들의 모임에서 기독교와 주체사상과의 관계를 발표하기 위해 북한에서 성경과 칼빈 등의 저서를 읽고 연구했다는 것은 그의 학자로서의 성실성을 말해 주는 것이다. 집에서 하도 성경과 신학 서적을 읽으니까 그 부인이 염려했다는 일화도 털어놓는 것을 보면 그가 남북기독학자회의의 연구발표를 위해 얼마나 심혈을 쏟았는지 알 수 있다. 앞에서도 언급했지만 30분의 강연이 군더더기 하나 없이 깔끔하게 정리하는 것을 보면서, 나도 꽤 강의를 잘한다고 여러 곳에서 칭찬을 받아 왔지만 나 같은 사람도 혀를 내두를 정도였으니까 얼마나 정성스럽고 탄탄한 강의였겠는가. 더구나 그가 북한 주체사상의 이론적 창시자인 황장엽(黃長燁)의 제자였다는 것을 듣고 북한 인문학의 수준이 어느 정도인지 가늠하기가 쉽지 않다는 생각까지 하게 되었다.

한시해나 박승덕의 그 후의 행적은 들어 보지 못했다. 김정일·김정은의 시대에 이르기까지 그들이 학문적·관료적인 지위를 유지하고 있었는지 알 수 없다. 그 집체적인 사회에서 이름이 몇 년 동안 보이지 않았다면 그들은 더 이상 역할을 하지 못했음을 의미하는 것일까. 외교에서나 사상적 측면에서 유연성을 가진 한시해·박승덕 같은 인물들이 그 사회에서 봉사할 수 있는 정도가 되어야 남과 북의 상호이해와 갈등 조정이 제대로 이뤄지지 않을까 생각해 본다. 지금 같이 남북이 정치·경제·군사뿐만 아니라 외교·사상·학문 등에서도 꽉 막힌 시점에서는 북의 한시해·박승덕·이성봉 같은 분들이 민족 문제에 대해서 흉금을 털어놓고 대화할 수 있는 그런 시기가 와야 하지 않을까 하는 생각이 든다.

사족을 붙이자면, 뉴욕의 이 모임을 계기로 필자는 그 뒤 남북나눔운동 등 평화통일 문제에 발을 들여놓게 되었다. 이 점은 부끄럽지만 사실이다. 그때 여러 사람이 기독학자회에 다녀왔지만, 내가 속해 있는 보수 진영 교회에서는 어느 교회도 뉴욕에서 남북 학자들이 모여 통일문제를 논의했다는 데 대해 관심을 표명한 적이 없다. 그만큼 둔감했던 것이다. 어느 날 자그마한 사석에서 내가 뉴욕 모임 이야기를 하니, 그때 홍정길 목사께서 듣고 자기 교회에 와서 보고해 달라고 했다. 저녁 예배 시간에 남서울교회에 가서 그 내용을 말했다. 홍 목사님을 비롯하여 몇몇 분의 호응이 있었고 그날 저녁의 기도회가 매우 뜨거웠던 것으로 기억한다. 이와 관련, 1993년부터 북한 돕기에 가장 앞장섰던 기관으로 남북나눔운동을 꼽을 수 있는데, 남북나눔운동이 이 뉴욕 모임 2년 후에 남서울교회의 홍정길 목사를 중심으로 활발히 전개되게 된 것은 우연이 아니라고 생각한다. 남북나눔운동 산하에는 10여 명의 연구위원으로 조직된 연구위원회가 있었다. 이 연구위원들이 100여 회의 모임을 가진 후에 현재의 '한반도평화연구원'으로 발전하게 되었다. 이 또한 필자의 1991년 남북기독학자회 참석과 무관하지 않을 것이라고 조심스럽게 생각해 본다.

(2021. 12. 22.)

3부

빚진 자들이
무임승차까지 한다면

— 공동체 이야기

동북아역사재단 출범에 즈음하여

　먼저 오랫동안 심사숙고해 오던 동북아역사재단이 출범하게 된 것을 축하한다. 작년 3월, 일본은 새로 출간한 검인정 교과서를 통해 한국사 왜곡을 강화했고, 이에 항거하는 한국민을 조롱하기라도 하듯 야스쿠니 신사참배와 독도의 영유권을 주장하는 교과서까지 출간했다. 그동안 조용한 외교를 통해 독도 문제 등에 대처하던 정부는 이런 사안들에 대처하기 위해 바른역사기획단을 출범시키고 동북아역사재단 설립의 한 기틀을 마련했다.

　이에 앞서 일본의 한국사 왜곡과 중국의 동북공정에 대응하기 위해서 정부는 두 기관을 고려했다. 한일역사공동연구위원회와 고구려역사재단이다. 한일역사공동연구위원회는 2001년 일본 교과서의 한국사 왜곡에 대해 한국인의 항의가 빗발치자 고이즈미 총리가 내한, 제안하여 설립한 것으로 2002년 5월부터 3년간 한일 역사학자들이 합동 연구 활동을 폈다. 그 성과가 왜곡된 역사 교과서 문제를 시정하는 데는 미치지 못했지만, 다시 제2기 출범을 준비하고 있는 단계다. 이에 비해 고구려연구재단은 중국의 동북공정이 고구려 역사를 비롯한 한국의 고대사를 훼손하자 여기에 적극 대응하기 위해 출범한 것이다. 고구려연구재단은 2년여의 연구 활동을 통해 괄목할 만한 업적을 생산했고, 중국 측 주장을 체계적으로 반박해 왔다.

그동안 주변국의 역사 도전에 대해 우리의 대응은 이렇게 대증요법(對症療法) 식이었다. 일이 터질 때마다 거기에 대응하기 위해 허겁지겁 기구를 만들고 방법을 강구했다는 뜻이다. 책임 있는 위치에 있는 일부 고위층조차도 이런 대증요법에 안주하고 있음이 확인되었다. 이런 대처 방안이 갖는 한계에 대해 관련 식자층과 시민단체는 우려를 표명했다. 주변국의 역사 왜곡에 대해 종합적이고 체계적인 대응이 필요하며 이를 위한 통합적인 컨트롤 타워가 필요하다는 것이었다. 일본의 역사 왜곡과 독도 동해 문제 등에 대처하기 위해 출범한 바른역사기획단과 중국 동북공정에 대응하기 위해 설립된 고구려역사재단이 통합, 동북아역사재단으로 출범하게 된 것은 이런 배경이 있다.

오랜 진통 끝에 이달 28일 정식으로 출범할 예정인 동복아역사재단은 "동북아의 역사문제 및 독도 관련 사항에 대한 장기적·종합적인 연구 분석과 체계적·전략적 정책 개발을 수행함으로써 바른 역사를 정립하고 동북아시아 지역의 평화 및 번영의 기반을 마련함을 목적"으로 하고 있다. 따라서 이 목적을 수행하기 위한 사업도 동북아시아 역사 정립과 독도 관련 사항에 대한 조사 연구, 동북아 역사와 독도 관련 전략 정책의 개발 및 대정부 정책 건의, 관련 시민단체에 대한 지원 교류, 관련 사항에 대한 홍보 교육 등 다양하다.

동북아역사재단은 이렇게 우리나라를 둘러싼 동북아시아의 역사 및 영토 분쟁에 효율적으로 대처하고 역내의 평화를 정착시키기 위해 출범하게 되었지만 안고 있는 과제는 지난하다. 그 때문에 이 재단을 성공적으로 이끌기 위해서는 중지를 모아야 한다. 국민은 우선 이 재단의 지속가능성에 주목하고 있다. 과거 유사 기구의 중도하차가 반면 교사가 되어 이런 우려를 낳게 한다. 그동안의 역할로 상당히 기대됨 직한 기구였고 정부출연기관으로서 위상도 갖추어진 고구려연구재단 이 정부 정책의 변화로 중도 하차했다는 것은 정부의 공신력을 스스로 떨어뜨렸다. 이 점은 갓 태어난 동북아역사재단에 대해서도 신뢰보다 는 회의와 우려를 떨쳐버리지 못하게 한다. 때문에 이 재단은 우선 고 구려연구재단의 연구 방향과 업적을 창조적으로 계승하면서 지속 가 능한 기구임을 입증하고 추락한 신뢰를 회복할 수 있어야 한다.

이 재단이 연구와 정책 수립의 양면을 조화하는 문제는 관심거리 다. 재단을 출범시키면서 더 강조된 것은 정책기관으로서의 성격이 다. 그러나 정관에는 엄연히 연구 기능이 앞서 명시되어 있다. 연구 없 이는 정책 수립이 불가능하고 또 대외관계 정책 수립이 증거와 진실에 근거하지 않으면 설득력이 없다는 점에서 연구 기능은 아무리 강조해 도 모자랄 것이다. 온축된 연구가 대안적 정책을 가능하게 한다는 것 은 말할 필요도 없다.

이 재단은 관민/민관 기관의 성격을 갖고 있다. 그러나 정부출연기 관이 갖기 쉬운 관주도의 성격과 대외적으로 정부를 대변한다는 어용 화의 우려를 불식하는 것은 급선무다. 관의 효율성은 바람직하지만, 그 경직성은 연구와 대안정책에서 나타나야 할 창의성과 기민한 처변 (處變)성을 저해할 수 있다. 때문에 행정력이 관여할 수 있는 공간과 민간두뇌들의 창의적인 참여가 조화를 이룰 수 있도록 출발 때부터 세 심하게 고민하지 않으면 안 될 것이다.

재단의 활동에 앞서 당부하고 싶은 것이 있다. 그것은 국내외 연구 기관과의 상생적인 제휴다. 재단이 다루려고 하는 의제는 이미 국내 공사립 기관이 상당한 정도로 관여해 왔다. 그 점에서 제휴와 지원이 불가피하다. 북측과 협력하는 것도 불가피하다. 또 재단의 연구와 대안정책이 대부분 국제성을 띠게 될 것임으로 세계의 학계 및 관련 기관에 대해 성과를 공유하고 그들과 공동으로 연구하고 때로는 설득하는 것도 중요한 과제가 될 것이다. 그리하여 이 재단이 동북아 역사 갈등을 해결하면서 이 지역의 항구적 평화 정착에 기여하기를 기대한다.

(2006. 9. 21.)

한국사능력검정시험의 활용

    내일모레, 2006년 11월 25일에는 국사편찬위원회가 주최하고 몇몇 기관이 후원하는 제1회 한국사능력검정시험이 치러질 예정이다. 전국의 학생 및 일반인을 대상으로 우리 역사에 대한 관심을 확산하고 심화하는 계기를 마련하고, 전 국민이 우리 역사에 대해 폭넓고 올바른 지식을 공유함으로써 균형 잡힌 역사의식을 갖도록 하기 위해 시행하는 이번 첫 시험에 16,570명이 응시하게 되었다니 놀라운 일이다. 주관 부처에서야 몇 년 동안 준비했겠지만, 일반에게 고지된 것은 불과 몇 달밖에 되지 않는데 이렇게 광범한 호응을 받게 된 것은 우리 역사에 대한 깊은 관심과 애정의 반응 때문이라고 생각한다. 더구나 이 시험으로 당장 어떤 보상이 주어지는 것이 아님에도 이렇게 따뜻하게 호응하는 것은 평소 국사 교육의 부족을 안타까워하면서 이를 시정하기 위해 노력해 왔던 여론의 도움도 컸다.

    한국사능력검정시험은 우리 국사 교육의 허점을 보완하기 위한 고육지책으로 고안되고 계획되었다. 과거 몇 년 동안 일본 교과서의 한국사 왜곡과 중국 동북공정의 한국 고대사 말살 책동이 국민의 분노를 불러왔는데, 이럴 때마다 여론은 '그러니까 우리가 할 수 있는 것은 국사 교육을 강화하는 길뿐이다'라고 결론지어 주었다. 이렇게 모인 여론이 정책으로 동력화되고 제도적 장치를 마련하는 것은 교육부를 통해서만이 가능했다. 수업 시수와 전담 교사를 늘리는 문제나 교육 과정을 개편하고 교재를 개발하는 것은 역시 전담 부서를 통하지 않으면 안 되었다. 그러나 국사 교육을 강화해야 한다는 국민적 합의가 교육부로 넘어가기만 하면 더 진전되지 않고 거기서 주춤거리고 말았다. 국사 교육을 강화해야 한다는 엄숙한 명제가 교과 이기주의의 벽을 넘지 못했던 것이다. 벌써 몇 번이나 그런 좌절은 되풀이되었다.

학교 교육에서 국사 교육이 도외시되는 것과 거의 때를 같이하여 정부와 공공기관의 여러 시책에서도 국사가 경시되는 조치들이 암묵적으로 진행되었다. 사법고시와 행정고시 등에서 국사 과목의 시험이 폐지되었다. 이는 역사적 소양이 제대로 없어도 고급 공무원이나 공직자로 진출할 수 있게 된 것을 의미했다. 각종 승진 시험에서도 국사 과목의 시험은 줄어들었다. 대학의 교양 필수과목에서도 국사는 퇴출되었다. 이런 상황에서 일반 국민에 대한 국사 교육은 방송매체의 사극이 전담하고 있다는 자조 섞인 농담들이 오가게 되었다.

이런 바람직하지 않은 상황들은 국사 연구와 편찬, 국민의 역사 교육과 역사의식의 고양에 일정한 책임을 지고 있는 국사편찬위원회에 무거운 압박으로 다가왔다. 국사편찬위원회는 중고등학교 교육을 통해서 국사 교육 강화를 모색하는 한편 학생과 일반 국민을 상대로 직접 국사 교육을 강화하는 방안도 고민하지 않을 수 없었다. 중고등학교 교육을 통한 국사 교육의 강화는 굳이 여기서 언급하지 않겠거니와 학생과 일반 국민을 상대로 한 국사 교육 강화 방안으로 거론된 것이 크게 두 가지였다. 하나는 조선왕조실록을 인터넷에 띄워 국민 각자가 조선왕조실록 탐구에 참여함으로 역사의식을 높이는 방안인데, 올해 초 개설한 이후 벌써 82만여 명이 방문하였다. 다른 하나가 바로 한국 사능력검정시험이다.

한국사능력검정시험은 한국사 전반에 걸쳐 역사적 사고력을 평가하는 것으로서 역사의식을 통해 고차원적 사고력과 문제 해결 능력을 육성하는 것이 목적이다. 따라서 국민 각자는 자신이 한국사에 대해 얼마나 깊은 지식과 소양을 갖고 있는지 이 시험을 통해 검증해 볼 수 있다. 국사학은 그동안 장족의 발전이 있었기 때문에 과거 학창 시절 공부했던 것과는 많은 차이가 있어서 이 검정시험은 자신이 현재의 위치에서 어느 정도 역사적인 소양을 쌓고 있는가에 대해 검증할 수 있는 좋은 기회이기도 하다.

한국사능력검정시험은 활용하기에 따라서는 학교의 국사 교육 못지않게 국민의 국사 교육을 진작하고 역사의식을 고양하는 데에 크게 기여할 것이다. 이것은 토플 등의 영어자격시험이나 최근에 증대되고 있는 한국어능력검정시험이 그 활용도를 점차 증대시키고 있는 것과 궤를 같이할 것이다. 활용 전략에 따라서는 그런 어학 시험보다도 더 큰 영향력을 발휘할 수 있을 것이다. 앞으로 정부가 국가공무원의 선발이나 승진 때에 한국사능력검정시험의 일정 수준 이상의 점수를 요구하게 된다면 국가관이 더 분명한 사람을 공직자로 선발할 수 있게 될 것이다. 또 각종 공·사 기업체가 입사 시험이나 승진 시험에서 한국사능력검성시험의 일정 수준 이상의 자격자를 요구하게 된다면, 국사 교육은 국민 각자가 일상생활 속에서 스스로 수행하게 될 것이다. 그런 효과를 기대하면서 한국사능력검정시험을 시작한다.

이제 여론이나 학교 교육만으로 국사 교육을 강화하려는 시대는 지나가고 있다. 국사 교육을 강화해야 한다는 당위성이 세계화를 지향하면 할수록 더 강조되고 있는 이 시점에, 국사 교육 강화의 일환으로 시행되는 한국사능력검정시험이 국민적인 협조를 받아 제대로 꽃피우고 결실을 맺었으면 하는 마음 간절하다.

(2006. 11. 22.)

근대 문화유산 보존과 등록문화재 제도

　최근에 보도된 근대 문화유산 관련 사례는 문화민족임을 자부했던 우리의 자존심에 큰 상처를 입혔다. 경기도 시흥시 소래 소재 옛 천일염전 창고들이 문화재위원회에서 문화재 등록 문제를 논의하려던 때에 전격적으로 철거되었다. 우리나라 최초의 서양화가 고희동이 살던 집은 5년 전(2002년)에 한 기업이 사들여 주차장을 만들려다가 시민단체들의 거센 반발로 등록문화재 84호로 등록까지 했으나 고의로 보수를 하지 않아 폐가가 되어 가고 있다. 몇 년 전에는 해방 직후에 활동했던 건국준비위원회 청사 건물이 문화재 등록설이 나오자 철폐되었다. 문화재로 되면 재산권 행사에 지장이 있을 것이라는 이해타산이 보존해야 할 문화유산을 이 지경으로 만들어버렸다. 개인의 재산권 행사란 절박할 때가 있다. 그럼에도 국민의 선의를 믿고 보존 대책에 소홀했다면 그 책임은 당연히 우리 세대가 져야 한다.

　우리 주변에는 개항기와 일제 강점기 및 6·25 전후 시기에 조성된 근대 문화유산들이 많다. 전통 문화유산은 아니지만, 근현대의 체험자요 증언자로서 문화재로 보존할 가치가 있는 것들도 있다. 근대문화의 산물을 문화재로 보존하자는 운동은 세계적인 추세로서 몇 년 전부터 우리의 문화의식을 일깨워 왔다. 세계 각국에서는 20세기에 이뤄진 건물이나 심지어는 20여 년밖에 되지 않은 건조물도 문화재로 등록, 활용하고 있다. 옛 기차역을 문화공간으로 바꾼 프랑스의 오르세 박물관, 시민광장으로 활용하고 있는 일본 요코하마의 옛 도크 등은 대표적이다. 문화유산을 가꾸고 보존하는 것은 어느 시대나 당대의 긍지요 사명이다.

문화재청은 2002년부터 작년까지 총 319건의 근대 문화유산을 문화재로 '등록'시켰다. 서울 남대문로의 한국전력 사옥을 비롯하여 아치형 현관이 특징인 서울시립미술관(구 대법원 청사), 한국전쟁 도중에 지어진 박공지붕의 조선대학교 본관, 통기타를 둘러메고 젊은이들이 모여들었던 추억의 신촌역, 우리나라 최초의 자장면 집인 인천 선린동의 공화춘, 소설 『태백산맥』에서 남도여관으로 등장하였던 구 보성여관, 통영과 미륵도를 연결하는 동양 최초의 바닷속 굴 통영해저터널, 6·25 때 부산의 임시수도 청사 등이 대표적인 등록문화재에 속한다. 이들은 그 지역에 문화적 자부심을 불러일으키면서 앞으로 관광명소로도 활용할 수 있는 근대 문화유산임이 틀림없다.

근대 문화유산을 문화재로 보존하는 방법은 주로 등록문화재 제도를 활용한다. 이는 지정문화재 제도와 함께 국가가 문화재를 관리하는 방법 중의 하나다. 종래에는 지정문화재 제도를 활용해 왔다. 지정문화재 제도는 문화재의 원형 유지를 목적으로 국가의 엄격한 보호 통제가 수반되었다. 그 때문에 사유재산권 행사와 그 주변의 건축물의 층고 등의 현상 변경에도 일정한 제약이 가해졌다. 지정문화재 제도가 이렇게 소유자와 그 주변 주민에게 보람을 주는 대신 불편도 주었기 때문에 문화재 지정을 꺼리는 현상도 있었다. 이를 극복하기 위해 도입한 제도가 등록문화재 제도였다. 최근에는 공적인 재원으로 문화재를 매입·보존하는 내셔널 트러스트 제도도 도입을 추진 중에 있다.

등록문화재 제도는 지정문화재 제도의 한계를 극복하기 위한 대안 정책의 하나다. 주로 근대 문화유산을 보존하는 데에 활용되는 이 정책은 문화재 보호 의지를 가진 정부와 문화재 소유자인 국민이 서로 상생 상보할 수 있는 제도로, 소유자에게 경제적 혜택을 약속하면서 그 등록을 유인하고 있다. 등록문화재로 되면 상속세 징수를 유예하고, 1가구 1주택의 경우 양도세를 감면하며, 재산세도 50% 감면하고, 건폐율 용적률을 최대 150% 정도까지 할증한다. 현상 변경 시에도 건물 외관의 1/4 이상을 바꿀 경우에만 당국에 신고하되 건물 내부를 바꾸는 경우에는 신고할 필요가 없도록 했고, 내부를 변형한다든지 수리할 경우에는 국고 보조도 가능하게 되었다. 따라서 이 제도를 활용하면 문화재 소유자가 문화유산 보존자로서의 영예도 갖게 될 뿐 아니라 자신의 재산 가치를 증식시키는 데도 도움이 된다. 최근에 이 제도에 관심을 보이며 문화재로 등록하려는 국민이 늘어나는 것은 근대 문화유산 보존을 위한 청신호라고 해야 할 것이다.

(2006. 12. 17.)

자기 고백과 용서

최근 한 대통령 선거 예비후보자에 대한 검증 문제가 사회적 관심사로 떠오르고 있다. 잘 알려진 내용이지만, 10년 전 국회의원 선거법 위반으로 재판을 받던 어느 예비후보의 당시 위증교사 혐의가 폭로된 것이다. 대선을 앞두고 나타난 인신공격성 폭로는 한두 번이 아니다. 때로는 정체 모를 기관들에 의한 것도 있어서 선거가 끝난 후에 대개 그 시비를 가릴 수가 없었다. 그러나 지난번 대통령 선거 때에 있었던 한 폭로는 선거에 상당한 영향을 미쳤고, 선거 후 그 폭로 내용의 진실 여부가 사법기관에 의해 가려져 폭로자가 처벌을 받았다.

선거를 앞두고 이런 폭로를 하는 데는 까닭이 있을 것이다. 선거 때가 아니면 국민이 큰 관심을 갖지 않기 때문에 선거 전의 폭로는 극적인 효과를 거둘 수 있다. 이와는 달리, 평소에 지도적 인물에 대한 공개적인 검증을 미리 해 두자는 반론이 있을 수 있지만 이는 사실상 불가능하다. 공개적인 검증 절차란 선거직 공직자나 법에 명시한 공직자 외에는 적용될 수 없다. 극적인 효과를 구실로 폭로를 정당화하거나 필요악 정도로 치부할 수 있을지 모르지만, 선거로 집권한 정권의 정당성을 위해서도 용납될 수 없다. 대선 후보를 포함한 선거직에 대한 공개적이고 철저한 검증은 꼭 필요하지만, 선거 때마다 이런 폭로가 되풀이되는 것은 결코 바람직하지 않다.

선거전 폭로 문제를 다루는 것이 이 글의 목적은 아니다. 폭로에 등장하는 과거사 문제가 관심사다. 폭로를 통해 밝혀질 수 있는 과거사 문제라면 다른 해결의 길은 모색할 수 없을까. 과거사란 주로 비리나 범죄적 행위에 관련된 것이지만, 사회적인 중요성을 갖는 사건이어서 역사에 밝혀 놓아야 할 경우가 대부분이다. 그래서 최근 법률에 의해 과거사 문제를 정리하려고 한 것도 이 때문이다.

몇 년 전 '친일과거사진상규명법'이 국회를 통과했을 무렵이다. 친일 문제로 입질에 오르던 어느 기관의 지인이 자리를 같이하자고 연락했다. 그 기관의 책임자가 조언을 구한다는 것이다. 당시는 공직 신분이어서 정중하게 사양했다. 그 뒤 그 기관의 다른 분들과 만나 친일 관련 대화를 나눌 기회가 있었다. 필자는 그때 그 기관이 취할 수 있는 가장 현명한 방법은 누군가가 더 밝힐 수 없을 정도로 자신의 친일 행적을 정직하게 스스로 고백하는 것이라고 말했다. 자기의 부끄러움을 스스로 폭로해서 지금까지 짓누르고 있던 무거운 짐을 털어버리라고 조언했다. 그렇게 되면 지금까지 수모를 겪었던 친일 문제로부터 자유로워지고 오히려 떳떳해질 수 있을 것이라고 제안했다. 일제 강점기를 연구하는 학자 중에는 그 기관의 친일 행적이 주로 일제 말기에 저질러진 것이기는 해도 진기에 행해진 민족운농석 활동이 그 못지않게 돋보일 수 있다고 언급하는 이도 있다. 때문에 자신의 친일 행적을 제대로 고백하면, 친일 행적 때문에 가리어진 민족운동적인 치적들이 살아나 그 기관의 이미지를 새롭게 할 수 있다는 것이다. 대화 중에 그들은 필자의 말에 동의하면서 그 기관 내부에서도 그런 논의가 있었지만 아직은 그 시기가 아니라는 판단을 내렸다는 것이다. 지금까지 친일 문제에 대해서 모호한 태도를 취하고 있는 그 기관은 그 시기가 아니라고 우기는 동안 자신의 이미지를 일신할 수 있는 기회를 잃어 가고 있다.

과거사에 대한 진솔한 자기 고백은 용기를 필요로 한다. 자기 고백의 용기가 어찌 그 기관만이 필요하겠는가. 과거사에 관련된 가문이나 기관, 선거직에 나서는 이들도 마찬가지일 것이다. 자기의 수치를 적나라하게 고백한다는 것은 죽음을 택할 만큼 결단이 필요하다. 사즉생(死卽生)의 반전은 여기에서 나온다. 중요한 것은 한 사람의 진실한 자기 고백이 사회 전체를 정직 사회로 업그레이드하는 동력이 된다는 사실이다. 자기 고백을 유도하려면 사회적인 합의가 꼭 필요하다. 진실한 자기 고백에 대한 관용과 용서를 전제해야 하고, 연좌제적 관행도 법적으로 엄금해야 한다. 이와 관련, 남아공의 만델라 정권이 취했던 '진실과 화해' 제도를 상기하면 좋을 것이다.

(2007. 2. 27.)

정말 자녀를 사랑하신다면요

새 학기 들어 작은아이 내외가 확실하게 취업이 결정되었다. 군 복무까지를 합치면 대학 졸업 후 10년간의 수련 생활을 거친 뒤에 여기까지 이른 것이다. 이제야 부모로서 자녀에 대한 시름을 놓게 된다. 30대 중반에 두 아이를 둔 가장인데도 확실한 직장에 정착하지 못했기 때문에 우리 내외는 자신들의 역할이 끝나지 않은 듯 불안한 마음을 금할 수 없었다. 이런 것을 계기로 이 땅의 부모 된 분들과 나누고 싶은 이야기가 있다.

한국에서 부모 된 자로서 자녀에 대해 가장 깊은 관심을 갖는 분야는 1차적으로 교육 문제다. 교육 문제는 부모가 자녀를 사랑하는 척도처럼 되었다. 어떤 수단을 써서라도 자녀로 하여금 경쟁에서 이기도록 하기 위해 어릴 때부디 과외로 내몰고 있나. 소위 일류대학에 입학시키기만 하면, 부모 된 자로서 가장 중요한 역할을 감당한 것으로 인식되었다. 이를 위해 한때는 좋은 학군을 찾아 이사하기에 혈안이 되었다. '맹모삼천지교'(孟母三遷之敎)를 능가하는 열성이 부모들에게는 비난 못 할 덕목이 되었고 부모 됨의 능력지수로 돋보일 수 있었다. 공교육이 궤멸되고 학교 교육이 불신을 받게 되면서 부모의 위상은 유능한 사교육 시장에 접근하는 능력 정도에 따라서 결정되는 듯이 보인다.

한국의 열성파 부모들의 교육열은 여기서 그치지 않는다. 자녀 교육을 위해서 이민 길에 오르는 이들도 많았다. 이들의 선택은 가정을 위해서 차라리 건전한 것이었다고 할 수 있다. 조기유학마저 마다하지 않는 맹렬 부모들은 자녀 교육을 위해 기러기 아빠 엄마로 남는 것을 개의치 않았다. 양산되고 있는 기러기 부부를 보면서 그들의 가정생활을 걱정하는 것이 기우였으면 한다. 이렇게 자녀 교육에 목을 매고 있는 부모들의 열성을 두고 부모가 이루지 못한 소망을 자녀들을 통해서 이루려는 대리만족 행위라고 지적한다면, 이 시점에서는 분명히 모독이라고 해야 할 것이다.

해외에 연구교수로 가서 머물 때다. 많은 교민들에게 이민하게 된 이유를 물어봤다. 가장 많은 이유가 자녀 교육 문제였다. 그들이 이민의 이유로 가장 크게 손꼽았던 자녀 교육은 현지에서는 거의 실천되지 않는 듯했다. 어느 경우에도 마찬가지지만, 삶의 우선순위는 시간의 투자에 의해 결정된다. 자녀 교육이 이민 사유의 가장 중요한 우선순위라면 자녀 교육에 가장 많은 시간을 투자하지 않으면 안 된다고 봐야 한다. 그러나 많은 교민들은 자녀를 위해 시간을 투여하지 않았다. 자녀 교육을 위해서는 무엇보다 필요한 것이 돈일 것이니, 돈을 버는 데에 가장 많은 시간을 투여했다. 좋게 말하면 자녀 교육을 위한다는 명분으로 돈벌이하는 데에 가장 중요한 시간을 투자하고 있었다. 자녀 교육을 위해 헌신한 많은 훌륭한 부모가 있었지만 더 많은 부모는 자녀들의 교육을 위해 돈을 벌었고, 그러는 사이에 자녀들과는 의사소통이 제대로 되지 않는 상황에까지 이르는 것을 보았다.

한국의 부모들, 그중에서 공교육에 자녀들을 맡기지 않고, 홈스쿨

링을 하는 일부 선각적인 부모들을 제외하고는 대부분 자녀 교육을 위해서 시간을 거의 투여하지 않는다. 아니 아예 투자할 생각을 하지 않는다. 과외를 하지 않으면 교육 경쟁에서 낙오자가 될 것처럼 생각하고, 학교 파하기가 무섭게 사교육 시장으로 자녀들을 몰아간다. 한두 개 과목으로는 불안하니까 몇 개 과목을 안겨 아이들을 닦달한다.

교육이 어찌 학교에서 배우는 과목들뿐이겠는가. 옛 어른들이 말하기를 인간은 모름지기 학문을 배우기 전에 먼저 사람이 되어야 한다고 했다. 시간이 흘렀다고 해서 어찌 그 말이 틀렸다고 할 것인가. 옛사람들이 말하는 교육에는 인성교육이 주를 이루고 있다. 그런데 그 인간교육, 인격교육은 학교에만 맡겨서는 안 된다. 마땅히 가정에서 부모로부터 배우고 실천해야 할 것이다.

지난해에는 학교의 급식 사고가 많이 일어났다. 부모들은 국민의 이름으로 정부를 성토했다. 집단급식을 비판하거나 항의하기 전에 왜 아이들이 집단급식을 해야 하는가를 고민해 보았는지 묻고 싶다. 아무리 집에서 부모가 힘들더라도 도시락을 싸 주면 해결할 수 있을 것이라고 어리석은 생각을 해 보았다. 이렇게 생각한 것은 음식에는 사랑이 깃들어야 한다는 평소의 소박한 생각 때문이다. 부모가 만들어 준 도시락을 들 때 거기서 부모의 체온을 느끼고 사랑을 같이 먹을 수 있다. 그럴 때에 보이지 않는 진정한 인성교육이 될 수 있다. 패스트푸드 열풍으로 자녀들의 과체중과 성인병을 걱정하게 되었다. 이런 것은 사랑이 담긴 음식을 통해서만 풀 수 있다. 학교폭력을 이길 수 있는 근원적인 동력도 거기서 나올 것으로 믿는다. 부모님들, 자녀를 참으로 사랑하시나요.

(2007. 3. 7.)

천안함, 그 후폭풍을 우려한다

대통령의 대국민담화가 있던 날, 그걸 들으면서 대통령의 결단만 본 것이 아니다. 담화대로, 남북 간의 교역 교류를 전면 중단하고, 북 선박의 남쪽 해역 통과를 봉쇄하며, 확성기와 전단 살포를 통한 심리 전을 재개하겠다는 등의 여러 조치가 의도대로 효과가 나든 나지 않든 대통령은 이제 '천안함 늪'에 빠져 허우적거리게 될 것 같다는 느낌이 었다. 20년 넘게 남북화해와 교류를 위해 공들여온 탑이 하루아침에 무너졌다는 아쉬움과 함께 '늪'에 빠진 것 같다고 한 것은, '북의 소행' 이라고 단정하고 후속 조치를 취하면서 스스로 퇴로를 차단해 버렸고, 재임 기간 동안 그 '늪'을 벗어나기 힘들 것으로 보았기 때문이다.

최정예 한미합동군사훈련의 틈새를 비집고 들어와 얕은 수심에서 도 '명중률 100%'를 과시한 '스텔스 잠수정'의 잔해가 쌍끌이 어선에 의해 포착되었다는 것은, 발표대로라면 신출귀몰에 가까운 '완전 범 죄'가 원시적 수단에 의해 들통 난 꼴이었다. 이를 보면서 전문가 70여 명이 밝혀낸 '어느 누구도 부인할 수 없는 결정적 증거'도 이런 식으로 무너지지 않을까 걱정되었다. 그렇게 되면 '천안함 늪'의 활동반경은 더욱 옹색해질 것이다.

합동조사단 발표를 계기로 전군작전지휘관회의와 NSC는 '단호한 대응과 응징'을 발표했고, 북측은 '날조극' 성명과 '검열단 파견 제의'로 답했다. "군사적 비군사적 조처로 북한에 응분의 대가를 치르게 할 것"이라는 국방부 장관의 경고는 '현 사태를 전쟁 국면'으로 간주하고 '무자비한 징벌'로 대응하겠다는 조평통의 엄포로 돌아왔다. 날 선 공방 속에 살기가 번득인다. 이런 상황에서 한반도의 평화와 조국 통일에 대한 비전은 비집고 들어갈 틈이 없다.

대국민담화는 종래 대화와 타협에 의해 한반도 문제를 해결하려는 자세를 일거에 쓸어버리고, 20여 년 전에 전개되던 남북대결을 그대로 옮겨 놓았다. 이런 상황에서 북측이 내뱉은 '응분의 대가'니 '무자비한 징벌'이 약발이 먹힐 리 없다. 오히려 우리식으로 대응할 테니 해보라는 '배짱'이 돋보인다. '서울 불바다론' 이래 북측 협박에 어느 정도 면역된 국민이지만, 담화에서 제시한 '선제관리'니 '즉각 자위권 발동'이니 하는 '적극적 억제' 정책에는 믿음이 가지 않는다. MB정권은 참여정부에서 일정까지 못 박은 '전작권 환수'를 '반납'하겠다고 '비자주 정책'을 추진해 왔기 때문에 즉각 자위권을 발동하겠다는 말이 도대체 아귀가 맞는 주장인지 헷갈린다. 대통령 담화의 내용이 많은 듯하지만, 남북교역 중단을 제외한 대부분은 지금까지의 대북정책을 총괄하는 정도다. 전문가들의 지적과 같이, 이건 남측도 대북 제재 수단을 대부분 소진해버렸기에 뾰쪽한 징책이 나올 수 없다는 뜻이다.

북측 책임론을 분명히 한다고 해서 '안보 실패'에 대한 내부 책임규명이 면제될 수 없다. 대북정책의 틀을 바꿀 정도의 '안보 위기'였는데도 왜 책임지고 옷 벗었다는 '노블레스 오블리주'는 없는가. '안보 위기'가 분명하다면 즉각 책임을 묻고 국민에게 안보의 엄중함을 보였어야 했다. 안보에 구멍이 뚫렸는데도 책임은 묻지 않고 국민에게 안보불감증을 질타한들 그 진정성이 전달되겠는가. 국가 안보에서만큼 신상필벌이 요구되는 곳은 없다. 정부 발표대로라면, 옷을 벗어야 할 사람들은 적의 습격을 받은 패장들인 셈인데, 아직도 그 자리에 앉아 말을 바꾸면서 국민을 우롱하고 있다. 이건 국민과 통치권 모두에 대한 수치다.

천안함의 후폭풍이 대북 관계 못지않게 우리 내부에 미치지 않을까. 그런 의미에서 북을 향한 소리는 자기 내부를 향한 메시지다. 담화가 성동격서(聲東擊西)의 의미는 없을까. 북을 조이겠다는 것은 남쪽도 조이겠다는 의미로 읽힌다. 안보제일주의만 내세운다면 더 노골적으로 민주적 가치를 무시할 수 있다. 경찰이 비상 체제에 들어가고 행정안전부가 '유언비어'를 철저히 단속하겠다는 것에서 벌써 공안정국의 조짐마저 보인다(벌써 전교조와 전공노에는 칼부림이 거세다). 합동조사단의 발표가 곳곳에서 허점을 보이는 상황인데, 어떻게 조사단의 발표 외에는 유언비어라고 몰아칠 수 있단 말인가. 대국민담화 시기 등으로 공명선거는 이미 생채기가 났는데, 여당 수뇌부는 6.2지방선거를 안보정국으로 몰아가고 있다. 여기에서 그칠까. 여차직하면 '4대강사업 반대운동' 등 선거 후에 들불처럼 일어날지도 모를 정책 반대 세력도 안보 논리를 내세워 쓸어버리려 하지 않을까. 이제 민주주의를 위한 안보가 아니라 안보를 위한 이상한 민주주의가 강요될지도 모른다. 이건 대한민국의 선택이 될 수 없다. 현 여당은 과거 안보를 내세워 인권과 민주화를 가로막고 한국 현대사를 오도했던 군사정권의 후예임을 결코 잊어서는 안 된다.

(2010. 5. 25.)

조지 부시 초청 6·25 '평화기도회'를 우려하는 기자회견 인사말

이달 6월 22일 오후 5시 30분, 서울 상암 월드컵경기장에서 '한국 전쟁 60주년 평화기도회'가 '분단을 넘어 평화로!'라는 제목으로 열리는데, 거기에 부시 전 미국 대통령을 초청하기로 했단다. 주최 측은 부시 전 대통령이 평화통일과 자유에 대해서 이야기할 수 있도록 배려하겠다고 한다. 그러나 오늘 학술회의는 부시 초청 평화기도회가 적그리스도적이며, 우리의 현 상황에서 전쟁으로 몰고 가려는 반인류적인 행위이며, 평화와 전혀 관계없는 것으로 정리했다. 이런 관점과 함께 몇 가지로 내 소회를 말하겠다.

'평화기도회'에 부시를 초청하겠다는 발상을 보면서 느껴지는 바가 많다. 부시는 1994년 체결된 북미제네바 합의를 파기하여 한반도의 핵 문제를 해결할 절호의 기회를 제거해 버렸고, 북한이 고농축 우라늄을 가졌다고 억박질러 북핵 문제를 더 꼬이게 했다. 그뿐만 아니라 그는 정당한 명분 없이 이라크 침공을 감행했다. 그는 "이라크에 대량 살상 무기가 은익되어 있다는 증거가 있다"라고 주장하면서 이라크를 침공했다. 그러나 이 정보는 거짓된 것이었음이 뒤에 드러났다. 미국과 영국 측이 승리를 선포한 뒤 2004년 10월, 미국이 파견한 조사단은 "이라크에 대량 파괴 무기는 존재하지 않는다"라는 보고서를 제출하였다. 전쟁을 시작한 근거가 된 대량 파괴 무기 은익은 이렇게 거짓으로 밝혀져 이 전쟁의 정당성이 크게 흔들리게 되었다. 이 명분 없는 전쟁은 이라크라는 나라를 철저히 파괴했고, 2007년 현재 민간인 사망자 최소 65만 명과 난민 450만 명을 양산했다. 여기에 지금도 살해당하고 있는 민간인과 군인을 합산하면 피해 규모는 더 불어날 것이다.

이라크에 대량 살상 무기가 존재한다는 주장이 근거 없음이 밝혀졌을 때 부시는 어떤 태도를 취해야 했을까. 이라크와 세계에 사과하고 이 정당성 없는 침략군을 철수하고 이라크에 법적인 책임을 졌어야 했다. 그렇기에 불의한 전쟁으로 미국의 위상을 크게 떨어뜨린 부시를 한국교회가 평화의 사도로 둔갑시켜 초청한다는 것은 있을 수 없다.

평화가 전쟁의 승리로 주어질 수 있을까. 전쟁에 승리하여 상대방을 힘으로 누르고 침묵하도록 하는 것이 평화일까. 부시를 이은 오바마는 아프가니스탄에 대해서 한술 더 떠서 미군 증강을 결정했고 우방에게도 파병을 요청했다. 그걸 보면서 오바마의 등장 때에 그에게 걸었던 기대가 사라졌다. 지금 전쟁에 쏟아붓고 있는 그 막대한 비용을 평화 재건의 비용으로 전용하는 때에라야 평화의 실마리가 풀릴 것이다. 거기에 "칼을 쳐서 보습을 만들고 창을 쳐서 낫을 만들며 이 나라와 저 나라가 다시는 칼을 들고 서로 치지 아니하며 다시는 전쟁을 연습하지 아니하는"(이사야 2:4) 평화의 때가 올 것이다.

아프가니스탄에서 10년, 이라크에서 8년간 전쟁을 주도했던 부시 못지않게, '한국전쟁 60주년 평화기도회'를 준비하는 한국교회 소위 지도자들의 자세도 문제다. 평화를 위한 기도회를 열겠다면서 평화와는 반대의 길을 걸어 온 부시를 초청해서 그를 마치 평화의 사도인 양 대접하겠다는 것은 아무래도 기독교적인 가치관과는 부합하지 않는다.

미국의 기독교 근본주의자들은 응징을 위해 전쟁을 불사한다는 입장이다. 부시와 그를 충동하는 기독교 세력들이 취한 태도다. 그들은 자기들이 자의적으로 설정한 '의로운 전쟁'에 하나님이 함께하시고 승리로 이끌 것이라는 확신을 갖고 있다. 한국의 기독교인들 중에도 그 아류에 속하는 이들이 없을까. 부시를 초청하여 '평화기도회'를 열겠다고 하는 이들이 바로 부시와 같은 동류의식을 지닌 이들이 아닐까.

이번에 부시 초청 '평화기도회'는 주로 대형교회의 목사들이 중심이 되어 상암월드컵경기장을 빌려 거창하게 대회를 개최하겠다는 의도로 보인다. 그러나 대형교회 목회자들이 주관하는 그런 행사가 '평화기도회'라는 이름으로 자신들의 이름이나 드러내는 그런 모임이 되어서는 안 된다. 차라리 그 모임이 6·25 동족상잔의 죄악을 고통스럽게 되돌아보면서 분단의 죄악을 통회하는 '미스바의 성회'(사무엘상 7:5-6)가 되기를 원한다. 그렇게 되려면 부시 초청을 취소하라. 아직도 이라크 침공을 회개하지 않는 부시는 그런 회개의 모임과는 어울리지 않는다. 그런 일이 아니더라도 한국교회는 우리 사회로부터 욕먹을 일이 너무 많다.

이번 '평화기도회'를 주도하는 대형교회에 고언하고 싶다. 부시를 초청하여 그런 거창한 행사를 주관할 물질적 능력이 있다면, 한국전쟁으로 인해 상처받고 가정이 파괴된 공동체를 찾아가 오른손이 하는 것을 왼손이 모르게 조용히 그곳에 용서와 화해를 심고 평화를 확대해 가는 노력이 더 필요하지 않겠는가. 그런 조용한 사역이 부시를 초청해서 요란하게 평화기도회를 하는 것보다는 더 하나님을 영화롭게 하고 공동체와 민족에게 진한 감동을 불러일으킬 것이다.

'부시와 평화', 호전적인 그에게는 전혀 어울리지 않는 말이다. 21세기를 전쟁으로 시작한 부시, 그에게 평화라는 말도 어울리지 않는데 더구나 '평화기도회'는 더 용납될 수 없다. 아무리 한국교회의 몇몇 지도자가 역사의식이 없다 하더라도, 호전성을 가진 그를 기독교의 이름으로 평화의 사도인 양 초청하는 것은 한국교회를 오도하는 것이다. 부시와 함께 '평화기도회'를 개최한다는 데 대해서 부끄럽게 생각하는 많은 한국 기독교인이 있음을 인지한다면, 그를 빌려서 평화를 말한다는 것은 더 이상 용납할 수 없다. 부시가 아무리 하나님을 향한 열정을 가졌다 하더라도, 그가 북미 제네바합의를 파기하여 북한 핵문제 해결을 혼돈스럽게 만든 정책이나 그가 저지른 중동의 두 전쟁은 "평화를 만드는 자는 복이 있나니 그들이 하나님의 아들이라 일컬음을 받을 것"(마태복음 5:9)이라는 말씀에는 결코 부합하지 않는다.

(2010년 6월 21일 11시 30분, 한국기독교회관 2층 강당에서 행한 '조지 부시 초청 6·25 기도회 우려 기자회견'장에서 행한 인사말)

'3대 세습'을 보는 시대의 눈

　북한의 '3대 세습'은 예상되었던 것이지만 충격이다. 북한이 44년 만에 당 대표자회를 열어 20대 후반의 김정은을 전격적으로 후계자로 내세우고, 당 창건 65주년 기념식 전에 화려하게 등장시켰다. 이는 수십 년간의 수련을 통해 등장했던 '2대 세습'과는 매우 달랐다. 김정남이 '3대 세습'이라 공언한 데서 북한의 권력 이양이 '세습'임을 다시 확인한다.

　당 대표자회가 연기되었던 데서 '세습' 과정이 내부의 진통으로 순탄치 않았던 것을 읽을 수 있다. 당 대표자회에서 절차를 밟자마자 '세습'에 대한 세계의 이목에도 불구하고 일사천리, 전광석화라는 말이 무색할 정도로 세습 구도를 빠르게 안정시키려 하고 있다. 권력 이양 과정에서 나타날 수 있는 공백을 최소화하기 위함일 것이다. '3대 세습'은 북한의 처지에서는 가장 현실적이고 가장 최선의 선택이라는 데에 의문의 여지가 없다.

　북한이 최선을 선택했기 때문에 그들의 주체적 선택이 비판의 무대에 오르는 것을 금기시해야 할까. 그렇지 않다. 우선 지금까지의 남북

관계로 봐서 그렇게만 말할 수 없다. 그동안 남북은 서로 간의 약속에도 불구하고 상대방의 선택과 상황에 대해서 언급해 왔고 때로는 지나치다고 할 정도였다. 이런 맥락에서도 '세습'에 무관심할 수 없다. 그동안 자주 애용한 '우리민족끼리'라는 슬로건이 역으로 활용될 수 있다면, '3대 세습'이야말로 '우리민족끼리' 관심 영역의 대상일 수밖에 없다. 또 민족사적 관점에서도 그렇다. 21세기 민족사에 '혁명가' 집안을 통해 '3대 세습'이 등장했다면 '오불관언'일 수가 없다. '내재적 논리'의 관점에서 침묵하려는 이들이 있다. 두둔하거나 비판하는 것이 좀 순진한 관여 방법이라면 침묵은 오히려 고도의 악은 선택일 수 있다.

먼저 세계사의 진행 과정에서 보더라도 '세습'은 결코 바람직한 방향이 아니다. 세계는 '세습'을 정당화하는 왕정마저 폐지해야 한다는 요구에 때때로 직면해 왔다. 어떤 이는 오늘날 '세습'의 행태를 보이는 것이 어디 북한뿐이냐면서 북한의 '세습'에 관용하는 듯한 태도를 취하고, 또 전인민적 추대, 수령 생존 시 후계 지명 및 새 세대 선출 등 북한 내부의 논리를 들어 '세습'을 정당화하기도 한다. 그러나 남쪽의 대형교회와 재벌들이 보여주는 '세습'이 반역사적이듯이, 북쪽의 '세습'도 역사에 역주행하는 행태다.

'3대 세습'은 북한이 취하고 있는 '민주주의 인민공화국'이라는 국체·정체와 부합할 수 있을까. 정권 이양 방법은 그 나라의 국체·정체와는 무관하게 작동할 수 있다고 강변할는지 모르지만, '3대 세습'은 아무래도 '민주주의'와 '공화국'을 수용하는 체제에 합당한 권력 이양 방식일 수는 없다. 권력 이양 방식이 그 나라의 국체·정체가 본래 의도하는 보편적 원리를 벗어나게 되면, 권력 이양이 순조로이 이뤄진다 하더라도 권력의 정당성은 물론 권력의 안정성도 크게 훼손시킨다. 이를 끌고 가자면 무리수를 쓰게 마련이다. 민주주의 국가에서 나라를 분열시키다시피 하는 위험을 감수하면서 보통·평등·비밀 선거의 방식으로 권력을 선출하는 것은 독재주의 국가에서 즐겨 쓰는 손쉬운 권력 이양 방식을 몰라서가 아니고, 권력의 정당성과 안정성 및 정통성을 보장하기 위해서다.

북한은 주체사상을 기반으로 '사회주의 사회'를 건설한다고 주장해 왔고 또 그렇게 노력하고 있는 것으로 안다. 여기서 '3대 세습'이 사회주의 사회 건설이라는 북한의 기본적인 국가 이념과 합치할 수 있을까. 선뜻 납득되지 않는다. 사회주의 사회는 평등권을 그 가장 핵심 요인의 하나로 꼽고 있다. '세습'이 평등권과 어떻게 부합할 수 있는지, 북한의 이론가들은 해명할 수 있어야 한다.

'혁명 1세대'가 만주와 시베리아 벌판에서 풍찬노숙을 무릅쓰고 감행한 투쟁을 복벽주의자들의 구왕조 부활운동과 비교하는 것은 그 자체만으로도 수치다. 그런데 '3대 세습'을 감행함으로써 어찌 봉건왕조에서나 가능한 '혈통 세습' 체제를 구축하려고 하는 것인가. 험산 준령에서 피를 뿌렸던 '혁명가'들이 '3대 세습'을 어떻게 보는지 묻고 싶다. 남북화해를 위해 그런대로 노력해 왔다고 자부하는 필자에게 '세습'이 '혁명'에 대한 모독으로 비쳐졌다면 지나친 독단일까.

(2010. 10. 20.)

빚진 자들이 무임승차까지 한다면

누가 4월을 '잔인한 달'이라 했던가. 한국의 4월은 '잔인한 달' 이상의 의미를 갖는다. 지금은 4·19세대밖에는 거의 기억하고 있지 않지만, 내게는 나태해질 때마다 매번 엄혹하게 다가오는 무거운 바위산이 있다. '4·19혁명'이다. 내 경험 때문일까, '4·19'를 맞을 때마다 나는 빚진 마음을 금치 못한다. 군인 신분이었던 나는 '4·19'가 터지던 날 새벽 청량리에서 춘천행 기차를 타고 화천군 사창리 주둔 부대로 돌아갔다. 공교롭게도 그날이 휴가 마지막 날이어서 귀대(歸隊)밖에는 선택의 여지가 없었지만, 그러나 늘 죽음의 현장을 비겁하게 빠져나갔다는 착각이 '자책'으로 평생을 짓누르고 있다.

4·19묘소를 찾을 때마다 사랑하는 이를 먼저 보낸 듯한 아픔이 엄습한다. 올해도 그럴 것이다. 그래도 나는 그런 빚진 마음을 더 다잡기 위해 해마다 4·19묘소를 찾는다. 그들이 희생되지 않았더라면, 그들의 열정과 헌신으로 봐서 그들은 역사에 더 큰 족적을 남겼을지도 모른다. 생각이 여기에 미치면 빚진 마음은 한층 더해져 자연스럽게 오늘날 자유와 인권, 민주와 평등을 누리는 것이 그들의 희생 때문이라

는 데로 이어진다, 마침 고난주간을 앞선 때여서 그럴까, 이 대목에서 성경 이사야서의 한 대목을 떠올리게 된다. "그가 징계를 받음으로 우리는 평화를 누리고, 그가 채찍에 맞으므로 우리는 나음을 받았도다"(이사야 53:5).

이 빚진 마음이 역사에 무임승차 해서는 안 된다는 자책으로 비수처럼 날을 세운다. 독자들은 이 글이 처음부터 너무 무거운 느낌을 준다고 생각할 것이다. 나도 그렇게 생각한다. 4월에 '4·19혁명'을 거론하는 것은 자연스럽지만, 역사의식에 민감하지 않으면 '4월 혁명'을 거론하는 것 자체가 부담스럽다. 취업을 위해 스펙 쌓기에만 골몰하는 젊은이들에게 '혁명'이니 '희생'이니 하는 단어가 거추장스러울 것이다. 그러나 젊음이라는 가장 고귀한 자본을 갖고서도 그것을 취업과 시류(時流)에만 투자하려는 젊은이가 있다면 작심하고 말하고 싶다. 그대들의 문제는 '경제 살리기'라는 시류 영합적 자세를 통해서는 결코 해결할 수 없고, 또 거기서는 문제의 영성적 본질마저 발견할 수 없다고 감히 말하고 싶다.

유신 시대, 많은 학생이 학교에서 제적, 투옥당하고 또 군문에 강제로 입대했다. 용기 있는 목회자들도 경찰의 감시를 받으면서 유신정권의 불의와 독재를 경고했다. 경찰서에는 물론 보안부대와 감옥에도 드나들었다. 재판정에서 당당히 유신정권의 불의와 불법을 폭로하기도 했다. 그 무렵 대학 전임으로 간 나는 거의 침묵하거나 소리를 죽였다. 용기가 없어 그랬지만 그게 불의에 타협한 것이 아니고 뭘까. 부끄럽다. 지금도 그때 유신독재에 항거하여 인생의 황금기를 옥에서 보낸 이들을 가끔 만난다. 조금만 타협했다면 남 눈치 볼 것도 없이 그런대로 편안히 살아갔을 분들이 거친 세월을 헤치며 살아온 것을 보면 고개가 숙여진다. 그들이 아니었으면 오늘날의 이 같은 민주화의 혜택을 볼 수 있었을까. 그들마저 머리 잘 굴리는 '재주꾼'들처럼 침묵을 지키며 열심히 자신의 미래에 투자했다면 우리 공동체는 어떻게 되었을까. 오늘날의 인권과 민주화를 맛볼 수 있었을까.

나는 안다. 그런 분 중에는 장안(長安)의 지가(紙價)를 올리는 큰 신문사의 중요 간부도 있었다. 유신독재정권은 그들에게 고위관직으로 회유했다. 그러나 그들은 언론의 원칙과 정도를 묵묵히 고수하면서 유혹을 뿌리쳤다. 해직(解職)이 강요되었을 때 고난의 길을 피하지 않았다. 타협하면 살길이 있다는 것을 몰랐을까. 아니다. 언론사에서 쫓겨난 뒤에 가족을 제대로 부양하지 못해 부인이 행상을 하는 경우도 있었고, 딸자식을 대학에 보내지 못하고 취직 전선으로 보낸 이도 있다. 나는 그런 분들에게 빚진 자다. 그들이 살아 있는 동안 그들에게 진 빚의 일부라도 갚지 못했던 옹졸한 '지식인'이다. '도청'이라는 풍문을 빌미로 그들에게 한 통화의 전화도 두려워했고, 차 한 잔, 점심 한 끼를 대접한 적도 없는 비겁자다. 그러기에 나는 확신한다. 그들이 내쫓기고 고난받았기 때문에 오늘 우리가 이만큼의 자유와 민주화의 과실을 따 먹고 있다는 것을.

유신체제의 장본인이 사라졌다고 해서 민주화가 이뤄지진 않았다. 유신체제하에서 단물을 빨아먹고 자란 '신군부' 세력이 1980년 '서울의 봄'을 여지없이 망가뜨렸다. 광주민주화운동이 아니더라도 학생과 교수, 기자들이 쫓겨났고 민주화 세력을 투옥하기 위해 감옥의 창살을 높였다. 신군부 파쇼정권은 그 뒤 12년간 철권통치를 계속했다. 매판자본을 선두로 '산업화' 세력이 그 정권에 빌붙었고, 언론기관과 지식인들도 곡학아세(曲學阿世)에 여념이 없었다. '불온·불순' 세력이라고 비난을 받으면서도 신군부 파쇼 세력에 불굴의 투지로 싸운 젊은이들과 비타협적 지식인들이 있었다. 우리는 이들에게도 빚진 자다. 아직도 진실을 말하면 '불순 세력'이라고 몰아치는 정치권은 그 당시와 별로 달라진 것이 없다.

1987년 6월항쟁 무렵, 연세대에서 뜻을 같이한 교수들이 모여 시국기도회를 열었다. 그 길로 최루탄에 맞아 사경을 헤매는 이한열을 찾아 세브란스 병원으로 가서 기도 모임을 가졌다. 어느 분의 강요에 의해 뒷전에 있던 내가 얼떨결에 기도했다. 며칠 후 이한열은 불귀의 객이 되었다. 그의 죽음은 결국 군부 파쇼정권으로부터 대통령 직선제를 항복의 대가로 받아 냈다. 한 사람의 용기와 희생이 민주개혁의 큰 동인이 되었다. 1992년 초까지 계속된 군부독재체제의 마수성은 더 많은 젊은이를 제물로 강요했다. 1991년 4월부터 6월까지만 강경대, 박승희, 김영균, 천세용, 김기설, 김철수, 정상순, 김귀정 등의 학생과 윤용하, 이정순, 석광수, 박창수 등의 아까운 목숨을 앗아갔다. 거듭 말하지만, 우리는 이들의 희생을 담보로 오늘의 자유를 누리고 있다. 그 젊은이들의 죽음이 오늘날 인권과 민주화를 보증했다는 것을 누구도 부정하지 못한다.

그런데 말이다. 우리는 그 젊은이들의 희생을 담보로 자유와 인권을 누리고 있지만, 그들이 보증한 빚에 대해서는 무신경하지 않나. 그들의 희생을 토대로 오늘의 민주화를 가져왔음에도 그 희생의 가치를 확대 재생산하려는 의지를 전혀 보이지 않는다. 그들의 죽음을 역사의 식으로 승화하지도 못하고 있다. 그러고 보니 그들의 희생을 토대로 한 민수 역사에 우리는 부임승차하고 있는 뻔뻔스러운 존재들이다. 대가를 치를 생각은 조금도 없이 자유와 인권과 민주화를 누리기만 한다. 그들의 희생을 토대로 한 과실이 한 세대 후의 오늘의 '민주화'로 나타났다면, 우리는 자녀 세대를 위해서라도 지금 우리 스스로 담보물로 제공해야 하지 않는가. 이게 무임승차 하는 뻔뻔함을 모면하는 최소한의 길일 터이다.

오늘날 젊은이들이 취업전선에 몰두하면서 역사의식마저 상실한 듯하다. 젊은이들을 그렇게 만든 기성세대로서 무력감과 자괴감을 통감한다. 그렇다고 젊은이들의 무기력함이 용서받거나 변명되는 것은 결코 아니다. 시대 풍조도 경제 이외의 것에는 신경 쓰지 못하도록 교묘하게 옥죄고 있어서 무기력증을 반전시킬 분위기 조성 또한 쉽지 않다. 그러나 젊은이들이 이 함정을 벗어나지 못한다면 결국 경제도, 정의로운 사회도 기약하지 못한다. 이럴 때 "너희는 먼저 그의 나라와 그의 의를 구하라, 그리하면 이 모든 것을 더하시리라"(마태복음 6:33)는 약속의 말씀에 용기를 얻는다. 그렇다. 먼저 그의 나라와 그의 의를 구하는 결단 없이는 이 정권, 이 암울한 세대가 파놓은 깊은 수렁을 헤어나지 못한다.

이승만 정권이나 유신독재체제, 신군부 파쇼체제의 엄혹함 속에서도 학생과 젊은이들은 투철한 역사의식을 가지고 불의에 항거하면서 자기 몸을 던졌다. 그것이 민주화를 가져왔고 산업화를 이끌었다. 그때도 취업 자리가 없는 것은 마찬가지였다. 경제적으로 암담했다. 그러나 그들은 공동체의 비전을 '그의 나라와 그의 의를 먼저 구하는' 데서 찾았다. 그것은 곧 스스로의 희생을 의미했다. 그 요구에 먼저 순응했다. 자기 몸을 불사르는 젊은이들의 희생이 이만한 정도의 오늘을 이룩했다. 호구지책과 안일한 도생(圖生)만을 위해 젊음을 도로(徒勞)하다가는 '그의 나라와 그의 의'는 말할 것도 없고, 거기에 부수적으로 약속한 '이 모든 것'도 기약할 수 없다. 무임승차를 즐기는 공동체에 무슨 미래가 약속될 수 있겠는가.

(2011. 5월호, 「복음과상황」)

북악산 군 막사,
문화재위원회는 재심 절차를 밟으라

국가 기관은 자체의 공적 임무를 수행하기 위해서 존재하기도 하지만, 사회를 구성하고 있는 제 주체들 간의 관계를 원활하게 조정하는 역할을 맡기도 한다. 만약 이런 조정 역할을 제대로 감당하지 못하게 된다면, 가치관이나 이해관계를 달리하는 사회 구성들 간에는 불필요한 마찰이 일어나게 됨을 종종 보게 된다.

북악산 중턱에 군 막사를 짓도록 허락한 문화재위원회의 결정도 그렇다. 군 막사를 그곳에 짓는 문제를 두고 주민·시민단체와 군(軍) 사이에 벌써 몇 달째 대치 현상을 보이고 있건만 정착 책임을 느껴야 할 문화재위원회는 그곳이 경관 문화재 구역임에도 불구하고 군 막사를 짓도록 형질 변경을 허가하고는 오불관언의 자세를 취하고 있다. 며칠 전 만난 당해 문화재위원회의 한 위원은 그런 엄청난 오류를 범했음에도 그런 결정을 한 것조차 까맣게 모르고 있었다. 그런 분들에게 문화재 보호를 위한 '최후의 보루'를 지키라고 했으니, 심하게 말하면 고양이에게 생선을 맡긴 것이나 다름이 없다. 문화재위원회는 올해 위원회

50주년을 맞아 선언한 "우리 역사와 문화 그리고 환경을 형성하는 모든 문화유산과 자연유산은 시대적, 공간적, 이념적, 민족적 편견 없이 소중히 다음 세대에게 물려주어야 한다"고 선언했음에도 불구하고, 북악산 허리에서 파괴되고 있는 국가 유산에 대해서는 눈감고 있다.

문화재위원회는 "우리 역사와 함께해 온 국가 유산이 급격한 개발과 도시화로 훼손 멸실될 위기에 처했을 때 국가 유산 보호를 위한 최후의 보루로서 시대적 소명과 역할을 다하"기 위해 존재하는 기관으로 그동안 그런 책무를 수행하는 데에 일정하게 기여해 왔다. 지하에 문화재로 차 있다고 할 고도 경주에 경륜장을 설치하겠다고 했을 때 갖은 협박 속에서도 그 개발을 막고 고도를 지킨 선배들의 눈물겨운 우리 문화 지키기 노력은 어디에 가고, 내던지듯이 하는 '공용건축물에 대한 특례' 조항에 겁을 먹어 경관 문화재 지역에 군 막사를 짓도록 상식 밖의 결정을 한 문화재위원들이 그 책임을 다했다고 할 수 있을까. 그들은 그런 결정이 이 같은 민(民)과 군의 갈등과 대치를 재래할 것이라고 생각하지 못했을까. 선거를 앞두고 눈치를 보고 있는 듯이 보여 왔던 군이 선거 결과에 힘을 얻었음인지 공사를 밀어붙이려는 형국이다. 이런 갈등과 대치는 우리가 원하는 것이 결코 아니다. 군은 양해해 달라고 하지만 이것은 양해 사항이 될 수 없다는 판단이다. 애초에 이런 일이 일어나지 않도록 결정에 엄정했어야 할 기구는 지금 벌어지고 있는 민과 군 사이의 갈등을 아는지 모르는지 중재해야 할 책임마저 방기한 채 침묵으로 일관하고 있으니, 이런 바람직하지 않은 상황을 연출하기 위해 그런 위원회가 존재하는 것인지 답답하다고 하지 않을 수 없다. 지금의 형국은 당국이 훼손토록 방치한 문화재를 시민(단체)이 그것을 보존하려고 안간힘을 쓰는 격이 되었으니 이게 어찌 권력에 순치된 문화재위원회의 모습이 아닌가.

우리가 북악산 중턱 문화재 구역에 군 막사를 지어서는 안 된다는 데는 이유가 있다. 이미 언급한 바와 같이, 이곳은 경관 문화재로 보호를 받아 온 북(백)악산 일대에 속하는 지역이다. 문화재를 형질 변경할 때에는 그럴 만한 이유가 있어야 한다. 군에서 민간 대표에게 들려준 바에 따르면, 지금 두 곳으로 분리되어 있는 군 막사를 하나로 통합하고 좀 더 안락한 군 휴식처를 제공하겠다는 것이다. 자녀들을 군문에 보낸 후방의 국민치고 장병들을 위한 군 막사를 안락하게 만들겠다는 데 대해서 반대하겠는가. 그러나 귀중한 문화재를 파괴하면서까지 그런 목적을 달성하려는 것이 과연 국민적 공감대를 얻을 수 있을 것인가. 애초에 북악산 문화재 안에 지었다는 두 개의 간이막사도 정당한 절차를 밟아 지어졌는지 의문을 제기한다면 문제는 더 복잡해질 것이다. 안락한 군 막사를 짓기 위해서는 문화재를 파괴한 그 위에 세울 것이 아니라 다른 장소를 찾는 것이 군의 명예를 위해서도 좋을 것이다. 만약 장병이 자기가 생활하는 공간이 문화재를 깔아뭉개면서 세워진 막사라는 것을 알게 된다면 그가 과연 한 국민으로서 긍지를 갖게 될까.

북(백)악산에 군 막사를 지어서는 안 되는 이유는 또 있다. 길 하나를 건너면 바로 민가다. 군의 막사가 민가로부터 50미터도 떨어지지 않은 곳에 있다. 과연 이것이 군과 민 양자를 위한다고 할 수 있을까. 군의 교범에는 이런 경우를 상정한 규정은 없는지 묻고 싶다. 만약 없다면 상식적으로 판단해야 할 것이다. 아침저녁으로 군의 훈련 구령과 함성을 들어야 할 이웃을 생각해 보았는가. 군부대가 민가 근처에 들어온다면 거기에는 먼저 거쳐야 할 과정이 있을 것이다. 기존의 민가에 대해서 군 막사가 들어온다는 여론조사라도 해야 하는 것 아닌가. 요즘은 어떤 건설을 앞두고 환경영향평가를 비롯하여 여러 가지 검증 절차가 있는 것으로 알고 있다. 그러나 과문인지는 몰라도, 군 당국에서는 막사를 짓는 데 대해서 주민의 동의는 물론 아예 알리지도 않았다. 이게 과연 군의 기밀 보호 때문이라고 말할 수 있는가.

작년 여름 강남의 우면산 사태를 겪은 시민들은 그 사태의 원인 규명이 분명히 밝혀졌다고 믿지 않는다. 오히려 전문가들이 밝히기를 꺼렸던 그것이 무엇인지 알고자 한다. 북악산 서쪽 마루는 험하고 가파르며 깎아지른 바위가 늘어서 있다. 불규칙한 일기는 작년과 같은 폭우를 언제 그곳에 부을 것인지 예측할 수 없다. 이미 상당한 지면에 나무뿌리를 파헤쳤고 속살을 드러낸 맨흙으로 산사태마저 우려하지 않을 수 없는 환경이다. 여기에다 집중호우가 그곳에 내린다면 그 낙수를 흡수하는 지금의 여건과는 달리 흡수 여과 장치를 제거해 버린 막사 주변으로 폭우가 몰려온다면 삽시간에 아마도 막사 자체를 휩쓸어 버려 자칫 장병의 생명마저 담보로 잡혀야 할지도 모르는 위험이 도사리고 있다. 급류가 막사를 피해 아래로 내려간다면 그 흡수되지 않은 물살이 바로 도로 밑에 위치하고 있는 청운동 일대에 물벼락을 안길 것이 뻔한데 그래도 이런 무모한 시도를 포기하지 않을 것인가. 이런 문제와 관련, 군 막사가 민가의 홍수를 예방하는 역할을 할 것이라고 설명한 장교는 민가의 폐해를 최소화할 수 있다는 것을 강조한 나머지 군의 희생을 전혀 고려하지 않은 무모한 발언이었다. 이런 발상이 근저에 있기에 더욱 이곳에 군 막사 신축은 재고되어야 한다.

서울시는 4대문을 둘러싸는 외곽성과 그 주변을 유네스코에 등재하기 위해 시설물을 정비하고 있다. 창의문 근처에 한시적으로 허락을 받아 몇 년 전에 건축한 건축물은 올해 안에 철거해야 한다. 인왕산 계곡에 지었던 아파트들은 그 경관 유지를 위해 수백억 원을 들여 철거하고 녹지공간으로 환원시키고 있다. 심지어 신임 시장은 남산을 제

모습으로 복원하기 위해 남산 남쪽의 미군 부대도 이전시켜야 한다는 원대한 계획 아래 미군과 접촉하려고 계획하고 있는 것으로 전문(傳聞)되었다. 이러한 일련의 전체적인 구도와 관련해서도 북(백)악산 군 막사는 조화가 되지 않는다. 이런 전체적인 구도에서 본다면 지금 지으려는 시도는 조화를 이루지 못할 뿐 아니라 얼마 안 되어 철거하지 않을 수 없게 될 것이다.

이런 점들을 고려하여 문화재위원회는 자기 직무에 맞지 않게 결정한 북(백)악산 군 막사 신축 허가를 철회하는 재심을 서둘러야 한다. 지금까지 문화재 보호의 최후의 보루였다는 문화재위원회의 명예가 이 사안으로 문화재 훼손을 방관하는 위원회라는 오명으로 변질될 우려가 없지 않은 만큼, 차제에 이 문제에 민감하게 대처하여 문화재 보호 기구로서의 명예를 회복할 수 있기를 기대한다. 문화재위원회의 위상 저락은 4대강 사업에서 보여준 무기력 그것으로 족하다.

(2015. 2. 5.)

광주에 다녀오다

5월 17일 밤 부산 중앙교회에서 개최된 '제2회 기독청년대학생 통일대회 - 북한, 통일 그리고 성경'에 참석, 저녁 9시부터 약 40분간 "기독교통일운동사와 그 과제"라는 제목으로 기조강연을 마친 뒤, 밤 10시 반에 고속버스를 타고 광주로 향했다. 새벽 2시경에 광주에 도착, 김용성 목사의 인도로 여장을 풀었다. 아침에는 광주에서 유명한 콩나물국밥집에서 식사했다. 마침 대전에서 온 박삼종 목사로부터 자신이 쓴 『교회 생각』이란 책을 받았다. 서문을 읽어 보니 젊은 목회자가 시대를 고민하면서 쓴 것이어서 꼭 읽어야겠다고 생각한다. 아침 식사 후에 김용성, 고흥문 목사와 함께 망월동 5·18민주열사묘역으로 향했다. 오늘따라 이곳의 검문이 심했고, 순례 인파 못지않게 많은 경찰들이 곳곳에 포진하고 있었다. 직감적으로 오늘 대통령이 오시는가 보다 하는 느낌을 가졌다. 그렇지 않고서야 저렇게 많은 경찰을 동원, 만일의 사태에 대비할 듯한 모습을 보일 필요가 없다.

망월동 5·18민주열사묘역에서는 '5·18광주국립묘지'에서 거행하는 정부의 공식적인 기념행사와는 달리 행사를 치르고 있었다. 올해도

'임을 위한 행진곡'을 부르지 못하도록 한 데 대한 반발로 정부 주관의 행사를 거부하고 다른 행사로 '임을 위한 행진곡 제창대회'를 열었다. 사회석 연단에 설치한 펼침막에는 "임을 위한 행진곡을 5·18 지정곡으로 하자"라는 구호가 보였다. 대학에 재직하고 있을 때, 광주지역 고적 답사를 할 때마다 빠뜨리지 않고 찾았던 묘역이지만, 오늘 다시 찾게 되니 남다른 감회가 든다. 민주열사들의 묘역에는 많은 인파가 자리했다. 아직도 묘지 앞에는 사진이 있고 또 꽃을 놓기도 했다. 구묘지인 이곳 '5·18민주열사묘역'에 5·18 희생자들이 더 많이 묻혀 있다고 일행 중 어느 분이 귀띔해 주었다.

우리 일행이 도착했을 때 행사가 진행되고 있었다. 한국진보연대 오종렬 상임대표가 사자후를 토하면서 연설 말미에 자신의 경험에서 우러나온 시국관을 언급하는 듯, 최근 자주 회자되는 '종북'을 언급했다. "종북이라 말하는 자, 사대매국노요, 종북으로 몰리는 자 만고의 충신이다." 그걸 들으면서 그가 얼마나 '종북'에 시달렸으면 저렇게까지 작심(作心)하고 외칠까 하는 느낌이 들었다. 이어서 노래패의 공연이 있었다. 류의남이 부르는 '오월의 노래'는 그의 독특한 음색으로 하여 듣는 이의 심금을 때렸다.

오후에는 광주NCC 주최로 한빛교회에서 5·18기념예배가 있었다. 이 교회는 광주민주화운동이 있던 그 이듬해부터 지금까지 계속 연합기념예배를 드려 왔다. 강론은 내가 맡았다. 이사야 30장 25-26절을 본문으로 하여 "더욱 빛나야 할 광주"라는 제목으로 말했다. 먼저 광주와 맺었던 인연을 언급했다. 광주는 가장 중요한 선물을 내게 안겨 주었기에 감사한다고 했다. 광주민주화운동이 계기가 되어 교수직에서 해직되었기 때문이다. 그해 신군부는 많은 대학교수와 언론인을 직장에서 내쫓았다. 그해 7월에 나도 쫓겨나 4년간 야인생활을 했다. 그러나 해직생활은 더 많은 감사를 안겨 주었다. 감사하고 자족(自足)할 줄 아는 인생으로 나를 바꾸어 놓았고, 다른 사람들의 실패에 동정할 수 있게 되었으며, 때로는 다른 이의 눈물을 닦아 주고 그들의 고통에 동참할 수 있는 인간으로 변화시켜 주었기 때문이다. 이것은 바로 광주 5·18이 내게 준 귀하디귀한 선물이었다. 또 내 학문의 영역도 넓혀 주어 한국교회사 자료를 섭렵할 수 있도록 도미(渡美)하게 된 것도 바로 5·18 덕분이다. 내가 세계 여러 곳을 돌아다니게 된 것이 바로 내 학문의 영역을 넓힌 것과 밀접한 관련이 있다면, 5·18로 인한 해직은 지금도 내게는 감사하는 조건이다.

인연은 더 있다. 광주민주화운동 1주년이 되던 때에, 광주YMCA 이남주 총무의 초청으로 광주에서 사흘간 집회를 했다. 지금도 기억하기로는 그때 방청석에 이상한 사람들이 많았던 것으로 안다. 알고 보니 기관에서 나온 분들이라고 했다. 이번에 광주에서 만난 어느 분은 그때 Y에서 가졌던 내 집회를 언급하면서, 자기는 그때 내 강연을 듣고 신학공부를 시작하여 그 뒤 목회의 길에 들어서게 되었다고 고마워했다.

강론에서 나는 먼저 최근 5·18광주민주화운동을 폄훼하고 있는 점에 대해서 우려를 표하면서, 국가보훈처에서 '임을 향한 행진곡'에 시비를 거는 것은 대통합을 부르짖는 정부의 지향과도 부합하지 않는다고 지적했다. 최근에 「TV 조선」과 「채널 A」(동아일보 종편)이 광주민주화운동에서 북한군이 개입한 것처럼 증언한 이들의 주장을 여과 없이 방영한 것에 대해서도 질타했다. 5·18민주화운동을 폄훼하는 종편들의 이 같은 오만방자한 왜곡은 반드시 파헤쳐야 한다고 말했다. 강론 도중 시중에 댓글로 표현된 다음 글귀도 소개했다. "북한군이 5~6백 명이나 광주까지 내려왔는데 그걸 모르고 해안이나 휴전선 등에서 뭐

했나? 당시 군 지휘부에 있었던 놈들, 전부 연금 당장 끊어라. 북한군 하나 생포하지 못하고 있다가 이제 와서 미친 개소리 하는 이 천하에 죽일 놈들아.”

5·18을 맞아 우리 모두는 광주에 부채 의식을 느낀다. 오늘날 우리가 이만큼의 자유와 인권을 누리는 민주사회를 이룩한 것은 바로 광주의 희생이 있었기 때문이다. 망월동 묘지에 누워 있는 저 주검들의 희생의 대가다. 조선 동아의 종편은 들어라, 너네들이 거짓된 선동과 궤변을 지껄일 수 있는 그런 자유도 따지고 보면 광주의 희생의 터 위에서 쟁취한 언론 자유의 과실이라는 것을. 광주와 망월동 주인공들에게 부채 의식을 갖는다면, 우리가 이 시점에서 취해야 할 자세는 분명하다. 그들이 그토록 목말라했던 인권과 민주, 자유와 주체를 더욱 창달하는 공동체를 만들어 나가야 한다는 것이다. 이를 위해 배전의 노력을 기울여야 한다. 이것은 또한 오늘 망월동 묘역을 가득 메운 인파들의 염원이 아닐까. 나는 '빛고을 광주'가 앞으로 더욱 빛을 발하기 위한 몇 가지를 당부하고 강론을 마쳤다.

예배를 마친 뒤 5·18 직후에 같이 해직되었던 전남대의 노희관 교수 내외분을 만났다. 얼마나 반가웠는지. 해직 기간 동안 살아 있다는 그 소식만으로 서로가 위로를 받았던 동지의 한 분이다. 당시 전남대에서는 김동원, 노희관, 명노근, 송기숙, 이광우 교수 등 몇 분이 해직되었고, 조선대의 임영천 교수 또한 같은 고초를 겪었다. 몇 분은 이미 타계했고, 만날 때마다 그 걸쭉한 입담으로 해직의 시름을 잊게 해 주었던 송기숙 교수는 치매로 투병 중이라고 한다. 한 시대의 역사변혁에 참여했던 인사들은 이렇게 자신의 시대적 소임을 감당한 채 조용히 사라지고 있다.

(2013. 5. 18.)

『신사참배문제 자료집』 간행사

한국 그리스도인들은 일제 강점하에서 신사참배를 강요당하며 많은 고난을 겪었다. 일제는 강점 후 일본 신도(神道)의 각종 신사(神宮 神社 神祠)를 전국 각지에 세우고 한국인에게 참배하도록 강제했다. 참배 형식은 신사 앞에서 박수를 몇 번 치고 절을 하며, 때로는 예폐(禮幣) 예전(禮錢)을 들이는 것이지만, 신사에 안치된 제신(祭神)들이 한국인으로서는 도저히 존경할 수 없는 존재들이었기 때문에 갈등이 있을 수밖에 없었다. 특히 한국 그리스도인들은 신사참배가 제1, 제2계명을 범하는 우상숭배로 인식했기 때문에 거세게 저항하지 않을 수 없었다.

신사참배는 일제 강점 동안 한국교회가 감당하기 어려운 큰 시련이었다. 이 시련은 한국교회에 훼절의 아픔을 남기기도 했지만, 정련(精錬)된 순금을 발견할 수 있도록 했다. 한국교회는 그 아픔을 통해 신앙적 성숙을 기하게 되었다. 해방 후 한국교회의 성장은 신사참배의 시련을 겪은 한국교회에 주시는 하나님의 선물이었는지도 모른다. 그러나 그 성장을 성숙으로 변화, 개혁시키지 못하는 한국교회에는 새로운 시련이 불어 닥치고 있다. 이런 때에 믿음의 후예들은 이 자료집을 통해 신사참배 강요를 겪으며 승리한 선진들의 신앙에 차분히 접근해 봐야 할 것이다.

이 자료집에 접근하기 전에, 신사참배가 어떤 것이고, 우리 믿음의 선진들은 어떻게 투쟁했으며, 이 자료집이 어떤 경위를 거쳐 출판되었는지 간단하게나마 살펴보고자 한다.

신사는 신도에서 섬기는 각종 신령을 봉안한 집이다. 신사가 한국에 들어오기 시작한 것은, 일본인이 부산에 상주하게 되는 17세기 초엽부터라고 한다. 그러나 본격적으로 세워지게 되는 것은 1876년 〈조일수호조약〉(강화도조약)이 맺어지고 일본인들이 개항장에 거주하게 되면서부터라고 한다. 일본 거류민들이 조계지에 신사를 세워 천조대신과 메이지 천황 등을 받들었다. 일제가 한국을 강점하던 1910년에는 한반도에 이미 12개의 신사가 건립되었고, 1925년에는 서울 남산에 조선신궁을 준공하고, 한국인을 의식하여 단군(檀君)을 합사하는 문제를 두고 논란이 있었지만, 그들의 천조대신과 메이지 천황만을 봉사하게 되었다. 그해 말 조선에는 신사(神社) 42개, 신사(神祠) 108개에 이르게 되었다. 일제 말기에는 각 면 단위와 각급 학교에까지 신사를 세워 참배를 강요했다.

1868년 메이지(明治)유신을 단행한 일본은 강력한 중앙집권적 국가를 지향하고 있었다. 그것은 종래 지방에 존재했던 번(藩)과 다이묘(大名)를 없애고 '천황'이 직접 통치하는 정치체제였다. 유신의 주역들은 '천황'에게 절대적인 권한을 부여하는 방안을 강구했는데 이를 위해서는 '천황'이 세속적 권한뿐만 아니라 종교적인 권한도 갖도록 했다. 이를 위해 고래의 신도(神道)를 이용하려고 했다. 그들은 일본의 고유 종교인 신사신도와 민간신도를 국가신도로 개편하고 여기에 '천황'의 조상들과 당시 '메이지 천황'을 신격화하여 '천황'에게 세속적 및 종교적 절대권력을 부여하게 되었다. 다시 말하면 신도(神道)는 천황의 세속적 권력에 종교적 권위를 결합하려는 것으로, 일본이 1868년 메이지(明治)유신으로 절대군주제인 근대 천황제 국가를 성립시킬 때에 군국주의적 천황제 국가의 이데올로기로 기능하게 된 것이다. 신도가 군국주의와 결부되면서 전의를 고양시켜 국민을 침략전쟁으로 내모는 데에도 최대한 활용되었다. 신도는 전장으로 나가는 젊은이들에게 천황과 국가에 충성하여 죽는 것이 최대의 영광이라는 믿음을 심어주었다. 야스쿠니(靖國, 安國) 신사는 그 역할을 톡톡히 해냈다.

신도에 사용된 가미(神)는 "신격 혹은 영적인 존재를 가리키는 일본의 고유어로서 자연 현상 혹은 자연물의 경이적인 것에도 붙여 사용"된다. 또 역사적 인물, 특히 위인이나 조상의 영(靈)들도 숭배하고 절대적인 권력을 가진 존재도 가미로 떠받들어졌기 때문에 일본은 팔백만신(八百萬神)의 나라로 알려져 있다. 신도는 자연신과 인간신을 포용, 총칭하기 때문에 다신교적 개념이 농후하다. 거기에다 그들은 '만세일계(萬世一系)의 천황'들도 인간의 모습을 한 신(神)으로 보기 때문에 현존하는 천황도 '인간으로 나타난 신 곧 현인신(現人神)'이라 하여 신성불가침의 존재로 받든다. 이런 신앙을 바탕으로 일본은 신국(神國)이고 불멸(不滅)의 나라라는 관념을 갖게 되었다. 그들이 "일본은 지구상의 어떤 나라와도 비교될 수 없으며(萬邦無比), 영원히 변치 않는 나라(萬古不易)"라고 주장하는 것도 이런 신앙과 연관된다.

참배의 대상이 되는 제신(祭神)들은 크게 다음과 같다. 첫째, 천황가의 근원이라고 하는 일본 건국 신화의 주역인 천조대신과 그 가족, 둘째, 역대의 천황 특히 초대 천황 덴무(神武)와 '일본 근대화의 주역'이라는 메이지 천황, 셋째, 일본 역사상에 이름을 남긴 황족들, 넷째,

황실에 충절이 두드러진 무사(武士)나 문신(文臣), 다섯째, 국가에 훈공이 있었던 사람 특히 러일전쟁 당시의 장군들, 여섯째, 각 씨족(氏族)의 조신(祖神)으로 문중(門中)의 시조나 중시조는 거의 고유의 신사가 있다. 이 외에도 야스쿠니(靖國) 신사에는 군인 군속으로 전사한 장병들을 모두 제신(祭神)으로 하고 있고, 일본의 각 지방에 있는 호국(護國) 신사에는 그 지방 출신으로 전사한 이들을 제신으로 하고 있다.

조선에서 신사 문제가 시작된 것은 1924년 겸이포(兼二浦)와 강경(江景)공립보통학교에서다. 겸이포에서는 신사의 낙성식을 전후하여 일반인에게 봉축금을 거두고 보통학교 학생들을 참배시킨 데서 발단했다. 강경공립보통학교 사건은 1924년 10월 강경신사에 학생들을 동원, 참배시키려는 데서 발단했다. 이 사건은 기독 학생 26명이 결석하고 40여 명은 참석했으나 신사참배를 거부해서 일어난 최초의 신사참배 거부사건이다. 이 사건은 참배를 거부한 교사 1명(김복희[金福姬])과 학생 7명을 희생시킴으로 일단락되었지만, 한국에서 신사참배 강요가 최초로 사회문제화되었다는 데에 중요한 의미가 있다. 또 그 수습 과정에서 신사가 종교적 성격을 가진 것인가, 단순히 국가의식인가에 대한, 신사의 성격에 대한 논의를 촉발한 사건이기도 했다.

1920년대까지 다소 느슨했던 신사참배 문제는 1930년대에 들어 일제가 만주 침략을 노골화하면서부터 강화되었다. 1929년 세계적 경제공황이 시작된 이후 일본은 1931년 만주사변을 일으키고, 1932년에는 싱해사변을 도발했으며, 그 이듬해에는 국제연맹을 탈퇴하고, 1937년에는 중국 침략을 감행했다. 일본 국내에서는 1930년에 '2·26사건'과 '5·15사건', 하마구찌(浜口雄幸) 수상 저격사건(11. 14)이 잇달아 일어나 우익 군부가 대두하고 있었다. 1935년 3월에는 또 국체명징을 결의, 미노베 다스키치(美濃部達吉)의 '천황기관설'이 공격의 대상이 되었고, 바로 그 이듬해에는 미나미 지로(南次郎)가 조선총독으로 부임한다. 이렇게 군국주의화를 시도하면서 식민지 조선에 대해서는 '황국신민화운동'의 명분으로 '민족말살정책'을 강요했다. 신사참배 강요는 일제가 조선에 대해 민족말살정책으로 조선의 언어, 문자, 역사를 없애고, 동방요배, 창씨개명을 강요하는 행태와 함께 나타났다.

1930년대 신사참배 강요는 기독교 학교에서부터 시작되었다. 1932년 1월 남장로회에서 경영하는 광주의 숭일학교와 수피아여학교에서 먼저 일어났다. 다음 해 9월에는 평양 숭실전문학교를 비롯한 10여 개의 기독교 학교가 평남 지사의 통첩을 무시하고 '만주사변 1주년 기념 전몰자 위령제'에 참석하지 않아 해당 학교가 시말서를 쓰게 되었다. 1933년 9월 18일 원산에서도 캐나다장로회 소속 진성여자보통학교가 만주사변 2주년 기념일에 거행된 순난자(殉難者) 위령제에 참석을 거부하여 문제가 되었다. 이런 가운데 신사참배 문제의 분수령이 되는 사건이 1935년 평양에서 일어났다.

1935년 11월에 들어서서 평양 기독교계 학교의 교장들이 평안남도 지사의 지시에 불복하고 평양신사에 참배하지 않았다. 평남지사 야스타케 나오(安武直夫)는 기독교계 학교가 신사참배를 거부하자 이 지역의 학교장 회의를 잇달아 소집하여 평양신사에 참배토록 강요했다. 이달 14일, 야스타케 지사는 회의 전에 평양신사에 참배하자고 제안했으나 숭실학교장 매큔(G. S. McCune, 尹山溫)을 비롯하여 숭의여학교장 대리와 순안 의명학교장도 거부했다. 그러자 평안남도와 총독부는 신사참배 의향 여부에 따라 기독교계 학교에 대해 교장 파면과 강제 폐교도 불사하겠다는 강경방침도 전달했다. 이 같은 당국의 요구에 숭실학교장 매큔과 숭의학교장 대리 스눅(V. L. Snook, 鮮于梨)은 본인과 학생들도 신사참배에 참여할 수 없다고 답했다. 그 결과 매큔은 1936

년 1월 숭실학교장 및 숭실전문학교장직 인가가 취소되고, 스눅도 1월 22일 숭의여학교장 대리인가를 취소당했다.

미션계 학교 교장을 파면한 사건의 파장은 곧 선교부 및 선교학교에 미쳐 학교의 존폐 여부를 두고 심각하게 고민하게 되었다. 각 선교부는 신사참배 문제를 두고 논의했다. 미 북장로회는 1936년 정기 연회(6. 25~7. 2)에서 '교육철수권고안'을 가결, 우여곡절 끝에 평양의 삼숭(三崇)만 1937년 11월까지 폐교원을 제출했다. 그러나 북장로회 안의 신사참배에 대한 엇갈린 의견은 잠재우지 못했다. 미 남장로회 선교부도 1937년 2월에 "신사참배를 시키기보다는 학교를 폐쇄할 것"을 주장하는 소위 '풀턴 성명'을 발표한 후 이해 9월부터 남장로회 산하의 광주·목포·전주·군산 및 순천의 학교들이 각각 폐교를 신청했다. 호주 장로교 선교부도 1938년 대부분의 소속 학교를 폐쇄시켰고 동래 일신여학교만 1940년에 폐교되었다. 그러나 캐나다 연합교회 선교부는 1930년대 초까지는 학교의 문을 닫더라도 신사참배를 거부하겠다고 주장했으나, 1938년에 이르러 신사의 행사가 "애국적인 것이요 종교와 관련이 없는 것"이라는 총독부 당국의 주장을 받아들여 신사에 참배하고 학교를 계속 경영했다. 이 무렵이면 캐나다 선교부를 제외한 장로교의 3개 선교부 소속의 학교들만 신사참배를 거부하고, 다른 신·구교 선교부 소속의 학교들은 일제가 요구하는 신사참배에 순응했다.

신사참배가 강요되면서 신사참배에 대한 한국 그리스도인의 입장노 일성하지 않았다. 한국교회도 선교사들과 마찬가지로 거부와 타협의 행태를 보였지만, 교단적 차원에서 끝까지 항거, 투쟁한 교단은 없었다. 이는 한국교회가 세속권력과의 투쟁에서 가장 선명한 기치를 내세우며 승리할 수 있는 절호의 기회를 놓치고 부끄러운 역사로 전락되는 것을 의미했다. 이와 관련 1925년 조선신궁 건립 때까지만 해도 신사를 우상숭배로 간주하던 조선 천주교회는 1930년대에 들어서서 참배를 거부하지 않았다. 감리교회도 "참배는 애국적인 것이요, 종교적인 것이 아니라 정부의 행사"라는 일본 정부의 선언을 액면 그대로 받아들여 "신사참배는 국민이 당연히 통행할 국가 의식"으로 받아들였다. 장로교단은, 일제가 1938년 9월 9일 제27회 총회 개회 전에 주기철·이기선·김선두 등 신사참배 반대 지도자들을 사전 구금하고 선교사들과 총대들에게 신사참배 결의를 방해하지 않도록 엄중히 경고한 가운데, 총회가 개회된 그 이튿날 신사참배를 '불법적으로' 가결했다. 이제 한국교회의 교단적 차원의 거부는 사라지고 말았다.

신사참배가 교단적인 차원에서 허용되었지만, 이때 신차참배에 반대하는 그리스도인들이 나타났다. 김선두(金善斗) 목사와 박관준(朴寬俊) 장로는 조선총독부가 신사참배를 강요하지 못하도록 일본 정부와 일본 정계의 그리스도인들을 움직이려고 했다. 김선두 목사는 1938년 8월 동경으로 건너가 일본 정우회의 마츠야마(松山常次郎) 장로와 군부의 원로 히비키(日疋信亮) 장군(장로)을 방문, 한국교회의 수난상을 진정하여 이들이 그해 9월 조선에 와서 미나미(南次郎) 총독을 만나게 되었다. 박관준 장로는 1939년 1월 도일하여 일본 제국의회 회의장에 들어가 진정서를 투척했다. 이들과는 달리 반대 투쟁을 개인 혹은 조직적인 차원에서 감행하였고 이들 중에는 순교에 이른 이도 있었다. 이들 중에는 평안남도의 주기철(朱基徹), 평안북도의 이기선(李基宣), 경상남도의 한상동(韓尙東)과 이인재(李仁宰), 전라남도의 손양원(孫良源), 만주 지역의 박의흠(朴義欽)·김윤섭(金允燮)·헌트(B. F. Hunt, 韓富善) 등이 있었다.

일제는 1940년 9월 20일 새벽에 전국적으로 신사참배 거부 항쟁자 193명을 검거, 그 이듬해 5월에 이기선 목사 등 68명을 송치하고 그

1년 후인 1942년 5월 12일에 그중 35명을 기소, 예심을 청구하고, 8명은 기소유예, 나머지 25명은 불기소 처분했다. 예심 심리는 3년간이나 계속되어 그동안 최봉석 목사·주기철 목사·최상림 목사·박관준 장로 등 4명이 순교하여 평양지법 예심종결 결정에서 제외되었고, 이기선 목사 등 21명에 대해서는 1945년 5월 18일에야 예심종결 결정을 냈다. 이 중 주기철은 평양신학교 부흥회에서 "일사각오"(一死覺悟)라는 제목으로 설교, 신사참배 반대운동의 도화선을 당겼고, 이 때문에 참배 반대를 교사했다 하여 검거되었다. 그는 1938년 2월부터 1940년 5월까지 네 차례나 검속 투옥되어 1944년 4월 21일 평양 감옥에서 순교할 때까지 전후 7년간 옥고를 치르며 전국에 산재한 반대 투쟁자들을 격려했고, 반대운동을 전국적으로 확산시키는 데에 크게 기여했다.

그 뒤 1942년 11월 19일에는 경남지역에서 최성봉을 포함한 29명이 1942년 11월 19일 부산지방법원 검사국에 의해 구속되었다. 이들은 그 전해 9월 20일에 검거된 193명 중 기소유예 또는 불기소된 사람들로서 경남지역에서 신사참배 반대운동을 벌이다가 다시 당국에 체포된 것이다. 1년 후 1943년 11월 18일 이 중 7명이 기소되어 공판에 붙여지고, 3명은 기소유예, 19명은 불기소 처분을 받았다. 기소된 김두석 등은 1944년 9월 12일 부산지방법원에서 확정판결을 받아 10월 7일 대구형무소로 옮겨져 옥고를 치르다가 해방 직후인 1945년 8월 17일에 형집행 정지로 풀려났다. 만주에서도 1940년 3월 19일 약 70여 명이 체포되어 1942년 2월 3일 재판에 넘겨졌고, 김윤섭·박의흠·안영애·김신복 등은 수감 중 혹은 풀려난 지 얼마 안 되어 순교했다.

신사참배에 반대하고 투쟁했던 그리스도인들은 장로교회의 주기철·최봉석·최상림 목사와 박관준 장로를 비롯하여 이영한(감리)·최태

현(안식)·전치규(침례?)·박봉진(성결)·손갑전 목사 등이 옥사했고, 오랫동안 옥고를 치른 결과 출옥하자마자 목숨을 거둔 이도 있었으며, 많은 이가 옥중에서 신앙적인 정절을 지켜 가면서 오랫동안 투쟁했다. 일제 강점하에서 신사참배 거부로 인해 투옥된 이는 대략 2천여 명에 달하고 2백여 교회가 폐쇄되었으며 50여 명이 순교했다고 전해진다. 이런 증언에도 불구하고 해방 후 한국 기독교계는 30명 안팎의 신사참배 반대 순교자들만 발굴한 실정이다. 전언(傳言)이 잘못되었던지, 아니면 한국 기독교 역사학계의 노력이 부족한 것인지 언뜻 판단되지 않는다.

해방 후 한국교회는 신사참배 회개 문제로 진통을 겪었다. 한국 사회는 일제 잔재를 청산해야 하는 당위성 앞에서 머뭇거렸다. 친일파들의 완강한 저항이 있었고, 남북 분단은 그들의 저항을 반공이라는 미명하에 덮어 주었다. 한국교회도 교회 안의 일제 잔재라 할 신사참배 문제를 두고 진통을 겪었다. 교회 안에서 신사참배를 비롯한 일제 잔재를 제대로 청산할 수 있었다면, 해방 후 한국 사회의 일제 잔재 청산에 큰 동력이 될 수 있었을 것이다. 그러나 신사참배 회개를 강렬하게 부르짖던 소수는 장로교단으로부터 분열의 아픔마저 겪게 되었다.

해방 후의 이런 상황 전개에도 불구하고 일제하의 신사참배 반대 투쟁은 오랫동안 한국교회의 소중한 신앙적 자산이요 전통이며 기억으로 남아 있다. 해방 후 한 때는 출옥 성도들이 교회의 환영을 받았고, 신사참배 반대 투쟁의 역사는 설교를 장식했다. 투쟁의 역사가 기록으로 남겨져 순교자들의 전기나 자료집이 개별적으로 더러 출간되기도 했다. 그러나 한국교회가 자랑으로 여기고 있는 이들 신사참배 반대 투쟁자들의 자료가 종합적으로 정리된 것을 근년까지 찾아볼 수 없었다. 필자도 최근 신사참배 반대 투쟁 관련 논문을 준비하면서 아직도 종합적인 자료가 없다는 것을 알게 되었다. 그동안 신사참배 반대 투쟁자들을 그렇게 들먹였던 한국교회, 교단에 따라서는 지금도 그들을 우려먹기에 급급하지만, 그들의 자료를 수집하고 종합적인 기록을 남기는 데는 등한했던 것이다. 한국교회의 역사의식의 불모 현상은 여기서도 발견된다. 이를 안타까이 여긴 산돌손양원기념사업회는 한국교회의 자랑이요 귀중한 신앙 유산이라 할 신사참배 반대 투쟁자들의 자료를 종합적으로 수집, 편찬해야 한다고 의견을 모으게 되었다. 이것이 순교자들의 뒤를 따르는 자들의 모습이어야 한다고 믿는다.

이 자료집을 출판하는 데는 많은 이의 노력과 도움이 있었다. 우선 이 『신사참배문제 자료집』 편찬에는 김승태 박사가 전적으로 수고했다. 김 박사는 그가 서울대 국사학과 석사학위 논문으로 신사참배 문제를 다룬 이래, 일제의 한국 강점기와 신사참배 문제를 주로 그의 역사 연구의 중심 대상으로 삼아 이날까지 자료 수집과 연구에 헌신해 왔고, 또 간간이 신사참배 관련 자료집도 편집, 출간한 바 있다. 이번에도 또 2년여의 헌신과 봉사로 그동안 찾지 못했던 자료들을 다시 찾아 번역하는 등 각고의 노력을 기울여 주었다.

이 종합적인 『신사참배문제 자료집』 출판을 위해서는 출판 비용이 마련되어야 했다. 이 문제를 두고 걱정하면서 김동호 목사님을 방문한 적이 있다. 김 목사님은 필자더러 다른 곳에 도움을 청하러 가지 말라고 하면서 당신께서 그것을 맡아 주겠다고 했다. 그 며칠 뒤 SNS를 통해 모금된 출판기금 6천여만 원을 보내 주었다. 목사님의 출판기금 제의에 흔쾌히 동참한 분들과 김 목사님께 감사한다. 또 아시아미션에서도 5백만 원을 도와주었다. 『신사참배문제 자료집』 출판에는 이렇게 아름답게 헌납된 기금을 토대로 했다. 감사할 일이다.

그동안 신사참배 문제와 관련, 투쟁에 참여한 여러 신앙인의 개별적인 전기가 출판되면서 거기에 부수적으로 자료도 첨부된 적이 있다. 그러나 종합적인 자료집의 출간은 좀처럼 볼 수 없었다. 몇 년 전 필자가 『신사참배문제 영문 자료집 I, II』(한국기독교역사연구소, 2003, 2004)를 출간한 바 있으나 이것은 주로 미국 측 자료에 의존하여 편찬한 것이다. 이번에 출판하는 자료집은 한국과 일본을 중심으로 하여 수집된 자료를 정리한 것이다. 경찰, 검찰, 재판 관련 기록과 신문 잡지 등에 산재한 자료들을 모은 것이다. 이 자료집의 출판에는 한국기독교역사연구소가 그 수고를 맡았다. 특히 이순자 박사와 박혜진 박사의 노고가 컸다. 이 책의 까다로운 편집은 우일미디어디지텍에서 맡아 주셨다. 감사드린다.

모쪼록 이 자료집이, 신사참배 반대 투쟁에 앞장서서 한국교회와 세계 교회에 그 아름다운 이름을 남긴 이들의 믿음의 행적을 더 실사구시적으로 천착해 보려는 이들에게 많은 도움이 되었으면 한다.

(2014. 11. 11.)

『거리에서 국정교과서를 묻다』 간행

오늘(2016년 3월 25일) 새로 출간된 책이 저자의 한 사람인 내게 전달되었다. 작년 말 정부가 역사 교과서 국정화를 강행할 때, 여기에 대응하여 한국사교과서국정화저지네트워크 주최로 10주간에 걸쳐 매주 토요일 오후에 거리의 역사 강좌를 진행했는데, 이 책은 그 강좌를 녹취하고 새로 보완하여 묶은 것이다. 책머리에 책의 출간 동기와 경위를 이렇게 밝히고 있다.

"이 책은 박근혜 정부의 역사 교과서 국정화라는 도전에 대한 역사학계의 응전이다. … 교육부가 2015년 10월 12일 중학교 역사 교과서와 고등학교 한국사 교과서 발행체제를 현행 검정에서 국정으로 전환한다는 내용을 행정 예고한 다음, 형식적인 여론 수렴 절차를 거쳐 11월 3일 국정화를 확정 고시하였다. 정부와 여당은 속전속결로 국정화를 기정사실화해 버리면 각계각층으로 번지는 반대 목소리가 저절로 수그러들 것이라고 판단한 것 같다. 행정예고 기간인 20일 동안 접수된 국민의 의견을 분석하는 절차도 없이 당초 예정일인 11월 5일보다 이틀이나 빨리 군사작전 하듯 확정고시를 강행한 것이 이를 말해 준다. … 이에 한국사교과서국정화저지네트워크는 박근혜 정부의 국정화 방침에 반대하는 역사학계의 목소리를 낼 필요가 있다는 판단 아래 거리 역사 강좌를 기획하였다. 그리고 매주 토요일 두 달 반에 걸쳐 (2015년 11월 21일~2016년 1월 30일) 광화문 파이낸스빌딩 앞(청계광장 옆)에서 진행한 '시민 학생과 함께하는 거리 역사 강좌'를 묶어 이번에 책으로 내게 되었다."

올해부터 초등학교 사회과 교과서의 역사 부분에 국정화의 시도가 반영되고 있어서 거기에 대한 학계의 우려와 비판이 제기되었다. 내년 1학기부터 국정으로 포장된 중·고등학교 역사 교과서가 역사 학계와 역사 교사들의 반대에도 불구하고 교육 현장에 나타날 것이다. 이 강좌를 계획한 동기도, 강좌를 책으로 묶어 배포하는 것도 일반 시민들이 자녀들의 역사 교육과 관련하여 역사 교과서 국정화의 문제점을 이해하는 것이 중요하다고 판단했기 때문이다. 국정화의 문제점을 이해하게 되면 민주국가에서 역사 교육이 어떻게 이뤄져야 할 것인가, 그 관점과 방향이 제시될 것으로 본다.

이 책은 9개의 강좌를 묶은 것이다. 강좌의 제목들은 "역사 교과서 국정화, 무엇이 문제인가"를 비롯하여 "한국사 검정교과서 과연 편향적인가", "국정화가 전체주의다: 독일 역사 교과서 이야기", "헌법이 증언하는 대한민국 정체성", "국정교과서가 지우려는 독립운동사 이야기", "역사 교과서의 대안을 모색한다" 등 역사 교과서 국정화가 가져올 문제점과 그 대안을 다루고 있다. 지은이는 평소 한국의 역사 교육을 고민하면서 국정화 조치가 대안이 될 수 없음에 뜻을 같이하는, 김육훈·안병우·이동기·이만열·이이화·이준식·조광·한상권·한철호이고, 펴낸 곳은 민연이다.

(2016. 3. 25)

국립4·19민주묘지 방문

해마다 정초와 특별한 날에는 기억해야 할 분들의 묘소를 찾는다. 오늘 이곳을 찾은 것도 나로서는 그런 연중행사의 하나다. 요즘은 예전만큼 부지런히는 못 하지만, 그래도 역사학도로서 선인들의 묘소를 찾아보며 역사를 되돌아보려고 노력한다. 정월 초하루 새벽에는 효창원 소재 백범 김구의 묘소와 삼 의사의 묘소를 찾아 완전 자주통일 독립을 염원하는가 하면, 가끔 동작동 국립묘지를 찾기도 한다. 7월에는 몽양 여운형의 묘소를 비롯해서 수유리의 독립운동가들의 묘소를 찾는다. 망우리 공동묘지를 근대문화재로 등록하는 문제와 관련해서는 그곳 죽산 조봉암의 묘소도 돌아본 적이 있다.

오늘 오후 성북구 수유리에 있는 4·19묘지를 방문했다. 정부 요로들이 이곳을 찾았기 때문에 더욱 그랬겠지만, 내가 방문했던 오후 시각에도 행사가 진행되고 있었다. 돌아가신 이들에 대해 진혼곡(鎭魂曲)이라도 불러주는 것인가. 나는 곧바로 4월학생혁명기념탑 앞으로 가서 분향부터 하려고 했다. 기념탑의 탑문에는 이렇게 적혀 있다.

"1960년 4월 19일 이 나라 젊은이들의 혈관 속에 정의를 위해서는 생명을 능히 던질 수 있는 피의 전통이 용솟음치고 있음을 역사는 증언한다. 부정과 불의에 항쟁한 수만 명 학생 대열은 의기의 힘으로 역사의 수레바퀴를 바로 세웠고 민주제단에 피를 뿌린 185위의 젊은 혼들은 거룩한 수호신이 되었다. 해마다 4월이 오면 접동새 울음 속에 그들의 피 묻은 혼의 하소연이 들릴 것이요 해마다 4월이 오면 봄을 선구하는 진달래처럼 민족의 꽃들은 사람들의 가슴마다 되살아 피어나리라."

4월 19일 오전에는 정부 주최의 기념행사가 있기 때문에 나는 보통 새벽에 가서 참배하고 왔는데 오늘은 그러지 못하고 오후 시간을 잡았다. 기념탑 앞 분향대에 이르니 3시 30분. 묵념을 하고 분향을 하려고 하니 향로(香爐)에는 아직 온기가 있는데 그 옆에 있어야 할 향(품)이 없었다. 이런 날에는 하루 종일 향이 끊이지 않아야 하고 향기로 이 묘소를 뒤덮어야 한다. 관리하는 분에게 이곳에 벌써 향(품)이 없으니 관리소에 연락해 달라고 했다. 분향대 옆에는 대통령과 국무총리, 국회의장의 화환이 좌우에 있었다. 국무총리의 화환이 대통령 화환 옆에 있는 것도 이상하지만, 굳이 격식을 갖추자면 대법원장의 화환이 같이 있어야 하는 것이 아닌가 하는 느낌도 들었다. 몇 계단 내려와서 보니 이명박, 원유철, 김종인, 박원순, 국무총리 및 국무위원 일동, 성낙인 등의 이름으로 된 화환들이 있었다.

기념탑 왼편으로 돌아 묘소를 돌아보니 익숙한 이름들이 있다. 그중 김치호 군은 나와는 같은 대학의 수학과 학생으로 노래를 잘 불렀고 정의감이 남달랐는데, 4·19 당일 희생되었다. 벌써 56년 전 일이다. 제1, 2묘역을 돌아보는 동안 당시에 중학생, 고등학생으로 희생된 이들이 있었고, 심지어 당시 초등학생도 희생되었다. 우리는 그들의 희생으로 지금의 민주화를 누리고 있다. 무임승차는 하지 말아야지 하는 각오를 새롭게 한다. 처음 185위가 안장되었다가 그 뒤 각 시도에서 4월혁명으로 희생된 이들이 이곳으로 옮겨 왔다. 처음 3,000여 평으로 시작된 묘지는 김영삼 정부 때에 성역화 작업으로 현재는 4만여 평의 성지로 화했다. 전면에는 기념탑이 있고, 뒤편 언덕 위에는 일종의 사당이 있다.

여기서 군이 4월혁명에 대해서 언급하고자 아니한다. 이승만은 장기 집권을 하려고 발췌 개헌과 사사오입 개헌을 단행하고, 그것도 부족하여 선거 때마다 부정선거를 자행했다. 민주주의의 기초가 흔들렸다. 1960년 3월 15일 정부통령 선거 때에는 릴레이 투표, 올빼미 선거, 피아노 개표 등 부정선거가 극에 달하여 대구와 마산에서 시작된 시위가 4월 19일 전후하여 서울에까지 확대 발전, 4월 26일 드디어 이승만이 하야(下野)하게 되었다. 한국 민주주의를 기사회생한 쾌거다. 민주의 힘으로 반민주적인 불의한 정권을 무너뜨린 최초의 혁명이다. 이 민주혁명 정신은 한국 현대사의 정신적 지주가 되어 민주주의가 위기에 처할 때마다 인권 민주화를 추동하는 힘을 제공하는 원동력이 되었고, 4월혁명에서 얻은 자유와 창의성이 한국의 산업화를 이끄는 추동력이 되었다.

오늘 방문 때는 언덕 위 사당에까지 가서 참배하지는 못했다. 그러나 묘역을 돌아보는 동안 묘역 뒤 언덕에 걸어 놓은 2개의 펼침막이 4·19묘역을 비웃는 듯한 느낌을 받았다. "2016년 나라사랑 교육의 원년, 국가보훈 재도약의 해"라고 쓴 그 밑에는 큼지막하게 "호국정신으로 튼튼한 안보, 하나 된 대한민국"이라고 써 놓았다. 이게 4월 19일, 국립4·19민주묘역에 걸맞은 슬로건인지 나는 헷갈렸다. 국가보훈처장이 나라사랑 교육에 역점을 둔다는 것은 알고 있지만, 자신의 그런 열심을 이곳에까지 선전하고 싶어서 격에 맞지 않게 저렇게 걸어 놓은 것일까. 나라사랑 교육에는 호국정신만이 가능한 것은 아니다. 민주 정신도 그 못지않게 중요하다. 이곳은 한국의 민주주의를 위해 희생된 민주 선열들이 누워 있는 민주 성역이다. 그렇다면 펼침막에 "민주정 신으로 튼튼한 안보"라고는 왜 외칠 수 없었는지 묻고 싶다. 이곳까지 호국정신으로 뒤덮으려 한다면, 국립4·19민주묘역을 굳이 분리해서 둘 필요가 없다.

(2016. 4. 19.)

4·19 단상

　2020년은 4·19혁명 60주년을 맞는 해다. 매년 이날에는 수유리 4·19묘지를 찾아 그곳에 누워 있는 앞서간 열사들을 그 묘석에서 그 이름이라도 확인해 왔다. 그러나 올해는 그렇게 하는 것이 쉽지 않다. 그러기에 4·19를 맞는 소회를 간단하게 몇 자 떠올림으로 수유리 국립묘지 방문을 대신한다.

　1960년 4월 19일 새벽, 나는 청량리역에서 춘천행 열차를 탔다. 그날이 휴가를 마치고 귀대하는 날이었다. 당시 군에 입대한 지 2년 차 되는 병사로, 나는 소속 부대인 6사단 공병대대원과 함께 군부대 안에 설치된 투표소에서 3·15대통령선거에 임했다. 대통령선거 후 휴가를 얻어 4월 19일에 귀대하게 되었다. 고향에서 휴가의 대부분을 보내고 귀대하기 며칠 전에 서울에 올라와 친구들을 만났다. 그 때문에 4월 18일 고려대 학생들의 시위가 있음을 알았다. 서울 시민들은 종로-청계천 4가에서 고려대 학생들이 폭력배들로부터 습격당하는 광경을 라디오로 생생하게 들을 수 있었다. 이정재·유지광이라는 이름은 그로부터 한동안 재판 과정을 통해 확인할 수 있었다.

귀대한 후 며칠 동안 군에 있으면서 라디오를 통해 시위의 진행 과정을 들을 수 있었다. 군 생활을 하면서 더구나 전방에서 라디오를 들을 수 있었던 것은 지금 생각해도 무슨 특권 같이 느껴진다. 4월 26일, 교수들이 종로5가를 중심으로 "학생들의 피에 보답하자"는 현수막을 앞세워 시위에 나섰다는 방송을 들으면서 혁명이 막바지에 이르렀구나, 하고 느꼈다. 나는 그해 9월에 학적 보유자에게 주는 단축된 복무 기간 1년 6개월을 마치고 제대하여 학교로 왔으나 등록기일이 며칠 늦어 복학하지 못한 채 친구들과 어울리며 때로는 청강을 하면서 그 이듬해 복학을 준비했다.

4·19가 일어났을 때 대학교 4학년이었던 내 동기들은 그 혁명에 참가했다. 내가 학교에 복학했을 때는 동기들이 대부분 졸업한 상태였지만, 가끔 그들로부터 효자동을 거쳐 청와대 앞까지 진출하여 자칫 생명을 잃을 뻔했다는 4·19 때의 무용담을 듣기도 했다. 내가 복학했을 때 대학가는 혁명의 여파를 몰아 신생활운동의 열풍을 일으켰다. 양담배와 양주를 퇴출시키고 카바레 등 유흥장 출입을 제재하는 운동이 벌어졌고, 기름 한 방울 안 나는 나라에서 민의의 대변인이라는 국회의원들이 무슨 자가용차를 타고 다니느냐 하는 여론도 일으켰다. 그런 운동에 참여하면서도 4·19 때, 마치 피신이라도 하듯 군에 있으면서 혁명 현장에 동참하지 않았다는 것이 심적인 부담이 되었다. 내가 수유리 4·19묘지를 찾는 데는 아마도 이런 심적 부담과도 관련이 있을 것이다. 거기에는 내 대학 동기 몇이 누워 있다.

4·19혁명이 우리 역사에서 어떤 역할을 했으며 어떤 역사적 위치를 점하고 있는가는 3·1운동과 함께 헌법 전문에 언급되어 있다는 것이 웅변적으로 말해 준다. 일제의 질곡에서 해방되어 민주공화정을 기반으로 한 정식 정부를 수립한 지 12년, "대한민국의 주권은 국민에게

있고, 모든 권력은 국민으로부터 나온다"는 헌법을 국권 회복과 함께 시행한 지 12년, 하지만 '그 권력'이 선거에 의해 창출되어야 함에도 불구하고 합법적인 권력 창출을 근원적으로 틀어막는 부정선거를 자행함으로 민주공화정 자체가 위태롭게 되어 갔다. 이승만 정권은 1950년 대통령 직선제를 시작한 이래 세 번에 걸쳐 선거 때마다 부정선거를 자행했다. 그때 한국교회가 그 부정선거에 적극 동조한 것은 잘 알려져 있다. 이를 보다 못해 학생 청년들이 들고 일어난 것이 4·19혁명이었다. 독재자 이승만과 그를 뒷받침한 자유당 세력이 친일 세력과 함께 물러나고 제2공화정이 이뤄지게 되었다. 4·19혁명은 가까이는 3·1운동의 전통을, 멀게는 동학농민혁명의 전통을 이어받은 것이며, 그 뒤 광주민주화운동, 1987년 6월혁명과 촛불혁명으로 계승된다고 할 것이다.

4·19혁명 60주년을 맞는 이때 우리나라는 4.15총선을 통해 새로운 변화를 기대하게 되었다. 4.15총선을 거치면서, 60년 전 4·19혁명과의 관계를 되돌아보게 되었다. 좀 엉뚱하지만, 1960년 4·19혁명 때 부정선거에 저항하여 혁명의 도화선을 만들었던 지역이 오늘날 어떤 위치에 있는가를 살펴보게 되었다. 그때의 부정부패에 대한 저항 정신을 오늘날 개혁적으로 계승하고 있는지를 확인하기 위해서다.

4·19혁명은 그해 2월 28일 대구에서 일어난 대규모 학생시위로 거슬러 올라간다. 민주당 정부통령 후보 유세가 있던 일요일(26일), 당국의 지시로 대구의 학생들은 강제로 등교했다. 학생들의 반발이 일어났고, 그 사흘 뒤(28일)에는 대규모 시위로 발전, 4·19혁명의 도화선이 되었다. 이를 계기로 서울을 비롯하여 부산·수원·대전·충주·청주·전주 등 여러 도시에서 학생들의 시위가 이어졌다.

3월 15일, 관권에 의한 대대적인 부정선거가 획책되었다. 그 뒤에 밝혀진 것이지만, 30~40%의 투표지를 투표함에 미리 넣은 경우도 있었고, 3인조 5인조의 투표는 물론 정치깡패를 동원, 유권자와 참관인을 위협했다. 이런 부정선거에 항거하여 맨 처음 맹렬하게 봉기한 곳이 마산이었다. 시위대를 향해 최루탄 등을 쏘며 진압에 나섰으나 시위는 걷잡을 수 없이 격화되었고, 그 뒤 최루탄이 이마에 박힌 채 사망한 김주열의 시신이 마산 앞바다에서 떠오르자 이를 계기로 민중의 저항운동은 4·19혁명으로까지 확대 심화되었다.

4·19혁명을 맞아 그때를 되돌아보면서 우연찮게 엊그저께 치른 4.15총선 결과를 들여다보게 되었다. 60년 전 4·19혁명에 원동력을 제공한 대구와 마산은 이번에 어떤 선택을 했는가. 대구 마산의 후예들은 2.28시위와 3.15저항운동이 4·19의 원동력을 제공했다는 것을 알기나 하며, 거기에 대한 긍지를 갖고 있는가? 중고등학교 6년간 마산에서 공부했고, 처가를 대구 근처에 둔 한 늙은이의 '4·19단상'이다.

(2020. 4. 19.)

광화문의 어느 날 풍경

　토요일에 광화문 광장으로 나가 본 것은 실로 오랜만이다. 세월호 추모 공간이 철거된 후에는 거의 나갈 일이 없었다. 마침 오늘(2019년 5월 11일) 오전 11시에 '125주년 동학농민혁명 기념식'이 광화문 북쪽 광장에서 있었다. 작년 말 동학농민기념일을 제정한 후 처음 맞는 이 날은 동학농민군이 1894년 전북 정읍 황토현에서 관군과 싸워 크게 이긴 날이다. 그동안 동학농민혁명 기념일 제정을 두고 전북 여러 지역에서 기념일 후보를 제시했는데, 황토현전승일(전북 정읍)인 5월 11일 외에 무장기포일(4월 25일, 전북 고창), 백산대회일(5월 1일, 전북 부안), 전주화약일(6월 11일, 전주) 등이 오랫동안 각축을 벌이다가 작년 말에 황토현전승일인 5월 11일로 정했다.

　11시경부터 시작된 기념식은 개막 공연과 경과 보고에 이어 이낙연 총리의 기념사가 있었다. 이 총리는 동학농민혁명의 역사적 성격을 반봉건(反封建)·반외세(反外勢)로 규정하고, 그동안 동학난으로 규정해 왔던 저간의 역사의식을 비판했다. 1894년에 폭발한 민중의 이 민주혁명이 내적으로 응축되어 일제 강점하에서는 3·1운동, 그 10년 후 광주학생독립운동으로 폭발했고, 광복 후에는 독재에 항거하는 4·19 혁명(1960년)과 광주민주화운동(1980년), 6월혁명(1987년) 그리고 2016 년 말 이후의 촛불혁명으로 이어졌다고 역설했다. 근래에 보기 드문 뛰어난 연설이었고 운집한 청중들은 여러 번의 힘찬 박수로 화답했다.

이어서 기념공연 순서로 들어가 배우 한우리 님이 신동엽의 〈금강〉을 낭송했고. 가수 안치환 님이 그 우렁찬 목소리로 〈부활하는 산하〉를 열창했으며, 이어서 〈누가 하늘을 보았는가〉라는 제목으로 역사어린이합창단 등 세 단체의 갈라 공연이 있었다. '대동의 세상'을 열기위해 기획한 폐막공연은 동학농민혁명을 예술적으로 승화하려는 놀이었다. 전주 〈기접놀이〉, 정읍 음악극 〈천명〉, 고창 농악 판굿 등이 어울려졌다. 이 농악 풍물 속에 녹아나는 정서가 대동 세상을 재현하는 듯했다. 이 놀이를 관람하러 온 흑백의 두 외국 여성은 반바지를 걸친 채 이 대동 세상 어울림에 합류하여 신명 나게 춤을 추었다. 이를 보면서 동학농민혁명이 주창한 반외세는 서로 어울릴 수 있는 외국(인)일 수 없고 제국주의 침략 강권 세력임이 분명했다.

오늘 이 모임에는 중앙 요로에서 참석한 이들도 있었지만 호남지역에서 참여한 이들이 많았다. 이 공연이 폐막될 즈음, 이 기념식장 동편에 사무실을 둔 대한민국역사박물관장 주진오 교수가 우리 몇 사람에게 점심을 같이하자고 했다. 박진도 교수와 임옥상 화백, 이종민 교수가 함께했다. 우리는 그를 따라 근처 한일관으로 인도되었다가 다시 대한민국역사박물관 옥상에 올라가 훤히 트인 경복궁과 북악산을 바라보며 서울의 또 다른 광경을 경험했다. 그동안 이 박물관은 한국의 근현대사 관련 자료를 많이 수집했고 특별 전시회도 수시로 열어 박물관의 새로운 장을 열었다. '3·1운동 및 대한민국 임시정부 수립 100주년'을 맞아서 〈대한독립 그날이 오면〉이라는 이름의 특별전시 도록(圖

錄)도 발간했다. 이 도록에는 국내의 3·1운동과 해외의 독립운동 관련 기록과 사진들도 많이 수록, 도록 문화를 새롭게 했다.

일행과 헤어져 5호선을 타려고 오는데, 토요일 오후 광화문에서만 보이는 풍경을 접하게 되었다. 이곳저곳에서 울려 교차하는 확성기 소리는 거의 알아들을 수 없었다. 그런 가운데서도 태극기와 성조기를 든 익숙한 광경이 보였다. 주한미국대사관을 막 지나 얼마 안 되는 지점에 주최가 분명치 않은 시위자들이 앉아 있었다. 그들은 두꺼운 종이 청·홍 양면에 "한미동맹 해체!", "주한미군 철수!"를 쓴 문구를 상하 좌우로 흔들고 있었다. 앉아 있는 이들이 거의 70~80명 정도였다. 어느 젊은이가 민대협(민주주의자주통일대학생협의회)에서 인쇄한 듯한 선전물을 나눠준다. 그 선전지 한편에는 "북미 평화협상은 계속되어야 한다", "미국은 〈싱가포르 공동성명〉에 따라 북·미관계 개선에 적극 나서라!"라고 썼고, 다른 편에는 "문재인 대통령은 한반도 평화와 통일을 약속한 〈판문점선언〉 이행에 적극 나서야 한다"라고 나열했다. 지금 광화문에서는 놀랍게도 주한미국대사관 지근거리에서 미국을 비판하는 소리를 외치고 있다. 그런데 미국은 오늘도 중국을 향해서는 무역 협상의 파고를 높이는 한편 이란을 타깃으로 해서는 항모전단과 전략폭격기, 거기에다 탄도탄 요격미사일인 패트리엇 포대와 상륙함까지 보내고 있단다.

(2019. 5. 11.)

기독자교수협의회 회상

1. 기독자교수협의회와 관련하여 토론거리를 마련해 달라는 것이 김은규 회장님의 부탁이었다. 본인은 선후배 교수님들처럼 신앙적·신학적 입장이 기독자교수협의회에 관여할 수 있는 형편이 되지 못했다. 또 기독자교수협의회 여러 선후배 교수님과 깊은 교제를 나눈 바도 없기 때문에 특별히 회고담을 남길 거리도 거의 갖고 있지 않다.

생각하기에 따라서는 본인이 기독자교수협의회와 관련을 맺고 회장을 역임했다는 것 자체가 이상스럽게 생각될 수도 있다. 기독자교수협의회가 에큐메니즘을 강조한다 하더라도 좀 특이하지 않았나 하는 느낌이고, 회원 중에도 본인이 회원으로 또 회장에 재직하게 된 것과 관련하여 의아하게 생각했을 수도 있을 것이다. 그래서 토론거리를 제공한다는 점에서 본인이 기독자교수협의회에 참여하게 된 경위를 설명하여 기독자교협의회의 역사를 이해하는 데에 도움이 되고자 한다.

2. 본인은 어릴 때부터 고신파(高神派)에서 자라고 훈련을 받았고, 대학에 진학한 후에도 에큐메니칼 운동에는 낯설었다. 어릴 때 배우고 익힌 신앙과 신학도 매우 폐쇄적이어서 서울에 와서도 감히 고신파를

넘어서서 신앙생활을 하는 것을 생각할 수가 없었다.

그러나 서울에 올라와 김형석 선생의 주일 오후 성경공부를 접하게 되고, 친구들과 함께 함석헌 선생의 강연을 접하게 되면서 내 기존의 신앙생활의 한계를 점차 깨닫게 되었다. 대학의 기독교 서클에서 크리스천 친구들을 만나게 되고, 새문안교회와 경동교회 등에도 기웃거리게 되면서 내 신앙의 요람이기도 했던 고신파의 폐쇄성과 한계를 점차 깨닫게 되었다.

신학공부를 목표로 사학과에 진학했기 때문에 대학 초기부터 역사학 자체에는 흥미를 별로 느끼지 못했다. 학점 관리를 위해 역사 과목을 들었던 경우에도 기독교와 관련이 깊은 서양사 강의를 주로 듣곤 했다. 그러나 대학 2학년 군대를 다녀오면서 생각에 변화가 오기 시작했다. 내가 이 땅에서 생활하는 사람으로 신학을 공부하더라도 자기 역사를 먼저 알아야 한다는 깨달음을 갖게 되었다. 그때부터 우리 역사에 대한 관심을 갖게 되었고 이어서 대학원에도 국사학으로 진학하게 되었다.

3. 신앙인으로 또 학인(學人)으로서 사회문제와 민족문제에 눈을 뜨게 된 것은 4·19 이후 학교에 복교(復校)하게 되면서부터다. 4·19혁명의 여파는 국사학계에서는 일제 식민주의 사관에 대한 비판으로 연결되었고, 해방 후 10여 년간 지속되어 온 식민주의 사학의 아류와도 같은 한국 역사학에 새로운 기풍이 전개되기 시작했다. 학생운동으로서는 통일운동과 함께 미국에 대한 비판이 일기 시작했는데, 그 무렵 간행된 미국 사회학자 C. 라이트 밀즈 교수의 『들어라 양키들아』(*Listen Yankee: The Revolution in Cuba*)가 젊은이들의 가슴을 요동치게 했다.

이런 분위기를 거치면서 1970년 서울 시내 어느 대학에 전임으로 가게 되었고, 그 2년 후에 소위 '10월유신'을 맞게 되었다. 당시 젊은 신앙인들과 교회로부터 유신 문제에 대해서 질문을 많이 받았으나 나로서는 신앙적인 관점에서 답을 줄 수가 없었다. 그때 내가 신학을 공부하지 않았더라도 '10월유신' 같은 상황에 대해 역사학적인 관점에서 무언가를 말할 수 있지 않을까 하는 생각을 어렴풋이 하게 되었다. 용기가 없어 '유신' 직전 시기의 역사적 상황을 학문적으로 다룬다는 것은 어렵고, 그 시대와는 멀찍이 떨어진 시기의 기독교인들의 비슷한 삶을 살펴보기로 했다. 그렇게 해서 설정한 시기가 한말 격동기였다. 일제의 침략이 고조되는 시기에 거기에 반응한 기독교인들의 삶이 어땠는지 살펴보기로 했다. 그렇게 함으로써 유신 시기의 기독교인들이 취해야 했을 자세를 간접적으로나마 살펴볼 수 있지 않을까 하고 생각했다.

그렇게 해서 나오게 된 학문적 결실이 "한말 기독교인의 민족의식 형성과정"(서울대 한국사론 1집, 1973)이라는 논문이다. 여기서 한말 기독교인은 대내적으로 반봉건 운동을 전개하고 대외적으로는 반일민족주의 운동을 전개했다는 것이 요지다.

4. 이 논문은 당시 진보적인 기독교회와 의식 있는 젊은 기독교인들에게 큰 반향을 일으켰다. 반대로 내가 속한 고신파와 보수 기독교계에서는 그렇게 많이 읽힌 것 같지는 않다.

그 논문을 매개로 YMCA를 비롯한 여러 운동체와 거기에 관여한 크리스천 지성인들과 접촉할 수 있는 기회가 생겼다. YMCA 전국연맹의 집회와 간사 훈련에 자주 참여하면서 한국의 기독교사에 관해서도 강의를 하게 되었다.

그때까지만 해도 한국사 연구에만 매달렸고 한국 기독교사는 별로 관심을 기울이지 않았던 필자에게 기독교 진보 진영에서의 이러한 요청들은 필자로 하여금 이제부터는 한국 기독교사도 연구하지 않으면 안 되도록 만들었다.

이 무렵, 군부독재체제하에서 한국 기독교계에는 '민중신학'이 대두, 체계를 잡아가고 있었다. 그 방면에 관심을 가졌던 많은 학자가 민중신학을 심화하기 위해 한국의 역사를 연구하는 경향이 두드러졌다. 이런 상황에서 이들 선배들과 자주 접하게 되었고 토론에도 자주 임하게 되었다. 서남동·안병무·현영학·한완상·서광선·김용복 박사 등을 만나게 된 것은 이 무렵부터다.

5. 신군부 등장으로 5·18광주민주화운동이 전개되면서 많은 지식인들이 직장에서 쫓겨났다. 대학과 신문사가 그 주 타깃이었다. 교수들과 학생들이 해직 추방되고 기자들도 쫓겨났다. 그때 본인도 추방된 자들의 말석을 차지하게 되었다.

당시까지만 하더라도 고신파 출신인 내가 진보적인 기독교 그룹들과 상종하는 것이 빙탄불상병(氷炭不相竝) 정도는 아니더라도 신앙적으로 쉽지 않았다. 그러나 해직을 계기로 이러한 간극은 많이 좁혀지게 되었다.

그 무렵부터 민중신학 토론회에 참석하는 것이 어색하지 않았고, 나를 '꼴보수'라고 칭하면서도(안병무) 끌어안으려고 했고 따라서 어렵지 않게 받아들여졌다. 고신파와는 아주 멀리 떨어져 있다고 인식되던 기장(基長) 측의 정책토론회(?) 등에 강사로 참석, 신사참배 반대 투쟁을 하고 있을 때 기장의 출발이라 할 조선 신학이 어디에서 어떻게 탄생하게 되있느냐고 비판해노 수능하게 되었다. 기장 50주년 기념학술회의에 참석해서는 한국의 '진보와 보수' 문제를 언급했다. 즉, '진보와 보수'는 단순 분리해서는 안 된다, 보수에도 열린 보수와 닫힌 보수가 있고, 진보에도 열린 진보와 닫힌 진보가 있다, 그러니 이제 한국교회를 위해서는 열린 보수와 열린 진보가 손을 잡아야 한다는 주장을 해도 거부감을 크게 표출하지 않았다.

6. 그런 상황에서 자연스럽게 기독자교수협의회와도 연결되었다. 1997년(?)경, 이석영 교수 등이 기독자교수협의회 총회에 참석해 달라고 강권했다. 그때 동숭동 어디에선가에서 모였던 것 같은데 느닷없이 나를 회장으로 천거, 박수로 가결하고 말았다. 1980년 해직 이후 기독자교수협의회의 존재는 알았지만 참석했던 적은 거의 기억에 없다. 다만 기독자교수협의회의 회원들과는 교제가 있었다.

회장에 선출되고 난 뒤에 우선 당시까지 회계(금전)업무를 회장이 쥐고 있는 전통을 깨고 회계업무는 총무가 맡도록 바꿨다. 당시 총무는 김성재 교수였다. 김 교수는 없는 돈에 살림을 꾸려 가느라 많이 수고했을 것이다.

회장에 선출되고 난 뒤에 깊이 생각하고 실행하려고 한 것이 있었다. 교수들이 대학 안에서 조직한 기독교 단체들이 보수와 진보로 나뉘어 있었는데, 이걸 통합하는 것이 당면한 사명일 듯싶었다. 사실 기독자교수협의회는 진보를 중심으로 전국적인 조직으로 되어 있으나 각 대학 혹은 지역별로 조직을 갖고 있지 못했다. 반면에 보수 측 대학교수 단체들은 대부분의 대학에서 신우회를 조직, 성경공부 그룹 형태로 모이고 있었다.

나는 내가 보수 측 인사이면서 소위 진보 측 대학교수 단체라 할 기독자교수협의회 대표인 만큼 그 둘을 하나로 통합하는 적임자가 아닐까 스스로 착각하게 되었다. 그리고 나 같은 보수 꼴통을 진보 측 대학교수들 조직의 대표로 선출한 것에는 하나님의 섭리가 있는 것이 아닐까 하고 생각하게 되었다. 그 섭리란 보수와 진보 이 둘을 하나로 묶는 것이다. 이런 환상적이고 어설픈 섭리론마저 덧씌워졌다.

이런 뜻을 가지고 몇몇 대학 신우회 차원의 그룹들과 협의해 보니

'잘될 수 있을까' 하는 회의를 나타내면서도 그래도 가치 있는 시도라고 격려해 주었다. 그러나 이 문제를 들고 내가 대표로 있는 기독자교수협의회와도 의논하려고 몇 차례 시도했지만, 오히려 진보라고 하는 분들이 요지부동이었다. 심지어 이문영 교수 같은 이는 소위 보수복음주의 교수들에 대해서 폭언에 가까운 말투로 비판했다. 결국 더 진행할 수 없었다. 어설픈 섭리론이 주저앉고 말았다. 나는 이때 보수의 행태야 그렇다 치더라도 진보가 그럴 수 있느냐는 생각을 하게 되었다. 보지 않았어야 할 진보의 민낯을 보았던 셈이다.

본인은 지금도 당시 진보와 보수의 결합을 이뤄내지 못한 것을 아쉽게 생각한다. 앞서 언급한 바 있듯이, 진보에도 열린 진보와 닫힌 진보가 있고, 보수 복음주의권에도 열린 보수와 닫힌 보수가 있는데, 필자가 당시 경험한 바로는 대학교수들의 연합과 관련해서는 진보 측에서 자기를 더 닫고 있지 않았는가 하는 느낌을 지울 수 없었다.

7. 연합운동이 좌절되면서 회장으로서 할 수 있는 봉사가 무엇일까를 생각하게 되었다. 그때가 기독자교수협의회가 30년이 된다는 점에 착안, 역사 편찬을 시도하되 그것이 불가능하면 역사 자료라도 제대로 정리해 놓아야겠다는 생각을 하게 되었다.

당시 기독자교수협의회의 역사를 정리하자는 것은 거의 공론화되어 있었고, 그것을 집필할 분도 거의 내정되어 있었다. 우리는 공식적으로 집필을 요청했고 본인도 흔쾌히 받아들였다. 집필을 돕겠다는 분도 있었다. 그러나 그것이 예상대로 되지 않았고 차일피일 미뤄지다가 결국 흐지부지되고 말았다. 이 또한 매우 아쉽게 생각한다.

기독자교수협의회 역사를 정리하자면 그 집필을 뒷받침하기 위해서도 자료 수집이 필요했다. 자료를 수집하는 과정에서 자료 수집 자체가 역사 집필과 병행되어야겠다는 생각을 갖게 되었다. 그러다가 역사 집필이 어려워지자 이 자료집만이라도 제대로 만들어야겠다는 생각을 굳히게 되었다.

그래서 자료 수집만 전담하는 간사를 두고 자료를 수집하기로 했다. 그 결과 200자 원고지 8천여 매에 이르는 방대한 자료를 수집할 수 있었다. 이 자료 수집에는 당시 이화여대 기독교학과를 마친 천현주(千鉉柱) 선생이 맡았다. 그는 당시 매우 연약하게 보였지만 거의 1년 반에 걸쳐 쉴새 없이 노력했다. 그 결과 방대한 자료를 수집하여 A4 용지로 8백여 쪽이 넘는 책자를 간행할 수 있게 되었다. 지금은 소식이 닿지 않지만, 기독자교수협의회는 물론 이 자료집을 이용하는 이들은 천현주 선생께 감사해야 할 것이다.

(2020. 11. 26.)

'재난지원금' 단상

　며칠 전 학계의 후배로부터 "요즘 건강이 어떠시냐", "백신은 두 번 다 맞으셨느냐"는 인사말 끝에 "재난지원금은 신청하셨느냐"는 질문을 받았다. 마침 그 전날 아내가 재난지원금과 관련된 이상한 전화를 받았다. 하도 이상한 질문을 많이 하기에 그 전화를 끊은 뒤 아내는 동사무소에 가서 그 전화 내용을 설명하고 재난지원금 신청 관련 문의를 했다고 한다. 아내가 자세하게 말하지는 않았지만, 우리 내외는 수급 대상에 해당하지 않는다는 답을 들었다고 했다. 더 묻는 것이 쑥스러워서 묻지 않았다. 동회 직원은 의료보험금이 월, 얼마 이상이면 이번 지급 대상에서 제외된다고 설명하더란다.

　이런 일이 없었더라면 이런 글이 덜 쑥스러울 것 같은데 그럼에도 글을 쓰자니 약산은 ㅓ차스러운 면이 없지 않다. 재난지원금을 받지 못한다고 하니 이런 글을 쓰는 것이 아닌가 하는 비판이다. 그러나 나는 두 달 전(7월 11일자) 페이스북에 지금과 같은 주장을 쓴 적이 있다. 이런 주장을 할 수 있는 근거는 또 있다. 우리 내외가 제1차 재난지원금 때에 수령하지 않았다는 것이다. 1차 재난지원금 지급 때에는 정부가 국민 전체를 상대로 보편적으로 지급하겠다면서, 그러나 받지 않고 그것을 국고에 환납하는 것도 환영한다고 했다. 그때 정부가 국민 모두에게 지급한다고 함으로써 받는 사람이 부담이 되지 않게 하는 한편 그래도 나라 살림을 생각해서 받지 않겠다는 분들의 선한 의지도 감안하여 자의로 국고에 보탤 수 있도록 길을 열어 놓는, 매우 지혜로운 정책을 강구했다. 이는, 정부가 재난을 당한 국민에게는 그 지원금을 부담 없이 받도록 조치하는 한편 그래도 국고를 생각해서 자발적으로 수령하지 않겠다는 이들의 성의도 받아들이는, 억지스러운 방법을 쓰지 않으면서도 은근히 국고 환납을 권장하는 듯한 그런 지혜로운 정책이 보기에 좋았다. 몇 푼 되지 않지만, 우리에게 주어진 그런 금액을 국고에 환납하여 나라에 도움이 된다면 그것은 정부도 국민 개인도 모두 동의할 수 있는 정책이라고 생각했다. 그러면서 정부가 취할 후속 조치를 은근히 기대했다. 그 환수에 참여한 사람과 금액이 얼마나 되며 그것이 별도로 어떻게 더 유용하게 쓰였는가 하는 것이다.

1차 때의 보편적 지급은 국민 모두에게 지급함으로 선별이 불필요한, 그리하여 행정 비용을 대폭 줄일 수가 있었다. 그리고 행정 착오에서 오는 시비도 일절 일어나지 않도록 했다. 그것은 차등을 두는 5차 지원금 지급과 비교해 보면 확연히 잘 드러난다. 그런데 제5차 지원금을 논의하고 있는 지금까지 제1차 지원금과 관련하여 궁금한 것이 내게는 남아 있다. 제1차 지원금 때 국고로 환수된 금액이 얼마나 되었을까 하는 것이다. 작은 액수지만, 뜻을 같이한 분들이 상당수 있지 않았을까 하는 기대 때문이었다. 그런 일에 동참한 이들을 묶으면 더 생산적인 일을 할 수 있는 강력한 힘이 될 수 있고 이들을 선양하는 것이 필요하다고 생각했다. 이들은 자연스럽게 20여 년 전의 'IMF 때'에 금붙이를 내놓던 우리 공동체를 연상케 했다. 우리는 어려운 때 상휼(相

恤)하는 아름다운 전통을 이어 왔는데 1차 지원금 수령 때에도 그것을 수령하지 않는 분들이 상당수 있지 않았을까 하는 기대였다.

제1차 지원금 때 국고에 환수한 액수가 얼마나 되었는지, 그것이 어떻게 활용되었는지 아직 알지 못한다. 나의 게으름 탓이다. 그것을 발표하지 않았을 리는 없다고 생각하는데 나는 왜 정부가 그렇게 국고에 환납한 액수를 자세히 알려 국민적 관심을 불러일으키게 하지 않았는지 궁금하다. 액수에 상관없이 그런 일은 정직하게 알려 국민의 선한 동기를 유발, 선양하고 앞으로 더 적극적으로 그런 쪽으로 유인할 수도 있었을 것이다. 여유가 있으면서도 그때 보태지 못한 사람은 미안한 마음으로, 보탠 사람들은 긍지를 가지고 앞으로 이런 일에 더 적극적으로 나설 수 있도록 했어야 하는 것 아닌가. 이런 정책을 개발해야 할 곳이 의회요 정부가 아닌가. 아마도 정부가 1차 지원금 때 국고 환수 금액을 밝히고 그 금액을 의미 있는 곳에 따로 사용하여 성과가 있었다고 한다면 이번에도 보편적 지급을 한다 해도 12% 이상의 환수 효과를 기대할 수 있지 않았을까. 그런 정책에 참여할 선한 동기를 가진 이웃들이 우리 주변에는 많다. 그런 선한 동기를 유발하여 고난의 때를 극복하는 것, 그것이 지도자의 역량이다. 꼭 돈과 힘으로만 고난의 때를 극복하는 것이 아니다. 상부상조와 인애로써 할 수 있다는 가능성을 보이는 것도 필요한 것이 아닐까. 이게 우리 사회가 집단지성을 통해 성취해야 할 정책이라고 생각한다.

하위 88%에 해당하는 사람늘에게만 '재난지원금'이 지급된다는 정부의 발표를 들었을 때, 우리 내외는 으레 지급 대상일 것으로 간주하고 이번에는 어떻게 해야 하나 고민하던 중이었다. 그런데 고맙게도 우리는 지급 대상에 해당하지 않는다고 해서 문제를 간단히 해결했다. 정부는 우리 같은 수입의 노인들에게 상위 12%에 속한다는 '자부심'

을 안겨주고는 동시에 지원 대상에서 제외시켰다. 이런 때는 12%의 그룹에 속하게 해 주었으니 고맙다고 해야 하나. 세계 10위권의 우리의 경제 수준이 그 정도밖에 되지 않았는가 하는 일말의 회의도 있어 약간은 착잡하다.

제5차 지원금 대상이 발표되자 며칠 새에 수만 명이 항의에 나섰다. 이걸 보면서 정부가 재난지원금을 지급한답시고 모욕을 당하고 있다는 느낌이어서 착잡하다. 왜 이런 식으로 정책을 시행하여 코로나로 격상된 국가적 위신을 망가뜨리고 있나. 단순 계산해 보니, 우리 인구 5천만으로 잡고 1인당 25만 원이면 전체 12조 5천억 원. 그중 지급하지 않겠다는 12%(6백만)면 1조 5천억 원, 이 액수를 두고 생난리를 치고 있다. 기재부가 그랬건 청와대가 그랬건, 여당과 정부 책임이다. 1조 5천억 원 때문에 11조 원의 효과는 털리고 있다. 지금이라도 늦지 않다. 보편적 지급으로 전환, 갈등을 지양 극복하고 더 시급한 역병 극복에 힘을 모으자. 제1차 지원금 때와 같이 국고 귀속의 길을 열어 놓고 이미 많이 망가뜨려졌지만, 국민의 선한 의지에 기대를 걸어 보자.

(2021. 9. 12.)

4·19혁명 유공자들에게 호소한다

제2차 세계대전 후 민주화와 산업화를 동시에 달성한 사례로 한국이 회자될 때마다 필자는 그 산업화의 토대가 민주화였음을 강조한다. 한국 민주화운동에서 4·19혁명은 그동안 민주한국의 지표로 혹은 역사의 감시자로 역할해 왔다. 그런 점에서 4·19는 '대한민국'의 정체성을 활성화한 혁명이다. 4·19혁명은 반독재·인간 해방의 길을 열었고, 창의성을 담보하는 사회를 만들었기에 산업화도 가능케 했다고 믿는다. 이것은 자유 세계와 독재 세계, 남북 격차를 가져오게 한 중요한 요인이기도 하다.

'4·19'가 민주한국을 위한 고귀한 혁명임을 강조하기 때문에 올해 7월부터 '4·19 유공자'에게도 보상하게 되었다는 최근의 소식은 우리를 당황하게 한다. 4·19 유공자에 대한 보상에 당황하는 것은 4·19 유공자에게 그런 보상이 부적절하다고 간주되어서가 결코 아니다. 지금까지 견지해 온 혁명성에 종지부를 찍고 역사 속의 여느 사건처럼 '너마저' 속화(俗化)되는구나, 하는 우려를 지을 수가 없기 때문이다. 청렴으로는 지킬 수 있어도 돈으로는 지킬 수 없는 것이 명예와 긍지다. 아무리 정당한 것이라 하더라도 그 보상은 4·19의 혁명적 가치를 오염시키고 그 역사를 형해화하지 않으리라는 보장이 없다. 그것이 우려하는 첫째 이유다.

학자들은 국가보훈체계를 혼란하게 만든 특정 사건을 자주 거론한다. 그것은 금전 보상과 관련되어 있는데, 4·19혁명 유공자에게 보상을 하게 된다면 국가보훈체계를 혼란하게 만든 특정 사건의 금전 보상과 같은 전철을 밟지 않으리라는 보장이 없다. 거듭 말하지만, 보상이 4·19혁명의 가치와 명예를 훼손할 수 있다는 것은 기우일 수 없다.

4·19혁명 유공자의 국가유공자 인정 요구는 원래 보상보다는 명예에 있었다. 최근의 여러 사례에서도 보이듯이, 명예와 금전은 공존하기가 어렵다. 2000년 당시 민주당 설송웅 의원 발의로 공로자는 보상금을 지급하지 않는 것을 전제로 국가유공자 범주에 진입했다. 이는 4·19 공로자의 국가유공자 진입이 보상을 전제로 하지 않았기 때문에 가능했다는 뜻이다. 그 뒤 본래의 의도와는 달리 수차례에 걸쳐 보상이 논의되었지만, 공감을 얻지 못했던 것은 이 때문이다. 그러나 본래의 의도와는 달리 끈질긴 요구는 작년 말 보상의 근거 법안까지 마련하게 되었다.

4·19 유공자 보상은 몇 가지 문제를 더 안고 있다. 4·19혁명에 참여했던 분들 중 국가유공자 신청을 아예 사양한 이들이 있다. 그들은 마땅히 할 일을 했을 뿐, 보상을 언급한다면 인간의 당위를 모독하는 것으로 생각한다. 또 4·19 '민주혁명'의 유공자로 인정된 이들 중 훼절하여 반민주의 동조 세력이 되었거나 유신을 찬양한 이들도 있다. 반민주·유신 찬양론자들까지 4·19 공로자로 보상한다면, 이런 법을 제정한 취지마저 의심받을 수 있다.

4·19 유공자에게 주어진 일괄 훈격인 '건국포장'이 독립유공자의

'건국포장'과 같은 훈격임을 들어 동등한 대우를 요구하는 것도 문제다. 4·19 유공자 심사에서 자주 거론되었지만, 독립유공자의 경우 건국포장은 1년 이상 독립운동을 했거나, 10개월 이상의 옥고를 치른 이에게 수여된다. 4·19 유공자에게 '건국포장'의 훈격이 가능하다 하더라도 독립유공자와 동등한 예우를 요구하는 것은 독립운동에 대한 예의가 아니다.

이제 4·19세대는 보상을 거부하고 혁명 정신과 명예를 견지할 것인지, 보상 앞에서는 4·19세대도 별수 없더라는 비아냥거림을 감수할 것인지 결단해야 한다. 자기를 희생시킴으로 4·19혁명이 가능했듯이 보상에서도 보장된 이익을 희생하는 결단이 요청된다. 보상을 거부하고, 그 법률을 폐기시켜 보훈 체계에 새로운 전환점을 제공해야 한다. 이것이야말로 제2의 4·19혁명이며 또한 4·19묘지에 누워 있는 혁명가들과 4·19세대라는 긍지를 안고 이미 유명을 달리한 동지들에 대한 책무다. 4·19혁명 유공자들은 역사에 부끄럽지 않은 선택으로 답해야 한다.

(2012. 6. 27.)

『한국 독립운동의 역사』(60권) 편찬과 그 의의

　『한국 독립운동의 역사』가 광복 60주년 기념사업의 일환으로 편찬될 예정이다. 늦었다는 느낌이 없지 않으나 축하해야 할 일이다. 광복 60주년을 기념하는 의미를 더욱 높이기 위해 60권을 준비하게 되었다는 것도 더욱 뜻깊은 일이라고 생각한다.

　외세의 압제하에서 독립하게 된 나라가 가장 먼저 해야 할 일이 있다. 그 첫 번째는 식민지 시절에 찌들었던 이른바 '식민지 잔재'를 청산하는 일이다. 거기에는 외민족에 빌붙어서 자기 민족을 배반한 무리를 청산하는 인적 청산과 식민지 시절의 사회문화적인 요소까지 포함한다. 쉽지는 않지만, 이런 작업을 통해서 민족정기를 회복하는 것이다. 과거 이 작업을 제대로 수행하지 못했기 때문에 지금 '친일반민족행위진상규명'을 위한 사업을 벌이느라 부산하다. 또 하나는 식민지 시절 독립운동의 역사를 정리하는 일이다. 이것은 식민지 잔재를 청산하는 작업과 함께 수행해야 할 과제다. 그러나 그동안 독립운동사를 정리하는 일을 제대로 할 수 없었다. 이유가 있었다. 주지하다시피 광복 후 식민지 잔재가 제대로 청산되지 않은 상황에서 그 쌍벽을 이루는 독립운동사를 펴낸다는 것은 우선 사회 분위기상으로 거의 불가능했고, '친일파'들이 권력을 틀어쥐고 있는 상황에서 국가적인 사업으로 독립운동사를 편찬하는 것은 힘든 일이었다. 독립운동사 자체에 대한 학문적인 연구조차 어려운 상황에서 역사학계는 이 시급한 과제에 소극적일 수밖에 없었다.

그동안 독립운동사를 정리하려는 노력이 없었던 것은 아니다. 대표적인 것이 1970년부터 약 8년간 계속하여 출판한 『독립운동사자료집』 17권(별집 3권 포함)을 들 수 있다. 46배판 권당 평균 1천여 쪽이 넘는 이 방대한 자료집은 의병항쟁에서 시작하여 3·1운동, 임시정부운동, 의열투쟁, 문화투쟁, 학생독립운동, 대중투쟁 등에 이르기까지 일기와 재판기록 등을 포함한 여러 형태의 자료를 수록했다. 유신 시절, 그 암울했던 시절에 19,550여 쪽에 이르는 자료집을 남겼다는 것은 그 뒤 민주화 시절을 누리면서도 독립운동사를 제대로 정리하지 못한 우리 세대를 부끄럽게 한다. 그뿐인가. 북한에서도 해방 후 무엇보다 먼저 『조선민족해방투쟁사』를 간행했다는 사실이다. 『조선민족해방투쟁사』의 새판을 거듭하면서 1980년대에는 전 10권의 『항일무장투쟁사』를 간행하여 정권을 비호하는 역할을 감당했다. 이 또한 독립운동사를 체계적으로 정리하지 못한 한국 역사학계를 질타하는 듯한 느낌이었다.

1960년경부터 역사학계에서는 독립운동사에 관한 개별적인 논문들이 본격적으로 발표되었다. 일제 상점 기간을 우리의 주체적인 역사로 인식하려면 독립운동사를 정리하는 것이 필수적이라고 하지 않을 수 없다. 일제 강점기의 역사 독립을 추구하는 한국인의 주체적인 역할이 제외되면 자칫 일제 식민 지배의 타율적인 역사로 전락할 수밖에 없다. 독립운동사의 연구가 1960년대부터 시작된 것은 4·19혁명으로 민주화 세력이 민족주의에 대해 새롭게 눈뜨면서 가능했던 것으로 이때 역사학계에서 식민주의 역사학을 극복하려는 노력을 본격화했던 것과 무관하지 않다.

『한국 독립운동의 역사』의 편찬이 구상되어 처음 예산의 뒷받침까지 이뤄진 것은 몇 년 전이다. 그때 독립기념관 한국독립운동사연구소는 대한민국임시정부사 자료집 편찬과 한국 독립운동의 역사 간행 계획을 세워 국회와 정부 당국자를 설득하여 연차적으로 그 과업을 수행토록 예산의 지원까지 받았다. 안타깝게도 그 일은 중단되고 말았지만, 광복 60주년을 맞아 다시 독립운동사를 체계화하는 일이 한국독립운동사연구소를 중심으로 이뤄지게 된 것이다.

『한국 독립운동의 역사』는 그동안 산발적으로 연구되어 오던 한국 독립운동의 전 분야를 망라하고 체계화하려는 것이다. 이것은 그동안 어려운 여건하에서 독립운동사를 연구하고 후진을 양성했던 선각적인 연구자들이 있었고 그들의 연구가 축적되었기 때문에 가능하다. 『한국 독립운동의 역사』의 편찬은 망국 시절 풍찬노숙하면서 조국의 독립을 위해 자신을 희생했던 독립운동가들에 대해 후손으로서 최소한 보답하겠다는 성격을 지니고 있는 작업이다. 이것은 또한 일제 강점기 한국 민족사의 주체성과 정통성을 확립하는 길이며, 그것을 바탕으로 통일 한국을 포함한 한민족의 미래를 조망하는 것이기도 하다. 이 작업이 이뤄짐으로 그동안 비어 있던 한국 근현대사의 주된 부분이 메워지게 될 것이다.

이 편찬 작업에는 그동안 독립운동사 연구의 제1세대와 제2세대가 거의 참여하게 된다. 가급적 일치된 관점을 기대하지만, 처음 시도인데다 민주적인 학문 풍토를 감안해야 한다면 차라리 획일성에 함몰되지 않기를 기대하는 것이 바람직할 것이다. 조심스러운 것은 이 사업이 정부의 지원으로 이뤄지는 만큼 호리라도 지원에 따른 간섭이 있을까 하는 점이다. 민주화의 성숙을 지향하면서 그런 염려들이 기우에 지나지 않게 된다면, 21세기를 열면서 이룩한 『한국 독립운동의 역사』는 한국 역사학계가 그 시대와 더불어 이룩한 금자탑으로 기억될 것이다.

(2005. 11. 22.)

4부

사람의
역사를
쓰다

— 내가 만난 사람들

도산 안창호 선생 비문

　도산 안창호 선생은 한말 일제 강점기에 국민계몽과 나라 독립에 앞장선 교육가요 사상가요 독립운동가다. 선생은 1878년 11월 9일 평안남도 강서군 도롱섬에서 아버지 안흥국과 어머니 황 씨 사이의 셋째 아들로 태어나다. 서당교육을 받고 1894년 상경하여 구세학당에서 신학문을 닦고 그리스도교에 입교, 평생 그 가르침을 토대로 인격을 쌓으며 활동하다. 독립협회에 참여, 평양지부를 발기하고 감동적인 연설로 민족의 자각을 호소하며 생활 개혁과 나라 사랑 마음을 북돋우니 저 쾌재정 연설은 이때다. 1899년 구국의 길이 교육에 있음을 깨닫고 최초의 남녀공학인 점진학교를 세우고 황무지를 개간하며 탄포리교회를 세우다. 1902년 이혜련과 결혼, 곧 부부 동반으로 미국 유학길에 올리 태평양 항해 중 도산이란 호를 가지다. 상항과 남가주에서 고학, 동포를 격려하며 한인친목회 공립협회를 차례로 설립하고 공립신보를 창간하니 뒷날 대한인국민회와 신한민보의 전신이다. 1907년 나라의 위기를 절감하고 귀국, 애국 동지들을 망라하여 신민회를 창건하고 대성학교 청년학우회 태극서관 마산동자기회사를 설립하며 독가스립운동 기지 개척을 위해 아세아실업주식회사를 발기하니 이는 학문연마 교육 수련, 실업 부강이 국권 회복의 토대임을 직시함이다. 1909년 10월 26일 안중근 의거로 일본 헌병대에 구금, 2개월 만에 석방되었으나 나라 기울어짐을 통분하며 그 이듬해 망명길에 오르다. 청도회담에서 독립군 양성을 위한 무관학교 설립을 논의하고 1910년 8월 연해주에 도착, 1년간 민족운동을 이끌다가 러시아를 횡단, 베를린 런던을 거쳐 미국에 도착하다. 1912년 11월 대한인국민회 4개 지방총회 대표회의에서 중앙총회가 발기되어 대한제국 이후 한국인을 대표하는 정부 역할을 사실상 감당하다. 이듬해 동맹 수련과 인재 양성을 목표로 흥사단을 창립하고 이어서 북미실업주식회사를 설립하여 무실역행 민력 증강을 더욱 강구하다. 1919년 3·1독립운동이 일어나자 대한인국민회 중앙총회장으로 독립전쟁 준비를 호소하며 파리강화회의 대표단의 외교활동을 적극 지원하고 자신은 상해로 향발하여 대한민국임시정부 내무총장 겸 국무총리 대리에 취임, 정부의 기틀을 마련하고, 세 갈래의 정부를 통합하며 만주 연해주의 무장세력과도 기맥을 통하다. 임시정부가 분열의 조짐이 보이자 노동국총판을 사임, 국민대표회의 소집을 요구하고, 상해 인성학교를 운영하는 한편 통의군 시사책진회 한국노병회 건립에도 참여하다. 1923년 국민대표회의에 참석하여 부의장에 선임, 독립운동계의 통일운동을 모색했으나 회의 결렬 뒤 이상촌 건설을 위해 중국 관내와 만주를 시찰하고 독립군 대표들과 숙의하다. 1924년 3월 남경 동명학원을 설립하고 흥사단원동대회를 개최한 후 이해 말 미국에 돌아가 동포들을 격려하다. 1926년 하와이 호주를 거쳐 4월 홍콩에 도착, 임시정부 국무령 취임 요청을 사양하고 임시정부 경제후원회를 창립하다. 그 후 남경 상해 북경 및 만주 일대를 순회하며 한국유일독립당 결성을 호소하고 이상촌 후보지를 탐색하다 길림에서 한때 중국 경찰에 체포되다. 1930년 한국독립당을 창당, 대공주의에 따른 당강령을 작성하고 독립운동전선통일을 추진하며 경제합작운동을 위해 1931년 공평사를 설립하고, 중국 측과는 항일공동전선을 구축하고자 혼신의 힘을 기울이다. 1932년 4월 29일 윤봉길 의거 날 상해 일본영사관 경찰에 체포되어 서울로 압송, 4년의 실형언도를 받고 복역 중 1935년 2월 대전감옥에서 가출옥하여 평남 대보산 송태산장에서 은거하다. 1937년 6월 동우회사건으로 다시 체포, 서대문감옥에서 수감생활 중 12월 보석되어 경성제대 부속병원에 입원하였으나 1938년 3월 10일 오전 0시 5분에 돌아가니 향년이 60이요, 유족은 부인 이혜련과 필립, 필선, 필영 세 아들과 수산, 수라 두 딸이다. 서거 후 망우리 공동묘지에 안장하였다가 1973년 서울 강남구 도산공원에 부인의 유해와 함께 이장, 합장하다.

후세들은 이렇게 기린다. 정직, 성실은 선생의 인품이요, 극기, 절제는 선생의 실천이다. 솔선수범, 지행합일은 스승됨의 모습이요, 애기애타, 파당초월은 가르침으로 살아 있다. 민족운동에 이념과 방략을 제시하고 조직과 인물을 설계하며 민족, 정치, 경제, 교육의 평등을 주장했으니, 그 요체는 대공주의요 해방 전후의 건국강령과 민주공화국은 그 열매다. 독립투쟁에 인간주의를 불어넣고 개인과 민족, 나라와 세계의 접목을 꾀하며 활동 영역을 중국 관내 만주, 러시아, 북미, 하와이, 멕시코, 호주, 필리핀까지 포괄했으니, 선생은 나라 경계를 넘어 온 누리에 시금노 우뚝 서 있다.

2005년 11월에 이만열이 짓고 도산안창호선생기념사업회
정근모 이세웅이 세우다.

한경직 목사님을 추억함

영락교회로부터 초청을 받아 한경직 목사님의 기념사업과 관련된 의견을 나눈 게 10년이 채 되지 않은 것으로 생각된다. 그때 원로 신학자를 포함한 10여 분이 초청되었는데, 필자는 기념사업을 위해 가장 먼저 해야 할 것은, 고인이 남긴 글과 녹음된 설교, 사진 및 그분에 대해서 동시대인이나 후세인들이 남긴 글을 수집하여 전집을 만드는 일이라고 조언했다. '한경직목사전집'을 만들자고 제의한 셈이다. 한경직 목사님은 유명한 설교가여서 이미 몇 권의 설교집을 남겼다. 거기에다 녹음된 설교를 활자화하고 또 친히 쓰신 글도 모을 필요가 있다는 것이었다. 기념사업은 그를 기리는 사업인데, 그러자면 무엇보다 그분의 생애와 사상을 제대로 정리하는 사업을 우선해야 한다고 역설했다. 전집을 토대로 한경직 목사에 대한 본격적인 연구도 시작될 수 있을 것이라고 부언했다.

그 뒤 이 사업을 맡았던 목사님과는 몇 번 연락하면서 전집 편찬을 위해 의견을 조율한 바 있다. 그러나 그 목사님도 다른 교회로 옮겼는지, 그 작업 진행에 대해서 오래전부터 아무런 소식을 듣지 못했다. 최근에 『한경직목사설교전집』을 간행한다고 들으니 참으로 반갑게 생각한다. 우선 그의 설교라도 정리되면 해방 전후한 시기부터 활동한 그의 영적 기반과 한국교회에 미친 영향 등이 새롭게 조명될 것으로 기대한다.

한경직 목사님은 영락교회와 다른 곳에서 여러 번 뵈었지만, 추억을 남길 만한 만남은 세 경우라고 생각한다. 첫째는 남강 이승훈 선생 기념사업 관련 행사나 고당 조만식 선생 기념사업회의 행사에서였고, 둘째는 남한산성의 사택에서 인터뷰한 일이었으며, 셋째는 1992년 템플턴상 수상 후 미국 프린스턴 신학교를 방문하여 그의 초상화를 신학교 도서관에 걸 때였다. 당시 필자는 연구교수로 프린스턴 신학교에서 연구년을 보내고 있었다.

1991년 봄 오산학교 행사 때에 한 목사님은 단상에 오르내리기에 대단히 불편하심에도 불구하고 후학들에게 남강 선생의 간절한 뜻을 전해서 매우 감동적이었다. 템플턴상을 받으시고 모교 프린스턴을 방문했을 때는 환영 분위기 때문이었는지, 평소의 한 목사님과는 달리 약간 상기된 모습이었다고 느껴졌다. 그러나 한 목사님과 가장 자연스러운 대화를 나누었던 것은 「한국기독교와 역사」(한국기독교역사연구소) 창간호에 한경직 목사와의 대담 기사를 기획하여 대담자로서 남한산성에 은거해 계시던 한 목사님을 방문했을 때였다. 그때 필자는 현재 광주대학교 교수로 있는 한규무 교수와 동행했다.

필자가 한 목사님을 빙문했던 때는 1991년 4월 8일(월) 오후였다. 한 목사님은 그곳에서 사위 되시는 이영헌 목사님 내외분과 함께 지내고 계셨다. 인터뷰는 약 세 시간 동안 계속됐다. 물론 인터뷰 전에 질문지를 먼저 드렸다. 우리는 질문지를 꽤 시간이 걸려 만들었고 신경도 썼다. 한국교회의 거목을 상대한 내용이었기 때문에 그 인터뷰가 한 목사님 개인사에 그치는 것이 아니었다. 그가 살아왔고 경험한 한국교회사를 망라한 것이었다. 그 때문에 가끔 껄끄러운 질문도 없지 않았다. 그러나 한 목사님은 비교적 담담하게 말씀해 주셨다.

대화를 하면서 느낀 것은 당시 고령이었음에도 어린이 같은 심정이 대화 속에 묻어나고 있었다는 것이다. 아마도 그 점이 평생 무소유의 삶을 영위하게 했을 것으로 느꼈다. 미국에서 고학하던 경험과 폐병으로 어려움을 겪으며 하나님께 매달릴 때의 이야기는 꼭 그 시절로 돌아간 듯한 기분이었다. 한 목사님은 인터뷰에서 한국교회의 분열을 가장 가슴 아파했고 자신이 분열을 막기 위해 책임을 다하지 못한 데 대해 괴로워했다. 그는 또한 살든지 죽든지 내 몸에서 그리스도만 존귀케 하는 은혜를 사모하는 영성이 몸에 밴 듯했고, 목자로서 양 떼를 생각하고 교회의 평화를 우선시하며 자신의 주장을 접었다는 사례들은 오늘날 한국교회 지도자들이 되돌아봐야 할 귀감이라고 느꼈다. 우리 시대가 가장 존경하는 한 목사님과 인터뷰를 가졌다는 것은 대담자에게는 잊지 못할 역사적인 사건이었다(이 대담은 「한국기독교와 역사」 제1호와 필자의 『역사에 살아있는 그리스도인』(한국기독교역사연구소, 2007)에 게재되어 있다).

(2008. 10. 30.)

얼준 이야기

얼준 둥겔. 그는 한국에 와서 9년간 체재하다가 자신의 조국으로 돌아간 네팔 최고위 브라만 신분의 청년이었다. 그는 네팔에서 대학을 다녔고 잠깐 동안이지만 정치활동에도 나섰었다. 그러다가 코리안 드림에 심취, 돈을 벌어 자신의 젊은 꿈을 이뤄 보고자 한국으로 왔다. 그러나 그의 9년간의 한국 생활은 돈벌이는커녕 건강조차 잃어버린 세월이었다. 돈만 가지고 따진다면 그는 한국에서 실패한 인생을 살았다.

그럼에도 그를 이 글의 주인공으로 등장시키는 것은 이유가 있다. 그는 한국에서 체득하게 된 기독교 신앙과 한국인의 우정과 사랑을 귀국 후에 자기 민족에게 쏟아부음으로써 새로운 세계를 개척해 갔고, 한국과 네팔을 잇는 아름다운 가교로 진전시켰기 때문이다. 그의 이야기는 외국인 근로자들이 유독 한국에서만 인권 탄압을 받고 있다는 식의 일방적 편견을 불식시키는 데 증거가 되었고, 앞으로 외국인 근로자들과 맺을 수 있는 관계의 한 바람직한 사례가 될 수 있었다.

1988년 서울 올림픽은 TV를 보는 전 세계에 경기의 화려함 못지않게 한국의 모습을 일신시켰다. 한국을 떠난 이후 그동안 한 번도 한국을 방문하지 못했던 해외 동포들이 그랬던 것처럼, 동남아의 젊은이들도 한국을 주목하고 한국에 가면 무언가 이룰 수 있다고 믿었다. 코리언 드림이다. 관광비자 하나만 달랑 들고 한국에 도착한 이들은 얼마 안 되어 대부분 불법체류자로 전락, 3D 업종에 종사하게 되었다. 더럽고(dirty) 어렵고(difficulty) 위험스러운(dangerous) 3D 업종이 얼마나 고달팠던가, 그 실태는 IMF 때의 다음 일화가 잘 말해 준다. 그때 한국인 실직자들이 쏟아지자, 이를 위한 대책으로 김대중 정부는 중소기업에 대해 외국인이 일하는 3D 업종에 외국인 근로자 대신 한국인 근로자를 고용하면 임금의 일정 부분을 부담하겠다고 했다. 그 약속에 따라 많은 한국 젊은이가 외국인들이 일하던 3D 업종에 취업했다. 그러나 대부분의 한국인 젊은이는 1주일을 제대로 버티지 못하고 3D 업종을 떠났다는 후문이다. 왜 그랬을까. 3D 업종의 환경이 그만큼 열악했기 때문이다.

얼준이 한국에 온 것은 1994년이다. 그는 한국 체재 초기에 본국으로 송금까지 할 정도로 열심히 벌었고 코리언 드림의 새로운 기회를 누렸다. 그러나 1998년 오토바이 사고로 그의 코리언 드림은 거기서 끝났다. 대퇴 골절과 전후방 십자인대 및 측면 인대가 파열되었고 그 합병증으로 신장결석까지 겹쳐 절망적인 상황에 이르게 되었다. 그는 그 절망적인 상황에서 우리가 경영하는 희년(禧年)선교회를 찾아왔고, 6년간 투병하는 동안 희년선교회의 도움을 받아 대학병원 등에서 11번의 수술을 받았다.

희년선교회는 1993년 한국에 온 외국인 근로자를 섬기기 위해 결성된 시민단체였다. 희년선교회는 일제로부터 갖은 압제를 당하면서 인간적 대우를 제대로 받지 못했던 한국인이 그 역사적 교훈을 망각한 채 동남아에서 온 근로자들에게 자행하는 무자비한 횡포를 그냥 보고 있을 수 없어 그들을 돕고 섬기기 위해 조직한 시민단체다. 역사적 경험에서 교훈을 얻은 민족이라면 민족이 다르다는 이유로 다른 민족을 압박하는 그런 만행은 더 행해서는 안 될 것이었다. 그러나 한민족은 일본의 민족 차별로부터 하등의 교훈을 얻지 못한 듯, 과거 우리가 당했던 민족적 차별을 동남아에서 온 젊은이들에게 혹사함으로써 대리만족을 하는 듯했다. 그런 상황에서 우리가 그를 만나게 된 것은 행운이었다. 11번의 수술을 주선하면서 병원들이 정말 그렇게까지 수술해야만 하는가 하는 의구심도 없지 않았지만, 얼준을 돕는 것만으로 그런 의구심을 덮기로 했다. 마땅히 갈 곳이 없었던 그는 희년 쉼터에서 기거하며 기독교를 영접했고, 한국에 있는 네팔공동체를 섬겼다.

2003년 귀국한 그는 한국 생활을 되돌아보고 희년선교회를 떠올리며 한국인의 사랑을 새삼 깨닫고, 그 감사를 갚을 수 있는 방안을 나름대로 강구하게 되었다. 그즈음 우리는 귀국하는 동남아인들에게 자기들이 고국으로 돌아가면 희년선교회가 하는 것과 같은 일을 하고 싶다는 말을 종종 듣고 있었다. 귀국한 얼준은 한국인의 사랑에 보답하는 길은 평생을 자기 민족 섬기는 데에 있다고 확신했다. 네팔에서는 힌두교 이외의 신앙생활이 쉽지 않다. 그러나 그는 그리스도인 아내와 결혼하고, 부모님께도 그의 신앙을 인정받았다. 그는 스스로 섬기는 자로서 자신이 대접받지 않기 위해 고아원 사업을 시작했다. 2005년 1월 12명의 고아로 '평화의 집'(Peace Home)을 시작했다. 한동안 15명을 넘기지 못하던 그 어린이집은 2021년 현재 30여 명의 어린이를 수용할 수 있게 되었다. 아이들이 모두 신앙훈련을 쌓으면서 학교에서도 모범생으로 자라고 있기 때문에 '평화의 집'은 이웃의 부모 있는 가정들조차 자기 자식들도 맡아 달라고 부탁할 정도가 되었다.

'평화의 집' 사업은 그를 향한 우리의 신뢰를 더욱 돈독하게 만들었다. 2006년 말 우리는 월세로 운영하는 그 고아원 건물을 매입하도록 도왔고, 건물 확충을 위한 모금 운동에도 나선 적이 있다. 2007년 1월 우리 몇 사람이 그 '평화의 집'을 방문했다. 당시 오랫동안의 내전으로 네팔에서는 두 부모 혹은 한 부모 고아들이 속출했다. 그런 상황에서 '평화의 집' 아이들의 모습은 고아 같지 않았다. 얼준의 아이들도 '평화의 집' 아이들과 함께 생활하도록 한 것이 비결이었을까. 얼준 내외와 '평화의 집' 교사들의 헌신이 고아들에게 새로운 희망을 안겨 주었던 것이라 믿는다. 얼준은 자기 나라 공립학교의 문제점을 알고, 재정 곤란을 무릅쓰고 아이들을 지금도 사립학교에 보내고 있다.

얼준은 한국에서 입은 교통사고로 귀국 후에도 고생을 많이 했다. 거기에다 귀국 후 얼마 안 되어 앓기 시작한 열병의 후유증으로 한쪽 귀가 거의 마비 상태에 이르렀다. 그의 건강상의 문제점을 파악하고 그를 한국으로 모셔 와 치료하는 것이 좋겠다고 판단했다. 우리는 그의 한국 방문을 위해 필자가 네팔 주재 한국대사관과 교섭했다. 그 결과 2007년 2월 말 얼준 내외가 한국행 비자를 받아 한국에서 치료하고 돌아갈 수 있었다. 얼준은 한국으로 출발하면서 '평화의 집' 아이들에게 한국에 갔다 올 때 무슨 선물을 가져올까를 물었다. 아이들은 다른 어떤 선물보다도 아빠의 귀를 고쳐오는 것이 가장 큰 선물이라고 화답했단다. 찡한 감동을 일으키는 아이들의 이 당부는 그의 사랑 사역의 현주소를 웅변한다.

필자가 그의 한국 방문을 주선하기 위해 카트만두에 소재한 한국대사관을 찾아 얼준의 사정을 간청했을 때 이야기다. 당시 얼준에 관한 내 이야기를 듣고 있던 남 대사는 얼준이 '둥겔' 가문이라는 이야기를 듣고 놀라는 듯했다. '둥겔'은 네팔의 브라만 중에서도 가장 높은 가문에 속한다고 귀띔해 주었다. 단둘이 있을 때 내가 대사의 말을 확인하려고 얼준에게 '둥겔' 가문에 대해 물었다. 그때 얼준은 싱긋이 웃으면서 신앙과 아이들을 위해 그 신분은 이미 포기했다고 가볍게 말했다. 그는 한국을 통해 하나님의 사랑을 깨달은 후 네팔 사회가 전통적으로 갖고 있던 최고위 브라만 신분을 포기했고, 이를 부모에게도 알려 양해를 얻었다고 했다.

그의 자그마한 사역은 네팔의 새로운 가능성을 시사하는 것이라 믿는다. 그는 그동안 신학을 공부하여 목사가 되었고 카트만두에서 교회를 세워 목회하는 한편 '평화의 집'을 운영하고 있다. 그의 열성에 감동한 한국의 김대준 장로는 '평화의 집' 운영을 오랫동안 묵묵히 돕고 있다. 얼준의 고향 가오리바스에는 희년선교회의 지원에 힘입어 마을도서관과 부녀회관을 겸한 교회가 자력으로 세워졌고, 앞으로 고등교육기관과 의료시설도 설립될 수 있게 되기를 오랫동안 기도하고 있다. 100여 년 전에 서양 선교사들을 통해 받은 하나님의 사랑이 네팔에서 다시 동력화되어 끊임없이 재생산되기를 간절히 기도한다.

(2007. 3. 28. 「경향신문」, 2021. 11. 28 개고)

천관우(千寬宇) 선생을 추모한다

천관우 선생을 생각하면 늘 빚진 마음이 앞선다. 선생이 남긴 한국 언론사상의 업적이나 국사학계에 남긴 학문적 성과를 차치하고라도 엄혹한 시절 한국의 민주화를 위한 그의 치열함을 생각하면 더욱 그렇다. 그런 시절 선생과의 세대 차이로 교제도 나눌 수 없었거니와 따뜻한 격려를 드린다는 것은 언감생심 할 수 없었다 해도, 그 후 그를 향한 비아냥거림에 대해서도 한 마디 변호하지 못한 것은 필자 스스로를 더욱 초라하게 만들고 있다.

선생과의 인연은 다른 분들처럼 그렇게 끈끈하지 않다. 학창 시절 필자가 학과를 통해 그 성명(盛名)을 들은 이래, 선생이 개설한 강의를 직접 수강할 수 있었으며, 선생이 주도하여 삼진사(三珍社)에서 간행한 『한국사대계』(韓國史大系)에 참여한 바 있고, 그의 사후에는 처남 되는 최종호 형을 통해서 선생의 어려웠던 시절에 대해서 들은 정도다. 이 정도의 인연을 가지고 선생을 회고하는 글을 쓴다는 것이 오히려 선생을 욕되게 하는 것이 아닌지 모르겠다.

필자가 대학에 입학한 것은 1957년 4월이다. 이때 시골에서 올라

온 필자로서는 다른 학우들이 대부분 선배들로부터 정보를 얻는 것과는 달리 대부분의 정보는 학과를 통할 수밖에 없었다. 이때 학과 사무실을 출입하면서 여러 선배 중에 선생이 활동하고 계신 것을 알게 되었다. 그때 전해 들은 것이 선생의 학부 졸업논문이 역사학계의 학술지인「역사학보」에 게재되었다는 것이다. 갓 입학하여 논문이 어떤 것인지 잘 모르는 필자에게 그 소식은 처음에는 특별한 의미가 없었다. 그러나 선생의 학부 졸업논문이 학술지에 실렸다는 것이 우리를 놀라게 하는 데는 그리 오랜 시간이 걸리지 않았다. 당시 학부에서도 졸업논문을 제출하지 않으면 졸업 자체가 어렵다는 것을 알게 되었고, 그에 따라 졸업 학기를 맞아 거의 한 학기 동안 졸업논문을 써야 하는 상황이 되면서 비로소 선생의 학부 졸업논문의 진가를 알게 되었다. 그 무렵에 가서야「역사학보」제2집, 제3집에 게재된 선생의 논문 "반계(磻溪) 유형원(柳馨遠) 연구 - 실학(實學) 발생에서 본 이조사회의 일단면"이 얼마나 중요한 연구인지를 비로소 깨닫게 되었다.

그 논문이 어떤 평가를 받았는가는 일찍이 이기백(李基白) 교수가 "천형(千兄)의 졸업논문은… 창간 초기의「역사학보」에 게재되어 해방 후에 하나의 붐을 이루다시피 한 실학 연구에 결정적인 영향력을 발휘하였다. 이 논문을 지도한 은사 이병도 선생은 군계일학(群鷄一鶴)이란 말로 이를 칭찬하여 마지않던 기억이 새롭다"라고 한 데서 알 수 있다. 이 증언으로 제출 당시부터 이미 선후배 사이에서는 선생의 이 논문이 성예가 나 있었음을 알 수 있다. 오늘날 학문적 수준에서 보더라도 방대한 자료의 수집, 열람과 학문적 독창성, 고증의 치밀함, 종횡무진한 식견의 구사 등 결코 소홀히 할 수 없는 논문임이 틀림없다고 할 것이다.「역사학보」에 게재된 논문이 학부 졸업논문 거의 그대로라는 것은「역사학보」제3집 그 논문 말미에 써놓은 '1949. 6. 15.'

라는 탈고 일자가 잘 증명한다. 선생의 연보에 의하면 그가 서울대를 졸업한 것이 1949년 7월이고, 이듬해 6월까지 '서울대 사학과 조수'로 있었다. 논문을 제출한 후 보정(補正)할 수 있는 기간은 있었지만, 본인이 굳이 논문 탈고 일자를 명기한 것을 보면, 활자화된 논문이 학부 졸업논문을 거의 그대로 「역사학보」에 옮긴 것이라는 것을 암시한다.

역사학회를 발기할 때(1952. 3. 1.), 학회는 오늘날의 조직이 한국사와 동양사·서양사를 아우르고 있듯이, 세 분야에서 각각 세 사람의 대표를 냈던 것으로 보인다. 전해종, 고병익, 정병학 선생이 동양사 학계를 대표했던 것 같고, 민석홍, 안정모, 이보형 선생이 서양사 학계를 대표하여 발기인회에 참석했다. 이때 선생은 한우근, 김철준 선생과 이름을 나란히 하면서 국사 학계의 발기인으로 참여했다. 그 뒤 3월 16일 당시 피난지인 부산의 서울대 문리과대학 임시 교장에서 최초의 발기회를 열고 홍이섭 교수를 회장으로 선출하고, 다른 몇 분과 함께 선생도 간사에 선출되어 역사학회 규약을 기초하게 되었다. 선생은 이때 「대한통신」 기자로 재직하면서 역사학계의 이 같은 움직임에 깊이 관여한 듯하다. 「역사학보」 제1집이 1952년 9월 10일에 간행되었고, 이어서 이해 말에 간행된 2집(11. 10), 3집(12. 30)에 선생의 무려 128쪽이나 되는 긴 논문 "반계 유형원 연구 - 실학 발생에서 본 이조사회의 일 단면"이 게재되었던 것이다. 제2집에는 김상기 선생과 김철준 선생의 논문이 같이 실렸고, 제3집에는 고병익·전해종·조의설 선생의 논문이 각각 실렸다.

선생의 "반계 유형원 연구"는 필자가 이 글을 쓰기 위해 다시 보아도 참으로 훌륭한 논문이다. 선생은 서문에서 "부패 경화해 가는 조선 봉건사회의 사상적 여천(餘喘)인 동시에 그 봉건사회 속에서 태동하는 신단계로서의 사상적 지향"이라고 할 수 있는 실학을 연구하기 위해, 그 실학을 비교적 명확한 형태로 드러낸 유형원 선생을 잡아 연구에 나섰던 것이라고 했다.

停滯의 癒着 속에서 소극적인 사회를 유지해 온 조선에 세계사적인 '근세'의 萌芽를 보게 되는 것은, 李朝末葉에 비롯하는 외래자본주의의 流入으로써 시작된다 함은, 흔히 이르는 말이다. 그러나 조선의 '근세'를 형성하는 內在的契機는, 實로 멀리 임진왜란에서 시작되는 사회자체의 자기붕괴 및 그것을 반영하는 일연의 시대정신에서 엿볼 수 있는 것이니, 그것은 혹은 불평지배층의 속에 이루어진 개량주의적 사회사상으로, 나아가서는 민중의 실천적 반항운동으로 나타나고 있다. 이러한 사상동향으로서의 '實學'은 곧 腐敗 硬化해가는 李朝封建社會의 사상적 餘喘인 동시에, 그 속에 태동하는 新段階로의 사상적 지향인 것이다. 실학은 이리하여 근래 일반의 관심을 끌게 된 것이나, 그 反面에 그 연구의 실적에 있어 볼만한 것이 적음은 유감이라 하겠다. 實學을 비교적 명확한 형태로 구성시킨 선구자로서의 반계 유형원을 잡아 본 것은 여기에 그 의도가 있는 것이다(「역사학보」 2집, 10쪽).

'실학'이라는 말은 이미 조선 초기에도 보였던 것이지만, 선생과 같이 조선 후기의 역사적 한 시점을 자리매김하는 용어로 사용한 것은 1930년대 조선학 운동에서라고 할 수 있다. 일제 강점기에 식민주의사관의 한 형대인 징체성(停滯性)사관이 일제 관학자들과 그를 추종하는 무리에 의해서 유포되고 있을 때 일련의 사회경제사학자들과 조선학 운동가들은 이 같은 식민주의사관에 맞서고 있었다. 아마도 선생은 이 같은 역사학의 흐름을 파악하고, '실학'을 제대로 밝힘으로 그 시대 조선 사회의 새로운 움직임에 주목해 보려고 했던 것 같다. 해방 후 한국사 연구에서 북한의 학계와는 달리 식민주의사관의 정체성론을 극복하려는 움직임이 나타난 것은 선생의 이 같은 연구와 무관하다고 할 수 없을 것이다. 특히 1950년대 말부터 역사학대회 등에서 실학을 논제로 설정하여 정체성사관 극복 문제를 적극화한 것은 선생의 "반계 유형원 연구"와 밀접하게 관련되어 있을 것으로 본다.

여기서 이 논문에 대해서 자세히 언급할 겨를이 없지만, 선생이 탐구하려 한 것은 반계가 가장 심혈을 기울여 연구, 개혁하려 했던 토지소유관계, 농민의 부담 형태(토지세, 노동력, 특산물), 과거제와 학제, 관제(官制), 국방체제 등이었다. 그 결과 반계는 '이상국가'를 세우기 위해 토지개혁을 실시하여 농민에게 최저기본양의 농지경작을 확보케하는 방안을 강구함과 동시에 병농일치와 진관(鎭管)체제, 노비제를 폐지하되 봉건적 신분제도를 엄격히 유지토록 하며, 20분의 1 세율의 경세(經稅) 단일제, 중앙과 지방의 기획재정, 상공업의 적극 권장, 과거제의 폐지와 공거(貢擧)제의 시행, 전국에 읍학(邑學) 영학(營學) 태학(太學) 제도 실시, 중앙 각 관아를 7할로 감소하고 용관(冗官)을 전폐하여 관원을 6할로 감소시킨다는 것 등을 주장했다고 밝혔다.

선생은 반계 연구를 통해 중요한 사실을 밝혔다. 즉, 실학의 입장과 관련, 반계 이전을 실학의 준비기로서 "소개 메모 또는 단편적 고식적인 방편"에 그쳤다고 하고 반계의 출현을 계기로 성호 이익과 그의 제자들에 이르러 학파로 성립되었으며, 박제가·홍대용·정약용에 이르러 시대사조의 지배적 경향이 되었고, 나아가 전성기의 이규경(李圭景)·최한기(崔漢綺)를 거치면서 실학이 근대문명과 닿게 되었다고 다음과 같이 설파했다.

磻溪 한번 나와 實事求是의 원칙에서 그 學을 체계화함에 이르러 實學은

비로소 學으로서의 존재를 확인하였다 할 것이다. 그 후 약간의 間隙을 두고 磻溪에 私塾한 星湖가 그 고증에 있어 더욱 精密을 더하고 西學을 섭취하매 그 일문 제자를 더불어 한 학문의 집단으로써 학파로서의 존재를 확인하게 된 것이었다. 줄기찬 이 신사상의 勢를 몰아 燕巖·湛軒 등이 北學을 제창하고 茶山이 한번 그 罔測의 大才를 구사하여 訓詁·사회정책·서학·국학 등 無所不至의 壯觀을 이루매 實學은 완연히 시대사조의 지배적 경향으로서의 존재를 차지하게 되었으나 그 전성기의 役軍으로서 五洲·明南樓 등이 광채를 던져 掉尾의 대업을 지음에 미처 일세기의 준비와 일세기의 萌芽와 일세기의 전성을 자랑한 실학이 그 光芒을 걷고 그 뒤를 따르는 서구적 근대문명과 서로 시대사조의 주류로서의 그 위치를 바꾸지 않을 수 없게 되었다(「역사학보」 3집, 133-134쪽).

이와 함께 선생은 실학의 근대와의 관계를 "실학 내부에 배태된 근대의식은 비록 그 자체의 탈피는 불가능하였으나마 갑신정변 독립협회운동 등 조선의 근대화운동에 있어 잠재적이나마 전통적인 일대 원동력을 이루었던 것"(「역사학보」 3집, 134쪽)이라고 그 역사적 의미를 설명했던 것이다. 그가 이렇게 실학의 역사적 위치에 대한 맥을 짚어 줌으로써 뒷날 실학 시대가 한국사에서 '자본주의 맹아기'이며, 식민지 근대화론에 앞서 '내재적 발전'을 강조하는 학문적 근거를 얻게 된 것이다. 이 점에서 선생의 학부 졸업논문인 "반계 유형원 연구"는 한국사 학계에 지대한 영향을 미쳤던 것이다.

선생의 이 논문에서 놀라운 것은 자료의 섭렵이라 하겠다. 1차 사료는 물론이고 참고문헌도 당시 자료 수집이 매우 어려울 것이라는 것을 감안하면 매우 광범위하게 수집, 활용하고 있다는 것이다. 『반계수록』(磻溪隨錄)이나 『경국대전』, 『속대전』, 『증보문헌비고』는 말할 것도 없고『세종실록』에서『영조실록』에 이르기까지 연구에 필요한 시대의『조선왕조실록』과『만기요람』, 문집류에 이르기까지 거의 섭렵하고 있었다. 사회경제사를 포함한 일본 학자(福田德三, 相川春喜, 深谷敏鐵, 周藤吉之, 森谷克己, 和田一郎, 今堀誠二, 四方博, 石井壽夫, 大內武次, 山口正之)들의 논문 저서는 물론이고 한국인 학자들(金錫亨, 金漢周, 朴克采, 朴時亨, 白南雲, 李丙燾, 李北滿, 李仁榮, 張志淵, 全錫淡, 洪以燮)의 연구도 활용했다. 그가『반계수록』이나『조선왕조실록』등 1차 자료 활용에 능통했던 것은 '신동'으로 알려진 그가 한말 중추원 의관을 역임한 조부 천인봉(千仁鳳)의 슬하에서 6세 때부터 7년 남짓 한학을 수학했기 때문이리라.

이렇게 다소 장황하게 선생의 학부 논문을 언급한 것은 필자가 선생의 강의를 수강한 내용과 관련이 있기 때문이다. 필자가 학적 보유자로서 1년 반의 군복무(1959. 3~1961. 2)를 마치고 62년부터 복학했는데 아마도 63년에 선생의 강의를 수강한 것으로 기억한다. 당시 졸업반 학생에게는 졸업논문이 큰 부담이었음으로 일반적으로 졸업학점에 맞춰 최소한의 필수과목만 신청하고 있었다. 이때 선생의 강의가 확인된 것은 아니지만 사회학과의 요청(?)으로 개설되었다는 소문이 있었다. 선생의 인품과 학식을 일찍부터 들어오던 터라, 더는 수강할 기회가 없을 듯싶어 학점 외에 '도강'(盜講)하기로 했다. 강의 제목은 정확하게 기억하지 못하지만 조선 후기 실학을 중심으로 한 사회사 강의였다.

선생은 강의실에 들어오시면 먼저 책보에 싼 보따리를 풀어 젖히고 담배 한 대를 급하게 픽픽 피우신다. 그러고는 이것저것 주섬주섬 자료를 꺼내놓고 때로는 소개하면서 강의를 시작했다. 그의 강의는 무엇에 쫓기듯 빨랐고, 판서 글씨는 신문사에서 급하게 원고를 작성할 때에 단련된 듯한 초서(草書)형 달필이었다. 불편한 손가락을 그때 처음 보게 되었는데 저런 손으로 어떻게 저렇게 달필을 휘두를 수 있을까 하고 때때로 놀랐다. 한문을 줄줄 써 내려 갈 때에 강의안이나 원고를 보는 법이 없었다. 한 강좌 강의에 칠판을 아마도 대여섯 번은 지우는 것 같았다. 그럴 때는 분필 가루가 펄펄 날리기도 하여 윗옷 소매를 털기도 했다. 그러다가도 생각이 나시면 담배를 또 꾸어댔다. 강의에서는 선생의 학사 학위논문에서 시작된 조선 후기 사회경제 및 제도사를 꿰고 있었다. 한 시간에 수많은 인물이 거론되고 그들의 저술이 소개되었다. 그러다가 어떨 때는 수강생들의 신상이나 형편을 물어보시기도 하면서 인생에 대한 대화도 가끔 나누었다. 뒷날 필자가 강단에 섰을 때 늘 선생의 자신만만한 강의가 어디에서 나왔을까를 생각하게 되었다. 그것이 바로 강의하기 전에 꼼꼼히 준비했기 때문이 아닌가, 그렇게 생각하면서 많은 도전을 받기도 했다. 제대로 준비하면 강의안이나 원고를 보지 않고도 자신 있게 강의할 수 있다는 교훈을 얻었던 것이다.

선생과 다시 인연을 맺게 된 것은 1973년 삼진사에서 『한국사대계』 12권을 간행하게 되었을 때였다. 당시 선생은 그 책 편집의 총책임을 맡으면서 제10권 연표(年表)와 11권, 12권 두 권의 편람(便覽)을 책임 맡았다. 제1권에서 제9권에 이르는 본문에는 각기 저자가 있었지만, 선생은 감수(監修) 명의로 참여하게 되었다.

선생이 『한국사대계』 간행에 참여하게 된 것은 아마도 언론사에서 잠시 떠났을 때가 아닌가 싶다. 「천관우 선생 연보략」(千寬宇先生還曆紀念 韓國史學論叢, 1985)에 의하면, 선생은 1968년에 '신동아필화사건'으로 동아일보사에서 퇴사했고, 70년에 동아일보사에 복귀, 상근이사로 사사(社史)를 담당했으나, 71년에 창립된 민주수호국민협의회에 공동대표의 1인으로 피선된 것을 빌미로, 이해 12월에 국가비상사태가 선언되자 동아일보사를 재퇴사하게 되었다. 이때부터 '저술 활동'에 혼신의 힘을 기울이게 되었다. 『한국사대계』에 참여하게 된 것은 바로 이 무렵이었다.

『한국사대계』(4.6배판)는 앞서 언급한 대로 10권에서 12권까지의 세 권은 선생이 제작했지만, 1권에서 9권까지는 저자가 따로 있었다. 1권 "상고"(上古)에 한병삼(韓炳三)·윤무병(尹武炳)·김기웅(金基雄), 2권 "삼국"에 이만열(李萬烈), 3권 "통일신라"에 임병태(林炳泰)·이희덕(李熙德), 4권 "고려"에 민병하(閔丙河), 5권 "조선 전기"에 이재룡(李載龒)·유영렬(柳永烈), 6권 "조선 후기"에 한영국(韓榮國), 7권 "조선 말기"에 원유한(元裕漢)·윤병석(尹炳奭), 8권 "일제 강점기"에 이현희(李炫熙), 9권 "현대"에 이갑수(李甲秀)·송건호(宋建鎬)가 각각 맡았고, 선생은 이 각각의 시대사에 감수를 맡았다.

이 책을 출판하기 위해 저자들의 회의가 여러 번 있었다. 그럴 때에 선생께서도 거의 참석했다. 당시 필자는 대학 강단에 전임으로 간 지 얼마 되지 않은데다가 필자의 석사학위 논문이 한국 고대의 신앙과 관련되었다는 것 때문에 한국 고대사의 집필을 맡게 되어 매우 부담스럽게 생각하고 있었다. 학문적 온축이 되어 있지 않은데다가 여러 선배 그리고 선생과 같이 집필, 제작에 참여한다는 것은 필자의 역량으로는 도저히 불가능한 것으로 느꼈다. 그러나 어쩔 수 없이 빨려들었다. 당시 필자는 단재 신채호에 대해서 관심을 갖고 있던 때인지라, 진단학회에서 간행한 한국사 고대 편과 비교해 볼 때 관점의 차이가 너무 컸다는 것도 어렴풋이 인지하고 있었다. 여기서 진단학회 발간의 고대사 인식을 넘어서야 한다는 생각이 없지 않았으나 그렇다고 필자의 학문이나 역량으로는 거의 불가능했다.

그 무렵 선생은 한국 고대사에 관심을 갖고 접근하고 있었다. 그전에는 시대사적으로 봐서 주로 근현대사와 고려사에 이르는 정도였다. 학부 졸업논문으로 유형원을 다룬 이래 '한국 근대의 기점', '사료로 본 해방 10년 약사', '홍대용의 실학사상', '실학의 개념 시비', '실학 개념 성립에 관한 사학사적 고찰', '독립협회의 의회개설운동', '장지연과 그 신구과도기의 사상' 등 조선 후기와 근현대사의 주제를 연구 대상으로 했다가, 1969년 3·1운동 50주년을 맞아 『3·1운동 50주년 기념논집』을 '거의 혼자의 힘으로 감당'했다. 그와 동시에 고려사와 조선 초기에도 관심을 기울여 "여말선초의 한량(閑良)", "한인(閑人)고 - 고려조기 지방통제에 관한 일고찰", "오위(五衛)고 1, 2, 3", "과전(科田)법과 그 붕괴" 등의 논문을 집필하여 언론계에 재직하면서 강단에 있는 분들 못지않게 많은 논문을 발표했다. 그러다가 71년부터 「신동아」(1월~5월)에 "한국사의 쟁점 - 고대"를 연재했고, 72년에는 "한국사의 조류 - 고대"라는 제목으로 역시 「신동아」(72. 5.~73. 8.)에 연재하게 되었다. 그 뒤 선생은 74년에 「동방학지」에 "기자고"(箕子攷)를 발표했고 75년 이후에는 그 여세를 몰아 "삼한고"(三韓攷)를 발표하여 한국 고대사에 대한 새로운 견해를 발표하고 있었다.

선생이 고대사에 관심을 갖게 된 것은 따로 정리할 필요가 있지만, 여기서 하나 지적하고자 하는 것은 선생이 위당 정인보, 민세 안재홍 및 단재 신채호 등 한국 고대사를 주체적으로 인식했던 이들에 대해서 이미 잘 알고 있었다는 것이다. 선생이 역사에 관심을 갖게 된 것은 육당 최남선의 역사책과 기행문 때문이라고 하면서 육당은 "나에게 한국사 개안(開眼)의 길을 터 준 분"이라고 했고, "정인보 선생은 후일 나의 실학 공부에 지침이 되어 준 분"이라고 했다. 선생은 또 실학을 공부하게 된 계기로 "안재홍 선생에게서 실학에 대한 단편의 귀동냥을 얻어 둔 일이 있기 때문"이라고 했다. 선생은 해방 직전에 서울에 있는 일갓집 6조 방에 기거하면서 안재홍 선생과 기거를 같이하며 가르침을 받은 적이 있었다고 했다. 선생이 「육십자서(六十自敍)」(千寬宇 先生還曆紀念 韓國史學論叢)에서는 정인보와 안재홍에 대해서 자신의 실학 연구가 시작된 기연에 대해서만 언급했지만, 언론인으로서 선생은 정인보와 안재홍에 대해서 그들의 1930년대 조선학운동도 잘 이해하고 있었을 것으로 추측된다. 뒷날 선생이 『안재홍 선집』 간행에 관여한 것을 보면 『조선상고사감(朝鮮上古史鑑)』(민우사, 1948)도 이해하고 있었을 것이다. 선생이 자신의 학문(실학)에 한 계기를 만들어 준 분으로 정인보를 이해하고 있었다면, 그의 『조선사연구』(서울신문사, 1946)도 섭렵했을 것으로 추측할 수 있다. 여기에다 선생은 이선근·김영호·김정균·신수범·이은상·홍이섭과 함께 『단재신채호전집』(을유문화사, 1972) 간행위원으로 참여했다. 그 참여 정도가 어느 정도인지는 알 수 없으나 적어도 전집 간행 전부터 관여했다면 선생은 단재 선생의 저술, 특히 고대사에 접하면서 단재의 고대사 인식을 이해하게 되었을 것으로 추측할 수 있다. 선생이 "육십자서"(六十自敍)에 '나의 고대사 공부'를 언급한 부분(1091-1093쪽)에서는 이 부분에 대해서 언급하고 있지 않지만, 선생이 남긴 고대사 인식에서는 단재적인 발상을 많이 엿볼 수 있다. 그 때문에 필자는 선생이 단재의 고대사를 접하면서 새로운 충격을 받았던 것 같고 그것이 한 계기가 되어 한국 고대사를 새롭게 인식해야겠다는 학문적 각성을 갖게 된 것이 아닌가 생각한다. 이렇게 추측하는 것은 선생의 한국 고대사에 대한 논문들이 일제 관학자들이나 '실증주의 사학자'들이 인식하고 있는 것과는 발상과 전개 과정이 다르고 오히려 단재 등 '민족주의 사학자'들의 그것과 많은 유사점을 발견하기 때문이다.

『한국사대계』제2권을 집필하면서 맨 먼저 이 책의 이름을 어떻게 정할 것인가 하는 문제부터 쉽지 않았다. 제1권(상고)은 삼국시대까지의 한국의 상고사와 고대사를 고고학적 관점에서만 다루고 있었다. 그래서 필자가 맡은 제2권은 고고학에 나타난 것과는 달리 문헌적으로 한국의 상고사에서부터 '삼국시대'까지를 다루어야 했다. 그렇다면 2권의 제목으로 "고조선과 삼국"이 적당할 것 같은데, 전체 편집을 주관하고 있는 선생께서 아마도 "삼국"으로 정해 간행키로 했던 것 같다. 지금 보면 그 책에 오자와 탈자가 더러 보이고 중간 제목을 바꾸려고 하다가 여의치 않은 흔적들도 보이는데, 이것은 당시 간행을 급히 서둘러야 했던 상황을 반영한다. 원고를 넘긴 뒤에 교정도 여의치 않았는데, 아마도 선생의 책임하에 급히 진행하지 않으면 안 되었던 것으로 보인다.

집필 방향을 어떻게 할 것인가를 두고도 선생과 몇 번 협의했다. 원고 진척이 제대로 속도를 내지 못하는 필자에게 선생은 자신이 주관하여 진행했던 「신동아」의 연재 "한국사의 쟁점 – 고대"와 "한국사의 조류 – 고대"를 활용해도 좋다고 권했다. 필자는 선생의 단군과 관련된 서술에서 환웅계(桓雄系)에 관한 부분을 특히 탁견으로 보고 당시의 고고학적인 성과도 원용해서 설명해 나갔던 것으로 기억한다. 그리고 『한국사대계』의 다른 책도 마찬가지지만, 제2권도 앞부분 220여 쪽은 필자가 서술한 것이지만 그 뒷부분 200여 쪽의 〈도록〉(圖錄) 이하 부분은 선생의 책임하에 이뤄진 것으로 알고 있다. 이렇게 선생은 저자와 나란히 올려놓은 '감수'라는 직책을 형식적으로 맡지 않고 이렇게 성실하게 수행했던 것이다.

이제 선생과 맺었던 인연을 중심으로 한 회고를 끝내면서 몇 가지만 첨언하겠다. 그 하나는 선생의 처남이었던, 도산안창호선생기념사업회 및 도산학회의 최종호 국장이 생존해 있을 때 선생의 어려운 시절에 대해서 많은 이야기를 들었던 것이다. 최 국장은 명민하고 추진력이 특출한 분으로 도산안창호선생전집 출판과 미주국민회 자료 수집 및 그 자료집 간행, LA의 대한인국민회관 복원 등의 사업에서 특히 필자와 의기투합하여 동역했다. 그는 종종 그의 자형 되는 선생과 관련된 에피소드를 귀띔해 주기도 했지만 그걸 여기서 다 옮길 수 없다. 또 하나는 서두에서도 밝힌 바와 같이, 다른 이들에 비해서 깊은 인연은 맺지 못했지만, 선생에 대한 예의를 제대로 갖추지 못한 부분이다. 술을 못 한다는 핑계로 선생과의 대화 기회를 스스로 차단한 것이 한두 번이 아니다. 생각하면 이 시대의 큰 어른이신데 옆에서 배울 기회를 스스로 놓쳤구나 하고 후회가 치민다. 또 동학들이 선생의 환력논총을 준비한다는 소식을 어렴풋이 들었지만, 그 무렵 필자의 신세 또한 곤궁한 처지여서 선생의 학덕을 송축하는 반열의 말석에도 끼지 못했다. 그럼에도 지인을 통해 필자의 이름을 써서 그 논총을 보내왔을 때 후학의 도리를 다하지 못한 데 대해 부끄러움을 금치 못했다.

1980년대 선생을 두고 이런저런 혜픈 이야기를 옮기는 이들이 주변에 없지 않았다. 지금 생각하면 왜 그들에게 '당신은 선생이 10여 년간 군사정부로부터 조직적으로 괴롭힘을 당하고 있을 때 따뜻한 위로와 격려를 전한 적이 있는가, 또 선생이 좋아하는 술 한 잔이라도 대접한 적이 있는가, 그렇지 못했다면 그 입 다물고 함부로 말하지 않는 것이 좋겠소'라고 따끔하게 말하지 못했던가, 하는 아쉬움이 없지 않다. 당시 군사정부의 조직적인 괴롭힘은 인간성을 파괴하고 인간관계를 철저히 차단했기 때문에 선생같이 그런 폭력 앞에 노출되었던 분들을 두고 함부로 용훼하는 것은 예의가 아니라고 생각한다. 선생도 그 점과 관련, 구설수가 잦다는 것을 짐작하고 있었고 "할 말이 없는 것은 아니로되" 역사학도로서 사설을 늘어놓지 않겠다고 말한 바 있다.

(2011. 3. 10.)

김경현 선생을 추모한다

    그가 어제 돌아가셨다는 소식을 들었다. 몇 년 전 그가 장로로 시무하는 교회에서 뵌 적이 있는데 그때도 투석을 해야 할 정도로 건강이 악화된 상태였다. 미국에서 학위를 마친 아들 소식을 나누면서 선생의 건강 상태도 종종 들었다. 최근 급속히 건강이 악화된 데다 다른 사정이 겹쳐 더 손을 쓰지 못했다고 한다. "투석도 없고 재정적으로도 근심 걱정 없는 천국 하늘 아버지 품에 안기셨다"는 사모님의 말씀은 저간의 사정을 말해 주는 것 같았다. 김 장로님은 이제 땅 위의 고생과 수고를 접고 하늘나라에서 앞서간 하나님의 자녀들과 함께 영원한 안식을 누릴 것으로 믿는다.

    내가 그를 안 지는 약 25년쯤 된다. 당시 나는 H교회의 대학부를 돕고 있었고 그의 자녀들도 대학부 생활을 하고 있었다. 아마 그 때문에도 김 선생 내외분은 나를 알고 있었을 것이다. 어느 주일 저녁예배에 강론할 수 있는 기회가 내게 주어졌다. 강론 중 대학부 지도와 관련된 내용도 자연스럽게 나오게 되었고, 더 나아가 후진 양성을 위해 교회가 더욱 노력해야 한다는 점도 강조했다. 그럴 경우, 나는 꼭 교회

지도자들만 양성해야 한다고 강조하지 않는다. 하나님의 나라는 전 우주적이기 때문에, 신학도나 교회 지도자만 필요로 하는 것이 아니라, 다양한 직역에 봉사할 창조적인 많은 인재가 필요하다는 것을 늘 강조해 온 터였다.

그날 저녁 귀가했을 때 김 선생의 부인 권사님에게서 연락이 왔다. 김 선생이 나를 만나 인재 양성에 대한 이야기를 들어보고 싶다는 것이었다. 며칠 후 그를 만났을 때 그는 자기가 얼마간 보조할 수 있다는 것과 내가 원하는 인재를 키워 보라고 했다. 장학회나 어떤 기구를 원하느냐고 물으니 전혀 그럴 필요가 없다는 것이다. 그는 내게 "이 교수님 주변에 젊은이들이 많을 테니까 알아서 키워 보라"고 했다. 그리고 그는 내게 단단히 약속을 받아 냈다. 장학금 수혜자들이 누가 지원하는지 모르게 할 것과 뒤에 지원해 준 자기를 찾아와 인사하도록 해서는 안 된다는 것이었다. 그야말로 자신은 숨은 봉사자로서만 있겠다고 했다.

그의 지원은 약 4년 남짓 계속되었다. 매년 일정하지는 않았지만, 당시로서는 선뜻 내놓기 힘든 액수였다. 당시 환율이 800원대를 오르내렸기 때문에 1인당 지원은 연간 1만 달러가 넘었다. 나는 이 장학금을 '선택과 집중'식으로 사용키로 했다. 어떤 이에게는 단회성으로 지급이 끝났지만, 몇 분에게는 해외에서 박사과정 이수 기간 동안 지원했다. 그 결과 세 분이 학위를 받고 현재 자기 분야에서 가장 영향력 있는 학자로 활동하고 있다. 그가 비록 세 분의 석학을 양성했으나 그들을 통해 양성되고 있는 많은 제자를 생각하면 벌써 수백 수천 명에게 영향력을 미치고 있는 것이다. 그 세 분에게 장학금 지급자가 누구인지는 훨씬 뒤에 알려 주었지만, 김 선생을 찾아가 인사하도록 하지는 않았다. 김 선생과 나와의 약속은 이렇게 비교적 잘 지켜진 셈이다.

김경현 선생, 그의 체구는 크지 않았으나 마음 씀씀이는 대인의 풍모를 지녔다. 그는 많은 재물을 갖지는 않았으나 그가 가진 것은 어느 부자보다도 더 가치 있게 쓰였다. 그는 항상 자신이 가진 것은 하나님께서 자기에게 맡기신 것이지 자기의 돈이 아니라고 말했다. 말하자면 청지기 정신이다. 그러기에 주인이신 하나님이 쓰시기를 원하는 곳에 맡겨진 돈이 사용되어야 한다고 굳게 믿고 실천했다. 선생은 나누기를 좋아했고 자기를 위하여 쌓아 놓지 않았다. 그는 땅 위의 생명이 끊어지는 날 하늘나라의 영광된 소망에 참여할 수 있다고 믿었다.

　　나는 그가 다른 곳에도 힘에 겹도록 거액을 헌금한 것을 우연히 알게 되었다. 그때도 선생은 자기 이름 내세우기를 원치 않았다. 그것은 "오른손이 하는 것을 왼손이 모르게 하라"는 예수님의 말씀을 실천하려고 했기 때문이다. 한때 물질을 보통 사람보다 여유 있게 가졌던 그는 "주는 것이 받는 것보다 복이 있다"는 성경 말씀을 좌우명으로 삼고 주는 일에 힘씀으로, 나누기를 게을리한 어떤 재벌보다도 큰일을 했다. 선생의 그런 헌신은 주변을 따뜻하게 했고 공동체에 생기를 불어넣었다. 그는 땅 위에서 생명을 마감했으나 그의 헌신 봉사는 잔잔한 감동으로 늘 우리 주변에 향기로 남아 있을 것이다.

(2014. 9. 25.)

전봉준 장군 동상 제막식

오늘(2018년 4월 24일) 오전 11시 종로 네거리의 지하철 종각역 출구 5·6번 사이 영풍문고 입구에서 갑오동학혁명의 지도자 전봉준 장군의 동상 제막식이 있었다. 동상을 건립한 주체는 (사)전봉준장군동상건립위원회(위원장 이이화). 국민 모금 2억 7,000만 원과 서울시 및 영풍빌딩의 장소 협찬을 얻어 건립했다. 제막식이 이날, 이 장소에서 이뤄진 것은 동상의 주인공 전봉준(全琫準, 1855~1895년)이 123년 전인 1895년 4월 24일 새벽 2시에, 당시 전옥서(典獄署)였던 이곳에서 교수형으로 돌아가셨기 때문이다.

동학농민혁명은 1894년 전라도 고부에서 일어났다. 전정(田政)·군정(軍政)·환곡(還穀)의 수취체제에 대한 조선 후기 관리들의 탐학은 전국적으로 자행되었다. 곡창지대로 이름난 전라도 고부는 군수 조병갑의 부임 이후 기존의 만석보에 새로운 보를 축성하면서 불법적 수탈이 자심해졌다. 1893년 말 고부 군민들은 전봉준이 쓴 진정서를 가지고 함께 관아로 가서 호소했으나 묵살되었다. 전봉준은 사발통문을 돌리고 농민 수백 명과 함께 1894년 1월 고부군청을 습격했다. 조정에서는 도망간 군수 조병갑을 대신하여 장흥부사 이용태를 안핵사에 임명하여 수습하려 했으나 오히려 농민들은 더욱 탄압을 받게 되었다.

전봉준은 김개남·손화중과 뜻을 모아 1894년 3월 하순, 백산에서 4대 강령을 발표하고 다시 농민군을 일으켰다. 조정에서는 홍계훈을 양호초토사에 임명, 이를 막도록 했으나 황토현 전투에서 대승을 거둔 농민군은 전주성을 함락하고, 6월 10일(음 5월 7일) 폐정개혁을 전제로 전주화약에 이르게 되었다. 그 뒤 제대로 폐정개혁이 이뤄지지 않자, 6월 중순부터 농민군은 폐정개혁을 위해 집강소(執綱所)를 설치하기 시작, 6월 하순에는 집강소 시대가 시작되었다. 집강소의 설치는 말하자면 일종의 민관공치(民官共治)의 시대가 시작되었음을 의미하는 것으로, 집강소는 특히 관청이나 양반의 약탈 등 억울함을 해소하는 데에 큰 역할을 했다.

동학농민혁명이 일어나자 조정은 청(淸)에 원군을 요청했다. 청나라는 〈톈진(天津)조약〉을 근거로 일본에 이 사실을 통고했고, 일본은 자국민 보호를 이유로 조선에 군대를 파견했다. 아산만 풍도 앞바다에서 청일전쟁이 일어나고, 일본군은 서울로 진입, 대궐을 범했다. 이런 사실을 알게 된 동학군은 9월 18일 2차로 봉기했다. 1차 봉기가 폐정개혁을 위한 반봉건(反封建)이 목적이라면, 2차 봉기는 척왜(斥倭)를 목적으로 한 반침략(反侵略)의 성격을 가졌다. 보국안민의 기치를 높이 들고 서울을 향해 북상하던 동학농민군은 10월 22일 남하하는 일본군을 공주 우금치에서 만나 대혈전을 벌였다. 그러나 일본군의 최신무기는 동학농민군을 거의 압살하다시피 했다. 농민군 지도부는 흩어졌고, 전봉준은 배신자의 밀고로 12월 2일 은신하고 있던 순창 피노리에서 체포되어 서울로 압송, 전옥서(한성부 중부 서린방)에 수감되었다.

체포된 농민군 지도자 전봉준·손화중·김덕영·최경선·성두한 등은

1895년 음력 3월 29일 선고재판에 임했다. 권설재판소의 재판장은 한때 김옥균과 함께 개화파로 활동하다가 미국으로 망명, 귀국하여 법부대신에 오른 서광범이었다. 사형판결을 받은 전봉준은 고문으로 한 발자국도 움직일 수가 없어 관청 서리가 안고 사형장으로 옮겨가 그 이튿날 새벽, 농민군의 네 지도자와 함께 교수형에 처해졌다. 전봉준의 교수형 집행에 임석했던 어느 관리는 그를 두고 "풍문으로 듣던 것보다는 훨씬 뛰어나다는 느낌이었다. 외모부터 천인만인 가운데 가장 뛰어난 사람이었다. 맑고 수려한 얼굴과 정채 있는 미목(眉目), 엄정한 기상, 강장한 심지는 과연 세상을 놀라게 할 만한 대위인 대영걸로 보였다"라고 했다. 전봉준은 마지막으로 남긴 시에 "나라 위한 오직 한마음 그 누가 알겠는가(爲國丹心誰有知)"라고 했지만, 오늘 그를 흠모하는 수많은 시민들은 그의 좌상(坐像)의 형형한 눈빛을 통해 역사를 다시 보게 되었다.

전봉준이 일으킨 동학농민혁명은 폐정을 바로잡기 위한 반봉건, 침략 세력을 물리치기 위한 반외세의 성격을 갖고 있다. 이는 19세기 초부터 시작한 농민저항운동이 임술민란을 거쳐 19세기 말 외세의 침략이 가중되자 반봉건·반외세의 운동으로 발전되었던 것이다. 동학농민혁명에 조선 왕조는 갑오개혁과 독립협회운동 및 황제권 강화로 대응했지만 결국 개혁은커녕 국권마저 상실하고 말았다. 그러나 전봉준이 주동이 되어 일으킨 동학농민혁명의 정신은 그 뒤 3·1혁명(운동), 4·19민주혁명, 5·18광주민주화운동, 1987년의 6월민주화운동을 거쳐 촛불혁명으로 이어져 이 나라 민주주의 발전의 원동력이 되었다. 오늘 전봉준 장군 동상 제막은 바로 이런 역사적 의의를 재발견하는 데서 더욱 깊은 의미를 되새기게 되었다.

(2018. 4. 24.)

'5·10선거' 70주년, 잊힌 한 소장파 의원

　70년 전 그 선거일을 생생하게 기억하는 것은 개인적인 이유도 있다. 초등학교 4학년이었던 나는 그날 학교에 가지 않고 동네 친구들과 놀다 마당 한 편에 있는 옹기에 머리를 크게 다쳤다. 면 소재지의 병원을 찾았으나 선거 때문인지 병원은 닫혀 있었다. 민간요법으로 수습하긴 했으나 오랫동안 흉터가 남았고, 머리를 기르고 난 다음에야 그 흉터를 덮을 수 있었다. 5·10선거는 이렇게 내 머리 상처와 함께 잔영으로 남아 있다.

　5·10선거를 생각하면 이런 추억 못지않게 선거 앞뒤에 있었던 고향 마을의 갈등과 아픔이 되살아난다. 38선에서는 먼 남녘이었지만, 이념적 38선은 어느 곳, 못지않았다. 서북청년단이 와서 면소를 향해 총을 쐈다는 소문, 그들이 무장한 채 우리 동네 앞을 지나며 위협하던 기억은 지금도 생생하다. 그래서일까, 자고 나면 어느 동네의 구장이 죽창에 찔려 죽었다는 둥, 어느 곳에서는 엇저녁에도 산에서 사람들이 내려왔다는 둥 풍문이 흉흉했다. 면민들은 그렇게 희생된 사람들을 위해 장례식을 치렀고, 초등학교에 다니던 우리도 동원되곤 했다.

해방 당시 고향에는 인텔리들이 꽤 있었다. 이념 때문에 두문불출한 지식인이 있었는가 하면, 일본에서 공부한 지주의 아들 강 아무개 씨는 이상에 따라 소작문서를 불사르고 소작인들에게 토지를 나눠주었다는 믿기 어려운 신화를 남겼다. 우리 집안의 아저씨뻘 되는 분은 사회주의 계열 독립운동가로서 몇 년간 옥살이도 했으나, 해방 후 북쪽으로 가서 토지개혁에 참여했다고 북의 어느 인사로부터 들은 바가 있다. 일본 유학을 마치고 돌아온 조씨 집안의 어느 젊은이는 해방 후 토지자본을 산업자본으로 전환시켜 재벌기업의 기초를 닦기도 했다. 얼마 전 고향을 방문하니, 그 재벌 1세를 기리는 송덕비 건립을 추진 중이라는데, 반대 여론도 만만찮았다. 그러나 정작 소작문서를 불살 랐다는 신화를 남긴 분은 아직 소문 속에만 존재할 뿐 그의 뜻에 상응하는 어떤 배려도 고려하지 않고 있다.

70년 전에 견문한 내 고장의 갈등과 아픔이 해방 당시 우리 역사의 축소판임을 알게 된 것은 한참 후다. 해방 후 중앙에서 송진우·장덕수·여운형·김구 등 지도자들이 테러로 희생되는 동안, 제주와 대구, 여순 등지에도 내 고장에서 벌어졌던 갈등의 확대판이 판박이처럼 뒤따랐다. 그중에는 단독선거라 할 5·10선거를 빌미로 갈등이 확대된 곳도 있었고, 6·25를 전후한 시기에는 전투 행위와 무관한 살육도 벌어졌다. 보도연맹으로 희생된 수십만의 장정들에게서 보이듯이, 자신의 책임과 상관없이 희생된 사람이 얼마나 많았던가. 이게 5·10선거 전후에 일어났다고 하니 5·10선거를 또 다른 각도에서 생각하지 않을 수 없다. 철들고 난 뒤에 깨달았지만, 오늘 우리가 이만큼의 삶을 누리는 것도 이름 없이 죽어간 이들의 희생이 화평의 거름이 되었기 때문이다.

1948년의 5·10선거는 보통·평등·비밀·직접 선거의 원칙에 따라 국회의원을 선출한 대한민국 최초의 시험대였다. 과도입법의원에서 제정한 선거법에 따라 선거권은 만 21살 이상, 피선거권은 만 25살 이상의 모든 국민에게 부여했으나, 일제하의 경찰, 헌병, 관료, 중추원 참의 등 '친일파'들에게는 피선거권이 제한되었다. 5·10선거는 통일정부 수립을 주장하는 김구, 김규식, 홍명희 등과 일부 정당, 단체들의 불참에도 불구하고 전체 유권자의 79.7%(약 780만 명)가 등록했고, 등록 유권자의 95.5%가 투표에 참여한 가운데 948명의 입후보자가 경쟁했다. 유권자 등록에 당국의 강제가 있었는가 하면, 이승만의 무투표 당선을 위해 동대문 갑구에서는 최능진의 입후보를 막는 불상사도 있었다. 인구 15만 명을 한 선거구로 하여 200명을 선출하도록 되어 있었으나 제주도의 2개 선거구 외에 198명만 선출되었다. 의원 분포는 무소속(85명), 대한독립촉성국민회(55명), 한국민주당(29명), 대동청년단(12명), 조선민족청년단(6명), 한두 명을 낸 군소정당들 순이었는데, 한국민주당원 중에는 무소속으로 출마해 당선된 자가 많았다.

5·10선거와 관련해 최근 우리 고장에 대한 관심이 커졌다. 첫 국회의원 선거에 입후보한 고향 인사들은 다섯 분. 그중 한 분은 일제하에서 독립운동을 한 전력이 있고, 한 분은 토호적 성격을 가졌으며, 두 분은 문중을 의식하고 나선 것 같다는 세평이다. 40세에 당선된 강욱중(姜旭中)은 중학교 3학년 중퇴에 독학으로 변호사가 되어 조선민족청년단과 관련하여 정계에 입문했다. 그의 득표율은 24.19%(1만 807표), 5명 중 20% 이상 득표자가 4명이나 되었고 차점자와는 505표 차이였다. 함안 조씨의 텃밭인 이 고장에서 항렬로 숙질간인 두 조씨가 단일후보를 이루었다면 강욱중의 당선은 어려웠을 터. 두 조씨의 득표를 합치면 34%에 2만 표가 넘었다.

강욱중 의원이 국회에서 어떤 의정활동을 했는지, 그 후의 생애가 어떻게 되었는지, 선거구민에게 알려진 바가 거의 없다. 그도 그럴 것이, 2년 임기의 제헌국회에서 1년 남짓 의정활동을 했고 11개월여는 옥중에서 지냈으며, 6·25가 터지자 그 며칠 후 출옥했으나 남에서는 더 이상 보이지 않았기 때문이다. 함안 군민 중 강 의원이 어떤 의정활동을 했으며, 북에서 어떻게 생을 마감했는지에 관심 가진 이를 본 적이 없다. 5·10선거 당시 선거 벽보를 통해서만 내게 인지되었던 그가 내 관심의 대상일 수도 없었다. 그러나 역사를 공부했다는 것이 내 고장 첫 국회의원에 대한 관심을 외면할 수 없었다. 북에서 생을 마감했다는 것도 정처를 잃고 떠돌아다니는 고혼(孤魂)에 대한 연민을 일으켰다. 남북정상회담으로 들떠 있는 이때, 숨죽이며 살아온 그 유족들의 한은 어땠을까 하는 부채 의식도 더 강렬해진다.

김약수(金若水), 노일환(盧鎰煥), 이문원(李文源) 등과 함께 제헌국회에서 소장파 의원으로 활동하던 강욱중은 변호사 경력 때문인지 의사진행에 밝았고 원내 발언 또한 진부하지 않았다. 그러나 6.6반민특위습격사건 이후 비판 발언에 나선 그는 국회 소장파 의원들의 입을 막으려는 소위 국회프락치사건에 연루될 수밖에 없었고, 1949년 6월 20일 구금, 같은 해 11월 18일부터 공판에 회부되어 이듬해 3월 14일 제19회 언도공판에서 6년형을 선고받았다. 최후진술에서 그는 "…남북통일, 외군철퇴 등은 국민의 한 사람으로서 독자적인 견해로 한 것이고 결코 선동이나 사촉은 아닌 것이다. 굳건히 살아서 가지를 뻗어 민국의 큰 재목이 되는 것이나, 죽어 썩어져 민국의 비료가 되나 같은 민국을 위한 길일 것이다"(「자유신문」 1950년 2월 15일자)라고 했다.

이 발언에서 죽음까지 각오한 그의 심경을 읽을 수 있다. 최후진술은 또 자신들을 남로당과 연관시켜 간첩사건으로 몰고 간 오제도 검사의 논고가, 남북통일과 외군철퇴 문제를 주장한 자신들의 입에 재갈을 물리려는 시도였음을 시사했다고도 보인다.

국회프락치사건에 연루된 소장파 의원들은 6·25 발발 후 출옥, 7월 31일 김약수 등 13명이 기자회견을 했다. 대한민국 국회의원이, '재목'이 되거나 '비료'가 되기를 원했던 '민국'에서 수감되고 공산 치하에서 석방되었을 때 그들의 선택은 좁혀졌다. 거기에 국회의원이라는 신분은 자의와는 무관하게 그들을 북행길로 몰아갔다.

1956년 7월 5일자 「노동신문」에 그가 평양에서 조소앙 등과 재북평화통일촉진협의회에 토론자로 참석했다는 기사가 보이지만, 그의 이름이 보이는 것은 여기까지다. 제헌의회에서 친일반민족행위 청산과 자주통일을 부르짖으며 개혁 세력으로 등장했던 그와 소장파 의원들은 분단의 고통을 겪으며 역사 무대에서 사라져 갔다.

(2018. 5. 11.)

노 대통령 8주기 추도식

노 대통령이 돌아간 지 8주년이 되는 날이다. 8년 전 이날 아침 9시 반경, 은퇴 후 자택이 있는 김해 봉하마을 뒷산 봉화산 부엉이바위 아래에서 머리 등에 상처를 입은 채 발견, 병원 이송 도중 사망했다. 유서로 알려진 한 마디는 "누구도 원망하지 마라"뿐이어서 애잔한 마음을 금할 수 없었다. 그의 사후 1주일 동안 봉하마을에는 전국에서 추모객 400만 명이 찾았고, 그 뒤에도 추모의 발길이 끊이지 않았다. 최근 종편 등의 '평론가들'이 그를 '실패한 대통령'이라고 가볍게 언급하는 걸 들으며, '정부 수립 후 민주적·탈권위적·친서민적이며 전작권을 회수하여 자주국방의 토대를 세우고 남북 평화관계를 진전시키는 등 그만큼 추앙받아야 할 대통령은 없지 않을까' 하는 심정으로 오늘 추도식에 참석했다.

평소 그의 기일(忌日)이 아닌 날에 한두 사람의 지인과 함께 봉하마을을 찾곤 했다. 그의 첫 추도식에 참석하고 귀가에 곤경을 겪은 후 추도식 당일 봉하마을을 찾는다는 것은 매우 힘들다고 느꼈기 때문이다. 그러다가 올해는 일찍부터 노무현재단에서 8주기 추도식 참여를 소개하는 연락이 왔다. KTX로 진영까지 갔다가 추도식에 참석하고 다시 KTX로 돌아온다는 것이다. 1주기 때 그토록 힘들었던 것을 잊은 채 동행하기로 신청했다. 23일 아침 9시 5분, 140여 명 신청자와 함께 마산행 KTX를 탔다. 동행자 명단을 보니 참여정부 때 언론에 자주 비췄던 인사들이 있었고 지인들도 꽤 있었다. 내 옆자리에는 언론인 마권수 님이 동행, 대화를 나눌 수 있었다. 마 선생은 언론인답게 순발력이 풍부했고, 오늘 봉하마을 방문에 많은 편의를 제공해 주었다. 추도식장에는 뜻밖에도, 4년 전 내가 울산시민교회에서 행한 〈한국기독교사 강의〉를 청강했다는 서은경 자매가 안내를 맡고 있어서 늦게 왔지만, 우리 두 사람에게는 좌석이 주어졌다.

박혜진 아나운서의 사회로 시작된 추도식은 약 75분간 진행되었다. 이해찬 노무현재단 이사장의 인사말에 이어 정세균 국회의장의 말씀이 있었고 가수 한동준의 독창, 임채정 전 국회의장의 추도사와 도종환 의원의 추모시(〈운명〉) 낭송, 묘역 자원봉사자 두 분의 추모사, 전남 함평에서 옮겨 온 나비 1,000마리를 날렸고, 문재인 대통령의 인사말과 유족 대표 노건호 님의 감사 인사에 이어 다시 추모 공연, 이어서 손을 잡고 〈임을 위한 행진곡〉을 제창할 때는 닷새 전 광주의 5·18행사를 떠올렸다. 추도식을 마친 뒤 그 많은 인파로 20여 분 동안 떠밀려 내 의지와는 상관없이 움직였고, 그 대열을 겨우 벗어나 헌화할 수 있었다. 오늘 참석한 수만 명의 인파는 전국 각지에서 모여들었고, 봉하마을 곳곳에는 차량과 인파로 메워졌다. 그 바람에 귀경 KTX를 타기 위해 4~5km를 걸어야 했고, 대절 버스와 택시 타기를 포기한 채 한적한 도로까지 나와 지나가는 자가용 운전자에게 사정사정, 진영역까지 겨우 닿을 수 있었다. 진영역에는 아침의 그 많은 동행객들과는 달리 불과 30여 명의 모습만이 보여 마치 전투를 치르고 구사일생으로 돌아온 용사 같은 느낌이 들었다.

　오늘 추도식 순서 하나하나가 뜻깊었지만 내게는 임채정 전 국회의장의 추모사와 도종환 의원의 추모시 그리고 문재인 대통령의 인사말이 인상적이었다. 임채정 전 의장은 지금까지 5월이 우울했지만, 올해 5월은 밝고 빛난다는 말로 추도사를 시작했는데 추모사의 요지는 이렇다. 올 5월이 밝고 빛나는 것은 노무현 당신이 부활했기 때문이다. 당신의 분신이기도 한 친구 문재인이 대통령이 되었기 때문이다. 국정교과서가 폐지되는 등 적폐가 청산되고 있다. 새 시대 첫차가 출발하고 있다. 이는 노무현 정신의 승리다. 이제 잊을 법도 한데 우리는 당신이 그립다. 당신은 사람다운 사람이었다. 이제 슬픔을 거두시고 활짝 웃으시길 바란다. 우리가 깨어 지키겠다. 추도사는 이렇게 각오를 피력하면서 끝났다. "반칙과 특권이 없는 나라를 만들겠습니다. 역사는 김대중, 노무현의 이름을 뜨겁게 기억할 것입니다. 우리 아이들에게는 정의가 승리한다는 것을 물려주겠습니다."

　문 대통령은 자신의 선거공약에 대통령에 당선되어 추도식에 참석하겠다고 했는데, 그 약속을 지키게 되어 감사하다고 서두를 꺼냈다. 출범한 지 얼마 안 되지만, 새 정부가 칭찬을 받는 것은 특별한 일을 해서가 아니고, 다만 정상적인 나라를 만들고자 했기 때문이라고 했다. 그는 친구 노무현을 두고 안타까운 심정을 담아 "이상은 높았고 힘은 부족했다"고 친구를 아끼는 마음을 조심스럽게 피력했다. 이제 노무현의 꿈이 깨어 있는 시민의 힘으로 부활하고 있다고 언급한 것은, 민주주의의 최후의 보루는 깨어 있는 시민의 조직된 힘에 있다고 강조한 노 대통령의 말을 상기시켜 주었다. 문 대통령은 "노무현 대통령님, 당신이 그립습니다. 보고 싶습니다. 이제 당신을 온전히 국민께 돌려드리겠습니다"고 언급한 후 은퇴 후에 다시 찾겠다고 약속했다. 오늘

비표(秘標)나 신검(身檢) 없이 수만 명이 참석, 대통령과도 몸을 부대끼는 '문재인식 소통' 현장을 직접 보면서, 청와대 경호실의 고충과 은퇴 후에라야 다시 찾아뵙겠다는 고충의 말을 이해하며 봉하마을을 떠났다.

(2017. 5. 23.)

백범 선생 70주기

오늘(2019년 6월 26일)은 백범 김구 선생이 돌아가신 지 70주년이 되는 날이다. 겨레의 큰 스승이요 대한민국 임시정부 주석이었던 백범 선생 영전에 부끄러움과 통한의 마음을 갖지 않을 수 없다. 선생께서 가신 지 70년이 되었지만, 선생의 겨레 사랑과 애족 사상을 제대로 계승, 실천하지 못했기 때문이다. 선생이 평생 고대했던 민족의 완전 자주통일 독립은 아직도 요원하게 보이기만 하다.

선생은 1876년 황해도 해주에서 태어났다. 선생이 태어난 해는 일본이 군함과 대포로 〈강화도조약〉을 강제로 맺었던 해요, 선생의 양력 탄신일 8월 29일은 그 뒤 1910년 일제에게 주권을 강탈당한 국치일로 변해버렸으며, 선생이 쓰러진 6월 26일은 동족상잔이 시작되기 1년 전이었다. 이렇게 선생의 생애는 우리 민족사의 운명과 극적으로 관련되어 있다.

선생의 공적 생애는 봉건사회의 신분 계급을 타파하려는 데서 시작되었다. 선생은 인간의 평등을 실현하기 위해 동학에 입문하여, 1894년 황해도 갑오동학혁명 때에 해주 공격의 선봉장이 되었고, 그 뒤 청계동에 들어가 안중근의 부친 안태훈의 도움을 받았다. 21세 때는 대동강의 지류 치하포에서 국모보수(國母報讎)의 의거를 일으켰는데, 이는 천하에 의인 있음을 알린 영웅적인 쾌거였다. 이로 인해 인천 감옥에 갇힌 그는 태서(泰西) 신서 등 신학문에 접하게 되었고 세계관의 변화를 일으키게 되었다. 뒷날 애국계몽운동가로 변신, 신식 교육과 계몽 강연에 나서게 된 것은 이 때문이다. 인천 감옥을 탈옥한 선생은 한때 공주 마곡사에서 승려 생활을 했으나 얼마 안 있어 환속, 1903년에는 기독교에 입교하였고 진남포에서 기독교 엡윗청년연합운동 총무로서 〈을사늑약〉에 반대하기 위해 상경하여 활동하기도 했다.

일제 강점하에서는 신민회사건 등으로 전후 6년간 무고하게 옥고를 치렀다. 3·1운동이 일어나자 백범은 안동현을 통해 상해로 망명, 처음에는 임시정부 청사의 경비 책임을 맡았다. 그로부터 그는 해방되어 귀국할 때까지 27년간 대한민국 임시정부에 봉사했다. 임시정부 외곽 단체인 한인애국단을 조직한 그는 1932년에는 이봉창·윤봉길·백정기 의사의 의거를 지도했다. 특히 1932년 4월 29일의 홍구공원의 윤봉길 의사 의거는 중국의 장개석 정부를 감동시켜 그때부터 중국 정부의 지원을 받게 되었다. 윤봉길 의사의 의거 후 임시정부는 일본군에 쫓겨 항주, 남경(진강), 장사, 광주, 유주, 기강 등을 거쳐 1940년에는 충칭(重慶)으로 옮겨 해방될 때까지 임시정부 등의 독립운동을 지도했다.

충칭에 안착한 대한민국 임시정부는 1940년 헌법을 개정하여 김구를 주석으로 선출했고, 1941년 9월 17일에는 한국광복군을 창설, 한국 정부의 직할 군대를 갖게 되었다. 1941년 12월에 들어서서 일본이 하와이를 공격, 태평양전쟁을 일으키자 임시정부는 12월 9일 일본에 선전포고했다. 광복군은 중국, 버마 등지에서 연합군과 공동작전을 수행하는 한편 섬서성 서안과 안휘성 부양에서는 특별훈련반을 편성하여 한반도 상륙을 위한 특별훈련을 시키기도 했다. 그러나 1945년 8월 일본이 항복함으로 훈련받은 군대를 활용하지 못하게 되자, 백범은 종전(終戰)의 기쁨보다 훈련된 군대를 본토 상륙에 동원하지 못하게 된 것을 안타까워했다. 한편 임시정부는 1943년 11월 카이로회담에 참석하는 장개석을 통해 제2차 세계대전 후 한국의 독립을 약속하는 선언을 하도록 외교적인 큰 성과를 거두기도 했다.

1945년 8월 일본이 항복하고 38도선 이남에 진주한 미군이 대한민국 임시정부를 인정하지 않음에 따라 백범과 임정은 그해 11월 23일 개인 자격으로 귀국하게 되었다. 그해 12월 말 모스크바삼상회의의 결과가 알려지자 그 내용 전체를 확인하지 못한 채 남쪽에서는 신탁통치 반대운동에 휩쓸리게 되었다. 이는 북쪽의 찬탁운동과 대립적으로 전개되었다. 백범과 임정은 반탁운동의 선봉에 서게 되었다. 두 차례에 걸친 미소공동위원회가 결렬, 유엔이 남한만의 단독정부 수립을 획책하자, 백범은 김규식 등 중도 세력과 함께 통일정부운동에 나선다. 1948년 4월 말 평양에서 열린 남북 협상에 참여, 김규식·김일성·김두봉 등과 4김회담에 나섰으나 남북한의 단독정부 수립을 막지 못했다. 1948년 8월 15일 대한민국 정부수립을 발표하자 북한은 그해 9월 9일 조선민주주의인민공화국을 선포했다. 백범은 김규식과 함께 대한민국 성부 수립에 참여하지 않은 채 그 이듬해 6월 26일 흉탄에 운명했다. 향년 73세였다.

1946년부터 남북에서 단정론(單政論)이 대두되었을 때, 선생은 미·소 양군을 철퇴시키고, 자주통일 정부를 세워야 한다고 주장하면서 남북 협상을 추진했다. 단정론자들은 백범의 주장이 비현실적이며 공염불이라고 비난했다. 그때 백범은 그들에게 '현실적이냐 비현실적이

냐가 문제가 아니라 그것이 정도(正道)냐 사도(邪道)냐가 생명이라는 것을 명기(銘記)해야 한다고 강조했고, 이어서 "외국의 간섭 없고 분열 없는 자주독립을 전취하는 것은 민족의 지상명령이니 이 지상명령에 순종할 따름"이라고 단호하게 말했다. 그는 또 당신이 30여 년간이나 망명 생활을 한 것도 가장 비현실적인 길인 줄 알면서도 민족의 지상 명령이므로 그 길을 택했다고 언명했다. 그런 주장은 완전 자주통일 국가를 염원하는 오늘 우리에게도 큰 울림이 된다. 70주기를 맞으면 서, 삼가 선생의 명복을 빈다!

(2019. 6. 26.)

아펜젤러 선교사의 순직비를
어청도에 세우자

오늘 정동에 있는 배재학당역사박물관 세미나실에서 한국에 온 첫 선교사 아펜젤러(Henry Gerhard Appenzeller, 亞扁薛羅, 1859~1902)에 관한 강의를 했다. 이 강의는 배재학당역사박물관이 서울시의 후원을 받아 〈정동에서 살았던 외국인들〉이라는 연속 시리즈의 첫 강의이기도 했다. 앞으로 이 시리즈는 10월 2일까지 헐버트, 게일, 푸트, 알렌, 플랑시, 브라운, 손탁, 묄렌도르프 및 사바틴 등 주로 한말 정동과 관련 있는 외국인들에 관해서 전문가들이 강의할 것이라고 한다. 코로나 바이러스로 인해 제한된 인원만 수강할 수 있는 것이 유감이다.

이 강의는 처음에 6월 5일에 해 달라고 교섭이 왔다. 필자가 한 주일 미뤄서 강의하자고 하여 오늘 강의에 임하게 된 것이다. 한 주일 미루고 보니 바로 119년 전 어제(1902년 6월 11일) 저녁이 아펜젤러 선교사가 순직한 날이었다. 아펜젤러는 목포에서 개최되는 성경번역회에 참석하기 위해 인천에서 목포행 기선(구마가와 마루: 熊川丸)에 승선하여 목포로 가는 도중 군산 앞바다 어청도(於青島) 근해에서 역시 일본 여객선 기소가와 마루(木曾川丸)와 충돌하여 순직했던 것이다.

그날 저녁에 구마가와 마루에 승선했던 승객 중 아펜젤러의 최후를 증언해 준 사람이 있다. 미국 회사가 경영하는 평안도 운산 광산의 기술자 보을비(J. F. Bowlby)였다. 보을비에 의해서 아펜젤러의 최후가 어느 정도 증언되고 있다. 늦게까지 아펜젤러와 담소하다 헤어졌던 보을비는 배가 충돌했을 때 아펜젤러가 급히 움직이고 있음을 보았다. 그 때문에 그는 아펜젤러가 다른 배(기소가와 마루)에 의해 구조될 수 있었을 것으로 보았다. 그러나 아펜젤러는 구조되지 못했다. 당시 아펜젤러는 두 사람과 동행하고 있었는데, 아마도 이들을 구하기 위해 시간을 놓친 것이 아닌가 하고 보을비는 추측했다. 아펜젤러는 성경 번역을 위해 그의 조사 조한규를 대동했고, 정신여학교 도티로부터 목포에까지 데려다 달라고 부탁받은 여학생이 있었다. 배가 충돌했을 때 급히 움직였던 아펜젤러는 두 사람을 구하기 위해 이리저리 뛰다가 결국 구조의 시간을 놓친 것이다.

1885년 4월 5일 부활절에 언더우드(H. G. Underwood, 元杜尤)와 함께 제물포에 도착한 아펜젤러 내외는 갑신정변(1884년 말)으로 외국인의 동정이 불안하다는 충고에 따라 다시 잠시 일본으로 갔다가 그해 6월에 한국으로 왔다. 그는 교육기관을 세워 고종에 의해 배재학당이라는 이름을 하사받아 정식 허가를 받았고, 1887년 10월 초에는 한국인들이 모여 예배를 드렸다. 정동제일교회의 시작이다. 그는 한국에 근대교육을 위해 힘쓰면서 배재대학(Pai-Chai College)과 서울대학교(Seoul University)를 구상하고 있었다. 독립협회를 도왔고「독립신문」을 잠시 간행하기도 했다. 그는 이러한 교육과 사회운동의 대원칙을 "누구든지 크게 되고자 하는 자는 마땅히 섬기는 자가 되어야 한다"는 성경 말씀에 근거, 천명하고 가르치며 실천했다. 배재학당 당훈 "욕위대자 당위인역"(欲爲大者 當爲人役: 크게 되고자 하는 자는 마땅히 남을 섬기는 자가 되어라)은 바로 이런 교육의 목표를 잘 드러낸 것이다.

필자는 십수 년 전에 어청도에 있는 등대를 근대문화재로 등록하는 문제를 두고 그곳을 방문한 적이 있다. 오늘 강의에 앞서 등대 전문가 석영국 선생과 어청도 등대에 관해 대화를 나눌 수 있었다. 그는 어청도에 대해 훤히 꿰고 있었다. 어청도가 큰 섬은 아니지만, 오래전부터 많은 시설이 갖추어져 있었는데 지금은 더러 없어졌다고 했다. 석 선생은 어청도의 등대가 1912년에 건립되었다고 설명해 주었다. 그리고 1902년경부터 한말에 세워진 등대가 30여 개가 된다고 했다. 그런 곳에 길지 않은 생애를 한국에서 활동하다 순직한 아펜젤러의 기념비를 세운다면, 아마도 어청도는 한국 기독교인들의 순례지의 하나로 발돋움할 수 있을 것이다.

어청도에 대해 꿰고 있는 석영국 선생을 만나 필자는 오랫동안 제창해 왔던 '아펜젤러 순직비' 건립 문제를 다시 끄집어내 보았다. 필자는 아펜젤러 순직 해역이 어청도에서 그렇게 멀지 않다는 것을 알고 난 뒤 한국 감리교의 여러 요로를 향해 어청도에 아펜젤러 순직비를 세우자는 의견을 제시했다. 감리교신학대학과 배재대학교에 요청했고 아펜젤러가 건립한 정동제일교회에도 이 제안을 한 바 있다. 또 감리교 본부 선교국에도 두 차례나 아펜젤러 순직비 건립 문제를 직접 건의한 적이 있다. 필자의 이런 건의에 대해 거부하거나 반대하는 이는 없었다. 모두 대 찬성이었다. 그런데도 아직 일이 진전되지 않고 있다.

어청도 서북단이 아펜젤러가 순직한 곳에서 가장 가까운 곳이다. 일본 기선 두 척이 충돌한 뒤, 이 해난 사고에 대한 조사 결과를 비교적 자세히 남겨 놓았다. 정동감리교회와 배재학당 그리고 한국감리교단은 아펜젤러에 대해 일정하게 부채 의식을 갖고 있을 것이다. 어청도에 아펜젤러 순직비를 한국감리교단 산하의 기관들이 협동하여 세운다면 가장 바람직할 것이다. 오늘 대화를 나눈 석영국 선생은 이런 사업을 굳이 감리교단 등에 맡길 것이 아니라 등대와 관련된 기관과 의논하면 어청도에 순직비를 세우는 것은 별로 문제가 없을 것이라고 조언해 주었다. 그럴 가능성이 있다 하더라도 아펜젤러 순직비는 누구보다도 그의 믿음의 후손들에 의해 세워지는 것이 바람직하다고 생각한다.

(2021. 6. 12.)

어머님 기일에 고향에 가서 성묘하다

　오랜만에 고향을 찾아 조부모님, 부모님 묘소를 찾은 것은 9월 27일. 이날은 38년 전 어머님께서 돌아가신 날이다. 기독교적인 영향이랄까, 평소 기일(忌日)을 맞아도 따로 의식을 갖추진 않았지만, 이날을 맞을 때마다 고민을 하지 않은 것은 아니다. 올해는 우리 내외가 조부모님과 부모님의 산소를 찾는 성묘(省墓)를 택했다. 아버님은 2월 29일에 돌아가신지라, 4년 만에 한 번씩 그날을 맞아도 제대로 의미 있게 보낸 적이 없다. 불효자식이다.

　9월 27일을 연상하면, 한국교회사에서 매우 의미 있는 날이다. 최초의 조직교회로서 새문안교회가 탄생한 날이다. 1887년 9월 27일 (화) 서력에 언디우드(H. G. Underwood) 목사의 정동 자택에서 첫 예배가 있었는데, 여기에는 서상륜을 포함한 14명의 한국인과 만주 심양에서 온 존 로스(John Ross) 목사가 참석했다. 이날 저녁 교인 1명이 다시 세례를 받았고, 장로 두 사람이 선택되었다. 이로써 한국 최초의 조직교회(organized church)가 탄생하였다. 조직교회란 목사 1인과 장로 2명으로 당회(堂會)가 조직된 교회를 말한다.

한국교회사에서 9월 27일이 중요하다면 4월 5일 또한 그 못지않게 중요하다. 1885년 4월 5일은 부활절이었는데, 이날 감리교회의 아펜젤러(H. G. Appenzeller) 목사와 장로교회의 언더우드 목사가 처음으로 제물포에 도착했다. 당시 한국은 그 전해 12월 4일에 일어난 갑신정변(甲申政變)으로 외국인에 대한 민심이 안온하지 않았다. 총각이었던 언더우드는 그래도 곧장 서울로 들어왔지만, 그러나 임신 중인 아내를 동반한 아펜젤러는 인천에 머물다 다시 일본으로 되돌아갔다가 7월 초에 입국하게 되었다. 한국기독교역사연구소가 시작할 때, 이 두 날을 고려하다가 준비과정에 맞춰 9월 27일에 창립했다.

우리 내외는 어머님 기일에 맞춰 선대의 묘소를 찾기로 했다. 산소는 고향인 경남 함안군 군북면 모로리에 있다. 그날 8시 25분에 서울역을 출발하는 진주행 KTX를 타고 고향으로 향했다. 11시 20분경에 마산역에 내리자 종질(從姪) 이학규「함안신문」대표가 우리를 맞았다. 묘소에 이르니 12시가 조금 지났다. 묘소는 1942년 할머니가 돌아가셨을 때 아버님께서 내 이름으로 이 산판을 사서 마련한 곳이다. 딸 여섯을 두고 아들이 나자 할머님이 손자를 퍽 귀애했다. 아버님은 그런 할머니의 최후를 손자의 이름으로 된 산판의 묘소에 마련해 주고 싶었던 것이다.

할머님의 묘소로 먼저 자리 잡은 이 산판은 그동안 조상 2대의 묘소로 안착되었다. 오랫동안 할머니 내외분은 묘소가 각각 떨어져 있었다. 몇 년 전에 함안군 법수면 내송에 자리한 할아버지의 유해를 할머님 산소로 옮겨 합장했다. 그 뒤 군북면 덕대리 대암 부락 안산에 있던 부모님 묘소도 이곳으로 옮겼다. 80여 년 전에 마련한 이 땅이 조부모와 부모 2대의 안식처가 된 것이다. 이렇게 선대의 묘소를 한곳으로 모은 것은 후손들이 선대의 묘소를 찾을 것을 고려한 것이다. 어머님과 누님이 생존해 계실 때에 그런 계획을 세웠으나 한사코 반대하여 이루지 못했다. 그러나 요 몇 년 사이에 이장 합장을 단행했던 것이다. 이곳의 묘소는 종질 학규의 의견을 받아 평장으로 했다. 비석은 있으나 봉분은 없다.

우연의 일치인지는 모르겠으나, 9월 27일은 내게는 여러 가지로 의미 있는 날이다. 한국기독교역사연구소 창립일이기도 하여 겹치는 행사 때문에 힘든 때도 있었지만, 작년과 올해는 코로나 핑계로 그런 모임도 갖지 못했다. 그래서 가을볕 맞으며 홀가분한 마음으로 성묘에 임할 수 있었다. 성묘를 마친 뒤, 군북역에 들러 아직 개관하지 않은 '대암(大巖) 이태준(李泰俊) 기념관'을 잠시 바라보았다. 이곳 출신의 대암 선생은 일찍이 한말 일제 강점 초기 세브란스 제2회 졸업생으로 중국과 몽골에서 의술에 봉사하면서 의열단(義烈團)에 가입하는 등 독립운동을 겸했던 분으로 내게는 조항(祖行)에 해당하는 어른이다.

이날의 피날레는 사랑하는 선후배를 만나는 것이었다. 성묘를 마치고 군북면소 앞에 이르자, 경상대학교의 백종국 은퇴 교수가 진주에서 나를 맞으러 이곳에 와 기다리고 있었다. 또 집안의 족질(族姪) 되는 이정하 도편수도 담양에서 공사하다가 시간 맞춰 도착했다. 군북면 사무소 동쪽에 자리 잡고 있는 서정돼지갈비집에서 백 교수가 제공하는 푸짐한 점심을 들면서 오랜만에 회포를 풀었다. 연세대에서 인문학을 공부한 이정하 군이 어떻게 도편수로 활동하게 되었는가를 들으면서 내게 족숙(族叔) 되는 그의 할아버지 이순근(李舜根) 선생에 대한 이야기도 자연스럽게 곁들이게 되었다. 마산역으로 돌아오는 길에 창령군 남지의 강위영(姜渭榮) 교수 내외분을 방문했다. 내 중학 때부터 오랜 신앙의 선배로서 한국 특수교육학계에 끼친 그의 업적을 되돌아보는 귀한 시간이 되었다. 백 교수는 우리 내외를 마산역까지 안내해 주고 다시 진주로 향했다. 하늘나라로 돌아갈 날이 멀지 않은 자신을 되돌아보면서 언제 다시 이런 귀한 만남이 주어질 것인지, 이 귀한 만남에 감사하면서 우리 내외 또한 귀경길에 올랐다.

(2021. 10. 4.)

부록

민족주의의 재발견

고신파 신앙과 단재의 민족사관을 통섭한 지성 / 임헌영

민족주의의 재발견[*]

　분단 46년째를 맞아 우리는 금수강산으로 불렸던 조국이 제2차 세계대전과 냉전체제의 마지막 산물로서 아직도 분단국가로 남아 있어야 하는 뼈아픈 현실을 절감한다. 분단의 원인이 세계사적 구도와 관련된 외세적인 것이든, 민족 내부의 분열에 의한 내재적인 것이든 간에, 분단 해소(통일)는 한반도와 온 세계에 흩어져 있는 7천만 겨레의 책임이다. 민족통일이 우리 세대의 지상(至上)과제로 되어 있는 이 시점에서 분단 현상을 통해 기득권을 고수하려는 국내외의 분단 고착화

---

[*] 이 글은 1991년 5월 28~30일에 미국 뉴욕주 스토니포인트센터(Stony Point Center)에서 재북미주한인 기독학자회 제25차 연차대회 주최로 "새 민족공동체 형성을 위한 우리의 사명"이라는 큰 주제 아래 행해진 발표문 중의 하나로 그 뒤 보완하여 「철학과현실」 제11호(1991년 12월)에 게재된 것이다. 이 대회에서는 제1주제 "민족주의의 재발견"을 비롯하여, 제2주제 "새 민족공동체 형성 - 정치, 사회, 경제적인 측면"과 제3주제 "새 민족공동체 형성 - 종교, 문화적인 측면"이 발표되었는데, 이 글은 제1주제에 해당하는 것으로 5월 28일 저녁 9시경부터 약 40분간에 걸쳐 발표되었다. 이 모임에는 남북한 학자들이 초청되었는데, 북측에서는 한시해, 박승덕, 김구식, 로철수, 고기준, 이성봉, 김혜숙, 최옥희 제씨와 남측에서는 노명식, 박순경, 변홍규, 송건호, 한완상, 이만열 제씨가 참석하였다. — 마침 '한시해 선생과의 대화'가 이뤄질 그때 행한 강연이어서 여기에 같이 수록한다.

세력을 설득, 극복하는 한편 현재 뜨겁게 달아오른 통일 열기를 수렴하기 위해서는 온 겨레가 공감할 수 있는 통일운동의 사상적 기틀이 마련되어야 한다. 따라서 이러한 때에 남북의 기독교계 학자들이 함께 모인 이 자리에서 민족주의가 새삼스럽게 거론되는 것은 한반도 내외에 산재하고 있는 민족 구성원 각자의 현실적인 미묘한 입장을 어떻게든 초월하여 최소한의 사상적 공감대나마 마련할 수 있는 거점이 필요하기 때문일 것이다.

민족주의는 '개인이나 집단이 가지는 민족이라는 성원 의식, 또는 국가의 힘과 자유 및 번영을 촉진하려는 열망'이라고 정의되기도 한다. 민족주의는 분단 현실에서 본다면 그 다양한 성격의 하나인 통합력(統合力)으로 하여 분단 극복, 통일 성취의 대안(代案)적 사상으로 간주될 수도 있겠는데, 그러기 위해서는 민족주의를 우리의 현재적 관점에서 재검토할 필요가 있다. 이 글에서 우리가 민족주의를 세계사적 관점과 한국의 근대민족운동사의 관점에서 검토한 외에 통일운동에서의 관점을 특히 강조한 것은 이 때문이다.

1. 민족주의의 양면성(兩面性)

세계사적 관점에서 본다면 민족주의는 개성화와 통합화, 침략주의와 거기에 맞서는 반침략(反侵略) 이념의 양면적인 성격으로 나타났다. 근대 민족주의는 중세 가톨릭적 보편주의에서 벗어나 근대 민족국가 형성을 위한 추동(推動)적인 역할을 감당하면서 출발하였다. 이때 민족주의는 가톨릭적 보편성에 대해서는 민족적 개별성을 강조하는 한편, 같은 민족이면서도 정치적으로는 봉건제후국가로 분리되어 있던 영주 세력들에 대해서는 이들을 통합하여 민족국가를 탄생시키는 역할을 했던 것이다.

가톨릭의 보편주의로부터 민족적 개별성을 추구하는 데는 지리적 지역성이나 인류학적 체질성 등이 고려되지 않은 바는 아니지만, 무엇보다 언어, 전통, 습속 등 개성적 문화가 그 기반이 되었음을 강조하지 않을 수 없다. 이 점과 관련, 종교개혁 당시 루터(M. Luther)가 독일어로 성경을 번역, 보급하여 독일어를 독일문자로 정착시켜 중세 라틴어적 보편질서로부터 독일어적 개성문화를 시도하였고, 따라서 독일 민족주의가 멀게는 이런 데서부터 싹텄다고 설명하는 것은 주목할 만하다. 이 점은 뒷날 한국에서 기독교가 한글로 성경을 번역, 보급하여 한글을 민중의 문자로 정착시켜 가고 있을 때 마침 그 무렵 한국을 방문하여 이를 목격한 비숍(E. Bishop) 여사가 한글이 근대 한국의 민족주의를 고양시키고 있다고 지적한 그러한 관점과도 상통하는 것이라고 생각된다.

근대 민족주의는 민족국가 형성 과정에서 개별성과 통합성을 동시에 나타내고 있었다. 서구에서 민족국가가 형성되기 시작한 것은 18세기를 지나면서부터이지만, 나폴레옹 전쟁으로 프랑스의 혁명 이념이 유럽 각국에 전파되면서 자유·평등사상에 기초한 근대 민족국가는 문화·경제·정치적 통합을 통하여 성립되어 갔다.

여기서 민족주의 운동의 결과로 나타난 근대 민족국가는 가톨릭의 보편적 질서에 대해서는 개별성을 의미하지만, 중세 봉건적인 제후국들을 통합하여 민족국가를 탄생시켰다는 점에서는 오히려 통합성을 의미한다고 할 것이다.

그 뒤 서구가 산업화를 통해 축적한 힘으로 아시아·아프리카 제국에 진출하게 되었다. 이때 '국가의 힘과 번영을 촉진하려는 열망'으로서의 민족주의는 서구의 침략을 정당화해 주는 사상으로 등장하게 된다. 이것이 적어도 제2차 세계대전 때까지 계속된다고 여겨진다. 그들은 초기에 사회진화론을 원용하여 그들의 약육강식(弱肉强食)적 힘의 논리와 식민지화의 침략 행위를 정당화하였을 뿐만 아니라 백인우월주의에 입각하여 유색(有色)인종에 대한 정치·경제적 및 문화적 지배를 정당화하였다. 백인우월주의는 동양적 표현으로 말한다면 일종의 화이론(華夷論)이라고 부를 수 있을 것이다. 주목되는 것은, 19세기 말 백인들에 의한 기독교의 선교가 백인우월주의와 일부 관련되고 있는 점이라 할 것이다.

서구의 민족주의는 제1차 세계대전 후에 국수(國粹)주의적 선민(選民)의식과 결합하면서 무서운 광란성을 나타내었다. 독일·이탈리아 등지에서 보인 것처럼, 힘을 바탕으로 한 민족주의가 그 개방성과 절제성을 상실했을 때, 폭력마저 정당화했고, 그로 하여 수많은 유태민족을 학살하고 세계를 살상과 공포의 도가니로 몰아넣었다. 심지어는 일본의 경우에서 보이는 것처럼, '민족주의'의 탈을 쓴 군국주의는 타민족에 대한 민족말살정책까지 뻔뻔스럽게 감행하고서도 조금도 그 과오를 인식하지 못하였다. 여기서 우리는 민족주의가 힘의 논리를 바탕으로 쇼비니즘적인 폐쇄성을 가진 사상으로 타락하게 되면, 세계사에 얼마나 부정적인 충격을 주게 되었는가를 확인할 수 있다.

그러나 이 시기에 약소국가들에 의하여 치열하게 고양된 민족주의는 서구 제국주의에 항거하는 민족 에너지를 내재적으로 동원하여 민족독립을 쟁취하는 폭발적인 위력을 발휘하게 된다. 즉, 서구 제국주의 혹은 그 대행적 침략 기능을 수행하던 침략 세력에 투쟁하면서, 피침략·약소국가들은 그들의 민족독립을 위하여 민족주의 의식을 고양하였다. 그것은 역사·종교 등 문화민족주의를 포함하여 경제·정치 등 각 방면에 걸쳐 전개되고 있었다. 한국을 비롯한 아시아 제국들이 소위 반제(反帝)운동의 이념으로서 민족주의를 고양했던 것은 20세기 전반기, 바로 침략적인 강대국들이 광란성을 띤 '민족주의'로 세계를 비인간화(非人間化)하고 있을 그때였다. 따라서 20세기 전반까지의 민족주의는 한편으로는 침략주의적인 성격을 띠면서 다른 한편으로는 침략주의에 맞서는 자주독립주의의 성격을 띠는 양면성을 나타내고 있었다. 여기서 광란성을 띤 군국주의적 저 '민족주의'를 굳이 민족주의의 범주에 넣을 수 있는가는 논외로 하겠다.

제2차 세계대전 후 세계는 미·소 양 대국에 의한 냉전체제로 돌입했다. 미국과 소련이 자국의 이익을 철저히 추구하였다는 의미에서 그들의 자국 위주의 이데올로기를 넓은 의미의 민족주의로 볼 수 있겠으나 종래에 보였던 동족 의식과 동일 문화를 기반으로 한 민족주의는 그들에게서 찾아볼 수 없었다. 미국은 다민족 국가였고, 소련 또한 다민족 국가에다 민족보다는 계급을 우선시하였다. 그리하여 세계사를 움켜쥐고 있던 미·소는 냉전체제 속에 있던 약소국가들이 민족주의를 내세워 냉전 구조를 이탈하는 것을 철저히 저지하였다. 우리나라에서 해방 후 충천했던 민족주의 의식이 6·25를 전후한 시기에 급속히 냉각되었고, 민족주의자가 남북 다 같이 발붙일 곳을 잃었던 것은 이 때문이다.

냉전체제 아래에서 전개된 민족주의는 그 체제의 벽을 깨뜨리려는 노력에서 확인된다. 1950년대에 태동된 인도·인도네시아 중심의 소위 비동맹회의는 미·소 중심의 냉전체제적 세계구조에 대한 도전으로서 거기에 대항하려는 일종의 집단 민족주의의 성격을 띠고 있었다. 이것은 말하자면 미·소 중심의 세계적 보편주의에 저항하는 한편 민족적인 독립과 개별성을 추구하려는 민족주의 운동이었다. 제3세계의 민족주의적 경향은 제1세계의 영향력 때문에 그 자주성을 제대로 발휘하지는 못했으나 제1세계와의 관계를 적절히 조절하면서 때로는 제1세계의 경제·사회 이데올로기를 그대로 답습하기도 하였다. 끝내는 동서 냉전체제를 깨뜨리는 데에 한 역할을 담당했던 것이다. 한반도가 한때 냉전체제의 극단적인 대결장으로서 기능했으면서도 자신의 주체성 회복에 눈뜨게 되는 것은 1960년대에 이르러서다.

2. 한말 반봉건·반외세(韓末 反封建·反外勢)의 민족주의

한국의 근대 민족운동사에서 민족주의가 태동한 것은 19세기 말이다. 이때 우리는 대체로 세 가지 측면에서 민족주의의 양상을 접하게된다. 척사위정(斥邪衛正)사상과 개화사상, 민중사상이다. 앞의 두 흐름이 양반 지배층의 것이라면 민중사상은 말 그대로 피지배층의 것이다.

척사위정사상은 조선 후기의 화이(華夷)사상의 맥을 잇는 것으로, 정학(正學)으로 인식한 성리학과 그것을 기반으로 한 사회 체제를 유지하기 위해서는 당시 물밀듯이 들어오는 왜양(倭洋)의 사학을 배척해야 한다는 것이었다. 이항로(李恒老)·기정진(奇正鎭)·김평묵(金平默)을 거쳐 최익현(崔益鉉)에까지 이른 이 사상은 1876년의 개항에 반대하는 운동을 전개하는 것을 계기로 역동화하기 시작하여 1881년의 '영남만인소운동', 1882년의 임오군란을 거쳐 병오(丙午, 1896년) 의병과 정미(丁未, 1907년) 의병에 이르기까지 폐쇄적인 주체성을 과시하였다.

개화사상은 조선 후기의 실학사상이 가졌던 근대 지향성과 개방성을 계승·발전시킨 것으로, 초기의 박규수(朴珪壽)·오경석(吳慶錫)·유대치(劉大致)·이동인(李東仁) 등을 거쳐 김옥균(金玉均)·홍영식(洪英植)·박영효(朴泳孝)·서광범(徐光範) 등에 이르러서는 개화당이 형성되어 그 운동성이 제고되었다. 급진개화파에 의한 갑신정변(1884년)은 그 민중적 토대를 결여했기 때문에 실패하였다. 급진개화파와는 달리 윤치호(尹致昊)·유길준(俞吉濬) 등의 온건개화파는 광무(光武)개혁과 독립협회운동, 애국계몽운동을 전개하였으나 사상 자체가 자주성이 취약한데다가 국민혁명으로까지 밀어붙이지 못한, 개화운동의 한계성마저 노출하고 말았다.

민중사상은 19세기에 이르러 성장한 농민 세력과 1860년대 초에 최제우(崔濟愚)에 의해 창도된 동학사상이 점진적으로 결합하여 이룩된 것으로 그 사상성보다는 운동성이 돋보인다. 1862년 삼남(三南) 지방을 중심으로 일어난 37건의 소위 '민란'(民亂)을 비롯하여 1910년에 이르기까지 56건이나 더 일어난 '민란'이 그 운동의 지속성을 보여주었으며, 그중 반봉건·반외세의 기치를 높이 들고 봉건왕조를 뒤흔든 동학혁명과 그 후의 영학당(英學黨)·활빈당(活貧黨)의 의거는 그 사상성과 운동성이 얼마나 견고하게 결합되어 있는지 보여주고 있다.

한말 민족주의의 세 흐름은 각각 반외세 혹은 반봉건을 핵심 사상으로 하여 그들의 사회경제적 기반에 따라 운동성의 폭과 깊이가 결정되었다. 세 흐름을 반봉건·반외세 근대국가 건설이라는 당시의 민족적 과제와 관련해 본다면 우리는 다음과 같이 간단히 도표화할 수 있다.

	반봉건	반외세	근대국가 건설
위정척사	소극적	적극적, 그러나 구질서 수호에 역점	소극적
개화	적극적	소극적	적극적
민중	적극적	적극적	적극적, 그러나 근대국가 건설을 위한 경륜을 가졌는가에 대해서는 회의적

한말의 이러한 민족주의는 주관적으로 당시의 민족적 과제에 충실한 듯했으나, 세 흐름은 시대 인식이나 운동 방략에서 현격한 차이를 보였고 심지어는 서로 반목·질시까지 하였다. 그리하여 제국주의의

침략 앞에서 그들의 역량을 연대·강화하기는커녕, 서로 상쇄·소진해 버리고 말았다. 척사위정계와 민중계가 의병운동에서, 민중계와 개화계가 독립협회운동에서와 애국계몽운동에서 한때 제휴한 것 외에는 이들 민족주의의 흐름들은 적전(敵前) 상쟁의 추태를 노정하면서 반봉건·근대화와 반침략·근대 자주 국가 설립의 시대적 사명을 완수하지 못하였다. 이때 나라가 망한 것은 침략 세력인 세계 제국주의 국가들의 폭력성에 그 일차적인 원인이 있겠지만, 그 못지않게 민족주의 흐름들의 이러한 서로의 갈등이 나라 멸망의 내재적인 요인으로 지적될 수 있을 것이다.

3. 일제하 항일 독립, 민주공화국 설립 이념으로서의 민족주의

한국의 민족주의 운동은 일제하에 치열하게 전개되었다. 그것을 3·1운동을 전후하여 두 단계로 나누어 보자.

3·1운동은 그 원인론으로 민족자결주의와 러시아 10월 혁명의 영향 등 외인론(外因論)이 거론되었으나 오히려 일제 강점 후의 수탈정책으로 생존권마저 송두리째 빼앗긴 한국인의 항일 민족의식에서 찾으려는 내인론(內因論)이 자연스럽다. 종래의 3·1운동 이해에서는 점화 단계를 중시하였기 때문에 마치 몇몇 지도자에 의한 것으로 안이하게 인식함으로 민중의 역할이 배제되고, 따라서 운동의 민족공동체적 인식 또한 차단된 것이 사실이다. 왕조 중심, 지배자 중심의 유교사관에서 민중이 배제되었듯이, 지도자 중심의 역사인식은 민족사의 공동체적 인식을 차단시킬 위험성이 도사리고 있다.

3·1운동에는 일제의 축소·조작된 통계에 의해서도 그해 6월까지 2백만 명이 참가하였다고 보고되었고, 박은식(朴殷植)에 의해서는 1년간 1천만 명이 참가하였다고 할 정도로 거족적인 항일 민족운동이

었다. 여기에는 한말에 서로 갈등하던 민족주의의 세 흐름이 하나로 합류되었을 뿐 아니라 종교와 이념, 계급과 신분, 지역과 직업을 뛰어넘어 독립운동의 한 큰 흐름을 창출하였던 것이다. 목적은 민족 독립이었다. 외세의 질곡을 타파하자는 뚜렷한 목적이 있었기에 그 주도층이 엉성하였지만 거족적인 운동으로 발전할 수 있었다. 3·1운동에서 목표로 했던 민족 독립은 운동 과정에서 백성이 나라의 주인이라는 고귀한 이념을 확인하게 되었다. 그해 상해임시정부에서 제정한 헌법은 3·1운동에서 확인된 그 이념을 도입하여 '민주공화제'(民主共和制)를 제도적으로 장치했던 것이며, 3·1운동 후에 평민 지도자가 다수 활약하게 되고 농민·노동운동이 활발하게 전개된 것은 이 점과 깊은 관련이 있다고 본다.

3·1운동은 1915년경까지 계속되다가 중단된 국내의 의병(민족 독립)운동을 다시 활발하게 국외에서 추진하도록 하는 계기가 되었다. 한성과 블라디보스토크 및 상해에서의 임시정부운동은 물론 만주와 노령 등지에서 항일 무장운동이 격화되었고, 국내에서는 무실역행운동 등이 3·1운동을 계기로 나타나기 시작하였던 것이다. 그런 의미에서도 3·1운동에서 보인 거족성(擧族性)과 자주독립성은 그전에 지지부진했던 항일 독립운동을 새롭게 발흥하게 만든 큰 분수령이었다.

3·1운동 후 한성정부과 해삼위정부와 함께 1919년 4월 상해에서 창건된 임시정부는 한때 민족적 여망을 받으며 독립운동의 구심적 역할이 기대되었다. 통합 임정은 곧 창조파와 개조파로 나뉘었고, 1930년대에 들어서서 이봉창(李奉昌)·윤봉길(尹奉吉) 의사의 의거와 1940년대에 연합전선의 형성과 광복군의 창설로 국권 회복의 여망 또한 고양되었다.

1920년대에서 1940년대에 이르는 기간은 3·1운동을 통해 표출된 항일 독립 의지를 기초로 수많은 독립운동 단체들이 활약하였다. 그 하나하나에 대한 고찰은 전문가들에 의해 속속 연구·소개되고 있다. 우리는 당시의 흐름을 이 주제와 관련, 민족주의 좌파와 우파로 나누어 간단히 살펴보려 한다. 여기서 좌파는 사회(공산)주의 계열을, 우파는 민족주의 계열을 의미하는데, 두 계열을 민족주의 선상에서 파악하려 한 것은 좌우파를 막론하고 일제하 민족운동의 일차적인 목표를 민족 독립·국권 회복에 두고 있었기 때문이다. 그 위에 민주국가 건설이 강조되었다.

좌파 계열의 민족주의는 국외에서 조직된 고려공산당(1921년)의 한때의 주장을 제외하고는 국권회복운동이나 민주공화국 건설의 목표에서 크게 벗어나지 않았다. 1920년대의 신간회운동과 1930년대 후반기의 '연합전선'에서 이 점이 두드러진다. 그것은 '재만한인조국광복회'(1936년)가 계급, 당파, 종교의 차이를 넘어서서 연합전선을 추구한 것이나 연안에서 조직(1942년)된 '조선독립동맹'이 민주공화국 건설을 표방한 데서도 짐작된다고 지적된다.

우파 계열은 '민족혁명당'(1935년)계를 계승한 '전국연합전선협회'(1939년)가 내놓은 정치사회 정책이나, 임정의 '건국강령'(1941년)에서 보이는 바와 같이 그 이념은 삼균(三均)주의를 바탕으로 한 것으로 민주공화제를 기본으로 하고 사회정책에서는 사회주의 체제를 채택한, 일종의 민주사회주의 체제를 지향하고 있었다. 즉, 그들은 "민중을 우롱하는 자본주의 데모크라시도 아니며 무산자 독재를 표방하는 사회주의 데모크라시도 아닌, 범(汎)한민족을 지반으로 하고 범한민국을 단위로 한 전민적 데모크라시"를 지향했으며, "토지와 대생산기관을 국유로 하는 국민 생활권의 균등화"를 주장하고 있었다. 이것은 식민지 말기의 우파민족주의 계열이 도달한 민족 독립운동의 최종목표인

민족국가 건설론의 결론으로, 당시 좌파의 주장과 별로 다른 것이 없다고 지적된다.

그러나 민족주의 좌·우파가 모두 민족 독립을 일차적인 목표로 하고 한때는 민주사회주의 국가 건설을 독립운동의 최종적인 목표로 하였으며 또 1920년대 이래 몇 차례 '연합전선'을 구축하려 했다 하더라도 그것을 실천하는 구체적인 전략·전술 면에서는 거의 연대하지 못했고, 거기에다 이러한 주장들이 제대로 뿌리를 내리거나 실천 단계에 이르지 못한 채 해방을 맞았기 때문에, 우리의 항일 민족운동이 민족통일국가로 열매 맺지 못하고 조국은 외세의 강점에 의한 분단국가로 전락되고 말았다. 여기에서 한국 민족주의는 또 다른 시련의 고비를 맞게 되었던 것이다.

4. 해방 후 통일 지향의 민족주의

해방 후 한국 민족주의의 지향점은 민주적 민족국가를 건설하고 일제의 잔재를 철저히 청산하며 외민족 지배하에서 무참히 파괴되었던 언어·역사·전통 등 민족문화를 회복하는 것이었다. 그러나 미·소 양군에 의한 국토 분할 점령은 우선 민족통일국가의 성립 자체를 불가능하게 하였다. 그 결과 일제 잔재의 철저한 청산과 민족문화의 재건 또한 만족할 만한 단계에 이를 수가 없었다. 그렇다 하더라도 해방 후의 민족주의의 일차적 목표는 민주적인 통일국가 건설에 있었다.

해방정국에서 통일국가 건설을 위한 우리 민족의 노력은 분단 고착을 통해 자신들의 야욕을 채우려는 외세와 친일 세력 및 특정 계층 등의 반대에도 불구하고 치열하게 전개되었다. 그러나 국내적으로는 몇 차례에 걸친 좌우합작과 단정(單政) 반대, 남북 협상이 있었고, 국제적으로는 모스크바 삼상회의와 미소 공위(共委)가 열렸지만, 제2차 세계대전 후에 재편성되기 시작한, 국제질서로서의 냉전체제와 거기에 편승하여 자신들의 야망을 채우려는 무리들에 의해 민족통일국가 건설은 실현되지 못했다.

세계사적 시각에서 볼 때, 민족주의는 개별성과 통합성을 추구하는 양면성을 갖고 있었다. 해방 후 한국의 민족주의는 미·소가 세계질서에 보편적으로 적용하려 한 냉전 구조를 깨뜨리는 일과 냉전 구조에 의해 분단된 조국을 통합해야 할 사명을 동시에 갖고 있었다. 그러나 냉전 구조에 편승하여 민족·민주화 문제에 소극적인 세력이 존재하는 한에서는 이 사명은 실현될 수 없었다.

4·19혁명은 그러한 세력을 무너뜨리고 한국 민족주의에 새로운 기틀을 마련했다는 점에서 한국 현대사의 한 분수령이다. 4·19로 동족이 정복의 대상에서 대화의 대상으로 되었고, 무력통일론이 평화통일론으로 전환하는 계기를 마련했기 때문이다. 4·19를 계기로 민족사학(民族史學)이 부활되고 민족문화가 기지개를 켜게 되었으며 민족경제론이 논란되기 시작한 것은 여기서 굳이 부언하지 않겠다.

그러나 4·19 이후의 여러 경험은 민족통일의 문제가 그것만으로 고립되어 있는 것이 아니라 그것이 우리 사회의 민주화와 국가 자주화와 깊이 관련되어 있음을 알게 되었다. 민주적인 세력만이 국내외의 반통일 세력을 극복할 수 있고, 자주적인 정권이라야 통일 지향의 민주적인 의사를 적극적으로 수용하는 한편 분단 고착을 획책하는 강대국에 대결하여 통일국가를 이룩해 낼 수 있기 때문이다. 오늘날 한국의 민족주의는 민족통일을 지상 목표로 하고 자주화(자주독립)와 민주화(민중해방)를 동시에 수행해야 할 막중한 책임을 지고 있다. 이 세 과제는 서로 맞물려 있기 때문에 어느 것도 소홀히 할 수 없다고 본다. 자주·민주·통일은 뒷날 민족사에서 우리 세대를 평가하는 중요한 척도가 될 것이다. 그리고 자주·민주·통일의 궁극적 목표는 우리 민족의 '인간화'를 성취하는 것이다.

여기까지 우리는 한국 민족주의의 흐름을 시대별로 간단히 살펴보았다. 그 결과 우리는 한국의 민족주의가 한말에는 반봉건·반외세의 이념이었고, 일제 강점하에서는 항일 독립을 추진하는 한편 민주공화제에 입각한 민족국가를 건설하려는 이념이었으며, 해방 후에는 조국 통일을 토대로 하여 민주화·자주화의 이상을 추구하는 이념으로 발전되어 왔고 또 발전되어 가야 함을 알게 되었다. 따라서 한국 민족주의의 흐름은 대내적으로는 반봉건·민주공화제 국가 건설·민주화의 이념으로, 대외적으로는 반외세·항일 독립·자주화의 이념으로 정리될 수 있다. 그리고 분단 조국의 현 상태에서 종래의 대내외적인 민족주의 이념의 실천을 담보하면서 해내외의 7천만 겨레의 민족사적 과제와 염원을 하나로 묶을 수 있는 민족주의 이념의 핵심은 '민족통일'에 있음도 확인할 수 있게 된다.

부(附): 일반적으로 기독교는 민족주의를 초월한 보편적 종교라고 이해되고 있다. 그래서 기독교가 자신의 보편원리에 역행하는 듯한 민족주의를 포용하는 데에 한계가 있을 것이라는 의문을 제기하는 경우를 본다. 그것은 민족주의가 기독교적 보편성보다는 개별성에 근거하고 있다고 판단하고 있기 때문일 것이다.

민족주의가 기독교와 조화를 이루지 못한다고 생각하는 데에는 또 다른 이유가 있다. 제2차 세계대전 중 독일·일본 등의 폭력화한 민족주의가 보였던 광란성은 기독교적인 가치관인 인권과 자유·정의·평화를 짓밟았다. 그들은 민족의 이름으로 인간을 살해했고 전쟁의 폭력성을 정당화했으며, 다른 민족을 말살하려 했을 뿐만 아니라 기독교조차 민족주의에 봉사해 주기를 강요했다. 독일과 일본의 어용화된 기독교 단은 이 요구에 충실히 순응했다. 그 이후 민족주의는 물론 민족이란 단어조차 우상시되고 금기시되었다. 제2차 세계대전 이후 한동안 민족주의가 퇴색한 것은 민족을 강조할 수 없었던 소련과 미국이 냉전논리를 심화·확산시킨 데에도 그 원인이 있었지만, 그 못지않게 민족(주의)의 이름으로 수백만을 학살한 제2차 세계대전 때의 저 만행들과 무관하지 않다. 때문에 과거 독일과 일본이 보여준 '민족주의'는 반기독교적이었다고 분명히 확인할 필요가 있다. 그러한 점에서 본다면 기독교와 민족주의는 공존할 수 없으며, 기독교인들은 선택의 여지없이 '반민족주의' 노선에 설 수밖에 없다.

민족 지상을 부르짖으며 민족을 수단시하여 그 이름으로 갖은 만행을 저질렀던 저 '민족주의'가 기독교인의 입장에서는 분명히 타기해야 할 대상임에도 불구하고, 우리의 현실 속에서 민족은 중요한 가치와 목적으로 존재하고 있음이 사실이다. 여기에서 한 물음이 주어질 수 있다. 즉, 과거의 저 민족(지상)주의가 분명히 거부되어야 할 이념이었다면, 기독교인들에게는 그 민족주의의 실체인 민족도 함께 거부해야 할 대상인가 하는 점이다. 결론은 그럴 수 없다는 것이다. 기독교 신앙은 민족을 초월한 보편적 이념에 입각한 것이지만, 기독교인에게는 하나님이 일반은총으로 주신 민족의 범주 속에서 생을 영위하도록 하였기 때문이다.

성경에 따르면 하나님은 인류가 하나님을 발견토록 하기 위해 민족을 두셨다고 하였다. 즉, "인류의 모든 족속을 한 혈통으로 만드사 온 땅에 거하게 하시고 저희의 연대를 정하시며 거주의 경계를 한하셨으니, 이는 사람으로 하나님을 혹 더듬어 찾아 발견케 하려 하심이라"(사도행전 17:26-27)고 써놓았다. 필자의 소박한 기독교적 민족관은 바로 이러한 말씀에서 출발한다. 민족이 하나님의 창조의 산물이라면, 하나님이 각 민족에게 부여한 자질과 개성을 살려 그분께 영광을 돌려야 한다는 것이다. 창조의 질서 속에서 부여받은 그 개성을 계속 살려 나가자면, 민족적 개성을 말살하려는 침략 세력에 대항해야 할 뿐만 아니라 약소민족을 자기 민족에게 동화시키려는 세계의 강대민족(국가)의 질서에 대하여 굴종할 수 없는 것이다. 그래서 기독교인은 민족(지상)주의자는 아닐지라도 항상 민족의식은 가져야 하며, 자신의 민족이 하나님 앞에서 귀중한 존재이듯이 다른 민족도 하나님의 창조질서에서 귀중한 위치를 차지하고 있음을 확인하게 된다. 인종적 모습과 문화적 전통 등에서 나타나고 있는 민족적 개성도 기독교적 관점에서는 절대적인 가치를 가질 수 없는 것이지만, 하나님께 영광을 돌리기 위해서는 얼마나 보배로운 그릇들인지 가볍게 평가할 수 없다. 이렇게 민족이나 민족적 개성의 가치는 절대자 하나님 앞에서 상대화되어야만 비로소 자신의 참 위치와 가치를 발견하게 되는 것이다. 여기서 민족은 우상적인 존재로 교만하게 취급될 수도 없거니와 반대로 멸시의 대상으로 비굴하게 될 수도 없으며, 또 다른 민족을 침략하는 존재가 되어서도 안 되지만 반대로 침략을 받으며 무릎을 꿇는 존재가 되어서도 안 되는 것이다.

민족적 개성과 관련, 민족문화의 문제도 여기서 새로운 기독교적 조명을 받을 수 있게 된다. 하나님은 각 민족에게 적당한 양과 질의 문화적 은사를 주었다. 문화적 은사의 목적은 그 민족이 개성을 따라 풍부하고도 질 좋은 삶을 영위하며 궁극적으로는 하나님을 영화롭게 하기 위한 것이었다. 그러나 인간들은 자신의 향락과 욕심을 따라 그 문화적 은사를 낭비하였고, 그 결과 창조 때의 그 순수성이 파괴되고 오염

된 것도 사실이다. 파괴되고 오염되었다고 해서 문화적 은사가 하나님과 끊어진 것은 아니다. 오히려 하나님 앞에서 치유·정화함을 받아 문화 본래의 사명에 복무토록 해야 할 것이다. 여기에 민족적 개성으로서의 문화가 기독교적 관점에서 어떤 의미를 가지며, 기독교인으로서 민족문화에 대하여 어떤 자세를 가져야 할 것인지, 좀 더 분명한 이해에 도달할 수 있게 된다. 그 이해의 바탕 위에서 기독교인은 이때껏 외면했던 민족문화의 창달에 적극적인 사고와 자세를 가질 수 있을 것이다.

민족과 민족문화를 이렇게 이해할 수 있다면, 우리는 다시 앞에서 제기했던 문제에 부닥치게 된다. 즉, 기독교와 민족주의는 서로 이해하고 공존할 수 없는가 하는 문제이다. 독일과 일본의 전례에서 보았던 것처럼 침략·배타적이며 인권·자유·평화에 역행하는 민족주의와는 두말할 것도 없이 공존할 수 없다. 그것은 차라리 민족의 이름을 내걸고 위장한 폭력주의에 불과한 것이다. 그러나 하나님의 창조질서에서 보인, 민족을 정당하게 회복하기 위해 수립된 민족주의 이념은 어떻게 보아야 할 것인가. 이것은 필자에게 오랫동안 던져진 물음이자, 우리 모두에게도 주어진 질문일 것이다. 그러나 분명한 것은 기독교적 가치에 역행하는 어떠한 민족주의도 기독교인에게는 용납될 수 없다는 것이다. 이것은 반대로 기독교적 가치에 합치되는 민족주의는 기독교와 공존할 수 있다는 논리적 귀결에 이르게 된다는 뜻도 된다.

끝으로, 민족주의와의 관계에서 기독교가 취하고 있는 일반적 관점을 첨부하는 것이 좋겠다. 그것은 기독교가 하나님 이외의 어떠한 사상이나 체제도 절대화하지 않고 항상 그것들을 상대화한다는 것이다. 그것은 어떠한 사상과 체제도 하나님 앞에서는 그 절대성이 부정되고 자신의 한계와 모순을 드러내게 되는, 말하자면 상대적 가치만 갖게 된다는 뜻이다. 그런 의미에서 남과 북의 이데올로기와 거기에 기반한 사회 체제는 하나님 앞에서 상대화되어야 하고, 통일국가의 기반으로서의 제3의 이념과 체제가 모색될 수도 있다고 본다. 민족주의의 경우에도 예외는 아니다. 민족주의도 기독교의 복음에 조명되어 상대화하는 작업이 계속될 때, 자신의 한계에 좌절하지 않고 그 건전성이 더욱 고양될 수 있을 것이다. 즉, 민족주의가 빠지기 쉬운 배타성과 폐쇄성 대신 개방성이, 경직성 대신 유연성이 주어질 것이며, 민족의 이름으로 왜곡하고 있는 정의와 사랑도 교정받을 수 있을 것이다.

(1991. 5. 28.)

고신파 신앙과 단재의 민족사관을 통섭한 지성

임헌영
(민족문제연구소 소장, 문학평론가)

1. 호랑이 교수의 추억

언제부턴가 '서울대 사학과'(1969년 한국사학과가 분리되기 이전)하면 정창렬(1937~2013), 정석종(1937~2000), 이만열(1938~)이란 세 이름이 동시에 떠오르곤 한다. 1970년대부터 열정적으로 타오르던 민중사에 대한 호기심이 풍미하던 시대라 내가 이 세 분 중 가장 먼저 뵈었던 건 갑오농민전쟁 박사 1호였던 정창렬 교수였다. 크리스찬아카데미 사건으로 투옥(1979년)되기 전부터 그의 명성은 지하 서클의 명칭처럼 번졌기 때문이었다. 이어 정석종 교수는 황석영으로 하여금 『장길산』의 창작 동기를 부여한 학자로 입소문이 났으나 영남대에 재직했기에 뵈올 기회가 없다가 한참 뒤인 1986년에 그가 역사문제연구소 소장직을 맡으면서 가까이 지낼 수 있었다. 좀 두서없긴 하지만 이 역사학계의 삼총사를 모두에서 거론한 데는 그만한 까닭이 있다. 내가 몇몇 유명 인사(박원순, 원경 스님 등)에 끼어서 역사문제연구소 창립(1986년)에 동참하면서 소장으로 모실 분을 물색할 때 거론된 인물도 바로 이 세 분이었다. 그만큼 학계에서 이분들 비중이 막강했기 때문이다. 순서대로 맨 먼저 찾아뵈었던 정창렬 교수는 건강상 이유로 사양했고, 정석종 교수가 응낙하여 이만열 교수에게는 미처 연락드릴 이유가 없어져 버렸다.

그러나 이 세 석학 중 정작 내가 늦도록 가장 가까이에서 뵈올 수 있는 인연을 쌓은 것은 단연 이만열 교수다. 나보다 세 살 연장자이면서 학식과 품성으로 앞서 계신 이 교수는 내게는 항상 스승 같은 존재면서도 친구처럼 가까운 분이다. 실은 직접 뵙기 훨씬 전부터 그 대학에서 오랜 세월 행정직으로 지낸 아내를 통해 온갖 일화를 접한 데다 내 아들이 상문고교와 서울대 사회학과에서 이 교수의 영식 이기홍 교수(한림대 사회학과)의 2년 후배이기도 했다. 이기홍 교수는 여기서 졸업 후 UCLA 사회학과에서 석사 및 박사 학위를 취득했으며 스탠포드 대학 아시아태평양연구소에서 박사 후 연구원을 거쳐 2003년부터 한림대 사회학과에 재직 중이며 『사회주의 체제전환과 기독교』, 『글로벌 문화와 매너』 등 공저가 있고, 최근에 어느 통계 연구소 책임자로 옮겼다는 말을 들었다. 이런 인연으로 이 교수는 우리 내외를 볼 때마다 유학 가서 학위를 마치고 아직도 해외에서 활동하고 있는 내 아들 내외의 안부를 묻곤 한다.

내 아내는 국문과 출신이지만 숙명여대 사학과에 이 교수가 부임하실 때부터 이 교수를 지켜본데다가 그 대학 학보사 졸업생 편집국장을 할 때 직접 주가으로 이 교수를 모시기도 했다. 부임 후 단번에 명강의로 전교적인 명성을 날렸다는 이 청파동 인기 교수는 '호랑이 교수' 별명이 붙을 만큼 악명(?)도 떨쳤다. 짙은 화장과 액세서리와 그때 학생들이 너도나도 신던 부츠를 질색하는 데다 치마가 조금만 짧아도 운동장이든 실내든 심하면 승강기 안에서도 그 우렁우렁한 음성으로 "자네! 그 치마가 뭔가?" 하고 호통을 치셨단다. 여대생들의 분방한 옷차림이 마치 1970년대의 유신독재에 대한 저항의 상징처럼 번져 '청년 문화'의 붐을 이룬 시절이었다. 여대생들은 먼발치에서 이 교수가 나타나면 슬금슬금 달아나기 바빴다는데, 요즈음도 늙은 졸업생들이 모이면 그 광경이 입담에 오른다고 한다. 지금이라면 인터넷에 불이 났을 법한데, 근 반세기 전인 그야말로 호랑이 담배 피우던 시절의 추억담이다.

그 무렵 사회적 지명도도 높아 무척 바쁘셨으련만 강의 시작 전 오전 8시부터 1시간 동안 전교생을 위한 『논어』 무료 특강을 열었던 열정파였다고 한다. 그렇다고 이 교수가 그 명강의를 아무 데나 베풀거나 싸구려로 해 주진 결코 않았다고 한다. 아내의 전언에 따르면 학보사 주간 시절 외부(대기업체를 비롯하여 각종 사회단체)에서 강연 초청이 빈번했는데 어떤 때는 강연료가 얼마요? 하고 따져서 놀랐단다. 상당한 액수로 선을 긋고 그 액수가 아니라면 못하겠다고 딱 거절하더라는 것이다. 나는 그 이야기를 듣고 얼마나 부러웠는지 모른다. 그 시절엔 어디서든 초청만 해 주면 좋아서 돈을 따질 엄두도 못 냈던 문단 풍토였다. 이 교수가 이렇게 강연료를 따진 것은 내키지 않는 곳에서 강연 교섭이 오거나 압력에 의해 강연 요청이 올 때 그것을 거절하는 한 방편으로 그렇게 따졌다고 들었다. 어떻게 보면 계산에 밝은 것처럼 보였으나 그의 진심은 그게 아니었다. 나는 그가 경우에 따라 강연료를 따졌다는 이야기를 듣고 그의 성장기를 다룬 산문집 『한 시골뜨기가 눈떠가는 이야기』(두레시대, 1991)를 읽으면서 느낀 것이 있다. 10남매(7녀 3남. 그중 딸 한 분만 일찍 세상을 떠났다니 9남매가 성장)의 장남이었으니 오죽했겠는가. 아니, 그건 가난 때문만은 아니었을 것 같기도 하다. 프로테스탄티즘의 직업윤리 의식에서 형성된 것이라고 보는 게 정당할 것이다. 세계 철학자 중 가장 부잣집에서 태어났으면서도 이재에 밝았던 헤겔과는 차원이 달랐다고 본다. 만약 이 교수가 헤겔 같은 부잣집 아들이었다면 필시 신학을 전공해서 목사님이 되었을 것이다.

2. 긴급조치 시기의 활약

나에게 이 교수의 존재를 각인시켜 준 분으로 역시 숙명여대 사학과의 정세현(1932~1981) 교수를 잊을 수 없다. 경남 양산 출신의 정 교수는 『항일학생민족운동사연구』와 『근대중국민족운동사』를 냈기에 1970년대의 민주화 운동권에서 각광을 받았다. 두 책 다 동아시아의 항일운동을 반제국주의 민족해방투쟁의 차원으로 접근했기 때문이었다.

정 교수는 이만열 교수보다 먼저 아내가 학보사 주간으로 모시던 분이었는데, 우리 부부를 초대하여 맛있는 저녁을 사곤 했다. 구수한 토박이 흙냄새가 풍기던 인간미 짙은 정 교수는 당시 한국 사학계를 일별하면서 경남 마산 출신인 강만길(1933~) 교수의 선구성을 역설하고는 이만열 교수(함안 출신)를 후진 중 가장 신뢰할 만하다고 강조하곤 했다. 정 교수는 내가 징역에서 풀려 나와 보니 아깝게도 젊은 나이에 세상을 떠나셨지만, 이 교수와 같이 마산 문화권이 이룬 한국사의 한 맥을 나눈 분이다.

마침 인문학계에서는 마르크스가 지적한 '아시아적 정체성' 문제를 극복하려는 열기가 한국사에서 '근대'의 기점(起點)이 언제냐는 쟁점으로 번져 관심이 고조되었다. 김용섭(1931~2020) 교수의 조선 후기 농업경제사 연구를 통해 근대의 출발이 개화기보다 훨씬 앞선 조선 후기라는 설이 유행처럼 번졌고, 이런 풍조가 문단에도 널리 퍼져 오히려 사학계에서보다 더 요란하게 논의되었다. 이에 나도 "근대문학사 논고"(「창작과 비평」 1975. 봄)를 썼는데, 이 원고를 발표하기 전에 이만열 교수가 아내를 통하여 문단에서의 근대화 시점에 대한 논의를 알아보고 싶으니 그 자료를 알려 달라고 해서 선뜻 내 글을 원고 상태 그대로 전했었다. 그런데 이 교수는 내 글에서 자본주의 '맹아'(萌芽)란 술어를 내가 '붕아'라고 표기한 엄청난 무식을 바로잡아 줬다. 그대로 창비에 보냈다면 큰 망신을 당할 뻔했던 위기를 모면하게 해 주신 것이다.

1978년 나는 유명한 도서 수집가이자 고서와 각종 자료 연구자인 여승구 회장이 발행하던 「월간 독서」의 주간을 맡으면서 '이달의 좋은 책'을 선정, 발표했다. 유신독재 치하에서 긴급조치로 대학에서 제적당한 학생들과 언론 자유를 외치다가 신문사에서 추방당한 기자들이 출판계에 대거 투입되어 진보적인 도서가 대유행을 이루던 시절이었다. 서울, 부산, 광주 등지에서는 양서협동조합 운동이 일어나 좋은 책 읽기를 통해 민주화운동의 불씨를 피워내려는 열기가 번질 때라 어떤 책을 선택해 읽을 것이냐가 중요한 당면 과제였다. 이래서 착안한 '이달의 좋은 책' 선정은 매우 고무적이어서 거의 모든 언론 매체가 기사화해 줘서 큰 영향력을 끼쳤다. 이 목록에만 들어가면 베스트셀러로 오르던 시절이었다. 이 작업을 위해서는 먼저 권위 있는 심사위원회를 구성해야 하기에 나는 숙고 끝에 박현채(1934~1995), 이만열, 손봉호(1938~) 세 분을 고정 심사위원으로 삼고 나머지 한두 분은 상황에 따라 수시로 모시기로 했다. 전남 화순 출신인 경제학자 박현채 교수 말고는 경북 영일 출생인 손 교수와 이 교수에 나까지 고향이 경상도라 너무 지방색이 짙었지만, 민족사나 당대의 정치사회에 대해서는 전적으로 공감대를 형성했기에 의기투합했던 좋은 추억거리다.

이를 계기로 이만열 교수를 「월간 독서」와 그 관련 기관(해외 출판 판매 주식회사로「뉴욕타임스」,「아사히신문」 등 세계 굴지의 신문과 잡지 한국 총판과 1층에는 서점까지 겸함) 전체 직원들을 상대로 한 교양강좌 연사로 초청했다. 당시 이 교수는 전공이었던 『삼국시대사』(지식산업사, 1976)를 이미 펴냈던지라 그 책을 중심으로 강연했는데, 일반인 교양강좌로 얼마나 흥미를 유발할까 염려스러웠으나 그 시대와 당대 사회를 빗대가며 사자후를 토하는 열강이어서 모두들 열광했었다.

이때야말로 내가 이만열 교수와 가장 가깝게 지낸 시절일 것이다. 뒤풀이에서 참석자들이 지닌 해박한 여러 견해에 곁들여 시국 방담으로는 학생과 노동계, 기독교계의 민주화 근황, 청와대와 그 주변인들을 비롯한 집권 세력에 대한 유비통신까지 한껏 언론 자유를 구사했던 카타르시스의 오락회 격이었다. 이·손 두 교수는 독실한 고신파 신자였으나 주석담에서 전혀 이질감이 느껴지지 않을 정도로 오히려 선수를 치기도 했다. 이런 자리에서도 이 교수는 역사학자답게 '유신시대를 살면서 그대로 침묵했다는 것은 후세에 얼마나 부끄러울까'라고 채근하시던 기억이 난다. 그의 사명감은 누구도 말릴 수 없는데, 그 바탕에는 투철한 기독교 고신파의 신앙심과 단재 신채호의 민족사관이 병행하고 있다고 보았다. 그는 이 두 가지를 멋지게 통섭한데다 나중에는 함석헌의 사상까지 섭렵해냈다.

평양에서 형성된 조선예수교장로회는 평양신학교를 운영했는데 신사참배를 거부해서 학교가 폐쇄당했다. 8·15 이후에도 배교행위에 대한 참회 촉구파와 반대파로 나뉘는 등 너무나 복잡하게 얽혀 있어 나로서는 그 내막을 뭐라고 할 처지가 아니지만 그중 순수 신앙 고수파들이 월남하여 부산에서 고려신학교를 건립하면서 '고신파'(혹은 고려파)라는 명칭이 생겨났다고 한다. 그 뒤에도 숱한 우여곡절을 거쳤기에 여기서 더 자세히 언급할 필요는 없겠으나 어쨌든 이만열 교수가 기독교 신앙의 진수를 지키는 고신파에 속했다고 보면 크게 틀리진 않을 것이다.

3. 민족문제연구소와의 인연

1979년 10.26이 일어나기 20일 전에 나는 투옥당해 1983년에야 출소했기에 전두환 쿠데타의 격랑이 일던 1979년 12월 12일부터 1980년 봄과 여름에 걸친 격변을 후일담으로만 들었다. 그중 1980년 7월 24일부터 29일까지의 사건은 세간에 널리 알려져 있지 않는데, 이 기간에 해직시켜야 할 교수들을 치안본부(1974년 12월~1991년 7월까지 존속, 이후 경찰청) 별관(현 경찰청 자리의 구 빌딩)의 복도에다 며칠씩 가둬 놓고 강제로 사표에 무인을 찍어야만 석방했다는 것이다. 해직시킬 교수들만 연행한 이곳으로 교수가 아닌 사람으로는 극히 이례적으로 행정직인 아내도 연행당해 5박 6일간 사표를 강요당하면서 그 현장을 생생하게 지켜볼 수 있었다.

당시 출근길에 그 음침한 건물로 연행된 아내는 10여 개의 취조실이 다닥다닥 붙어 있는 긴 복도 맞은편 마룻바닥에 네 줄로 100여 명이 넘는 남자가 흡사 전쟁포로처럼 가부좌를 틀고 앉아 있는 모습을 보고 기함을 했다. 계엄령하에서 전국에서 그곳으로 붙들려 왔다가 사표를 써야만 풀려날 수 있었다. 그들은 벌써 며칠째 차례차례 취조실로 불려가 사직서에 무인 찍는 순서를 그렇게 묵상 자세로 대기하고 있었던 것이다. 광화문에 탱크가 도열해 있던 시절이니 유명 교수였던들 별수가 없었던 모양이다.

총대를 맨 헌병의 지시대로 아내는 어느 철문 앞에서 앞사람이 나오면 들어가려고 대기 중이었다고 한다. 안에서 책상을 치며 호통을 치는 격한 음성이 연신 넘어왔는데, 그때까지만 해도 그 호통의 주인공이 이 교수인 줄은 생각도 못 했었다. 별안간 문이 열리며 노기로 벌게진 얼굴로 그 호통의 주인공이 떠밀려 나왔다는 것이다. 그렇지 않아도 학내에서도 닷새 전부터 간 곳을 몰라 했던 이 교수가 거기 연행되어 기관원들에게 호통을 치다 못해 사직원에 무인을 찍었던 순간이었다.

아내가 아직도 잊지 못하는 고마운 장면은 그다음이다. 헌병에게 등을 떠밀려 나온 이 교수가 아내를 보고 놀라 "아니 대체 당신들, 이 사람이 뭘 했다고 여길 끌고 온 거요? 당장 내보내요!" 하고 호통을 치더라는 것이다. 헌병이 입 다물라며 철문 밖으로 우악스레 등을 떠밀자 오히려 그 헌병을 뿌리치며 가방을 열더니 손바닥만 한 성경책을 재빨리 꺼내 아내에게 던진 이 교수는 "몸조심하소!"라는 외마디와 함께 철문 밖으로 떠밀려 나갔다고 했다. 그 후 5박 6일간 온갖 수모를 당하며 견뎠던 아내에게 안면 있는 척도 안 하던 다른 대학 문인 교수들과 너무도 대비되더라고 아내는 늘 말하곤 한다. 그 삼엄한 공포 속에서 그렇게 호통을 칠 수 있었던 이 교수의 기백이 새삼 고맙고 존경스럽다. 필시 신앙의 힘과 단재 신채호의 기백이 결합한 결과가 아닐까 싶다.

이 교수는 이때 대학에서 해직되어 복직(1984년)으로 9월 새 학기에 다시 강단에 설 때까지 만 4년 1개월 동안 젊은 시절의 꿈이었던 성직자처럼 기독교회사 연구에 전념했다. 그런 한편 민주화운동에서도 훨씬 적극적이고 진보적인 입장을 취하면서 그 활동 영역을 넓혀 나갔다. 그런 과정에서 이 교수에게 또 하나의 중요한 실천적 사상의 바탕을 마련하는 인물이 나타났는데, 바로 함석헌이었다.

이만열 교수는 고신파 신앙, 단재 신채호의 민족사관, 함석헌의 씨알사상이라는 삼두마차를 타고 그 사상적인 심오성을 형성하게 된 셈이다.

이 교수가 민족문제연구소와 깊은 인연을 맺은 것은 『친일인명사전』 초대 편찬위원장을 맡으면서였다. 2001년 편찬위원회를 구성하면서 위원장을 모셔야 하는데 다들 사양 일변도였다. 널리 알려진 민주화 운동권 교수들도 이런저런 구실과 명분을 내세우며 사양해서 참으로 난감했다. 그만큼 지식인이란 말과 행동이 다를 수도 있다는 걸 절감케 해 주었다. 사실 그때만 해도 민족문제연구소 자체를 불온시했던 분위기여서 연구소장을 모시기조차 너무도 힘들던 시절이었다. 항차 『친일인명사전』 편찬위원장을 누가 감히 감내할 수 있을까 고민하던 중 기독교 신앙으로 이 교수와 가장 가까운 윤경로 총장을 앞세워 간청드렸는데 역시 이만열 교수다웠다. 편찬위원장의 역할을 비롯한 사전 발간 비용의 해결책 등등 매우 실무적인 문제들과 그 운영 방책을 곰곰이 점검한 후 쾌히 응낙해 주었다.

이 교수는 매사에 매우 투철하고 실제적이라 편찬위원회를 꾸려 내는 데서 전적으로 연구소를 신뢰하고 지지해 주었다. 그러나 이 교수의 명성은 편찬위원장직에만 머물게 두지를 않았다. 바로 2003년 6월 제8대 국사편찬위원회 위원장으로 임명받게 된 것이다. 민족문제연구소는 내규상 정부나 정당 관련 임원을 겸직할 수 없도록 철저히 경계하고 있다. 일반 회원들은 상관없으나 임원들에게는 이 사항이 매우 중요했고, 이것은 친일파 청산 작업의 객관성을 위해서 불가피한 처사였다.

결국 한국사학자로서는 영광인 국사편찬위원장으로 이 교수가 떠나게 되어 그 뒤를 이은 제2대 『친일인명사전』 편찬위원장으로 윤경로 총장을 모시기로 했다. 윤 총장은 이만열 교수와 오랜 신앙적 유대를 맺어 온 인연으로 그 연속성도 있어 『친일인명사전』은 무사히 출간될 수 있었다.

그러나 국편 위원장으로 옮긴 뒤에도 이만열 교수는 민족문제연구소와 가장 밀착한 채 깊은 관심과 직간접적인 도움을 주었다. 그는

2006년 8월에 국사편찬위원장을 물러난 이후에는 여러 감투를 쓰게 되면서 더욱 분망해졌지만, 연구소 관련 행사에는 한 번도 빠지지 않은 채 참여해 주었다. 특히 이명박근혜 정권 아래서 강력하게 추진했던 건국절 논란부터 역사 교과서 국정화를 저지하는 데 참으로 열렬히 반대 대열에 앞장서 주었다. 연구소의 주요 행사 때면 마치 단골처럼 인사말이나 축사를 도맡아 해주기도 했다. 특히 연구소와 밀착해 지내던 이이화 선생과 이 교수는 오랜 인연으로 행사 뒤풀이의 주석담이 벌어지면 발언권을 독점하는 이이화 선생을 저지하는 역할을 멋지게 수행해서 좌석을 화기애애하게 만들어 주는 까닭에 우리 상근자들은 이 교수가 일찍 떠나면 서운해할 지경이었다. 두 분의 목소리는 용호상박이리만큼 크기로 유명해서 전 좌석을 압도할 만했다.

최근 몇 년 사이에 이 교수는 코로나 탓도 있지만 건강상 출입이 뜸해지면서 주석담의 라이벌인 이이화 선생의 타계와 함께 민족문제연구소의 뒤풀이도 드물어져 버렸다. 그 즐겁던 주석담을 재개하여 오래도록 함께할 수 있기를 간절히 빈다.